KB262075

현대 복음화

현대 복음화

Bae Kyungmin
CONTEMPORARY EVANGELIZATION
Main Concepts of the Missiology in the Modern Church

© Benedict Press, Waegwan, Korea 2006

현대 복음화
2006년 2월 초판
지은이 · 배경민 | 펴낸이 · 이형우
ⓒ 분도출판사
등록 · 1962년 5월 7일 라15호
718-806 경북 칠곡군 왜관읍 왜관리 134의 1
왜관 본사 · 전화 054-970-2400 · 팩스 054-971-0179
서울 지사 · 전화 02-2266-3605 · 팩스 02-2271-3605
www.bundobook.co.kr
ISBN 89-419-0602-4 93230
값 18,000원

현대 복음화

교회의 선교학 총론

배 경 민

분도출판사

추천사

예수님께서 지상에서의 당신 사명을 모두 마치시고 승천하시기 전 마지막 남긴 말씀이 교회의 선교 사명이었습니다. "너희는 가서 모든 민족들을 제자로 삼아, 아버지와 아들과 성령의 이름으로 세례를 주고, 내가 너희에게 명한 모든 것을 가르쳐 지키게 하여라"(마태 28,19-20). 유구한 인류 역사의 흐름 안에서 하느님의 도구로서 성령께서 이끄시는 구원사를 도우며 '순례하는'(「선교 교령」 2항) 교회는 선교를 그 본디 사명으로 하며 이 선교 사명은 바로 교회의 궁극적 존재 이유raison d'etre입니다. 교회 역사 안에서 보면 선교 열정이 가득하고 그 활동이 왕성한 교회는 언제나 생동감 넘치는 '깨어 있는'(루가 21,36 참조) 교회로 평가되었기 때문에, 선교 활동이 교회 활력의 기준이라 하겠습니다.

바오로 6세 교황께서는 한 걸음 더 나아가 교회의 선교를 복음화 사명으로 이해하셨습니다. 단순히 교회의 가르침을 전하고 세례받는 것뿐만 아니라 삶과 문화, 생활 터전과 사고방식이 내면에서부터 복음적 가치관에 따라 형성되고 복음 말씀을 실제로 살고 증거해야 하는 것으로 강조하셨습니다. 참으로 현대인들에게 필요한 인식의 전환이라 하지 않을 수 없습니다.

오늘날 시대 상황은 그 어느 때보다 예수 그리스도께서 남기신 생명의 말씀이 필요한 때입니다. 창조주 하느님의 뜻을 거슬러, 인간 존엄성과 품위를 고양시키기보다는 황금만능주의와 이기주의, 물질숭배주의, 향락주의에 젖어 안주하려는 저급한 풍조가 만연하고 있습니다. 신문 사회면을 장식하는 우울하고 가슴 아픈 기사들은 교회의 복음화 사명을 반성하지 않을 수 없게 합니다.

이즈음에 베드로 신부님의 박사학위 논문이 첨삭되고 보완되어 우리말로 출판하게 된 것을 진심으로 경하하는 바입니다. 지금까지 선교학에 관한 문헌들이 있었지만, 교회 선교학 총론Summa Missiologiae으로서 국내 학계에 새로운 지평을 제시하게 되어 더욱 기쁘게 생각합니다. 더구나 필자 자신도 선교학이 실천신학임을 인지하여, 인접 학문으로 사회학·성서신학·교회신학·문화학·경제학·철학·환경학·인류학 등 제반 학문과의 학제적學際的 연구 성과를 제시하면서, 교황청 문헌의 토대 위에 저술한 것이기에 더욱 진가를 발휘한다고 하겠습니다.

부디 필자의 의도대로 본서가 우리 민족과 사회의 복음화에 진일보할 일익이 되고, 교회의 고유한 복음화 사명에 큰 자극과 새로운 선교 열의를 샘솟게 하기를 요망하여 마지않는 바입니다. 주님을 사랑하는 독자 여러분 모두에게 그리스도의 크신 축복과 평화를 기원합니다.

2005년 깊은 가을
한마음 청소년 수련원에서
천주교 의정부 교구장 이한택 요셉 주교

머리말

본서는 필자가 1994년 2월부터 1998년 4월까지 로마 교황청 우르바노 대학 선교학부 대학원 과정에서 연학하여 박사학위 논문으로 공개 발표했던 「복음적 기본 개념을 통하여 고찰한 세계에서의 교회 선교에 대한 해석학적 연구」*Approccio Ermeneutico alla Missione della Chiesa nel Mondo Attraverso i Concetti Fondamentali del Vangelo*를 우리말로 축소 번역한 것으로서, 그리스도 교회가 실행해야 할 현대 세계 안에서의 복음화 활동과 선교 역할에 대한 궁극적 성찰과 비판에 관하여 복음 말씀을 통해서 고찰하고 연구한 내용이다.

필자는 모든 학문 연구에 필요한 해석학을 원용하여 선교학을 수학하고 교회론과 성서신학과 사회학의 도움을 받으면서 논고를 작성하였다. 이러한 제반 학문 분야가 결코 선교학과 무관한 것이 아님을 선교학을 탐구해 갈수록 깊이 깨닫게 되었다. 선교학은 하느님 계시의 전달, 인간의 구원을 연구하는 학문이기 때문에 그 중개자인 교회의 역할과 모습에 대하여 당연히 언급하지 않을 수 없는 것이다. 여기서 더 나아가 선교학은 실천신학이기에 결코 이론으로만 완성될 수 없고, 필연적으로 실천될 수 있을 때 선교학의 존재 목적에 다다르게 될 것이다.

무릇 인류 역사 안에서 교회가 세계의 생명과 빛의 역할을 올바르게 실행하면 선교에 대하여 거론하기 전에 이미 민중과 백성들이 교회 안에서 빛나는 그리스도의 진리를 찾게 마련이지만, 교회가 세계와 무관하게 안주하며 정체되어 있다면, 기존의 그리스도인들조차 교회에 대하여 실망하게 된다. 세계사회 안에서의 고등종교계에서도 마찬가지이지만, 한국 그리스도 교회가 한국사회 안에서 진정한 소금과 빛, 누룩의 역할을 다하며, 세계를 성화시키는 구원의 성사로서 그 중책을 다하기 위해서는 스스로 몸담고 있는 한국사회와 유리된 상태에서 사회현실과 무관한 모습을 가져서는 결코 안될 것이다. 교회는 매일매일의 복음과 성서 말씀을 통하여 현금 한국사회의 제반 현상에 대하여 복음적 가치와 준거 위에 어떻게 해석하고 어떠한 복음적 해결책을 강구하여 하느님 나라 건설에 이바지할 것인지 늘 고민하고 연구하여 개척해 나가야 하는 것이다.

교회는 결코 교회 자신을 위하여 스스로 존재하지 않는다. 교회의 궁극적인 존재 이유는, 그리스도께서 봉사받으러 오시지 않고 봉사하러 오신 것처럼, 하느님의 영광과 세계의 구원을 위하여 봉사하기 위함이다. 교회는 자신의 선교사명을 완수하기 위해서 세계에 육화하고 봉사하는 것 이외에 다른 선택이 없다. 성자의 육화는 교회의 봉사와 육화의 원천이 된다. 세계 안에서의 교회 육화와 참여는 복합적인 제반 상황 안에서도 세계를 위한 사랑으로부터 기인되는 교회 자신의 양식을 지녀야 한다. 교회 참여를 이끌어야 할 복음적 가치의 핵심은 의심없이 예수 그리스도가 그 모범이고 길이며 진리이고 온 세계를 위한 생명이라는 사실이다. 세계에 봉사할 수 있기 위해서, 세계 안에 특별히 올바른 방법으로 참여할 수 있어야 하며, 이를 위해서 교회는 자신의 행적에 있어 합당한 복음적 가치 기준을 정립할 수 있어야 할 것이다.

인류 역사에 나타난 세계 고등종교의 교의와 그 가르침을 올바르지 않다고 비판하는 사람은 거의 없을 것이다. 그러나 문제는 세계의 고통받고 소외된 인류와 그러한 민족들을 위해 과연 어느 종교가 창립자의 정신과 가르침을 따라 얼마만큼 실천적으로 구원의 진리를 구현하고 있는가 하는 점이다. 이것은 조직신학 문제라기보다 바로 실천신학 문제라고 할 것이다.

우르바노 대학의 선교학부 대학원 과정에서 인간의 존엄성과 인간 발전, 정의·평화, 세계 재화 분배 등에 관하여 가르치는 것을 들으면서, 인류 공동체 안에는 비복음적 상황 아래 매우 열악한 환경에서 생명을 이어가는 민족들이 너무 많은 것이 오늘의 정직한 인류 현실이며, 세계 복음화를 위해 일하는 교회에 커다란 도전이 된다는 것을 듣고 볼 수 있었다. 마찬가지로 이곳 한국사회 안에서도 "정의와 평화가 강물처럼" 흐르는 하느님 나라로 순례하며 나아가기 위해서는 복음적 제반 가치가 강조되고 구현되어야 하는 중대한 과제와 그 필요성을 현실적으로 직면하고 있다 할 것이다.

수록된 참고 문헌만 250여 권에 이르고 공개발표회에 제출된 원본이 346면에 이르는 지나치리만큼 방대하고 난삽한 본래 내용들을 모두 정확한 우리말로 번역하여 여기 싣는 일은 대단히 어려운 작업이다. 다만 선교에 관심 있는 신도들과 일반 독자들을 위하여 그들도 일독할 수 있도록, 당시 지도교수단이 학위논문을 위하여 요구하였던 너무 전문적이고 난해한 부분은 제외하고서 발췌하여 요약하게 되었다. 필자는 선교학부 대학원 과정에서 가르치는 선교에 집중되는 주요한 과목들의 내용들을 충분하지는 않으나 글 흐름의 저변에 깔고, 그 기초 위에 진일보한 현대 가톨릭 선교학 이론들과 현대 선교신학의 쟁점 사항들을 국내 그리스도교에 소개하고 전달하고자 하였다. 아울러 학위논문에서는 기술되지 않았으나, 국내 선교신학의 발전을 위하여 필요한 이론과 신학적 내용들, 특히 쟁점이 되는 주제와 사안들을 첨가하여 현대 선교신학의 흐름과 기류를 간파할 수 있도록 하였다.

아울러 성서와 공의회 문헌과 교황의 각종 회칙과 사도적 권고 등은 이미 기존 출판된 매체이므로 이 책에서 다시 중복되지 않도록 내용의 흐름에 방해되지 않는 범위 내에서 번역하지 않았으며, 문맥상 반드시 필요한 부분과 국내에 아직 번역 소개되지 않은 글들은 싣도록 하였다. 이밖에도 보편적 독자층을 고려하여 본문과 각주에서도 전체 내용 이해에 방해가 되지 않는 범위 내에서 축약 또는 생략하고 단순화하였다.

끝으로 본서가 나오기까지 수고해 주신 분들을 기억해야 할 것이다. 우선 무변무한 영원으로부터 계시는 하느님 아버지께 진정한 찬미와 감사를 드려야 한다. 또한 고 김 안젤로 주교님과 이 요셉 주교님을 비롯한 여러 주교님들과 심상태 몬시뇰과 동창 사제들과 현지에서 동고동락하며 직접 도와주었던 당시 재在로마 사제단과 신학생들, 수도자들, 또한 언제나 양질의 고품격 도서로서 국·내외 교회의 복음화 사업에 크게 이바지하고 있는 성 베네딕도회 왜관 수도원 형제님들과 분도출판사 편집부 임직원들에게 충심으로 감사와 존경을 드리며, 주 성모님의 더욱 크신 축복과 사랑을 기원하는 바이다. 이 한국어판을 계기로 하여 세계 교회와 한국 교회 전체에 크게 기여할 국내외의 후학들이 많이 계승되기를 바라며, 부디 여기 조촐한 책이 2천년대의 새로운 천년대를 맞이하고 제3 천년대를 시작하는 즈음에 그리스도의 교회가 현대 인류사회에서 그 진로를 모색하는 데 일조하여 세계와 민족 복음화에 미소하나마 일익이 될 수 있다면, 이 책이 세상에 나온 조그마한 의미와 보람을 찾을 수 있다 할 것이다.

2005년 가을
광적 성당 사제관에서
배경민 베드로 신부

프롤로그

현대사회의 한 현상은 사회가 점차 현대화될수록 더 개인주의화된다는 사실이다. 물질적 진보가 인간을 형제적 혹은 인간적 모습으로 만드는 것이 아니라, 다른 사람들에게 무관심한 개인주의적 이기주의가 증가하도록 만들고 있다. 이같은 존재론적 가치 부재의 현상 앞에서 오늘날 인간은 삶과 종교의 문제에 봉착하고 있다. 오늘날의 인간은 거의 항상 깊은 관상觀想 없이, 자신의 내면화보다는 세계 지배의 업적에 보다 전념하게 되고, 그러한 추이는 전해 내려오던 성스러운 지평으로부터 벗어나 신앙의 위기로 드러나면서 세속화된 세계로의 변화를 낳는다. 오늘날 과학 기술을 통한 세계와 자연에 대한 지배는 우리 시대 문화의 한 요소이며, 인간이 자신의 운명을 결정할 수 있다고 느끼는 의식구조를 형성하도록 만들고 있다.[1]

오늘날의 선교에 대한 많은 논쟁은 선교사들에게 혼란을 가져왔고 선교 동기를 약화시키고 있다. 이것은 선교를 새롭고 분명하게 인식할 필요성을 제시하고 있다. 예컨대, 종교 상대주의에 의하면 모든 종교의 구원 가치가 동등하다고 한다. 이와같이 선교 동기를 침해하는 여러 경향에 맞서, 보다 적극적으로 대항할 필요가 있다. 현대 선교학에서는 혼란스럽고 분명하지 않은 표징이 적지 않게 나타난다. 그 안에는 선교학적 반성과 성찰, 아울러 선교 열정의 쇄신을 위하여 탐구해야 할 지평과 추구해야 할 길을 열어주는 새로운 사실들과 개념들이 함께 혼재하여 있다.[2] 복음 선포에 있어서 선교는 많은 어려움과 봉착하게 된다. 즉, 식자들의 실제적 무신론, 그리

---

[1] 참조: S. DIANICH, *Chiesa in missione*, 73.

[2] 참조: J. LOPEZ-GAY, *La missiologia contemporanea*, 9.

스도인의 변절, 전통적 가치의 왜곡 등이다. 선교 지평에 있어서 이러한 어려움이 있다는 사실을 무시할 수 없다. 확실히 현대 세계에는 식별이 필요한 심오한 변화와 다양한 어려움이 늘 상존하고 있다. 그래서 모든 "시대의 징표"signum temporis는 복음과 함께, 언제 어디서나 생동감 넘치는 교회 교의의 빛에 입각하여 해석되고 조명되고 적용되어야 한다(사목 4 참조).

하느님의 은총과 선하심을 알고 있는 교회는 결코 침묵만 지키고 있을 수 없다. 교회는 구원의 복음을 선포하도록 요청받고 있음을 스스로 감지한다. "그리스도의 사랑이 우리를 촉구한다"Caritas Christi urget nos. 이러한 방식으로 그리스도교를 고찰하는 사람은 다음의 사실을 인정하는 일이 어렵지 않을 것이다: 교회사 안에서 선교 열정은 항상 교회의 생동감과 활력의 표징이었다. 그것이 쇠약해지면 신앙 위기의 표징이 나타났다.[3] 그러므로 필자는 현대 세계 안에서의 교회 선교와 특별히 세계 복음화의 긴급성에 대하여 강조하고자 한다.

거룩한 삼위일체의 교회는 선교하는 교회를 뜻한다. 성삼위의 선교와, 하느님과 인간 사이에 행해지는 근본적인 선교 활동 안에 교회가 태동된다. 교회는 성령을 통하여 성부로부터 기인되는 성자와 성령의 선교 안에 현존하며, 성자와 성령의 선교는 하느님이 인류에게 가까이 계시는 바를 세계의 역사 안에 드러낸다. 성자와 성령의 선교 안에 살고 있는 인간은 바로 하느님 안에 살고 있으며, 하느님의 신비는 처음부터 언제나 인간의 역사에 대하여 개방하고 있는 신비이다. 인간의 자유, 일치, 고통, 기쁨 안에서 하느님의 영광, 하느님의 일치, 하느님의 고난과 기쁨을 드러내는 그곳에 교회가 존재한다. 나아가 근본적인 의미의 선교 활동 개념이 복음화 개념으로 확장되고 발전된다.

선교는 하느님 나라가 가까이 왔음을 선포하고 회개로 초대하는 것으로 구성되어 있다. 선포와 초대는 희망의 표지를 수반한다. 곧, 질병의 치유,

---

[3] 참조: K. MÜLLER, *Teologia della missione*, 209.

죽은 이의 부활, 악령들로부터의 해방 등이다. 가시적 교회는 예수의 파스카 체험에 결합된, 그리고 회개와 구원의 도정에 있는 사람들의 공동체이다. 겸손함과 대담성을 가지고 예수의 초기 제자들처럼 교회는 새로운 백성을 재건하기 위하여 구원의 파스카 체험을 선포해야 한다. 예수의 부활 체험을 겪지 않고 선교할 수는 없으며, 교회는 사도적 복음 선포와 교리교육의 중심인 예수의 부활과 기쁜 소식을 선포하면서 그 임무를 수행해 간다.

그리스도가 세상에 가져오기 위해 오셨던 바로 그 생명의 충만함에 따라서 교회는 경계가 없는 범우주적 사명을 받았으며 총체적 구원을 지향하고 있다. 교회는 지상의 모든 민족과 인류에게 하느님의 사랑을 드러내고 알리도록 초대받았다. 선교 목표로서 영혼의 구원을 위해 전통적인 교회 부식扶植의 방법을 제시하면서도, 교회는 특별히 교회를 새롭게 낳기 위해 생활하고 작용해야 하며, 바로 그리스도에게로 구심적인 모습을 지닌 채 세계를 위하여 활동해야 한다. 동시에 모든 선교의 개념들은 영혼 구원의 매우 개인주의적인 상황에서부터 훨씬 교회론적인 상황으로 전개되고 있다.

교회가 자신에 대해 깊이 숙고하면 할수록, 그만큼 더욱 선교사명을 깨닫는다. 전통·보수적으로 행하여 온 바에 의하면, 교회의 선교란 그리스도의 복음을 선포하여 신앙인들의 공동체를 형성하고 교회를 부식하는 일이었다. 이러한 임무에 첨가하여 나아가서 모든 인간적 제반 가치와 행적을 복음적 가치로 변화시키는 복음화를 의미하게 되었다. 오늘날의 교회 복음화는 예수께서 회당에서 처음 선포하셨던 그 말씀을 실천하도록 요청받고 있다. 곧, 교회의 복음화 활동은 인간의 전인적인 발전을 목표로 하면서, 물질적이며 육신적인 것과 정신적이며 영혼에 관한 것 모두를 포함한다. 그리스도의 선교는 온갖 죄로부터 인간을 해방시켜 온전한 자유의 지평을 향하도록 하며, 빛과 생명과 자유 속에 인권을 더 높이고, 인간의 존엄성을 고양시키도록 한다. 이러한 해방적 관점은 하느님의 모상이라고 하는 그리스도교의 인간관에 입각한 복음화로서, 궁극적으로 하느님 나라의 구현을 지향하고 있다.

　모든 교회는 믿는 이들의 신앙을 돈독히 하기 위하여, 길 잃은 이들을 인도하기 위하여, 또한 그리스도로부터 멀리 있는 자들로 하여금 구원의 은총을 수용하도록 이끌기 위하여, 모든 이들에게 이해할 만하고 보다 적절한 방법으로 복음적 메시지를 선포하려 노력하고 있다. 이때문에 교회 복음화의 해석에 있어서 무엇보다도 필수적인 것은 근본적이고 중심적인 요소를 받아들이는 것인바, 그것은 교회가 세계 안에서 만들어 내는 역사적 모든 과정의 해석학적 원칙이라 할 수 있다. 이 첫 원칙은 보다 과감한 결단과 함께 신앙 안에서 또한 "예수가 주님이시다"는 교회론적 선포의 전달 현상 안에서 복음적인 관점을 통하여 구체화되어야 하는 것이다.

　선교와 복음화를 통해서 인류 역사 안에 하느님의 계시는 지속되며, 이는 민족들의 역사 안에 교회의 현존을 가져온다. 궁극적으로 교회의 선교 및 복음화 활동은 "하느님의 일"opus Dei로서, 그리스도의 삶에서처럼 순교의 길에 이르기까지 봉사하고 헌신하는 가운데 하느님을 증거하면서 종말론적 변혁을 가져오게 하는 것이다.

차 례

제12장 **현대 복음화를 위한 교회의 사명** _ 343

【제2차 바티칸 공의회 문헌 약어표】

전례 (헌장)	거룩한 전례에 관한 헌장 「거룩한 공의회」*Sacrosanctum concilium*
교회 (헌장)	교회에 관한 교의 헌장 「인류의 빛」*Lumen gentium*
계시 (헌장)	하느님의 계시에 관한 교의 헌장 「하느님의 말씀」*Dei verbum*
사목 (헌장)	현대 세계의 교회에 관한 사목 헌장 「기쁨과 희망」*Gaudium et spes*
매체 (교령)	사회 매체에 관한 교령 「놀라운 기술」*Inter mirifica*
동방 (교령)	동방 가톨릭 교회들에 관한 교령 「동방 교회들」*Orientalium ecclesiarum*
일치 (교령)	일치 운동에 관한 교령 「일치의 재건」*Unitatis redintegratio*
주교 (교령)	주교들의 사목 임무에 관한 교령 「주님이신 그리스도」*Christus Dominus*
수도 (교령)	수도생활의 쇄신에 관한 교령 「완전한 사랑」*Perfectae caritatis*
양성 (교령)	사제 양성에 관한 교령 「온 교회의 열망」*Optatam totius*
신도 (교령)	평신도 사도직에 관한 교령 「사도직 활동」*Apostolicam actuositatem*
선교 (교령)	교회의 선교 활동에 관한 교령 「만민에게」*Ad gentes*
사제 (교령)	사제의 생활과 교역에 관한 교령 「사제품」*Presbyterorum ordinis*
교육 (선언)	그리스도인 교육에 관한 선언 「교육의 중대성」*Gravissimum educationis*
비그리스도교 (선언)	비그리스도교와 교회의 관계에 대한 선언 「우리 시대」*Nostra aetate*
종교 자유 (선언)	종교 자유에 관한 선언 「인간 존엄성」*Dignitatis humanae*

서 론

그리스도는 사도들에게 "온 세상에 가서 모든 이에게 복음을 선포하시오"(마르 16,15)라고 명령하셨다. 오늘날 그리스도인은 이 말씀을 어떻게 해석하고 이해할 수 있는가? 올바른 해석과 이해를 위하여 해석학에 관해 잠시 고찰해 보면, 해석학이란, 인식하는 것이 해석하는 것인 한 인식해야 할 어떤 것이 있을 때에 필요한 해석의 기술로서 모든 인간의 질문에 요청되는 것이다. 사실 해석학은 바람직한 인식을 위하여 인간의 모든 학문에 적용되도록 요청받는다. 해석학적 관점에서 신학의 출발점은 부동不動적인 것이 아니고, 마치 신약성서에서 제시된 것처럼 예수 그리스도의 삶과 말씀은 이미 초세기 그리스도교 공동체로부터 다양하게 해석되기 시작하였다. 새로운 역사적 상황과 새로운 경험을 체험하면서, 첫 성서는 성령의 감도하심에 힘입어 기본적인 그리스도인 경험과 교회의 새로운 역사적 체험을 불가분리적으로 보여주는 해석학적 요소들을 제공하고 있다. 이러한 관점에서 선교의 새로운 해석은, 전통에서 기인한 기본적인 그리스도교 체험과 오늘날 사람들의 경험 사이에서의 비판적 상호 연관성을 바탕으로 하여, 예수 그리스도, 그분 삶의 새로운 해석학적 관점들이 되는 것이다.[1]

해석학적 성찰의 관점에서 언어는 단순한 해석으로만 아니라, 언급되는 것에 대한 본래 저자의 의도를 해석하도록 접근해 가야 한다. 해석학적 인식은 저자의 체험을 재경험하고 재현하는 것으로 되어 있으며, 점진적인 인식의 종말론적 과정을 향해서 걷게 된다.[2] 해석학적 선교학의 목표는, 세

---

[1] 참조: E. Vilanova, *Storia della teologia cristiana*, 695.

[2] 참조: G. Mura, *Ermeneutica e Verità*, 77.

계를 보다 완벽하게 복음화하기 위하여 교회 역사 안에 선포된 하느님 말씀의 메시지 및 그 증거와 성서 사이의 해석학적 순환[3]을 존중하면서 그리스도 메시지를 새롭게 이해하는 데 있다 하겠다. 곧, 새로운 기회를 제공한 상황을 보다 잘 인식하면서, 그리스도의 메시지를 이와같이 재해석하는데 있는 것이다.

교회는 세계 안에서 선교신학을 실천하고 하느님 말씀의 실재를 구현하기 위하여 지칠 줄 모르고 활동하려 한다. 그리스도인들의 의식이 끝없이 진보하도록 하기 위하여, 또한 그들로 하여금 지혜롭고 심오하고 명확하고 귀중한 공헌을 하도록 하기 위하여 성서학과 사목신학과 제반 인간 학문들이 긴밀하게 상호 협조하는 것이 필요하다. 사실 그리스도인들을 더욱 효과 있게 성숙하도록 하기 위하여 교회는 더 많은 학문 연구와 경험 축적을 필요로 한다.[4]

성령과 함께 세계에 육화하고 죽고 부활하신 그리스도는 구원 역사의 알파요 오메가이고, 교회의 해석학에 있어 가장 중요한 개념이며 해석의 유일한 열쇠이다. 그리스도의 거룩한 말씀은 여전히 살아 있으며 그 말씀에서 다음과 같은 사실이 유추된다: 신앙의 인식은, 자신의 이해와 미래를 정향正向하는 창조적인 삶에서부터 불가분한 역사적 인식이라는 것이다. 그

---

[3] 인식과 이해의 순환으로 지칭되는 "해석학적 순환"은, 해석자가 어떤 작품의 구성을 이해하고 해석하는 데 있어서, 개별적인 것은 전체 의의로부터, 전체 의의는 개별적인 것으로부터 이해되어야 한다는 해석률로서 고대 사회에서 이미 정립되어 있었다. 그리스도교 신학에서 이 문제는 성서의 자의적·비유적·예형론적 해석으로 병행되면서 계시 진리의 함축적 의미를 이해하려 시도되었다. 해석과 이해의 순환구조는 하나의 소인(素因)이 다른 소인에 의하여 연속하여 규정되고, 전체적 세계이해는 현존재와 개별적 사상(事象)과의 만남으로써 새로이 형성된 인식을 통해 개별사상의 이해가 풍요하게 되고 심화된다. 그런데 이해는 항상 세계 내 존재의 전체와 관계하기 때문에 세계에 대한 모든 이해 속에 인간 실존이 함께 이해되고, 인간의 자기이해와 세계이해가 서로 매개되고 확대·심화되는 것이다. 이러한 해석학적 작업을 통하여, 예수 그리스도의 언행을 거듭 해석하고 반복적으로 새롭게 인식하려 함으로써, 곧 신앙의 해석학적 순환으로 발전하게 된다. 이같은 해석학적 순환은 고정불변의 정체성이 아닌 역동성, 곧 나선형을 이루면서 끊임없는 순환 해석을 통하여 시간의 역사와 함께 보다 완전하고 총체적·궁극적 인식으로의 발전과 진보를 향하여 계승되어 가는 것이다. 참조: 심상태 『한국교회와 신학』 성바오로출판사 1988, 240-4.

[4] 참조: E. VILANOVA, *Storia della teologia cristiana*, 696-7.

러므로 선교학은 불가피하게 과거의 기억이면서 동시에 미래의 예견이며, 전통적 지평을 통하여 진보적이며 창조적 차원의 신앙을 바라본다. 과거와 현재 사이의 관계를 언급하면서 선교학은 현대 그리스도교의 해석학적 행위 안에서 그리스도교의 기원을 조명할 수 있다. 그리스도의 진리는 정통 교리의 단순한 확증이 아니라, 인간을 해방시키시는 그리스도의 실제적 증언이며 웅변이다. 여기서 "실제적"이란 용어의 의미는 물론 현실적이며 타당한 것으로서, 사회학적 상황 분석이 선교학 안에서 원용되고 적용된 것이 그 한 예증으로 드러난다고 하겠다.[5] 선교학은 그리스도교 신앙의 불변하는 내용을 표현하고 설명하는 데 만족할 수 없고, 하느님 말씀의 실제적 의미를 증거하려 항구하게 노력하는 데에 존재 이유를 두고 있다.

이스라엘 사람들이 그 힘과 권능, 계약, 연인 같은 사랑 등을 체험하면서 알게 되었던 바의 성부, 곧 자신의 외아들을 세상에 파견하시고, 보이지 않는 하느님의 모상이며 모든 피조물의 첫째인 그 아들(골로 2,19 참조)을 통해 당신을 드러내셨던 성부, 그의 이름은 이 세계 안에서의 총체적 구원과 인간을 위한 봉사를 지향한다.[6] 이때문에 세계 없이 그리스도의 교회는 홀로 존재할 수 없다. 교회는 세계 없이 우리 시대 군상群像들의 희망과 기쁨, 슬픔과 고뇌를 함께 나눌 수 있는 지상 나그네로서의 교회일 수 없다. 실제로 교회는 세계의 복음화를 위하여 항상 일하도록 요구받고 있다.

"그리스도교의 역사 전체는 많은 지류들이 그 물을 쏟아내는 단 하나의 강으로 우리에게 나타난다. 2000년은 우리를 새로운 신앙심과 더욱 깊어진 친교와 함께 이 거대한 강, 계시의 강, 그리스도교와 교회의 강, 2000년 전 나자렛과 그다음 베들레헴에서 일어났던 사건에서 출발하여 인류 역사를 통하여 흐르는 이 거대한 강변으로 모이도록 초대한다"(제3 천년대 25). 오랜 교회 역사를 통해 알 수 있듯이 세계의 제반 문제와 교회의 보편 선교는 무관한 것이 결코 아니다. 오히려 세계를 복음화하는 데서 교회의 선

---

[5] 참조: 697.   [6] 참조: G. AGRESTI, *L'uomo nuovo*, 11.

교가 이뤄지는 것이다. 이와 같은 교회의 새로운 자의식은 150여 년 이전
으로 거슬러 올라간다. 이미 1848년 독일 케틸러 주교의 사상은 산업혁명
의 초기 과정에서 발생한 사회 빈곤층에 대하여, 또한 비판적이며 자유주
의적 사회 철학으로부터의 제반 도전적 현상에 대하여 심오하게 반응하기
시작하였다. 케틸러 주교는 "가까운 장래에 종교의 과업과 가톨릭 사회의
과업은 사회적 상황에 관여하여야 한다. 모든 법적 장치를 가지고도 국가
는 사회 문제를 해결할 능력이 부족하기 때문에, 사회 제반 문제의 진정한
해결책은 가톨릭 교회에 보존되어 있는 것으로 세계는 깨닫게 될 것이다"
라고 하였다. 레오 13세는 케틸러 주교를 선각자로 고려하였으며, 그 영향
을 받아 1891년 회칙 「새로운 사태」*Rerum novarum*가 집필될 수 있었다고 밝
힌 바 있다.[7] 사실 레오 13세 이후부터 가톨릭 교회의 사회교리는 교회 전
반에 걸쳐 뛰어나게 발전하였다.

정의와 평화, 인류애를 위해 일하는 교회의 공적인 모습은 세계에 널리
알려져 있다. 그리스도인들은 오늘날 세계 안에 더 많은 복음적 참여를 행
하도록 심오하게 요청받고 있다. 인류사회의 공동체적 삶 안에 교회가 참
여하는 것은 시대의 징표에 부응하는 역사적 요청이며, 그것은 교회의 복
음화 활동을 완성시키는 참여인 것이다. 현시대 상황 안에서 제2차 바티칸
공의회의 메시지는 심도 깊이 이해되었다. 최근 교황들의 제반 노력은 결
단력 있는 것으로서, 그들은 현대 사회에 나타난 근본적인 문제들에 대한
교회의 사회적 가르침에 새로운 자극을 주는 데 널리 기여하였던바, 곧 정
의, 인권, 해방, 발전, 평화, 노동, 환경, 가정 보호, 소수민, 피압박자,
국제 기구의 책임과 역할 등이 그것이다.

본고의 목적은 현대 세계의 복음화를 성취하기 위하여 교회의 선교 활
동, 그 정신, 방법과 목적, 양태 등을 해석학적으로 심도있게 고찰하는 데
있다. 그리스도교 해석학적 선교를 언급하면서, 물론 그 작업의 한계들을

---

[7] 참조: WEIGEL - ROYAL, *Verso una società libera*, 64.

잊지 않고 인정하며, 세계 복음화를 위하여 교회가 할 수 있고 해야 하며 또한 강조하고 재반성해야 하는 몇몇 중요한 관점들을 다루고자 한다. 그러므로 본 연구 논문에서는 전통적 선교 개념을 소홀히 하지 않으면서, 현대 세계에서 시대의 징표로서 부각되는 새로운 선교 개념의 해석 정립에 일조하고자 한다. 대략적인 목차를 보면, 제1장에서는 선교의 의미를 중심으로 선교의 개념, 근거, 필요성을 설명하였으며, 2장에서는 현대 세계에서의 복음화에 따르는 제반 문제점과 상황을 다루었고, 제3장에서는 육화된 말씀의 선교에 관한 해석학적 고찰에 대하여, 제4장에서는 네 복음서에서 언급된 다양하면서도 일관되게 흐르는 선교 양태에 관한 해석을 고구考究하였으며, 제5장과 제6장에서는 사도 바울로의 선교신학과 함께 그 현대적인 관점에서의 조명을 시도하였다. 이어서 제7장은 교회론적인 관점에서 교회 선교신학을 전개하였고, 제8장과 제9장은 복음적 선교 의식意識과 실천적 선교 영성에 대하여 기술하였으며, 제10장에서는 간단하지만 제반 문화를 어떻게 복음화할 수 있는가에 대하여 서술하였다. 제11장을 통해서는 "선교사 교황"이라고 일컫는 요한 바오로 2세의 세계 복음화에 관한 중요 회칙을 통찰하였으며, 제12장에서는 세계 안에 교회가 어떻게 참여하고 관계를 맺으며 복음화할 수 있는지 그 사명과 역할에 관하여 네 가지 측면에서 고찰하였다. 끝으로 제13장을 통해서는 종교 다원화 사회라고 일컫는 오늘날 비그리스도교와 어떻게 만나고 대화를 나눌 수 있는가에 대하여 또한 우리의 신앙을 어떻게 간직할 수 있는지에 대해서, 동시에 신학적인 쟁점 사항들에 대하여 그 방법과 신학적인 관점들을 소개하였다.

1

선교의 의미

예수께서 말씀하셨다.
"온 세상에 가서 모든 이에게 복음을 선포하시오"

· 마르 16,15 ·

1.1. 올바른 선교관의 필요성

모든 사람이 다 구원받게 되고 진리를 알게 되기를 바라시는 하느님은(1디모 2,4-5 참조) 당신 성자 예수 그리스도를 파견하시어 성령의 권능으로 모든 민족들이 한 백성을 이루어 당신 구원에 참여하기를 원하셨다. 예수 그리스도는 이러한 구원사업이 계속하여 이어 가도록 하기 위하여 사도들을 파견하시며 온 세상에 복음을 전파하고 가르치라고 명하셨다(마태 28,19 참조). 이같은 그리스도의 말씀에 순종하여 교회는 세상 끝까지 또 세상 끝날까지 선교에 이바지해야 할 것이다. 인류를 위한 사랑으로 스스로 자신을 온전히 내주신 그리스도를 본받아, 우리가 성령께 마음의 문을 열고 그분의 말씀과 이끄심에 따라 선교 활동을 수행하려 할 때, 성령의 빛은 우리로 하여금 복음을 보다 잘 이해하고 시대의 징표를 알아보게 하며 하느님의 뜻을 식별하도록 도와줄 것이다.

그리스도교의 선교 역사를 일별해 볼 때 비그리스도인에 대한 교회 선교 방향과 정책이 언제나 옳고 존경받을 경우만 있었던 것은 아니다. 적지 않은 오랜 기간 동안 교회는 그리스도를 모르는 다른 민족에 대하여 그들을 얕잡아 보고 멸시하여 상대적으로 도도한 우월심을 가지고 그들을 만나고 선교하였다. 특히 지리상 발견 시대 이후의 교회는 중남미와 아프리카, 아시아의 약소 민족에 대해서는 제국주의 정부의 식민정책에 추종하고 합세하여 식민 정부의 경쟁적인 영토 확장주의에 이용당하기도 하였다고 역사학자들로부터 비판을 받고 있다. 교회는 이런 가운데서 세계 제반 민족의 고유한 문화 예술의 발전과 함께 본방인 민족들의 토착적인 심성과 삶의 유형을 일방적으로 무시하고 서구식의 그리스도교 문화와 삶의 양식을 심기에 열과 성을 기울였다 하겠다. 예컨대, 중국 대륙에서의 선교는 전례 논쟁을 야기하면서 거대한 중국 민족과 장대한 중국 문화를 폄하하고 도외시하여, 오늘날까지 미완과 실책의 선교 사례로서 교회 선교 역사 안에 커다란 후한後恨과 오점을 남기고 있다.

한편 구세사의 제3 천년대가 시작되면서, 교회는 선교 역사적 측면 이외에 선교 지표指標적인 측면에서도 반성하지 않을 수 없는 점이 있다. 그것은 그리스도께서 이 땅에 강생하시고 2000년이 지났으나 그리스도교는 여전히 겨우 17%에 머물고 있으며, 지구상 일부 지역에서는 소수자 종교 그룹에 불과하며, 가톨릭이든 개신교이든 아직도 성서 혹은 그리스도교 전례 도구를 휴대하고서는 입국할 수 없는 나라가 있다는 점이다. 이같은 현상은 수량적인 측면에서보다 교회 선교의 특성과 질적인 측면에서 더욱 성찰해야 할 부분이 많다고 사려된다. 이렇게 볼 때, 현금 교회 선교의 모습이 진정한 그리스도교의 바람직한 자태인가? 과연 창립자 그리스도의 원래 의도대로 오늘날의 교회 선교 모습이 형성되어 있는가? 또한 성령께서 오늘날 바라시는 선교의 실천적 구현은 어떠한 것인가? 등등의 질문과 자책을 숙고하면서 올바른 선교관의 정립 의무와 함께 교회의 선교 사명은 더욱 절박해지고 있다 하겠다.

일생을 그리스도를 알지 못하고 살아가는 사람들과 복음의 말씀을 듣기는 하였으나 하느님의 사랑을 제대로 알지 못하는 수많은 사람들을 생각할 때 우리는 결코 이를 수수방관할 수 없는 것이다. 그리스도를 믿는 신자라면 그 누구든지, 교회의 어떤 단체의 일원이든지 각자는 모든 사람들에게 그리스도를 선포하여야 할 지상至上의 의무로부터 벗어날 수 없는 것이다. 교회 밖의 어둠 속에서 살아가는 이들은 그리스도와 그 구원의 메시지를 절실히 필요로 하고 있다. 생명의 말씀에 대한 이같은 갈증을 채워주기 위해서, 교회는 이 시대의 징표를 깨달으면서 더욱더 복음적인 모습으로 올바르게 선교할 수 있도록 최선을 다해야 할 것이다.

선교신학 연구에 대해서 논고를 본격적으로 전개하기 전에 여기서는 선교의 개념을 시작으로 하여, 선교의 근거와 선교의 필요성, 선교와 복음화의 구별되는 요소에 관하여 간략하게 알아보고 언급하고자 한다.

1.2. 선교의 개념

제2차 바티칸 공의회 문헌은 선교를 교회의 본성상 과제(선교 6 참조)로서 소개하며 강조하고 있다. 곧, 바티칸 공의회에서는 교황이나 주교·신부·수녀·평신도 등 교계 제도의 구성원 모두에게 복음 선교를 그리스도인의 책임이요 의무로서 규정한다. 다시 말하면 교회 구성원 모두가 차별 없이 선교사인 것이다. 전에는 선교라고 하면 외국인 성직자·수도자들에게만 먼저 해당되는 것으로 이해하였지만, 이제는 선교가 교회의 본질임을 상기하며 강조하게 되었다.

그러므로 "온 세상에 가서 모든 이에게 복음을 선포하시오"(마르 16,15)라고 한 성서의 말씀에도 나타나듯이, 특별한 나라, 특별한 사람만이 아니라 세례를 받은 모든 그리스도인이 복음을 전파할 수 있어야 하는 것이다. 왜냐하면 선교는 그리스도의 교회를 이루고 있는 우리 모두에게 주어진 사명이기 때문이다. 따라서 그리스도교 내의 모든 사람들이 다 선교사인 것이며, 복음 선교는 어느 특정한 대륙에서만 이루어지는 것이 아니라 그리스도인이 있는 곳이면 어디든지 5대양 6대륙 전체에서 항구하게 이루어져야 하는 것이다. 선교사라고 하면 특정한 사람들이 특정한 나라에 가서 복음을 전파한다는 사실 때문에 과거에는 특정한 그 사람들 나름대로 독점권을 가지고 있었다고 하겠지만, 이제는 모든 그리스도인이 선교의 의무를 지니고 있음이 분명해졌기 때문에, 구태여 몇몇 사람들만을 선교사라고 해야 될 이유는 없는 것이다. 이러한 의미에서 순수하게 선교사의 정체성이 재정립되어야 할 것이다. 곧, 교회를 구성하는 그리스도인이라면 누구나 선교의 의무와 권리에서 벗어날 수 없는 것이며, 직접·간접으로 선교사의 역할을 수행하거나 교회의 선교 활동에 협조하거나 동참하는 것이 요청된다고 하겠다.

　「선교 교령」에 의하면 “순례하는 교회는 그 본성상 선교하는 교회다. 교회는 성부의 계획에 따라 성자의 파견과 성령의 파견에 그 기원을 두고 있기 때문이다. 이 계획은 ‘원천적 사랑’ 곧 하느님 아버지의 사랑에서 흘러나온다”(2)고 가르친다. 이것은 사랑 그 자체이신 분의 심연에 있는 원천적 사랑amor fontalis에서부터 선교가 기원된다는 것을 의미한다. 이렇게 시작된 사랑의 기원은, 성부께서 성자를 파견하시게 되고 성자는 사도들을 파견하시게 되어 교회가 세워지게 되었다. “교회는 생활의 모범, 설교, 성사와 또 은총의 다른 방법으로 그리스도의 신앙과 자유와 평화로 모든 사람을 이끌도록”(선교 5)해야 한다. 그리하여 사람이 되시고 죽으시고 부활하신 예수 그리스도께서 하느님의 은총과 자비의 선물인 구원을 모든 이에게 베푸셨음을 온 세계에 가서 전파하는 임무와 아직 그리스도를 믿지 않는 백성들과 집단에 “교회의 부식”ecclesiae plantatio을 하는 임무를 선교라고 「선교 교령」은 정의하고 있다(6 참조). 이같은 교회 부식의 선교 개념은 뒤에서 언급하겠지만, 점차 삶 전체의 복음화 개념으로 변화되어 간다. 이밖에도 교회 선교에 포함될 수 있는 영역으로서는 다음과 같은 것을 들 수 있겠다: “신앙의 확산, 이방인의 회개, 온 세계에 기쁜 소식의 선포, 무신론자에게 신앙 정립, 비신앙인의 회개, 사도적 복음 선포, 이방인에게 구원 제공, 그리스도교 종교 확산, 구원에의 정향, 신앙의 성숙, 교회의 확장, 파견, … 피흘림 속의 신앙 부식, 복음적 사도직, 복음 가르침의 확산, 선포, 교회의 건립, 복음 현장과 교회의 증식, 그리스도 왕국의 확산 등”이다.[1]

---

[1] S. Paventi, *La Chiesa missionaria,* 13: K. Müller, *Teologia della missione*, 45.

1.3. 선교의 근거

성 루가 복음사가는, 그리스도께서 당신 스스로에 대하여 말씀하신 것을 자기의 복음서에 다음과 같이 기록하고 있다: "나는 다른 고을에서도 하느님 나라 복음을 전해야 합니다. 이 일을 위해 보냄받았기 때문입니다"(루가 4,43). 이 한마디 말로 예수님의 모든 사명이 집약되고 있다. 예수님은 삼위일체의 "영원한 사랑"amore eterna과 친교 안에서 성부로부터 하느님 나라를 선포하고 복음을 전하는 "이 일", 곧 궁극적으로는 인류 구원사업을 위해서 자신을 세상에 보내셨다고 말씀하셨으며, 또한 이사야 예언(61장)을 자신에 비추어 말씀하셨다. 주님의 성령이 자신에게 내리셨고 주님이 예수 자신에게 기름을 부어 주시어 가난한 이들에게 복음을 선포하도록 파견하셨다고 말씀하셨다.

또한 세계 주교 대의원회의 기간(1974년) 중 주교들은 예수님 자신이 바로 복음, 기쁜 소식이며(마르 1,1; 로마 1,1-3 참조) 최초의 또한 동시에 최대의 복음 선포자였음을 자주 상기시켰다. 그리스도께서는 최후까지, 완전하게 당신의 지상 생명을 바치기까지 복음 선포를 하셨다. 교회가 존재하고 있는 이유는 바로 이러한 복음 선포를 위해서이다. 즉, 하느님 말씀을 설교하고, 은총을 베푸는 수단이 됨은 물론, 죄인들을 하느님과 화해시키며 그리스도의 죽음과 부활을 기념하는 미사성제로써 그리스도의 희생을 영속시키기 위해 교회는 존재하는 것이다.

예수 그리스도만이 우리의 유일한 구원의 길(요한 14,6 참조)이며 예수 그리스도의 이름만이 우리를 구원의 길로 이끄신다(사도 4,10-12 참조). 하느님은 당신 계시의 결정적 말씀을 통하여 충만하게 당신을 보여주셨고 당신이 누구이신지 인류에게 말씀하셨다. 하느님이 확실히 결정적으로 자신을 나타내신 이 계시로 인하여 교회는 본성적으로 선교적이다. 그래서 교회는 복음을 선포하지 않을 수 없다. 이 복음은 하느님이 우리에게 당신 자신을 알게 하신 충만한 진리인 것이다.

　교회는 왜 선교를 하는가? 이 질문에 대하여 교회는 자신의 신앙과 경험에 의하여 참된 해방은 그리스도의 사랑에 자신을 개방하는 것이라고 대답한다. 그리스도 안에서만 모든 종류의 소외와 혼란에서, 죄와 죽음의 세력에 의한 종살이에서 인류는 해방된다. 선교는 신앙의 표현이며, 그리스도와 그리고 인류를 향한 그분의 사랑에 대한 우리 신앙의 확실한 표지이다. 예수 그리스도는 사도 바울로에게 하신 것처럼 우리에게도 이러한 은사恩賜를 주셔서, 그리스도의 사랑은 헤아릴 수 없이 풍요하시다는 기쁜 소식을 이방인들에게 전파하게 하셨다(에페 3,8 참조). 선교사명은 주님이 사도들에게 명시적으로 내리신 명령에 의해서뿐 아니라 우리 안에 있는 하느님의 생명으로부터 기인되는 거부할 수 없는 깊은 요청에서도 오는 것이다. 그리스도 교회에 일치된 사람은 누구나 하느님의 사랑과 은총에 대한 보답으로 또한 형제들에게 대한 애덕과 존경심으로 자신의 신앙을 생활과 봉사를 통해 사람들에게 증거할 특전과 책임을 지고 있다는 것을 느껴야 하는 것이다(교회의 선교 사명 11 참조).

　선교의 근거는 시대에 따른 문헌들의 시대 반영을 보여주고 있다. 처음 제2차 바티칸 공의회에서 선교에 대한 교령이 발표되었을 때는 성서를 기초로 하여 믿지 않는 이들에 대한 선교를 강조하고 있었지만 그 이후 10주년 기념으로 발간된 「현대의 복음 선교」*Evangelii nuntiandi*에서는 보다 포괄적인 개념으로 하느님 나라를 내세우고 또한 모든 죄와 악령에게서의 해방, 곧 여기서 죄와 악령에게서의 해방이란 "메타노이아"*metanoia*, 즉 내적 쇄신을 통한 근본적 회개, 마음과 정신의 깊은 회두와 전환을 의미한다. 이러한 선교의 근거를 회칙 「현대의 복음 선교」에서는 예수님 자신이 바로 선교사이셨다는 점을 중요시하였다. 그 후 「선교 교령」 20주년 기념 문헌으로 제작된 「교회의 선교 사명」*Redemptoris missio*에서는 진정으로 예수 그리스도가 원했으며 참 세상에 부합되는바, 곧 하늘나라에서의 구원뿐 아니라

이 세상에서부터 하느님 나라를 향한 길을, 예수 그리스도 자신이 열어 놓았다고 보았으며, 예수 그리스도 자신 안에 바로 하느님 나라가 내재되어 있다고 하였다. 또한 이 문헌에서는 구원의 가능성을 모든 사람으로 확장 (10)하였고, 교회가 구원의 표지이며 길임을 명시하였다(9).

1.4. 선교의 필요성

교회 선교는 부수적이거나 선택적인 것이 아니라, 교회 활동 가운데 필수적이며 본질적인 것이고, 그 존재 이유이며 근원적인 존재 양식인 것이다. 그리스도 강생 2000년이 지난 오늘날 여전히 선교의 대상으로 남아 있는 인류는 전체 인류의 과반수 이상을 점하고 있다. 바오로 6세는「현대의 복음 선교」제5부(49-58)에서 그리스도의 선교가 이루어져야 할 대상은 특히 미신자들과 냉담한 신자들, 그리고 비그리스도교적인 모든 종교인들이라고 말하고 있다. 현대의 선교적 상황은 무신론적 세력의 증가와 세속주의적 경향이 높아가고 있는 현실 속에서, 그리스도교의 선교 행위가 긴급한 과제로서 요구된다. 세속주의는 인간의 능력을 과대평가하는 나머지 마침내 인간 심성을 신神 존재의 부정에로 이끌어 여러 형태의 무신론이 생기게 한다. 즉, 신의 자리에 인간을 세워놓고 인간중심주의의 무신론으로 귀결되어 쾌락, 권력, 지배욕에 바탕을 둔 인본주의적 경향에로 흐르게 만든다. 이러한 무신앙적인 인본주의에서 야기되는 제반 세속적 과소비의 속물적 물질문화를 마땅히 배척하고 경계해야 하는 것이다. 이러한 시류時流는 하느님의 모상이라고 하는 인간의 존엄성과 품위를 한없이 영락시키는 것이므로 현대 인류 문명에 큰 도전이 된다 하겠다.

그리고 다음으로는 냉담자에 대한 선교적 관심이다. 오늘날 특히 인간중심주의와 세속화 현상, 종교적 상대주의의 영향으로 세례는 받았지만 신앙생활에 전혀 무관심한 사람들이 날로 증가하고 있는 상황에서, 교회의 선교 활동은 하느님의 계시와 그리스도께 대한 신앙을 일깨우는 신자 집단 내의 새로운 선교로서 반드시 필요하다. 일상 대중매체의 사회면을 가득 채우고 있는 현금의 비복음적 상황에 대처하여, 그리스도의 복음이 사회 문화 전반에 널리 선포되고 깊이 스며들어 빛과 생명의 인류사회가 될 수 있도록, 교회의 선교 사명은 그 어느 때보다도 절실히 요청되고 있다.

냉담자 문제는 대단히 심각하여, 심지어 냉담자를 양산하기 위하여 세례를 베푼다는 자조自嘲적인 말도 나온다. 냉담자를 방지하기 위해서는 신앙인들로 하여금 하느님 체험을 하여 신앙심을 더욱 심화시키는 것이 필요하다. 신앙심의 심화를 위해서는 항구한 신앙 교육과 관심, 친교 등이 중요하며, 특히 성직자들과 수도자들은 신앙심이 약한 신도들에게 더욱 애착을 가지고 임할 것이며, 공동체 전체를 위하여 꾸준한 노력과 봉사 및 장기적인 투자를 게을리하지 말아야 할 것이다. 냉담자를 교회로 다시 돌아오게 하기 위해서는 무엇보다 새로운 복음화 또는 재복음화의 중요성을 인정하고 그에 대한 실천적 연구가 이뤄져야 하겠다. 옛날과 같은 종전의, 타성에 젖고 진부한 어제의 방식으로가 아닌 오늘날의 문화와 사고의 방식에 맞게, 더구나 시대의 징표에 맞갖은 여러 다양한 수단을 강구하고 개발할 수 있어야 할 것이다. 새로운 복음화의 구성요소로서는 새로운 열의와 새로운 표현과 새로운 방법인데, 특히 지역별, 연령별 상황에 적합한 방식을 다양하게 전개하고 원용할 필요가 있는 것이다.

교황 바오로 6세는 20여 년 전에 "복음화하면서 동시에 복음화되는" 교회적 "기초 공동체"communitates a basi가 특히 사제 부족 지역에 형성되어 교회 일치와 발전을 도모하고 지역 사회를 복음화할 수 있도록 권고하고 있다(현대의 복음 선교 58 참조). 한편 요한 바오로 2세도 「선교 교령」 반포 25주년과 「현대의 복음 선교」 반포 15주년을 기념하여 선포한 회칙 「교회의 선교 사명」에서, 그리스도께서 이 세상에 오신 지 2000년이 다 되어 가는 시점인데도, 구세주 그리스도께서 교회에 맡기신 선교사명을 이루는 데 아직도 머나먼 여정이 남아 있다고 전제한 후, 이러한 영예로운 직무에 우리의 모든 힘을 기울여야 한다고 강조하고 있다. 그리고 교황은 "모든 백성들은 그리스도께 문을 여십시오!"라고 권고하면서, 그리스도의 복음은 인간의 자유와 문화에 대한 마땅한 존경과 모든 종교 안에 있는 선한 것은 그 어느 것도 빼앗지 않으므로, 그리스도를 받아들이면서, 그분 안에서 하느님이 완전히 알게 해주시어 우리를 그분 자신에게 갈 수 있게 하기 위해 길을 보여주셨던 하느님의 결정적인 말씀에 귀를 기울이라고 촉구한다(3 참조).

또한 교황은 그리스도를 모르는 사람들과 교회의 부분을 이루지 않는 이들이 계속적으로 증가하고 있으며, 제2차 바티칸 공의회가 끝날 무렵과 비교하여 두 배에 달하고 있다고 그리스도 선교의 긴급성에 대해 반복하여 언급하고 있다. 교황 바오로 6세와 교황 요한 바오로 2세는 다같이 비신자들을 위한 새로운 선교와 냉담자들을 위한 새로운 신앙생활의 쇄신을 강조하고 있는 것이다. 오늘날의 선교적 상황은 "복합적이며 유동적인 종교적 상황"에 그 특징을 둘 수 있다. 매우 다양한 종교적 상황과 변화 그리고 전환기에 처해 있는 오늘날은 특히 도시화, 대량 이민, 피난민의 이동, 고대 그리스도교 국가들의 탈그리스도교화, 복음과 그 가치들의 영향력이 증가되고 있는 나라들 안에서 그 대다수의 주민들이 크리스천이 아닌 현상, 특히 아시아 그리고 종교적 분파들과 메시아니즘의 증가 현상이 그리스도교 종교생활을 어렵게 만들고 있으며, 선교의 개념에 복합성을 주고 있다. 교황 요한 바오로 2세는 교회의 "선교들"missioni은 다양하지만 교회의 "유일한 선교"missione unica이며, 교회의 모든 활동은 "선교적"missionaria이 되어야 한다고 강조하면서 복음화와 관련하여 이해하고 있다.

1.5. 선교와 복음화

광의의 의미로서는 비슷하거나 동일한 면을 나타내면서도 엄밀한 의미로서는 분명히 서로 구별되는 이 두 용어를 올바로 이해한다는 것은 교회의 선교 사명을 보다 정확하게 인식하는 데 중요한 도움을 제공한다. 선교와 복음화의 두 개념은 궁극적으로는 서로 다른 의미를 제시하면서도, 서로를 보완하면서 다양한 상황에서 때로는 동일한 의미를 표현하기도 한다.

교회가 실행하는 선교라는 용어는 문자 그대로 풀어쓰게 되면, 흩뜨릴 선宣 자와 가르칠 교敎 자로 구성되어 있다. 여기서 선宣 자는 널리 편다는 뜻도 나타내고 있다. 교敎 자는 가르친다는 뜻으로서 첫째로 예수님의 가르침을 의미한다. 이것은 주님이신 예수 그리스도께서 공생활 3년 동안 사도들과 제자들에게 몸소 말씀하시고 가르치신 내용들, 곧 하느님 나라, 영원한 생명, 사랑의 계명, 생활 규범 등을 모두 포함한다 하겠다. 또한 "교"敎 자는 교회를 뜻하기도 한다. 여기서 교회라고 함은 외형적 건물을 의미하는 것이 아니다. 원래 교회의 뜻은 "에클레시아"ecclesia, 곧 하느님의 백성, 믿는 이들의 모임, 신앙을 가진 자들의 회중會衆을 뜻한다.

그러므로 선교의 일차적이며 자의적字意的인 일반적 의미는 예수 그리스도께서 2천 년 전 사도들에게 직접 가르치고 말씀하신 진리를 아직 듣지 못하고 복음을 모르는 사람들에게, 또한 예수 그리스도를 알지 못하는 이들에게 그리스도의 가르침을 선포하고 깨닫도록 하는 것을 뜻한다. 교회의 선교는 이렇게 함으로써 그리스도의 가르침을 선포하고 신앙을 가진 사람들의 모임인 교회를 세상에 널리 펼치게 하는 것을 의미한다. 교회론적인 의미로, 교회의 선교 활동은 복음 선포를 통해서 아직 교회가 건립되지 않은 나라와 민족들과 사람들 사이에 교회를 부식하고 일으키는 활동을 뜻한다(선교 6 참조). 이런 점에서 선교라는 의미는 교회론적인 신학 의미가 강하고 교회 확장 이념과 호교론적인 의미가 지배적이라 하겠다. 그래서 신앙생활과 일반 가정 및 사회생활과는 피할 수 없는 괴리감을 시사하고 있다. 바로 이 점을 간파한 바오로 6세는 일찍이 신앙과 일상생활이 별개의 것으로 분리되지 않도록 삶 전체 복음화의 필요성을 강조하였다.

"복음화"라는 개념은 그리스도 부활의 메시지를 선포하고 생활하는 것이 가장 핵심적인 내용을 담고 있다. "복음화"는 초자연적 생명과 구원의 신비를 선포하는 것이고, 하느님 나라에 대한 예언자적 선포이며 동시에 하느님의 종말론적이고 심오한 부르심이다(현대의 복음 선교 27-28 참조). 회칙 「현대의 복음 선교」의 29항에 의하면, 복음이 일상의 구체적 생활과 연관되고 영향을 미쳐야 하며, 실제적·개인적·사회적 삶과의 관련을 반드시 고려해야 한다고 언급한다. 복음화 개념은 부활하신 그리스도와 그분의 하느님 나라를 선포하는 것이며(22 참조), 그분은 초현실적이며 초월적인 피안에 숨어 있는 절대자 창조주로서의 하느님이라고 하기보다, 그 이름조차 알려진 자비로우신 아버지라는 사실을 선포하고 가르친다는 것은 훌륭한 복음화의 활동이 되는 것이다(26 참조). "복음화"는 종교적 동기와 목적을 상실하지 않으며, 모든 면에서 전인격을 직시하고, 복음에 준거하여 인간의 내면적·영성적 차원은 물론 아울러 인간의 기본적 자유와 문화적·물질적 및 신체적·심리적 차원의 자유 등을 총체적으로 고찰하는 것이다(32-33 참조). 곧, 인류의 모든 사회문화, 의식구조, "삶의 양식"modus vivendi 등을 변형시키고 발전시켜 마침내 구원에 이르도록 복음의 빛을 조명하여, 복음적인 가치가 형성되도록 하는 것을 뜻한다.

「현대의 복음 선교」 회칙은 이밖에 전례성사들도 포함해야만 한다고 강조한다. 전례강론과 교리교육적 복음 메시지의 전달은 복음화의 유효한 수단이 되고, 무엇보다도 실제 생활 안에서 그 말씀에 따라 살아가도록 하며, 신앙인으로서 일상의 구체적인 삶 안에서 그리스도와 복음을 증거하고 드러내는 삶이야말로 복음화의 가장 중요한 요소가 된다 하겠다(41-47 참조). 이러한 복음화의 개념은 마침내 신앙을 불러일으키고 더욱 돈독하게 만들며, 실생활 속에 동행하시는 하느님을 느끼도록 돕는다. 사실 "선교"라는 개념이 호교론적 차원과 상황을 강조하는 의미인 데 반하여, "복음화"는 한걸음 나아가 인간의 권리와 정의, 평화, 인간 발전, 인간의 자유를 옹호하는 지평도 포함하고 있다. 여기에는 인간 상황의 발전과 증진에 관한 의무와 교회론적 복음 선교 간의 유대관계가 필요하다(29-31 참조).

이렇게 볼 때, "복음화" 개념은 대단히 종합적이고 복합적인 개념임을 알 수 있다. 이 개념은 아직 그리스도를 모르는 이들과 복음이 전파되지 않은 지역의 사람들뿐 아니라, 비그리스도인들과 무신론자까지 포함하여, 세례는 받았으나 신앙심이 식어버린 냉담자들과 함께(53과 56 참조) 기존의 신자들까지도 그 대상으로 하여 신앙심을 고취해야 하는, 곧 재복음화의 일까지도 의미하고 있다(54 참조).

이상과 같은 복음화의 폭넓은 개념을 고려해 볼 때, 오늘날 이 시대가 요구하는 징표에 부합하는 개념으로서, 복음화의 포괄적인 개념이 강조되고 있으며, 이미 "포교성"도 "인류복음화성"으로 개명하였으며 국내 몇 교구에서도 선교국보다는 복음화국으로 선호하여 호명하고 있다.

2

현대 세계에서의 복음화

2.1. 현대 복음화의 장애 요소

이제 내가 그대들을 보내는데 마치 양들을 이리떼 가운데 보내
는 것과 같습니다. … 그대들은 내 이름으로 말미암아 모든 사
람에게 미움을 받을 것입니다. 그러나 끝까지 참고 견디는 사
람이야말로 구원받을 것입니다(마태 10,16.22).

2.1.1. 바티칸 공의회 이후 선교의 어려움

최근의 선교 회칙 「교회의 선교 사명」에 의하면 교회의 선교 활동에 있
어서 제2차 바티칸 공의회의 많은 결실들이 증명되고 있다.[1] 그러나 공의
회 이후 지난 19세기의 역사와 20세기 현대 신학을 비교하고 조명해 볼 때
교회 선교의 새로운 어려움이 나타남을 알 수 있다. 19세기와 20세기 초에
이르기까지 약소국에 대한 식민주의가 여전히 세계에 산재해 있었다. 선교
정책은 많은 경우에 식민지 정책과 동행하였고 대단히 위협적이며 비복음
적인 방법을 사용하여 전개되었다. 선교에 대한 이같이 불쾌한 감정은
1972년 방콕에서 개최된 세계 선교 회의에서 특별하게 공식 안건으로 채
택되었는데, 남반구 국가 대표들은 서구인들에 의해 자국민들의 고유한 문
화가 파손되었음을 항의하면서 서구 선교사들에게 그 보상을 요구하였다.
서구 교회는 지역교회를 재구성하면서 역사적 위기를 극복하려 노력하였으
나, 여전히 비난을 면치 못하고 있는 실정이다.[2]

바티칸 공의회 이후 선교학은 명확성이 결여된 "선교"의 혼돈 시대를 만
나게 되었는데,[3] 다양한 선교 상황에서 "혼돈" 혹은 "위기"라는 용어를 많

---

[1] 참조: J. Dinh Duc DAO, Missiografia, 27.　　　[2] 참조: K. MÜLLER, Missiologia, 22.

이 듣게 되었다. "혼돈"이라는 말은 선교 개념의 혼돈에서 기인하였는데, 공의회 이전에는 선교 활동에서 들어보지 못한 용어였다. 그 당시는 단순히 이방인에게 다가가서 복음을 선포하고 외교인들에게 세례를 주고, 교회 건물을 건축하고 신도들을 사목하면 충분하였다. 이것이 새로운 지역에서의 일반적 선교 과정이었다. 교회 선교 활동에서 필요했던 것은 오직 커다란 열정뿐이었다. 교회 밖에는 구원이 없기 때문에 교회 구성원은 모두 세계 복음화를 위하여 선교사가 되어야 했다. 선교의 목적은 너무나 단순하였다.

공의회 후대post-Vaticano가 도래하면서 선교 상황은 매우 애매모호하고 복잡하게 되고 선교의 당위성이 의문에 처하게 되었다. 공의회는 비그리스도인들의 구원 가능성에 대하여 매우 명확하게 단언하였다(계시 8과 16, 사목 22; 선교 3 참조). 타종교 안에서도 진실하게 하느님을 만나는 사람들은 그 종교를 통해 구원될 수 있다는 것이다. 이러한 진술은 그 자체로 명확하기에 다른 의심을 남기지 않는다. 그러나 그 진술들은 이방인 선교에 대한 의도와 열의를 약화시키는 장애를 초래한다. 하느님만이 아시는 방법으로 비그리스도인이 확실하게 구원될 수 있다면, 선교 활동은 필요하지 않거나 적어도 과거처럼 그렇게 긴급하지 않는 것일까? 이처럼 선교 방법과 양식뿐 아니라 선교의 근본적 동기까지 의문에 처하게 만든다. 예컨대, 복음 메시지의 내용과 선교 임무의 효용성과 당위성 등에 관한 회의이다.

오늘날의 선교사들은 개인적 재정상의 문제들로 걱정하는 것이 아니며, 그들의 사고는 선교 방법이나 선교지의 교회 유지를 위한 어려움에 한정되지 않는다. 그들을 힘겹게 하는 것은 외적으로 선교 활동을 하는 데서 오는 피곤함이 아니라, 자신들이 참으로 해야 할 일을 하고 있는가 하는 의

---

3 Extra ecclesiam nulla salus(교회 바깥에는 구원이 없다)라는 오래된 금언의 심오한 재독찰(再讀察)을 요구하면서, 비신앙인의 구원에 대한 논쟁은 교회 의식 안에 선교의 의미에 대한 새로운 의문들을 제기하였다. 오늘날에는 이 개념이 확장되어, ecclesiam 자리에 vitam(생명)·mundum(세상)·creaturam(창조) 등의 용어가 대체한다고 보고 있다.

문이 엄습해 올 때의 내적으로 매우 나약하게 만드는 불안감인 것이다. 곧, 교회 선교의 당위성에 대한 근본적인 의구심과 불확신이 일어나고 있다는 것이다.[4] 혹자는 묻는다: 만일 교회 바깥의 사람들도 예수 그리스도의 구원, 교회의 구원에 이를 수 있다면, 사람들을 교회로 데려오기 위하여, 사람들에게 구원을 주기 위하여, 그들을 선교하기 위하여 많은 일을 해야 할 필요가 왜 있는가? 즉, 교회 선교 정신에 혼돈이 야기되는 것이다. 이러한 현상은 가톨릭과 개신교를 망라하여 전체 그리스도교 선교 열의에 커다란 충격을 일으켰다. 어떤 신학자들은, 교회가 세계를 하느님에게로 개종시키려던 용기를 잃고, 그 대신 어떻게 하면 세계 안으로 개종할 수 있을 것인지를 고민하게 되었다고 관찰하였다.[5]

초세기 교회의 급성장은 이어지는 세기와 마찬가지로 예수 제자들의 선교 노력에 그 기초를 두었는데, 이러한 선교사명은 오늘날까지 교회 2천년 역사 안에 결코 중단된 경우가 없었다. 그러나 인간 역사상 여러 경우처럼 대단히 강력한 선교 기간과 그에 비해 상대적으로 지치고 쇠약한 과정의 선교 기간도 나타났다.[6] 예컨대, 영성적 쇠약, 물질주의, 소비주의, 반(反)그리스도교주의, 세속주의, 불가지론, 무관심주의 등의 현상과의 대립 기간이 그것이다. 젊은 교회에서도 이같은 현상이 나타나며, 오래된 그리스도교 전통의 국가는 이로 인하여 선교 활력을 잃어가고 있다.[7] 선교 열의의 쇠퇴는 세계 복음화에 하나의 위기를 초래하였다. 1985년 세계 전교 주일 행사에서 인류복음화성의 요제프 톰코 장관은, "거의 모든 그리스도교 국가에서 선교사의 숫자는 감소하고, 그리스도교의 경계선에서 이루어지는 예수 그리스도에 관한 선포는 위기에 처해 있다"고 단언하였다.[8]

---

[4] 참조: W. FRAZIEr, *Guidelines for a New Theology of Mission*, 23-4.

[5] 참조: F. GOMEZ, The missionary activity twenty years after Vatican II, 27.

[6] 참조: E. NUNNENMACHER, "Chiesa missionaria": PUU 편 *Dizionario di missiologia*, 97.

[7] 참조: "Evangelizzazione": PUU 편 *Dizionario di missiologia*, 251.

[8] *L'Osservatore Romano*, 1985.10.18, 1.6.

하느님 백성이 겪고 있는 매우 비극적인 상황 안에서도 어려움은 여전히 사라지지 않고 있다. 세속화된 문화는 신학과 사상에 지대한 충격을 남겼다. 공의회 후대의 선교에 대한 성찰은 1960~1970년대 시작된 현대 세속주의로부터 자유롭지 않았다.[9] "실제적 무관심 속에 살고 있는 그리스도인들이 견지한 신앙의 태도는 한결같이 유약한 표지를 드러낸다. 이러한 현상은 그리스도인들을 이따금씩 우상이 되는 금력과 안이함, 쾌락, 안락함 등으로 이끌리게 하는 세속적 흥미와 시류時流를 나타낸다."[10] 이러한 담론에서 분명한 것은 선교 활동 안에는 십자가가 현존하고 있다는 사실이다. 선교는 늑대 가운데 양을 보내는 것처럼, 예컨대 세속 사회로부터 비난받고 법정에 끌려가 불안과 공포를 일으켜 육신적·정신적 고통을 당하거나 마침내 죽음에 이르기까지(마태 10,16.21.28 참조) 커다란 어려움을 겪을 수 있다. 선교는 세상으로부터 오는 십자가와 고통, 박해 등의 요소를 본질적인 현실로 요청하고 있는 것이다.[11]

바오로 6세는 세계 민족들에 대한 선교 열의의 상실이 교회 내부로부터 발생하기 때문에 그 어느 때보다 심각한 문제라고 우선적으로 지적한 바 있다. 그것은 피곤과 실망과 타협, 무관심, 무엇보다도 기쁨과 희망의 상실에서 드러난다. 교회 선교의 가장 큰 장애 요소들은 그리스도인들 사이의 과거부터 현재에 이르는 분열, 전통적 그리스도교 국가의 비그리스도교화, 사도직 성소의 감소, 신도들과 그리스도교 공동체의 그리스도 표양을 자기 삶에서 추구하지 않는 반反증거적 모습 등이다(교회의 선교 사명 36 참조). 이런 까닭으로 오늘날 이방인에 대한 외방 선교는 많은 관심과 매력을 끌지는 않는 듯하다. 추수할 것은 더욱 많아졌으나 오늘날 세계 이방인들에 대한 선교는 어쩔 수 없이 무관심 경향에 빠져드는 것을 쉽게 발견할 수 있게 되었다.

---

[9] 참조: J. LOPEZ-GAY, La missiologia contemporanea, 16.

[10] Willi HENKEL, I destinatari della missio "Ad Gentes" (Cap.IV): *Euntes Docete* XLIV (1991) 228.

[11] 참조: La Croce e la missione ad gentes: *Euntes Docete* XXXVIII (1985/3) 174-5.

2.1.2. 세계 선교 현황 고찰

최근 몇십 년 사이의 내외적 어려움은 비그리스도인들을 향한 교회의 선교 열의를 쇠약하게 하였으며, 실제로 이것은 모든 그리스도인들의 우려를 자아내기에 이르렀다.

인류 역사상 세계의 다양한 가치관과 함께 발달해 온 교회는 이교로부터 자신을 방어하면서 세계를 복음화해 왔고 오랜 세월 동안 외롭게 선교를 실천해 왔다. 이때문에 교회 선교 활동의 2천 년 세월은 꾸준하고 찬사받을 만한 결과를 이루었음을 의심할 수는 없다. 선교사 선先세대가 흘린 피와 땀, 신도의 결속력 등에 힘입어 교회는 거의 모든 민족과 대륙에 산재하게 되었으며, 모든 민족의 문화와 전통에 영향을 미치게 되었다.

그러나 선교사들 공동의 노력이 이방인의 개종을 주요 목표로 한다는 생각에 주목한다면, 그 결과는 대단히 실망스럽다. 요한 바오로 2세는「교회의 선교 사명」회칙 3항에서 복음을 듣지 못하고 그리스도를 모른 채 사는 사람들이 많아졌음을 지적하고 있다: "그리스도를 모르고 교회에 속하지 않은 사람의 수는 계속 증가하고 있으며, 공의회 폐막 이후 거의 두 배나 증가하고 있다. 하느님이 사랑하시고 그들을 위하여 당신 아들을 파견하신 인류의 거대한 모습을 보면 교회의 선교가 긴급함을 알 수 있다."

거의 2천 년 동안 선교 활동이 이뤄졌으나, 그리스도교는 세계 인구의 1/3에 미치지 못하며, 전체 인구 2/3가 여전히 교회 바깥에서 살고 있다. 2000년에 파악된 세계 주요 종교들의 분포 현황 통계 수치는 다음과 같다:

	신자수	비율
그리스도교	1,929,987,000	33%
로마 가톨릭	1,040,354,000	17.8%[12]
개신교	360,913,000	6.2%
성공회	54,785,000	0.9%

---

[12] 이 수치(세계 전체 인구 중 17.8%)는 2000년도를 기준으로 파악된 것이며, 1992년의 통계 자료는 928,500,000명(17.68%)으로 되어 있다.

정교회	223,204,000	3.8%
기타	287,857,000	4.9%
이슬람교	1,147,494,000	18.6%
힌두교	746,797,000	16.8%
불교	353,141,000	6%
중국 전통 종교		4%
원시 종교		4%
비신앙인		17%[13]

이런 관점에서 세계 종교 현황 통계는 많은 것을 시사하고 있다. 그리스도교가 두드러지게 앞서 있으나, 다른 종교도 커다란 영향력을 지니고 있다. 1991년 1월 1일에 실제로 통계가 발효되기 시작한 1990년대 교회 연감에 의하면, 가톨릭 신도의 비율은 전체 인구 가운데 겨우 17.68%이다.[14]

"비그리스도교 인구의 증가가 교회 외부의 도전이라고 한다면, 신흥 종교와 새로운 소수자 교단의 출현과 증가는 교회 내부의 도전을 나타낸다 하겠다. 1968년부터 돌이켜 계산해 보면 새로운 6백 개의 개신교 교단이 남아메리카에 침투하였고 거의 3천5백만 명이 그같은 종교 집단에 입단하였으며, 매시간 4백 명씩의 비율로 계속하여 영입해 간다는 것이다."[15]

한편 최근 대중매체는 가톨릭 선교사들에 대한 폭력이 증가하고 있다고 보도하였다. 최근 2년 동안 선교사들과 사제, 수녀들에게 가한 폭력의 빈도가 극적으로 증가하였다. 몇몇 나라들에서는 민족주의가 종교적 특성으로 변화되고, 교회가 고질적인 부정 부패의 사회 구조를 변혁시키고 있다는 인식이 증가하면서, 이것은 타락한 경찰들과 보수적인 전통 종교 지도자들 및 지주와 구역 지도자들을 매우 불쾌하게 하였다.

세계 주요 종교들의 근간을 심어준 전통 문화와 민족들로부터 그리스도

---

[13] 참조: kin.naver.com/세계 종교 분포 비율(2000)

[14] 참조: *Supplemento a L'Osservatore Romano*, 1992.10.17, 241.

[15] Joseph Dinh Duc DAO, Missiografia, 28.

교 선교는 대단히 강한 저항과 언제나 맞부딪쳐 왔다: 그것은 그리스도교가 선사할 수 있는 것을 이미 전통 종교와 문화가 소유하고 있다고 주장하기 때문이든지, 또는 전통 종교가 자신의 전통을 배척할 필요 없이 그리스도교의 좋은 요소들만 선별하여 자신들의 전통 종교에 동화시킬 수 있다고 하기 때문이든지, 또는 자신들의 전통 종교가 적어도 어떤 관점에 있어서는 그리스도교보다 우월하다고 생각하기 때문이다.[16]

2.1.3. 현대 복음화 상황의 장애

독일에 있어서 1965년에는 가톨릭 신도의 55%가 미사에 참여하였으나, 1975년에는 35%, 1985년에는 25%로 감소하였다. 장소에 따라서 50%도 있으나 5%에 불과한 지역도 있다. 실제로 "신앙을 간직한" 노년층 사람들이 세상을 떠나고 나면, 젊은이들 가운데 소수만 그들 본보기를 따를 것이다. 여기에 덧붙여 한때 가톨릭 교회의 중심기둥이었던 사제들은 세월이 갈수록 점차 노령화되어 더욱 귀하게 되며 항상 요청에 부족한 상태가 되어, 이제는 사제 수의 부족이 첨예한 국면이 되었다. 본당이 빠른 속도로 합쳐지게 되고, 사제는 거대한 본당 건물에 홀로 살며 성사 집전과 교리교육에 쫓기는 행정가로 전락하게 되었다.[17]

오늘날 사람들은 끊임없이 움직이고 있고, 과거에는 명백하고 결정적이던 사회적·종교적 사안이 점점 더 복잡해졌다. 거대 도시화, 대량 실업과 이주, 전통적 그리스도교 국가들의 신앙 상실, 비그리스도교 국민의 복음과 그 가치들에 대한 무시와 거부, 신흥 종파의 번창 등 사회 격변은 전해 오던 교회적 식별과 범주를 적용하기 어렵게 하며, 몇몇 국가는 오랜 세월이 지났는데도 여전히 선교지역으로 머물러 있다(교회의 선교 사명 32 참조).

"현대사회 메커니즘의 분석은 비천한 사회조건이 부정적 사회구조의 결과라는 사실을 발견하게 만들었다. 이것은 우연한 것이 아니라 인간 죄악

---

[16] 참조: *Avvenire*, 1996.3.7, 14.

[17] 참조: W. BÜHLMANN, *La chiesa alle soglie del Terzo millennio*, 241-2.

의 결과로서, 식민주의와 가난한 나라의 국내외 신식민주의, 신제국주의, 종속의 인위적 상태, 무기 경쟁 등이 그것이다."[18] 그런데도 "동시에 인간 가족의 단결과, 생존, 발전을 위한 민족과 국가들 간의 정치적·경제적 결속의 필요성에 대한 인식이 확산되어 가고 있다".[19] 국가간의 경제적 결속은, 국가 채무에 관한 한, 평화와 발전이 모든 민족들 사이에서 실제로 성취될 수 있다는 확신에 이르게 되었다. "확실하게 세계를 분리시키는 사회, 경제, 인종, 이념의 불평등과 분열이 나타났으므로, 민족과 국제 공동체의 사회, 정치, 경제 체제의 개혁이 요청되고 있는 것이다."[20]

새로운 사회 현상은 여전히 계속해서 발견되고 있다. 예컨대, 지구 북반구의 나라들이 주도하는 국제 경제 질서에 대하여 다음과 같은 항의성 질문이 제기되고 있다: "남반구 국가의 빈곤과 북반구 국가와 교회의 복지 사이의 격차가 커져서 복음적 증거와 그 신뢰심에 대하여 위험스럽게도 간격이 벌어지지 않았는가? 북반구의 그리스도교가 불경기와 빈곤을 낳는 남반구의 경제 구조를 이용하려 하는 상황에서 어떻게 교회 선교와 그 목적에 대하여 호의적으로 반응할 수 있겠는가?"[21] 이밖에도 오늘날 현상들을 설명하는 것 중의 하나로서, 점차 현대화될수록 몇몇 예상되는 현실상現實像 중의 하나는 무엇보다도 언제나 더욱 개인주의화되어 간다는 점을 들 수 있다. 물질적 진보는 인간을 더욱 인간적이거나 형제적으로 만드는 것이 아니라 오히려 그 반대로 비인간적 이기주의가 증가하게 하였다. 가치에 대한 이같은 본질적 공허함 앞에서, 오늘날 인간은 생명과 종교의 문제에 직면하게 되었다. "현시대의 인간은 거의 언제나 더 많이 묵상을 포기하고, 실제적 과업을 자신의 내면화에서 세계지배로 옮겨가면서, 신神이 주도하던 세계를 오늘날 우리 신앙의 위기와 우리의 미래로서 다가오고 있는 속인俗人적 세계로 변화시킨다. 오늘날 기술의 정복은 단순한 사실의 자료

---

[18] Ramon Macias ALATORRE, *Liberazione e promozione umana*: S. KAROTEMPREL 편 *Seguire Cristo nella missione*, 138.

[19] 138.   [20] 138-9.   [21] K. MÜLLER, *Teologia della missione*, 38-9.

가 아니라, 현대 인류 문화의 한 요소이며, 현대인이 세계를 소유하려 하고 자신의 운명을 결정지으려는 욕구를 분명히 보여주고 있다."[22]

또한 선교에 대한 다양한 토론이 선교사들에게 많은 혼란을 가져왔으며, 선교 동기를 나약하게 만들었다. 선교에 대한 새로운 이해를 분명하게 할 필요가 있다. 모든 종교에 동일한 구원 가치를 부여하고 선교 동기에 충격을 주는 제반 경향들과 맞서 싸울 필요가 충분히 있다.

"선교신학과 현대 복음화 개념의 근본적인 한 가지 나약성은 '인간 자력 구원'의 가능성 주장과 죄악에 대한 침묵(또는 낮은 목소리)으로 나타난다. 둘째 나약성은, 창조주로서 하느님의 보편적 구원의지는 … 예수 그리스도의 구체적 구원 현시와 양립할 수 없다는 것을 받아들이고 있다는 것이다. 예수 그리스도의 파스카 신비에 대한 올바른 이해는 선교신학의 그릇된 개념을 퇴출시킬 것이다. 이는 선교에 올바른 동기를 부여해 줄 것이며, 그 필요와 긴급성을 깨닫게 할 것이다."[23]

현대 선교학은 적지 않게 혼란스러운 요소들로 특성지어지고, 동시에 그 안에는 선교 열의와 복음화 성찰의 쇄신을 위하여 탐색해야 할 지평과 추구해야 할 길을 새롭게 열어주는 사실과 이념들이 함께 나타난다.[24] 복음을 선포하는 데 있어서, 교회 선교는 모든 종류의 어려움과 봉착하게 되는데, 곧 지식인들의 실제적 무신론과 그리스도인의 변절, 전통적 가치의 왜곡 등이다. 복음화 및 선교 신학의 지평에 있어서 이같은 장애 요소가 있음을 부인할 수 없다. 확실히 오늘날의 세계에는 뚜렷한 식별을 요청하는 심오한 변화와 다양한 장애 요소들이 항상 존재한다. 그럼에도 불구하고 현대의 모든 표징들은 복음의 빛과 언제 어디서나 항구히 생동감 넘치는 교회 가르침과 교의에 의하여 해석되고 조명되고 재적용되어야 하는 것이다.

---

[22] S. DIANICH, *Chiesa in missione*, 73. 참조: J.B. METZ, *Sulla teologia del mondo*, Queriniana, Brescia 1969, 57.

[23] S. KAROTEMPREL 편 *Seguire Cristo nella missione*, 57-8.

[24] 참조: J. LOPEZ-GAY, La missiologia contemporanea, 9.

2.2. 선교 중심점의 변화

바람은 불고 싶은 곳으로 붑니다. 그 소리가 들리지만 어디서
와서 어디로 가는지는 모릅니다. 영으로부터 난 이는 모두 이
와 같습니다(요한 3,8).

2.2.1. 제3 천년대 이전의 교회

그리스도교는 성자께서 혈육을 지니시고 지상에 강림함으로써 시작되었
는바, 그분은 인간을 위하여 하느님의 사랑과 하느님 자신을 볼 수 있고
느낄 수 있도록 해 주었다. 그것은 유사 이래 일찍이 상상조차 하기 어려
웠던 일이었는바, 그 이유는 하느님이 인류에게 베푸신 커다란 은총으로
서, 창조주가 직접 피조물인 인간이 되었기 때문이다.

이렇게 기원이 시작된 그리스도교는 아시아 대륙의 경계 지역에서의 오
랜 교회 역사 이후 그 경계를 넘어 서구에 집중하게 되었다. 몇몇 사학자
들에 의하면 로마 제국의 모든 지역 안에 그리스도인이 살았으며, 300년
경 로마 제국 전체 인구의 15%가 그리스도인이었다고 한다. 디오클레티아
누스 황제는, 그리스도교가 전통사회를 잠식하려 한다고 생각하고 끔찍한
박해를 유발시키고 교회를 파괴하라고 명하였다. 그리스도인들이 많았던
곳은 박해가 더욱 가혹하였으며 상당기간 계속되었다.[25]

콘스탄티누스 황제는 밀라노 칙령으로써 그리스도인들에게 종교 자유를
허락하고, 예컨대 예루살렘의 부활 성당과 로마의 베드로 대성당 같은 성
당을 중건重建하게 하였다. 그는 교회를 인정하였을 뿐만 아니라, 교회로
하여금 국가와 세계 조직 안에 직접적으로 들어가게 한 새로운 시대의 기

---

[25] 참조: J. COMBY, *Duemila anni di Evangelizzazione*, 15-6.

원을 세웠으며, 교회가 서구 세계 역사와 관계를 맺도록 하였다. 그 후 로마 제국주의 세력이 소멸한 이후에도 교회는 세계 선교를 계속하였다.

또 다른 제국으로서는 비잔틴 제국이 나타났는데, 곧 콘스탄티노플로서 유일하고 보편적인 합법성을 널리 펼치었다. 그러나 그리스도교가 유입된 지 얼마 되지 않아 비잔틴은 쇠락하였다.[26] 제1 천년대의 동방 교회에서 중요한 공의회, 이를테면 제1차 니체아(325), 사르디카(342/342), 제1차 콘스탄티노플(381), 제1차 에페소(431), 칼체도니아(451), 제2차 니체아(787), 제4차 콘스탄티노플(869/870) 등의 공의회가 개최되었다. 제2 천년대인 1054년 동방 교회와의 분열 이후 선교의 중심은 서방 교회로 이전되었다.

로마 제국의 몰락 이후 그리스도교라고도 일컫는 서방 세계가 부상(浮上)하게 되었다. 초세기 그리스도교의 작은 공동체들은 제2 천년대에 이르러 커다란 공동체로, 거대한 교회로, 곧 그리스도교 왕국으로 변화되었다. 제2 천년대 중엽에 이르러, 서방 세계는 짧은 시기에 모든 국경을 넘어서 새로운 영토의 확장 일로에 있었다. "새로운 세계"는 신속하게 정복되었으며 식민지 혹은 선교지로 전락하였다. 당시의 세계는 유럽이 세계 정치와 경제의 그물망을 손에 넣고 있었기 때문에, 언제나 서방 세계에 의해서 결정되었다. 예컨대, 한쪽에는 발전된 도시, 다른 곳은 낙후된 시골, 또 한 곳은 식민 지배 권력, 다른 곳은 피식민지국의 병폐 등이었다.

"세계의 소란스런 지역은 유럽이 주도권을 쥐고 있었다. 교회가 선교 활동을 하듯이, 유럽은 식민정복을 행하였다. … 오직 마음으로만 원한을 품은 채 입을 다물고 있어야 했던 피압제국 작가들의 글들이 최근에야 겨우 빛을 보게 되었다."[27] 20세기 중반에 와서야 아프리카와 아시아와 남미의 사람들이 그들의 손으로 마침내 자신들의 역사를 기술하기 시작하였다.

이제 제2 천년대와 대조하여 제3 천년대를 전망해 보자. 제2 천년대의 몇 가지 결정적 요소를 되돌아보면 제3 천년대를 예측할 수 있을 것이다:

---

[26] 참조: W. Bühlmann, *La chiesa alle soglie del Terzo millennio*, 231.　　　[27] 14-5.

제1 관점: 제2 천년대는 무엇보다도 교황과 추기경, 그리고 주요한 몇몇 주교들의 위계질서에 따라 교회의 특성이 지어졌다. 그래서 하느님 백성은 하느님을 찾고 구원에 이르기 위하여 필요한 성사를 고위 계층으로부터 받는 데에 전념하였다. 반면에 제3 천년대에는 교회가 하느님의 백성으로 다시 확인되면서 모든 신도들의 카리스마(영능)를 감지할 수 있도록 하는 것이 요청된다. 교회생활을 비교할 수 없을 만큼의 풍요로움으로 이끌 각계 각층의 사람들에게서 다중多重의 주도권이 형성될 것이다. 권위주의적 위선자는 스스로 자멸할 것이나, 겸허히 봉사하는 사목자는 더욱 돋보이게 될 것이다. 그리스도교 초기에 약속되었던 바처럼, 성령의 시대가 뚜렷하게 감지되고, 그 성령은 모든 이에게 새로운 바람을 불러일으킬 것이다.

제2 관점: 제2 천년대는 교회 분열상이 두드러지게 특성지어졌다. 제3 천년대에는 에큐메니즘의 대화를 통해서 그리스도교의 현실에 새롭게 접근할 것이다. 개신교나 정교회 같은 대결과 분열의 혼란은 극복되기 시작할 것이다. 세계 안에서의 교회의 빛과 그 권능은 새롭게 강화될 것이다. 이러한 일치의 사상 안으로 대규모의 교회들이 동참하게 되리라 본다.[28]

제3 관점: 제2 천년대는 지역과 지역 간에 또 국가와 국가 간에 발발된 처절했던 많은 전쟁과 식민주의와 2차대전 등과 함께 식민주의 제국과 피식민지의 민족주의로 특성을 이룬다. 이 두 요소는 거의 확실히 극복되었으나, 또 다른 측면으로 동과 서, 남과 북의 투쟁으로 인해 세계 진영의 분열이 강화되고 고착되었다. 아마도 제3 천년대에는 보편주의가 출현할 것이다. 기술적이든 상업적이든 앞으로는 구두口頭상의 경쟁 안에서 단 하나의 세계와 단 하나의 인류가 등장할 것이다. 자금과 재원이, 남반구의 발전을 위한 프로젝트와 자연 환경 보존을 위한 절대적으로 긴요하고 뜻깊은 사업에 투자될 것이다. 과거에 문화를 발전시키기 위해 많은 일을 했던 교회는 온 인류 발전을 위한 보다 의미 깊은 공헌을 정향正向하고 제공할 것이다.

---

[28] 참조: W. BÜHLMANN, *Anno 2001*, 180.

제4 관점: 제2 천년대는 복음화 대상이 되는 민족의 문화들을 존중하지 않고, 개발도상국에 서구 세계의 문화를 일반적으로 전수할 수 있는 것으로 이해되었던 선교 활동을 그 특성으로 하고 있다. 또한 이 천년대에는 젊은 전체주의자들에 의하여 세계의 많은 지역에 무신론이 심어졌다. 다행스럽게도 많은 경우 신앙은 이에 저항하였으며, 그 정부가 몰락하자 옛 전통으로 사람들이 되돌아오기 시작하였다. 제3 천년대는 독백의 선포보다도 대화를 더욱 필요로 할 것이다. 모든 이와 모든 종교 안에서의 성령의 작용을 인정하게 될 것이고, 서로간에 더욱 풍요로워질 것이며, 고유한 종교의 정체성을 이해하게 될 것으로 본다. 그리스도교는 "하느님이 우리와 함께 계시다"는 모델을 세계에 제시하게 될 것이다.

제5 관점: 제2 천년대는 종교 제도와 그 권력 구조에 의해 특성이 정해졌다. 제3 천년대는 종교적 구조는 사람들로부터 소원해지고 비판을 받아 성숙의 단계로 접어들 것으로 예상된다. 그 구조는 나아가 사람들의 신앙 성숙 과정에 기여하고 일개 인간 집단이 아닌 세계 공동체의 목소리로서, 모든 것의 최종적 의미로서, 세상에 거부할 수 없는 구원의 희망을 선포하는 필요불가결한 조직으로 자리매김될 것이라 본다.[29]

2.2.2. 서방 교회로부터의 이동

아시아와 아프리카의 탈식민지화를 고려해 볼 때, 두 대륙은 중세 이후 유럽 팽창주의의 무대가 되었다.[30] "식민 제국주의와 탈식민지화는 분리하

---

[29] 이 모든 것을 "대화의 시대"가 도래했다는 한마디로 요약할 수 있다. 제2 천년대에는 한 교회가 다른 교회를 심판하고 폄하했다. 제3 천년대에는 상호 존중하며 대화하고 공동 해결책을 모색할 것이다. 만일 이것이 성취되면 성령의 작용으로 말씀의 선물이 새롭게 전파되고, 역사상 배타주의를 극복하는 데 공헌하며, 하느님과 일치하는 데 기여할 것이다. 이 모든 것은 제2차 바티칸 공의회에 의해 이뤄진 것이며, 제3 천년대의 공의회로 더욱 명확하게 규정될 것이다. "요한 23세로부터 시작된 봄"은 아름다운 일화로만 머물지 않는다. "요한 방식의 변혁"은 짧은 기간에만 전수되지 않고, 마치 콘스탄티누스 변혁처럼 오랜 동안 새롭게 계속될 것이다. 참조: W. BÜHLMANN, *La chiesa alle soglie del Terzo millennio*, 239-40.

[30] 237-9.

기 어려운 두 가지 현실인데, … 이 두 가지는 어느 경우의 민족이든 식민 주의에서 전수된 정치, 경제, 문화의 질서 조건에서 완전히 자유로울 수는 없었다."[31] 그래서 "과거에는 식민 객체였던 아시아, 아프리카 국가들이 국제 정치의 주체로 등장하여 자신들의 주장을 충분히 펼치기 위하여 오래된 유럽 중심 선입관의 국제 정치 구도를 한계지으며 배척하게 되었다".[32]

오늘날 세계 상황은 선교 개념과 의미에 대해서 토론해야 할 만큼 많은 변화를 겪고 있다. 최근 30년에 걸쳐서 선교의 새로운 역사적 차원이 형성되었으며, 우리는 그 효과를 성찰하고 평가하며, 그리스도교 역사의 중요한 전환점으로 점차 다가서고 있다 하겠다.

교회 역사 전체를 통괄해 볼 때, 교회 중심은 서구 세계에 있었음이 드러난다. 물질적 봉헌물의 95%가 서구 교회와 관여된 것이며, 신학 전체와 전례, 모든 교회 법규 등이 서구 교회 2천년 삶의 결과인 것이다. 어느 한 통계에 의하면 20세기 초엽까지도 85%의 그리스도인이 서구 교회에 살았으며, 타 지역은 미천한 소수에 불과하였다. 세계와 교회 모두 유럽인들의 주도권 시대였으며,[33] 이것은 20세기에 최고에 도달하였다. 제2차 세계대전 중에는 아프리카인들과 아시아인들이 유럽인들을 위하여 동원되었으며, 곧이어 식민주의는 종말을 고하였다.

가톨릭 교회의 지리학 도표를 보면, 유럽이 더는 교회 중심점이 아니다. 과거에 자녀들 종교교육의 책임을 맡았던 부모들은 이 시대에 와서 신앙생활에 확신을 잊어버리고 무엇을 가르치고 어떻게 해야 할지도 모르게 되었다. 이렇게 되어 신세대 부모들은 자신들의 부모만큼 엄격함을 가지고 자녀를 교육하고 싶어하지 않으며 미래 세대에 대한 신앙 전수를 걱정하게 되었다. 새로운 방법에 대한 도움이나 지도가 부족하고 무엇보다도 "교회 없이도 잘살 수 있다"는 생각으로 의지와 관심이 결핍되어, 많은 부모들의

---

[31] 참조: C. NOVATI, *Decolonizzazione e Terzo Mondo*, 18.　　　　[32] 26.

[33] 참조: W. BÜHLMANN, *Anno 2001*, 15-6.

주장대로 교회의 공적인 가르침과 규정이 일상생활과 연결되지 못하고 있다. 독일의 한 여론 조사에 의하면 가톨릭 신도의 23%만이 로마의 규정을 따르고 있음이 드러났다. 만일 이러한 경향이 시대가 지나면서 고착되면, 제3 천년대를 향해 나아가는 교회의 미래는 매우 근심스러운 모습이 될 것이다. 그리스도인의 감소가 눈에 보이는 정도가 아니라 현실적으로 치명적인 수준에 이르고 있다.

"오늘날 유럽 교회의 상황을 살펴보면 이러한 모든 현상들을 확인할 수 있다. 대단히 염려가 되지 않을 수 없다. 장차 어떤 결과가 나타날 것인가? 특히 무엇을 어떻게 할 것인가? 1987년 스위스의 주교들은, 사제의 부족을 만회하기 위하여, 주일 의무(미사)를 이행하는 데 충분하도록, 수도자들에게도 동일한 기능을 행할 수 있도록 하는 것을 제안한 경우가 있었다. … 코흐는 '긴급 상황은 긴급한 해결책을 필요로 하지만, 그러한 해결책은 바람직하고 이상적인 수준에 미치지 못하여, 상황은 여전히 미해결된 상태로 남게 된다'고 지적했다."[34]

남반구 선교를 위하여 서구 교회의 성소자들을 가까운 미래에 많이 확보할 수 있을 것 같지는 않다. 통계에 의하면 7,845명의 독일 선교사 가운데 58%가 60세 이상이며, 단지 소수의 젊은이들만이 그들의 자리를 이어받고 있다. 이것은 분명히 선교가 위기 상황을 맞이했다는 것을 의미한다.[35] 여기서 분명히 인식되어야 할 중요한 점은 서구 교회가 온 교회를 이루고 있는 것이 아니라, 더욱 확대된 보편교회의 단순한 일부분에 불과하다는 사실이다. 이처럼 서구는 늙어 가는 하나의 사회로 또한 하나의 교회로 전락하고 있는 것이다. 이와는 대조적으로 전체 남반구 세계 인구의 42%가 15세 이하이다. 남반구 교회는 젊은이의 교회이며 미래와 희망의 교회인 것이다.

---

[34] 참조: W. BÜHLMANN, *La chiesa alle soglie del Terzo millennio*, 242-3.

[35] 참조: *Anno 2001*, 126.

세계 지역교회들은 더 이상 유럽 교회의 복사체로서의 의무와 권리를 주장하는 것이 아니라, 전체 보편교회 안에서 스스로 두 발로 일어나 권위 있는 목소리를 들려주려 하고 있다.[36] "제3 세계 운동은 한 '시대의 징표'로서 해석된다."[37] 또한 "요한 23세는 제2차 세계대전 이후 남반구 세계의 수많은 국가 수립 현상을 한 시대의 징표로서 해석하였다".[38] 이것은 세계와 교회 안에서 하나의 꿈이 아니라 실제적 발전의 투영인 것이며, 또한 제2차 바티칸 공의회의 수확에서 오는 결실이며, 현재 계속하여 성장하며 숙성해 가고 있고, 가상적인 결실이 아닌 실제적 결실로서 제3 천년대에 거두어들일 수 있는 것들이다.[39] 이 결실은 "공동체의 새로운 의미, 하느님 백성의 새로운 이해, 사회적 삶에 대한 교회 안에서의 새로운 인식으로서 항상 삶의 표징을 반영하며 열매 맺게 될 것이다".[40]

우리는 "요한 23세의 교회 쇄신"이라고 정의내릴 수 있는 위대한 업적의 의미를 높이 평가하려 한다. 요한 23세의 치적은 마치 코페르니쿠스의 업적처럼 교회 역사 안에 지대한 변혁을 가능하게 하였다. 그는 교회의 문을 개방하였으며, 새롭고 신선한 정신이 들어오도록 하였다. 또한 그는 교회와 세계와의 새로운 관계를 정립하였으며, 교회를 세상의 참된 빛으로서 떠오르게 하였다.

"우리는 로마 제국 시대부터 이어져 오던 세계 중심이 곧 로마라는 방식이 이제는 통용되지 않는다는 것을 깨닫고 있다. 중세 때부터 생각해 오던 것처럼 그리스, 로마 문화는 더 이상 세계 문화의 기초와 근간이 아니다. … 로마 교회도 더 이상 서구 세계 역사에 결정적 영향을 미치지 못하고 있으며, 이제부터 앞으로는 새로운 대륙에 그 자리를 양보하게 될 것이다. 교회의 전망은 무조건적으로 서방 국가의 역사 안에서 발전해 온 구조와

---

[36] 17-8.

[37] A. ROTZETTER, *I segni dei tempi secondo l'interpretazione francescana*, 89.　　　[38] 87.

[39] 참조: W. BÜHLMANN, *La chiesa alle soglie del Terzo millennio*, 239.

[40] A. ROTZETTER, *I segni dei tempi secondo l'interpretazione francescana*, 90.

연관을 맺을 필요가 없으며, 남반구와 동반구의 지역교회에 의해 결정지어 지게 되었다."[41]

오늘날 세계 교회는 더 이상 유럽의 전통적 주도권과 관련지을 이유를 가지고 있지 않다. 오늘날 교회는 6대륙 전체에 걸쳐 활동하고 있다. 1970 년부터 선교 중심점은 서서히 유럽 교회를 벗어나 특히 남반구 세계에 가 서 활동하게 되었다.[42] 이같은 남반구 세계로의 영향력 이동은 단순히 양적 인 문제만이 아니라 질적인 문제도 함께 나타내는 것이다. 이것은 높은 단 계에서의 신학적 수준의 변화인 것이다. 30년 전까지 세계는 배타적으로 서구 신학을 수용했지만, 오늘날에는 남반구 세계 신학, 예컨대 아시아에 서의 토지의 신학, 민중신학, 모태신학, 흑인신학 같은 종류의 신학들을 만날 수 있고 토론할 수 있게 되었다.

2.2.3. 남방 교회의 부상

북방 교회는 오랜 그리스도교 역사 안에서 향유하였던 자신의 주도권을 이미 양도하기 시작하였다. 새로운 신생 국가들이 많이 나타나면서, 그들 은 자신들의 국가 독립과 자주권을 획득하게 되었다. 유엔 회원 국가들이 1946년 창립 당시 57개국이었으나, 오늘날에는 193개 국가에 이르게 되었 다. 그러므로 50여 년 동안 새로 태어난 독립 국가는 136개국에 이른다.[43] 이렇게 볼 때 "제3 교회가 떠오르고 있는 것이다. 자신의 국토에 뿌리를 내리려 하는 순수함이 그 활력을 이루고 있고, 동시에 보편교회도 풍요롭 게 해 주고 있다".[44] 남방 교회가 양적인 측면에서뿐 아니라 질적인 측면에 서도 지도자 역할을 펼치고 있다. 유엔에서와 같이 로마에서의 시노드(주교 대의원 회의) 내부에서도 참가자 3분의 2가 남방 교회에서 온 대표자들이다. 사실 제2차 바티칸 공의회와 처음 세 번의 시노드가 서방 교회 신학자들과

---

[41] W. Bühlmann, *La terza chiesa alle porte*, 108.　　　[42] 참조: *Anno 2001*, 137.

[43] P. Gheddo, *Terzo mondo*, 8.

[44] 그러나 그들의 경제적 독립은 여전히 요원하다. 참조: W. Bühlmann, *Anno 2001*, 180.

주교들이 커다란 기여를 하였다면, 1974년 "현대 세계의 복음화"를 위하여 개최된 시노드에서는 남방 세계의 신학자들과 주교들이 보다 큰 역할을 담당하였다고 할 수 있다. 그들은 가난한 이들을 위한 선택, 토착화, 타종교와의 대화 등 커다란 쟁점의 문제들을 제기하였으며, 나아가 중요한 문헌인 「현대의 복음 선교」*Evangelii nuntiandi* 회칙 제정에 지대한 영향을 미치게 되는 신학적 개념들에 대해 집중적으로 거론하였다. 회칙 「현대의 복음 선교」에 특별히 애착을 가졌던 교황 바오로 6세가 남방 세계의 주교들이 기여한 공로에 대해 두 번씩이나 치하한 것은 결코 우연한 일이 아니다.[45]

교황은 모든 참가자들에게 사도행전을 나눠 주면서, 초대교회의 그 보고서는 여전히 심오한 의미를 간직하고 있으며 같은 성령이 여전히 당신 교회를 이끌고 있다고 천명하였다. 20세기 그리스도교가 급속히 확산되고 있다는 점에서 다른 어느 세기보다도 그리스도교 첫 세기의 사도행전과 유사하다. 곧, 당시 유다인 중심의 교회에서 이방인이 득세하는 교회로 변천하였듯이, 오늘날에는 서방과 북방 중심의 교회에서 남방 중심의 교회로 변모해 간다는 것이다.[46] "가톨릭 교회는 남방 세계의 교회를 포함하는 것이 아니라, 서방 유럽을 기원으로 간직한 채 남방 세계의 교회 자체가 되고 있다. 가톨릭 교회는 아마도 가장 심오한 역사적 전환기에 직면하고 있는 것이다."[47] 사실 최근 20년 사이 교회사적으로 전혀 새로운 상황이 전개되고 있다는 몇몇 징후들을 감지할 수 있다. 서방 사회에서의 그리스도교 중심 근저가 점차 쇠퇴하고 있고, 1970년대에 이르러 이미 가톨릭 신도 51.86%가 라틴아메리카, 아프리카, 아시아 및 오세아니아의 남방 세계에서 살고 있다. 1980년 남방 가톨릭 신도 비율이 57.56%로 상승하였으며, 현재도 급진적으로 변화하고 있다. 2000년을 넘어설 때에는 남반구의 가톨릭 신도들이 70%를 점유할 것으로 예견된다.[48]

---

[45] W. Bühlmann, *La terza chiesa alle porte*, 108.

[46] 참조: *Anno 2001*, 184-5.　　　　　　　　[47] 14.

[48] 참조: *La chiesa alle soglie del Terzo millennio*, 26.

인구 통계학적으로 서방 세계 주민 수는 정체되었거나 감소 추세로 접어든 반면, 남미·아프리카·아시아·오세아니아의 남방 세계 인구는 급속한 증가세를 보이고 있다. 1970~1982년의 그리스도인 증가 추세를 보면, 유럽 0.26%, 북미 0.63%, 남미 2.66%, 아시아 남부 3.35%, 아프리카 3.55%, 극동 4.04%에 이른다. 1960년까지 뒤처졌던 남방 대륙의 비율은 1970년부터 거의 완벽하게 만회하고 그 비율이 앞서 나가기 시작하였다.

1960~1970년 사이 보편교회 안에서 남방 교회 가톨릭 신도들의 비율이 48.45%에서 51.86%로 3.41%가 상승하였다. 연이은 1970~1980년 사이에는 더욱 속도가 붙어 51.86%에서 57.56%로 5.7%나 증가되었다. 이러한 성장은 남미, 아프리카, 아시아, 오세아니아에서의 폭발적인 신생아 출산 증가와 더불어 새로운 개종자의 급증 덕분이었다. 1985년에는 7.94%가 증가한 59.8%가 되었고, 1994년에는 북방 지역의 가톨릭 신도 비율이 36.4% — 북미 7%, 유럽 29.4% — 에 불과한 반면, 남방 가톨릭 비율은 63.6%에 이르렀다. 이러한 추세와 증가 속도라면 남방 신도 비율이 70%에 육박할 날도 머지않을 것으로 추정된다. 과거에는 남방 교회가 세계 무대에서 멀리 있다고 하였지만, 이제는 집 안방에 들어와 있다고 하겠다.[49] 20세기 초에는 70%의 가톨릭 신도들이 서방 세계에 거주하였으나, 21세기 초부터는 70%의 가톨릭 신도들이 남방 세계에 거주할 것으로 예측되는 것이다. 인류 전체의 거대한 보편교회 안에서 서구 교회는 이제 모서리의 한 기둥에 불과하게 되었다.[50]

보편교회 안에서의 이같은 변모 현상은 남방 교회의 추기경, 주교, 신부들의 수적 증가도 보여주고 있다. 1960년 초 아시아에는 단지 3명의 추기경이 있었고, 아프리카에는 아직 추기경이 태동하지 않았다. 같은 해 2명의 아시아 추기경과 역사적인 첫 아프리카 추기경이 탄생하였다. 그 결과

---

[49] V. SALVOLDI, Introduzione 편: *Terzomondiali*, 9.

[50] 참조: W. BÜHLMANN, *Anno 2001*, 147, 182.

로 두 대륙은 전체 추기경 85명 가운데 7.06%인 6명의 추기경을 옹위하게 되었으며, 이후 1970년에는 126명 가운데 11.11%인 14명의 추기경(아시아 8, 아프리카 6)을 모시게 되었다. 1980년에는 전체 추기경단 가운데 16.54%인 아시아 10명, 아프리카 11명의 추기경 비율에 이르렀고, 남미 교회는 20명의 추기경을 헤아리게 되었다. 1983년 개최된 추기경단 회의에서 120명의 선거인단은, 유럽 59명, 북미 12명, 남미 20명, 아프리카 14명, 아시아 11명 등으로 구성되었다. 그래서 남방 교회는 전체 추기경 수의 40.83%에 이르는 49명의 추기경을 자랑하게 되었다.

한편 바렛D.B. Barret도 유사한 예증을 들며 전망하였다. 1970년 북방 세계에는 566,355,600명의 그리스도인들이, 남방 세계에는 479,441,800명의 그리스도인들이 살았다. 그러나 1980년 북방 세계는 582,070,100명의 그리스도인에 불과했으나 남방 세계에서의 그리스도인들은 북방 그리스도인들보다 수적으로 앞서가기 시작하였는데, 실제 644,593,000명에 이르게 되었다. 1990년 북방 세계는 597,853,300명의 그리스도인에 이르게 된 반면, 남방 세계에는 914,768,800명의 그리스도인이 거주하게 되었다. 2000년 이후에는 북방 그리스도인의 숫자가 612,713,900명에 불과한 반면, 남방 그리스도인은 1,214,239,000명에 이를 전망이다.

"지구상 57억 가운데 2/3에 이르는 37억의 인류가 아직도 예수 그리스도를 모르거나, 외면하고 있는 실정이다. 전체 인류 가운데 가톨릭 비율은 18%이며, 세계 인구에 대한 그리스도인 전체의 비율은 30%를 상회하고 있다. 아프리카는 개신교를 포함하여 14%의 복음화율을, 전 세계 인류의 60%가 거주하는 아시아는 겨우 2.6%의 복음화율을 가지고 있다. 오세아니아와 남미의 광활한 지역은 아직도 비그리스도인의 무리가 엄청나게 많다. 반면 북미와 유럽에서는 비그리스도인과 함께 냉담자의 비율이 점차 증가하고 있기 때문에, 재再복음화가 대단히 긴요하게 요청되고 있다."[51]

---

[51] J. TOMKO, Discorso, 162.

또한 1980년 자국의 대륙에서 아프리카 주교 293명은 65%를, 아시아 주교 408명은 76%의 점유율을 현직 주교들 가운데서 차지하고 있다. 선교지에 머물고 있는 외국인 주교들도 수적으로 줄어들었지만 여전히 활동하고 있다. 방인 주교들의 비율은 점차 높아가며[52] 최근 15년 동안 방인 주교들의 중심 역할과 조직적인 방인 주교 선별은 아시아는 약 95%, 아프리카는 약 75%에 이르게 되었다. 남방 대륙에서의 사제 수 또한 몇몇 나라에서 증가되었다. 교구 사제와 수도회 사제가 최근 몇 년 사이 아시아나 아프리카 대륙에서 두드러지게 증가하였다. 하지만 그 반대로 유럽과 북미에서는 감소되었다.

이상에서 알아본 것처럼 남방 교회는 거대한 변화가 진행 중이다. 머지않은 장래에 남방 세계의 인구 비율이, 전 세계 그리스도인 전체의 2/3를, 전 세계 인구의 4/5를 차지하게 될 것이다. "남방 세계는 이제 더 이상 모호한 개념이 아니라, 하나의 구체적인 현실이다. 이제는 교회가 보다 심각한 문제들이 있는 곳으로, 자연적 재난이 일어난 곳으로, 거대한 한발이 발생한 곳으로 찾아가는 것이 필요하다. 그래서 정규적 참여와 개입이 이루어져야 하는 것이다."[53] 이제는 남방 세계 민족들이 이곳, 우리 가운데와 있다. 그들을 보다 잘 환대할 방법에 대하여 자문해 보아야 할 것이다.

"이같은 새로운 현상들에 기인하여 남방 세계의 교회, 곧 제3 교회 이른바 제3 천년대의 교회가 바야흐로 도래하고 있다. 제1 천년대에는 초기 여덟 차례의 공의회가 동방에서 개최되었으며, 동방 교회인 제1 교회에 의해 주도되었다. 제2 천년대에는 서방 교회인 제2 교회에 의해 이끌어졌다. 이때 중세 교회가 형성되었고, 새로운 지리상의 발견이 이루어졌으며, 세계 선교가 착수되었다. 이제 임박한 제3 천년대에는 남방 교회가 주축이 되는 제3 교회가 세계 교회사를 이끌어 갈 것이며, 세계 보편교회에 미치는 중

---

[52] 참조: W. BÜHLMANN, *Anno 2001*, 188; *Annuarium Statisticum Ecclesiae* 1994. Ex Urbe Vaticana 1994, 86-93, 153.

[53] F. PIRO, L'uno per cento del reddito per lo sviluppo del mondo meridionale, 26-7.

요한 결정과 주도권도 제3 교회로부터 유발될 것으로 예측된다."[54] 교회의
이러한 변모는 교황들의 순례 계획에 이미 반영되고 있다. 사실 베드로 사
도가 로마에 입성한 이후 역대 교황은 그 누구도 유럽을 벗어나지 못했으
나, 바오로 6세가 대륙간 순례를 시작하였고, 요한 바오로 2세 교황은 남
방 국가들을 우선적으로 방문함으로써, 6대주의 세계 보편교회가 확립되는
데 크게 기여하였다.[55] 그리하여 현금의 교회는, 서방 우월주의적인 모습에
서 탈피하여, 전체 보편교회 시대로 접어드는 제3 천년대의 교회사를 기록
하기 시작한 것이다.[56]

---

[54] W. BÜHLMANN, *Anno 2001*, 18.   [55] 183-4.   [56] 참조: 11.

2.3. 긴요한 복음화

실상 내가 복음을 전한다 해서 그것이 곧 자랑거리가 되는 것
은 아닙니다. 내가 복음을 전하는 것은 그러지 않을 수 없어서
하는 일입니다(1고린 9,16ab).

2.3.1. 선교 상황 일반

기나긴 2천 년의 인류 역사 동안 그리스도교 민족들은 선교의 보편적 사명을 가로막는 여러 종류의 장애물을 끊임없이 대항해 왔다. 예컨대, 한편으로는 기존의 활동 무대였던 선교 지역의 범주를 축소하고자 하는 유혹과 다른 한편으로는 선교의 대상이었던 피선교지 사람들로부터 이따금씩 인간적으로 극복할 수 없는 완고한 저항에 직면하기도 하였던 것이다.

교회는 모든 인류 구원의 사명을 띠고, 그 과업을 명확하게 하고 지속적으로 하기 위하여 늘 자문해야 할 것이다. 이 사명에서 유래한 교회 본성을 탐구한다는 것은 기존의 교회론 안으로 새로운 역동적 요소를 끌어들이는 것이라고 할 수 있을 것이다. 사람들에게 전달되어야 할 복음적 메시지는 동일한 것이지만, 선교 대상인 사람들은 동일하지 않다. 상황과 정황, 실제 부딪치는 사회적 문제들은 끊임없이 변천하고 있기 때문이다. 이러한 관점에서 교회가 스스로 항구하게 자신의 정체성에 대해 자문하는 것은 합리적이며 필요한 일이다. 교회의 발전 속도가 느려졌을 때에는 시대 상황에 대조되는 관계와 다양한 공간과 정황 속에서 존재의 목적(예: 하느님 나라 구현)을 위해 그 어떤 것을 교회는 항상 찾을 수 있어야 한다.

"세계 인구 증가 측면에서 볼 때, 우리는 시대를 세 등분으로 나눌 수 있다. 첫 시대는 17세기 중엽까지로서 매우 오랫동안 인구 증가율이 매우 완만하였다. 기원전 1000년에는 세계 인구가 5백만으로 추정되고, 그리스

도 탄생 즈음엔 2억 5천만, 1650년경에는 5억 4천5백만에 이르렀다. 둘째 시대는 1950년까지로서, 세계 인구는 25억에 달했고, 셋째 시대에는 1950년 이후 오늘날까지로서 60억을 넘어서고 있는 상황이다."[57] "1900년대와 같이 2000년에도 그리스도를 모르는 인류의 거대한 집단에 그리스도를 알고 사랑하도록 해야 할 것이다. 그리스도교 공동체가 계속해서 탄생하도록 힘써야 할 것이다."[58]

피상적이든 아니면 심오하게든 교회가 발전하는 데 있어서, 외방 선교사들의 역할은 그 어느 때보다도 긴요하게 부각되고 있다. 비그리스도인의 증가는 그리스도의 구원사업을 무시하는 사람들의 수를 증가시킨다. 인구의 대륙별 비율을 고찰해 보면, 아시아 대륙이 첫째 자리를 차지하고 있다. 세계 인구 60% 이상의 사람들이 이 거대한 대륙에 거주한다. 이 대륙의 대다수 나라들은 높은 인구 밀도에도 불구하고 자국 내 그리스도인의 비율이 1%에도 미치지 못하고 있다.

꾸준한 영성적 활동은 오늘날 선교 상황에서 매우 긴요하다. 왜냐하면 현대 사회는 비그리스도교화, 세속화, 무관심화, 소비주의화, 물질주의화 등으로부터 도전을 받고 있기 때문이다. 복음화의 긴급성이 오늘날에도 여전히 요청되고 있음을 아무도 부인할 수 없다. 그리스도의 메시지를 아직 듣지 못한 이에게 교회가 전달해야 할 복음화의 의무는 여전히 긴급하다. 그리스도의 말씀을 들어보지 못한 사람은 아직도 엄청나게 많으며, 복음 선포자를 전혀 만나보지 못한 이들도 수없이 많다. 전체 인류 가운데 오직 1/5 정도만 복음을 받아들이고 있는 이러한 시대에는 교회의 사목적인 모든 관심이 인류 전체 구성원의 복음화에 펼쳐져야 할 필요가 대단히 크다.

선교에 대해서 말하는 사람은 많고, 그리스도교 변방邊方에는 "예수 그리스도에 대한 첫 선포"가 더없이 긴요하지만, 거의 모든 그리스도교 국가에

---

[57] K. MÜLLER, *Teologia della missione*, 254.

[58] J. PERRIER, L'aventure missionnaire à la fin du XXe siecle: *Spiritus* 1962, 250 [J. MASSON, *La missione continua*, 102 재인용].

서의 선교사 수는 감소하고 있다. 북미와 유럽의 전통적인 그리스도교 국가에서 파견되던 선교사 수는 분명히 감소하고 있다. 1950년과 1960년 사이에 선교사 파견은 비교적 높은 수치였다. 그러나 제2차 바티칸 공의회 이후 오늘에 이르기까지 유럽에서의 선교사 파견은 거의 80%가 줄어들었고, 미국은 1984년에서 1988년 사이 38%가 위축되었다. 이러한 현상은 일반적으로 성소자 감소, 특히 파리 외방선교회, 비안키 파드리, 메리놀 전교회 등 선교 기관의 회원 수 감소가 직접적 원인이 되었다.

2.3.2. 긴급한 선교 상황

제2차 바티칸 공의회와 후속後續 선교 문헌들은 선교사 파견의 긴급한 필요성을 강조하고, 그 양식을 강요하는 몇몇 새로운 관점들에 대하여 한결같이 언급하고 있다. 이 모든 것은 전 인류의 구원을 위해서 하느님이 인간의 협력을 요구하신다는 사실을 드러내고 있다. 오늘날 복음화 상황은 외방 선교와 신도들에 대한 사목적 배려 그리고 새로운 복음화의 세 가지 관점으로 구분되고 있다. 여기서는 외방 선교와 새로운 복음화에 대해서만 논의하겠다.

2.3.2.1. 외방 선교

제2차 바티칸 공의회는 명확하고 새로운 시대를 개막시켰다. 여기에는 획득된 장점도 있고, 아울러 복원이 필요한 잃어버린 가치들도 있다. 오늘날에 있어서 선교의 중요성은 어제와 마찬가지로 역시 절박하게 요구된다. 이방인들에 대한 세계 보편 선교는 아직 끝나지 않았다. 그리스도께서 교회 초세기에 구체적으로 교회에 부여하신 활동으로서의 외방 선교는 교회의 첫째가는 임무이다. 복음이 선포되어야 할 세계의 변경邊境은 여전히 멀리 상존하고 있으며, 외방 선교는 아직도 그 시작 단계에 머물러 있다. 새로운 사람들과 동방과 남방의 폭발적인 인구 증가는 그리스도의 복음을 모르는 사람의 비율을 계속 증가시키고 있다.

요한 바오로 2세 교황은 외방 선교를 교회 본연의 고유한 주된 사명으로 이해하고 있다(교회의 선교 사명 4 참조). 외방 선교는 "그리스도를 믿지 않는 민족들과 집단", "그리스도로부터 멀리 있는 이들", "자신들의 문화가 아직 복음의 영향을 받지 않은 문화를 향유하고 있는 사람들" 등을 그 대상으로 꼽고 있다. 외방 선교는 다른 교회활동과 엄연히 구분된다. 왜냐하면 외방 선교는 미진한 복음 선포와 부족한 교회 활력으로 기인된 비그리스도교 정황에 교회가 자신을 표출하는 것이기 때문이다. 외방 선교는 주로 그리스도와 복음의 선포, 지역교회 건설 등의 과업을 그 특징으로 하고 있다. 외방 선교의 특성은 비그리스도인들과의 만남에서 기원된다. 그러므로 그리스도께서 교회에 직접 부여하신, 또한 매일 부여하시는 구체적 외방 선교 사명(마태 28,20 참조)이 무시되거나 잊혀지지 않도록 각별히 유의해야 한다.

한편 교회의 외방 선교사명과 함께 신도들에 대한 사목적 배려, 새로운 복음화 이 세 가지 구분의 경계선은 일면 분명하지 않은 측면도 있는 것 같으나, 중요한 점은 복음 선포와 새로운 교회 건립을 위한 긴박성을 무시하거나 늦추지 않아야 할 필요성도 있다. 왜냐하면 이러한 외방 선교사명은 모든 이에게 초대받는 교회의 첫째 과업이기 때문이다. 교회 존재의 근본적 의미는 외방 선교 활동 안에 담겨져 있으므로 외방 선교를 대체할 만한 교회의 다른 활동은 없다. 외방 선교의 목적은 교회가 아직 뿌리를 내리지 못하고 있어 그 문화가 복음에 의해 성숙되지 못한 이들에게, 또한 그리스도로부터 멀리 있으며, 주님을 믿지 않는 사람들에게 하느님을 드러내고, 하느님의 구원계획을 실현하는 것이다. 그래서 교회의 많은 활동 가운데 외방 선교는 항상 그 중심 위에, 중심 안에 자리매김되어야 하는 것이다. 비록 어린 교회라 할지라도 스스로 정체되어 있거나 비활동적으로 머물러서는 안 되며, 하느님으로부터 멀리 있는 이들에게 복음을 선포할 준비를 갖추고 있어야 할 것이다.[59]

---

[59] 참조: J. LOPEZ-GAY, La missiologia contemporanea, 14.

외방 선교는 교회가 추구해야 할 새로운 삶의 모습으로서, 많은 곤경과 어려움 속에서도 신앙의 계속적인 열정을 불어넣어 주는 자극과 동기로 재발견되어야 한다. 열의가 식었거나 무기력했던 신심이 외방 선교를 직접·간접으로 경험하게 되고, 고국을 멀리 떠나 하느님 사업에 일생을 투신하는 선교사들을 기억하면서, 자신의 신앙심을 깊이 성찰하고 새롭게 쇄신하여 활력을 되찾을 수 있게 되는 것이다.

2.3.2.2. 새로운 복음화[60]

한때 전통적으로 그리스도교 국가였던 몇몇 나라와 때로는 아직 젊은 교회 안에서조차도 많은 신도들이 불행하게 이제는 더 이상 그리스도를 삶의 근본이며 중심으로, 또는 신앙의 대상으로 받아들이지 않고 있다. 그들은 신앙의 살아 있던 감각과 함께 복음적 가치관과 물질관, 신심의 심오한 영역 등을 상실하거나, 혹은 교회 구성원으로서의 신원 의식을 잊어버리고, 그리스도와 그 복음에서 동떨어진 삶을 영위하고 있다. 이러한 문제를 해결하기 위해서는 그들의 신앙을 충만한 상태로 다시 복구시키고 그리스도와 복음을 증거할 줄 아는 삶으로 회복시켜야 하는 것이다. 주교와 신부들, 수도자와 교우들, 곧 하느님 백성 모두 복음의 전달자와 증거자로 변화될 수 있어야 한다. 바로 이런 경우에 새로운 복음화가 필연적으로 요청된다. 새로운 복음화는 선교의 모든 제반 문제를 신중하게 다시 고려하는 것을 의미한다. "얼마 전까지만 해도 선교 성소의 풍요로움이 유럽 대륙 복음화에 중요한 기반을 이루고 있었다. 그러나 오늘날 그러한

---

[60] 참조: Jesus Angel BARREDA, Una nueva evangelizaci? para un hombre nuevo: *Studium* 28 (1988) 2-34; Juan Esquerda BIFET, *Pastorale per una chiesa missionaria*, PUU, Roma 1991; Renovacion eclesial para una nueva evangelizaci?: *Medell?* 16 (1990) 220-37; P. GIGLIONI, Perché una *nuova* evangelizzazione: *Euntes Docete* XLIII (1990/1) 5-36; Dorado GONZALEZ, Una nueva Iglesia para una nueva evangelizaci?: *Proyecci?* 37 (1990) 87-108; Editoriale, La *nuova evangelizzazione* dell'Europa: *La Civiltà Cattolica*, 1991/IV, 325-36; Piersandro VANZAN, Quali linee e soggetti per una nuova evangelizzazione nel mondo post moderno?: *La Civiltà Cattolica*, 1988/II, 245-58.

기반은 많이 쇠퇴하고 있다. 우리는 그리스도인 공동체의 선교적 열성 없이 복음화 사업은 성공할 수 없다는 것을 인식해야 한다."[61] 이런 의미에서 새로운 복음화란 교회 공동체를 순수하고 심오한 신앙으로 새롭게 고양시키고, 성숙하도록 다시 양육하며, 형제적 관계를 재정립하는 것이라 하겠다.

오늘날 전통적 그리스도교 국가들은 자신의 신앙을 새롭게 돈독히 하는 새로운 복음화에 보다 더 전념할 필요가 있다. 새로운 복음화는 오래된 그리스도교 국가, 곧 오늘날 무관심주의, 세속주의, 무신론과 신흥 종파, 물질주의, 배금주의 등에 의해 유약해진 전통적 그리스도교 국가에 특별히 필요하다. 첫 선교사들에 의해 선포된 말씀에 뿌리를 두고 있는 사도적 열성에 고무되고 접붙여져서, 우리는 새로운 열정, 새로운 방법, 새로운 표현을 바탕으로 하여 새로운 복음화를 추진해야 할 것이다.[62]

이와 관련하여 서구의 전통적인 그리스도교가 쇠퇴하게 된 원인과 동기를 분석·연구하여, 구체적인 해결책을 모색하고 궁극적으로는 다하지 못한 진실된 복음적 삶을 새롭게 증거할 수 있어야 할 것이다. 이러한 지침을 가지고, 그리스도교 공동체의 선교과업을 착수하고, 오순절 성령 강림의 커다란 숨결을 감지하게 되면, 우리는 명백히 새로운 복음화를 시작한다고 할 수 있겠다. 새로운 복음화를 통해서 오늘날 교회는 복음 선포 과업에 커다란 진전을 용이하게 얻을 수 있으며, 선교의 역동적인 새로운 차원으로 진입할 수 있을 것이다.

오늘날 한국 교회에서 가장 개선해야 할 문제점 중에 한 가지가 냉담자 증가 문제이다. 심지어는 새로운 영세자들이 많이 입교하게 되면 냉담자들을 양산한다고까지 비판한다. 냉담하는 이유가 대부분 한 가지가 아닌 복

---

[61] Giovanni Paolo II, Discorso al VI Simposio dei vescovi d'Europa: *Insegnamenti* VIII, 2 (1985) 923.

[62] 참조: Omelia durante la Messa celebrata nel Pasqua Mattos Neto di Salto, Uruguay 1988.3.9: *L'Osservatore Romano*, 1988.5.11, 4.

합적인 원인에 바탕을 두고 있어 문제 해결을 더욱 어렵게 하고 있다. 이러한 냉담자들을 방지하기 위해서는 신영세자 때부터 신앙생활 실습 및 신자 재교육 운동이 절실하다. 마치 수도회에서 종신서원 후 5년마다 혹은 7년마다 수준에 맞는 적절한 교육이 따르듯이, 신자들에게도 영세한 햇수와 나이별로 그에 맞갖게 재교육 프로그램을 갖추어서, 본당보디는 지구별로 연합하여 실시하는 것이 권장할 만하다. 재교육 프로그램으로는 신앙 체험 발표회 및 나누기, 국내 성지 순례 및 피정, 전례와 성사 의미교육, 각종 기도 실습, 신영세자 관리 프로그램, 영적 독서 포럼, 성극 활용, 교회 역사 연구회, 성서 연구 모임, 교회 회칙 연구반, 복음적 세상보기, 교회 소속감 강화 교육, 성음악 감상회, 교회 건축·미술 감상회, 교회 문화 탐방, 성인전 연구모임, 사이버 해외 성지 및 교회 순례 등 얼마든지 상황에 맞게 계속 교육이 일정한 단계별로 지속적으로 실시되는 것이 필요하다.

냉담중 신도 인도에는 구체적이고 단계적이면서 또한 장기적이고 체계적인 계획이 필요하며, 특히 다음과 같은 사항을 염두에 두어야 할 것이다:

A. 냉담 교우 인도하기

냉담 신자를 어떻게 하면 다시 신앙생활로 되돌아올 수 있게 할 수 있는가? 이것은 한국 교회가 현실적으로 부딪히는 문제로서, 많은 본당에서 냉담 신자를 회두시키려 하지만 정작 어디서부터 어떻게 해야 할지 몰라 난감해하는 경우가 많다. 또 냉담 신자마다 나름대로 "냉담 이유"가 있어 이들의 마음을 돌려놓는 것이 여간 어려운 일이 아니다. 소위 냉담 중인 교우를 인도하는 데 도움이 되는 몇 가지 지침은 다음과 같다:

가. 냉담 신자 인도할 때 유의할 점

1. 우선 냉담 신자의 주소와 연락처, 성명, 가족 사항 등을 정확하게 파악한다.

2. 냉담하는 이유에 대한 분석이 필요하다. 냉담 이유에 따라 다양한 접근이 이뤄져야 한다.

ㄱ) 개인적 차원: 신앙에 대한 회의懷疑, 친교 부족, 전례에 대한 무
감각, 주일·야간 근무 등 직장생활로 인한 신앙생활 기회의 축
소, 경제난으로 인한 생활고 등.

ㄴ) 교회 차원: 신영세자에 대한 교육 및 관리 부족, 교회 구성원 간
의 불화, 본당 대형화로 인한 사목적 배려 소홀, 소외된 이웃에
대한 관심 부족, 성직자 및 수도자와 직원들에 대한 실망 등.

3. 사랑하는 마음으로 조심스럽게 접근한다. 만일 상대방에게 불쾌감
이나 거부감을 주면 자칫 마음을 더 굳게 할 수 있으므로 각별히 주
의해야 한다.

4. 가족이 함께 쉬는 경우와 가족 중 일부가 쉬는 경우를 구분한다. 가
족 중 일부가 쉬는 경우는 가족의 다른 구성원이 인도해야 하며 가
족이 모두 쉬는 경우는 외부에서 봉사자가 접근해야 한다.

나. 냉담 신자를 인도하는 구체적인 방법

1. 주보 보내기: 쉬는 신자 가정에 본당 주보와 가능하면 교회 정기 간
행물, 묵상글 등을 정기적으로 발송하거나 전해주며 친밀감을 쌓는
다. 이같은 문서 선교는 친밀감 회복에 매우 효과적이다.

2. 기도하기: 레지오 단원을 담당 봉사자로 정해 지속적으로 기도한다.

3. 서신 보내기: 본당 주임 사제 명의의 서신을 지속적으로 발송한다.
그 내용은 교회가 냉담 신자를 기억하고 있으며 사랑하고 있다는 점
을 부각시킨다. 정성이 많이 담기면 그만큼 결실이 크게 된다.

4. 배우자 교육: 가족 중 일부가 쉬는 경우 신앙생활을 하는 가족을 대
상으로 냉담 신자 인도 방법 및 신앙 심화 교육을 실시한다.

5. 이웃사촌 만들기: 쉬는 신자와 이웃 사촌이 되도록 한다. 냉담 신자
가정의 일에 늘 관심을 가지고 가능한 한 도와준다.

6. 본당에 상설 상담소를 설치하여 냉담 신자들을 대상으로 상담 활동
을 전개한다.

7. 평신도 전문가들을 양성하여 냉담 신자 문제들을 전담토록 한다.

다. 냉담 신자 인도하기 추진 순서

1. 매주일 선교분과위원회 회의를 통해 전체 방향을 잡아나간다.
2. 쉬는 신자를 선별한다. 3년 이상 판공성사를 보지 않은 20세 이상 교우의 명단을 확보한다. 또 가족 전체가 쉬는 가구와 그렇지 않은 가구를 분류한다.
3. 레지오 단원들이 각 가정을 1차로 방문해 현황을 파악한다.
4. 방문을 통해 얻은 자료를 구역장과 반장에게 전한다.
5. 냉담 교우 또는 가정별로 책임 봉사자를 배정한다.
6. 반장과 레지오 단원, 봉사자들을 대상으로 냉담 신자를 인도하는 데 필요한 교육을 구체적으로 실시한다.
7. 정기적인 구역반 회의를 통하여 냉담 신자 인도 현황을 점검하고 독려한다.

B. 쉬는 신자 관리 십계명

1. 적당한 때에 방문하여 냉담 원인을 제거하기 위해 함께 지혜를 모으고, 방문을 거부하는 이유와 그들이 원하는 바를 파악하며 그들의 가정을 위하여 기도한다.
2. 매월 요긴한 글이나 토막 교리, 사제의 편지 등을 제공한다(문서 선교).
3. 쉬는 신자의 회두를 위하여 구역반별로 체계적인 조를 편성하여 지속적으로 기도를 바치도록 한다.
4. 쉬는 신자 가정의 경조사 및 실직 등의 어려움에는 구역반에서 힘껏 돕는다.
5. 본당에서는 연 4회 정도 교중 미사 때 쉬는 신자 봉헌식을 가지고 신자들의 기도 때 특별히 이들 가정을 위하여 기도한다.
6. 본당 사제나 수녀의 방문이 필요한 신자에게는 이들이 직접 방문할 수 있도록 주선한다.
7. 화해성사를 편안한 마음으로 볼 수 있도록 주선해 준다.

8. 성탄·부활 대축일이나 성당 큰 행사에 쉬는 신자들이 함께할 수 있도록 초대하고 축하 카드를 보낸다.

9. 신앙 상담소를 설치·운영하여 쉬는 신자들이 쉽게 올 수 있도록 배려해 준다.

10. 모든 신자는 1인 1단체에 가입할 수 있도록 적극 유도한다.[63]

아울러 모든 그리스도인들이 자기 민족들만의 구원을 갈망할 것이 아니라 전체 인류 가족을 하나의 운명 공동체로 새롭게 인식하고 포용하며, 모든 인류 구성원의 구원과 행복을 염려하는 상호간의 호혜 정책과 인류 공동선을 위하여 장기적이며 거시적인 관점에서 교회의 복음화 활동과 역할을 계획하고 실행하는 상황과 분위기가 형성되어야 할 것이다. 이러한 복음화의 관점에서 각각의 지역교회와 세계 보편교회는 함께 더불어 그리스도의 평화와 정의를, 하느님 나라를 향하여 역사하시는 성령의 인도하심 아래 온전히 의탁하면서 꽃피울 수 있게 될 것이다.

2.3.3. 복음화의 긴급성

인구 증가 추세를 보면, 1990년대에는 세계 인구가 5,297,042,000명에 이르러, 그 가운데 가톨릭 신도 962,632,000명을 포함하여 전체 그리스도인은 1,758,777,900명에 이르고, 그래서 비그리스도인은 3,538,264,100명이 되었다. 2000년대에는 세계 인구가 6,259,642,000명에 이르러, 가톨릭 신도 1,144,000,000명을 포함한 전체 그리스도인은 2,130,000,000명에 다다르고, 그러므로 비그리스도인은 4,129,642,000명으로 추산된다. 이같은 통계를 보아 비그리스도인은 향후 10년간 591,377,900명이 증가할 것으로 예견되는 것이다. 이러한 상황을 볼 때 교회의 복음화 활동은 여전히 그 목표에서 멀리 떨어져 있다 하겠다. 복음 선포를 기다리는 수십억의 사람

---

[63] 참조: 『가톨릭신문』 2001.10.28, 18; 『평화신문』 2000.10.15, 11.

들이 교회에 개방하기보다는 스스로 폐쇄하고자 하는 유혹이 불행하게도 상존한다. 그러나 제2 천년대의 혼미스럽고 안타까운 말엽[64]의 전환기이지만, 교회는 커다란 긴급성을 가지고 세계 복음화에 임하고자 한다.[65]

복음 선포자로서 교회는 자신의 선교 활동과 함께 세계 안에 첫발을 내딛는다. 교회는 복음의 메시지를 단순히 간직하기 위해서가 아니라 믿지 않는 이들과 복음을 나누기 위하여 귀중한 보화로서 받게 되었다. 교회 자신도 예수님으로부터 선교에 의해 태동되었고 또한 세계에 파견되었다. 무엇보다도 교회는 선교하도록 세계로부터 계속해서 요청받고 있다.[66] 교회는 구세주 그리스도와 그의 말씀을 알지 못하는 이들에게 복음을 전파해야 할 항구한 사명을 결코 과소평가해서는 안 될 것이다. 바로 선교사명이야말로 그리스도께서 교회에 가장 구체적으로 직접 요청하신 교회의 최우선 과업인 것이다(교회의 선교 사명 31 참조).

비그리스도인을 향한 첫 복음 선포와 교회 부식扶植으로서의 선교 활동은, 과거에는 교회 공동체의 활동에서 주변적이며 중요하지 않은 일로 자리매김되었다. 그러나 오늘날의 선교 활동은 교회의 긴급한 중심부 과업으로 부각되고 있다. 이것은 비그리스도인들에게 행할 첫 복음 선포의 필요성과 긴급성을 의미한다. 복음화는 무엇보다도 선교사의 현존과 증거, 곧 복음적 메시지의 삶 안에서의 직접적 선포를 통해서 성취된다.

오늘날 교회 내의 가장 심각하고 긴급한 문제 중의 하나는, 인류 역사와 복음적 메시지의 융합과 또한 다양한 문화와 사회적 정황, 재화 분배 문제, 전통 종교들과의 통교라고 할 수 있다. 이때문에 특히 비전통적 그리스도교 국가에 대한 선교가 더욱 긴급하게 요청되고 있으며, 또한 이것은

---

⁶⁴ "일찍이 오늘날처럼 빈곤이 세계 도처에 만연한 경우가 없었고, 범죄와 사회적 혼란의 비율이 높은 적도 없었다. 일찍이 유례가 없이 인간 상호간에 서로 희생제물이 되고 있다. 사회에 참여하지 못하도록 강요받은 집단과 사람들의 소외는 늘어가고, 인간관계는 더욱 소원해져 가고 있다. …": D. Bosch, *La missione come servizio della salvezza*, 36.

⁶⁵ 참조: Joseph Dinh Duc Dao, "Missiografia": PUU 편 *Dizionario di missiologia*, 344.

⁶⁶ 참조: E. Nunnenmacher, *La natura missionaria della chiesa*, 101.

구舊세계의 교회론적 고찰에서도 결코 벗어난 사안이 아니다. 교회는 연속적인 복음화 과업의 사명을 잘 깨닫고 있으며, 특히 비그리스도인들 사이의 복음 선포가 활기차게 이뤄져야 함을 분명하게 숙지하고 있다.

교회는 각각의 모든 사람과 현대 인류 전체에게 첫 봉사로서 선교 직무를 수행해야 한다. 그러한 직무의 긴급성은 그리스도와의 일치 안에서 각 개인의 성소에 따라 새로운 생명으로 또는 하느님의 선물로서 부각되는 것이다. 교회와 모든 그리스도인은 하느님의 자비에서 흘러나오는 이 새로움과 부유함을 자기 자신만을 위하여 감추거나 독점할 수는 없으며, 이것을 모든 인류와 나누어야 한다. 교회는 하느님 나라를 위한 봉사자로서 인류 구원의 표지요 도구가 되어, 인류를 회개의 삶으로 초대하며 타인에 대한 개방성 위에서 신앙과 애덕의 성숙으로 이끌어야 할 것이다. 이러한 믿음은 현대 선교 행위의 목적을 보다 명백히 구현하도록 촉구하고 있다.[67]

은총과 선善을 인식하는 교회는 결코 침묵할 수 없다. 교회는 이러한 가치들을 선포해야 하는 당위성을 느끼고 있다. "그리스도의 사랑이 우리를 촉구한다"Caritas Christi urget nos. 그리스도교를 이러한 관점에서 이해한다면 다음과 같은 사실을 인정하지 않을 수 없을 것이다. "교회 역사 안에서 선교 활력은 항상 그 능동성과 적극성의 표지가 되어 왔으며, 선교 활력의 감소는 신앙의 위기를 나타내는 표시였다."[68] 하느님의 계시는 복음화를 통해서, 인류 역사 안에서 계속되며, 이것은 교회의 자아 실현으로 드러난다. 결국 그리스도의 생애처럼 고통과 순교에 이르기까지 헌신과 봉사로써 하느님을 증거하는 교회의 선교야말로 참으로 절대자 하느님 사업으로서, 종말론적 복음화 혁신과 그리스도 구원 역사를 상대화하려는 따위의 모든 문제들을 극복하고자 도전하고 있다.

---

[67] 참조: P. GIGLIONI, *L'attività missionaria della chiesa*, 133.

[68] 참조: K. MÜLLER, *Teologia della missione*, 209.

3

선교의 해석

3.1. 하느님 말씀의 선교

정녕 말씀이 육신이 되시어
우리 가운데 거처하셨다.
우리는 그분 영광을 보았다.
아버지께로부터 오시어
은총과 진리로 충만하신
외아드님의 영광을 보았다(요한 1,14).

3.1.1. 육화와 시간

그리스도께서는 왜 그때에 인간으로 오셨던가? 그분은 왜 우리 가운데 우리처럼 육화하셨던가? 성부는 왜 바로 당신이 지극히 사랑하는 독생자를 우리 죄인에게 보내셨던가? 사실 때가 이르자 말씀께서는 하느님 형상과 모상을 간직한 채 육肉을 취하셨다.[1] 신약성서에 의하면 요한 1,1에서 선재 先在 사상을 발견할 수 있다. 사도시대의 몇몇 서술에서 영감을 받았거나, 동정녀 잉태 기사에서 영향을 받았다고 하더라도, 선재 사상은 태초의 기원까지 이르는 선재해 오심을 뜻하며, 사도 바울로의 가르침에 의하면, 성부의 영광 안에 머무는 하느님의 아들이심을 드러내는 파스카 사건의 신앙 안에서 그리스도를 이해하도록 이끌어 준다.[2] "첫 선교사로서 성부로부터 파견된 예수 그리스도는 세계의 유일한 구세주이시다. … 예수께서 이룩하신 구원은 죄악의 지배로부터, 영원한 죽음으로부터 인류를 해방시키면서 보다 친밀하게 인류의 심저心底 안으로 파고든다."[3]

---

[1] 참조: E. VILANOVA, *Storia della teologia cristiana*, 333.

[2] 참조: J. MOINGT, La cristologia della chiesa primitiva, 95.

[3] P. GIGLIONI, Messaggio per la Giornata Missionaria Mondiale 1997: *Omnis Terra* 52, 117-8.

예수께서는 인간의 단순한 심성 안에서 스스로를 드러내신다. 그분은 30년간 나자렛에서 알려지지 않은 채 사셨고, 세리와 같이 존경받지 못하는 이들과 친교를 나누셨다. 죄 외에는 여느 인간과 다를 바가 전혀 없었다. "유다인들과 같이, 그리스도인들도 하느님이 이 세상에 개입하심을 믿는다. 그러나 그리스도인들에게 있어서 궁극적인 구원은 예수 그리스도를 통해서 구체적으로 분명하게 드러났다는 것이다. 의화, 하느님 나라, 영생, 새로운 창조, 구원 등이 성자의 육화와 부활을 통해서 지울 수 없는 표지로 새겨지게 되었다."[4]

성자의 육화는 인간의 시간 안으로 하느님이 자신을 드러내신 은총 행위의 구체적인 역사적 사건이다. 세계 안에서 하느님은 강생 순간부터 육신을 취하여 자신을 드러내시고, 공간과 시간의 속박 안에서 행동하셨다. 복음 안에서 예수께서 언급하신 "그러나 나는 말합니다. …"의 기사에 관한 한, 칼 바르트는 성자의 육화를 영원한 신앙의 외부로부터 오는 하느님의 개입으로 이해하며, 시간의 계속성을 분리하여 새로운 차원의 시간을 개방하고, 지상 속세의 시간을 중단한 것으로 해석하고 있다.[5] 구원사업이 되기 위한 필수불가결한 조건은 그 구원사업이 역사라는 시간의 지평 안에 내재되어야 한다는 것이다. 즉, 참으로 역사적 시간 안으로 진입하여 명확하게 실현되어야 한다. 이것은 하느님과 역사의 시간은 상호 모순되는 관계가 아니라는 것을 뜻한다. 시간 개념은 영적 개념과 대응되면서도 직접적인 연관을 맺을 수 있는 차원으로 고찰되어야 하는바, 시간 개념은 하느님의 은총이 인간에게 다다르는 기본적인 방편이라고 정의할 수 있겠다.[6]

구원 역사는 그리스도의 부활과 승천으로 종결될 수 없고, 그분의 재림 때까지 계속된다. 그러므로 이 중간 시대에 있어서 그분의 과업은 교회의 선교 활동에 집중된다고 할 수 있다. 이러한 인식 고찰은 역사의 시간 안

---

[4] René KIEFFER, Regno di Dio, giustificazione e salvezza: *Concilium* 1997/1, 155.

[5] 참조: U. TILOMELLI, Italo Mancini, 138.   [6] 참조: 139.

으로 육화된 그리스도 교회의 선교 전망으로 인하여 발전하게 된다. 육화를 통해서 하느님의 현존과 그분의 구원계획을 인간에게 보여주면서, 예수 그리스도는 시간 역사 안에서 인간 구원의 실현자가 된다. "신적인 요소의 역사적 과정인 구원의 실현과 그 외 다른 세속적인 정황과의 사이에는 하느님과 세계, 무한과 유한, 절대성과 상대성의 긴장감을 감지할 수 있다. 육화된 하느님으로부터 기인된 역사적 과정은 인간과 사회 현장 안에 영적인 요소를 심어주어, 역사 안에서의 변증법적 요소가 아니라, … 비복음적이며, 자존의 의미를 상실하였음에도 불구하고 역사 안에 육화된 신성에 총체적으로 몰입되어야 하는, 세계의 얇은 거짓 조각을 벗겨내는 구원의 원리를 역사 안에 주입한다."[7]

선교의 유일한 기초는 그리스도이다. 그분은 알파요 오메가이며, 모든 피조물의 중심이며 목적이다. 예수님은 유일하고 새로운 인간의 사표師表이며 새로운 아담이다. 메시아에 의한 종말론적인 궁극적 구원은 예수 그리스도 그분의 육화와 죽음과 부활과 재림을 통해서 완전하게 구현되며, 머리이신 그분은 교회 지체들이 선교적 열성을 항구하게 유지시키면서 역사 내內 시간상의 매 순간마다 그 열성을 더욱 강화시키고 실천하기를 요망하고 있다(교회의 선교 사명 8 참조).

3.1.2. 선물과 희망으로서의 육화

하느님은 우리를 무無에서 창조하시고, 인간이 되신 하느님 말씀의 은사恩賜를 통해서 살아갈 수 있도록 선물을 베푸신다. "성 이레네우스는 그리스도의 무한한 사랑으로 인하여 우리 인간이 자신이 소속되어 있는 차원에서 그리스도 그분의 차원으로 변화될 수 있게 된다고 강조한다."[8] 그러나 사람들은 영원한 가치에서 시선을 멀리하고 썩어 없어질 것을 갈망한다. 이것은 죽음을 야기하는 부패의 원인이 된다. 인간들은 본성적으로 부패한

---

[7] S. DIANICH, *Chiesa in missione*, 225.　　　[8] A. WOLANIN, La missione di Gesù Cristo, 55.

존재였으나, 하느님 말씀의 참여와 개입 덕분에 힘입어서 인간들이 후덕스
럽게 살아간다면, 그들 본성으로 인한 불행한 결과를 회피할 수 있게 된
다. 실제로 선물과 희망으로서 육화하신 하느님의 말씀으로 인하여, 인간
본성의 타락한 부패상은 인간을 쉽게 침식시킬 수 없게 되었다.

영원한 말씀이신 성자는 세계를 변모시키고 인간들로 하여금 완전한 구
원의 생명을 영위하도록 인류 공동체의 세계 안에 육화하셨다. 하느님의
육화는 세계 인류 구원을 위한 하느님다운 인내와 관용의 원칙을 드러내
준다. 하느님은 피안적인 저 높은 곳에서 머무실 뿐 아니라, 여기 차안 세
계의 낮은 곳에서도 인류와 함께 상존하시기를 원하신다.

성령과 함께 당신의 말씀인 성자를 파견하시는 하느님 성부는 인간 선善
의 유일한 목적을 위하여 일하신다. 충만한 삼위일체적 계시는 계속되는
심오하고 정밀한 해석학 체계를 제시하며[9], 인간 양식 안에서 구현된다.
"육화를 통해서 성자께서는 인간 차원으로의 비하卑下를 받아들이는 존재론
적 구상이든, 비극적 인간 상황을 스스로 수용하는 실존론적 구상이든, 우
리 인류의 차원과 심오한 결합을 성취하였다."[10] 육화는 하느님과 세계, 예
수와 인류 사이의 관계에 대한 유일한 기저基底이며 또한 그 정점을 이루고
있다. 위로부터 오는 성화 은총이든, 아래로부터 오는 조력 은총이든 모든
구원은 육화의 구조를 가지지 않을 수 없는 것이다.[11]

예수의 육화는 "걸림돌"이면서 또한 "기초"가 된다. 그것은 허상의 껍질
을 벗겨 버리면서 희망을 정화하도록 하는 "'걸림돌"이며, 모든 실패에 그
이유를 밝혀 주는 기초가 된다. 예수는 희망을 거스르는 모든 원인들을 체
험하셨다. 곧, 종교적 권위로부터 오는 적개심, 대중들로부터의 소외, 자
신의 말에 대한 배척, 제자들의 배반 등을 체험하셨다. 그러나 예수의 희
망은 배척받음으로써 흔들리는 불안정한 것이 아니다. 왜냐하면 그 희망은

---

[9] 참조: E. VILANOVA, *Storia della teologia cristiana*, 305.

[10] S. KAROTEMPREL 편 *Seguire Cristo nella missione*, 59.

[11] 참조: F. CONIGLIARO, *Ermeneutica e Teologia*, 138.

"성부께서 나와 함께 계시다"는 확신 위에 그 기초를 굳게 두고 있기 때문이다. 십자가상의 죽음은 희망을 거스르는 모든 원인들의 거대한 총체라고 할 수 있을 것이다.[12]

"죽음과 부활을 향한 그리스도의 여정은, 당신이 주님이시며 또한 성부께서 육화된 성지와 늘 함께하셨다는 사실을 신포하는 데 있어 결고 무시될 수 없는 요소다. ⋯ 그리스도의 성부와의 관계에서 최고 정점은 (육화 중에서) 십자가상의 죽음과 부활인데, 여기서 선교의 기초가 유발되는 것이다."[13] 이와 같은 교회 선교의 기초적 관점에서 볼 때, 가난한 이들의 해방과 구원을 위하여 교회가 세계 권력가들로부터 당하는 가난한 이들의 고통에 동참하는 것은 십자가상 그리스도의 수난에 동참하는 것을 의미하며 선물과 희망으로서 선교의 기초적 주춧돌을 놓는 것과 같다고 하겠다.

당신의 독생자를 우리에게 내주신 하느님은 전적으로 새로운 미래에 대한 힘이며 원천이시다. 바로 이때문에 그분은 모든 존재의 움직임과 미래에 실존적 의미를 부여해 주신다. 그분은 스스로 모든 존재하는 것의 궁극적 최고의 희망이기 때문에 세계와 역사 안에 희망을 심어주며, 구원적 내재內在하심으로써 역사 안에 머무르시며, 새롭고 보다 나은 구원의 충만함을 선취하신다.[14]

주님은 인간 세계의 상황들을 보고만 계시지 않으시고, 또한 신중하게 참여하시고 개입하신다. 참되고 신중하고 완벽한 사랑이라면 이웃의 고뇌를 보고만 있는 것이 아니라, 자신을 이웃에게 선물과 희망으로서 선사하며 고통받는 이들 안에 참여하고 개입하고 나누는 것이어야 할 것이다. "선교에 있어서 구원의 주도권은 당연히 항상 하느님에게 있는바, 그분은 개입하고 참여하고 감싸 안아 주시고, 육화된 당신 아들을 파견하시고 또

---

[12] 참조: Bruno MAGGIONI, L'evento Gesù: una speranza delusa?: *Popoli e missione dirigenti*, 7 (1997년 7월) 22-3.

[13] S. DIANICH, *Chiesa in missione*, 232.

[14] 참조: F. CONIGLIARO, *Ermeneutica e Teologia*, 42.

한 그 아들의 선교 계승자를 보내시면서 새롭고 결정적인 방식으로 선물과 희망으로서 당신을 나눠 주신다. 또한 성령께서 항상 성 교회 안에 머무르시기 때문에, 교회의 지체로서의 그 계승자들과 함께 그분은 구원사업을 계속하며 완성하신다. 이러한 선교는 전 세계 모든 사람들의 문화와 종교까지 그 대상으로 펼쳐진다."[15]

그리스도교 공동체는 그리스도께 희망을 두고 있다. 그분은 교회를 위한 모든 것이 되시며, 교회는 그분 안에서 존재 이유와 활동과 희망의 근거를 발견한다. 복음은 무엇보다도 희망의 양태로 그 메시지를 밝히고 있다. 그리스도의 사랑을 통하여 그리스도인의 희망은 그 한계를 규정지을 수 없는 것이다. 그 사랑은 성부로부터 기인하며, 강생하시어 모든 인류의 구원을 위해 십자가상에서 돌아가신 그리스도의 성심聖心에서 끊임없이 유출되며, 성령의 숨결에서부터 양육되어 간다. 그 사랑은 모든 율법에 앞서며 그 위에 상존하는 하느님 약속의 선물이며, 모든 이의 구원과 영생을 추구하며 희망하고 있다. 육화의 보편성은 자신 안에 항구성을 가진다고 하기보다도 무엇이든지 어떤 방법이든지 반드시 세계와의 관계 안에서 유지되며, 선물과 희망으로서 육화의 보편적 성격은 그리스도교 공동체를 포용적이며 자신을 내주고 선사할 줄 아는 희망의 개방적 공동체가 되도록 만든다.[16]

3.1.3. 하느님 신비의 계시자

하느님은 신비이며 총체적 계시자이시다.[17] 일찍이 성 토마스 아퀴나스는 하느님에 대하여 우리는 그분이 어떤 분이신지 알 수 없지만, 그분이

₁₅ J. LOPEZ-GAY, La missiologia contemporanea, 14-5.

₁₆ S. DIANICH, *Chiesa in missione*, 259-61.

₁₇ 참조: F. CONIGLIARO, *Ermeneutica e Teologia*, 37. 그러나 본회퍼는 "하느님 앞에(vor) 하느님과 함께(mit) 그러나 우리는 하느님 없이 살고 있다(ohne Gott leben). 하느님은 십자가 위에서 세계 밖으로 던져졌으며, 세계 안에서 무능하고 나약한 존재로서, 오직 그렇게만이 그는 우리에게 다가오며 우리를 도우신다. 이것이 그 어떤 타종교와도 구별짓게 하는 차별성이다": P. VANZAN, Dietrich Bonhoeffer 50 anni dopo, 159.

어떤 분이 아니신지는 알 수 있다고 하였다. 왜냐하면 하느님은 우리가 사색할 수 있는 저 너머에 초극하여 존재하시는 분이기 때문이라고. "하느님은 도달할 수 없는 신비 속에 머무르시지만, 오직 신앙의 초자연적 빛과 애덕과 성령으로부터 기인되는 힘을 통해서 그분의 신비에 대하여 어느 정도까지 밝혀 낼 수 있다. 이처럼 하느님은, 인간이 그 어전에서 흠숭을 드리면서 침묵 속의 사랑에 머무를 수밖에 없도록 하는, 표현할 길이 없는 신비로서 인간에게 현현하신다. 1587년 11월 22일 베어스Beas의 가르멜 회원들에게 십자가의 성 요한은 다음과 같이 언급한 적이 있다: "우리에게 가장 필요한 것은 위대하신 하느님 앞에서 침묵하는 것이다. 왜냐하면 그분께서 귀기울이시는 언어는 단지 침묵 속의 사랑이기 때문이다."[18]

하느님은 인간을 위하여 설계된 구원의 길에 관하여 당신의 구상을 밝히신다.[19] 하느님의 신비는 육화된 말씀의 역사적 실존을 제시하는 그리스도 행적을 통해서 우리에게 선사되었다. 또한 이어서 그 신비는, 사도들과 사도시대 교회가 우리에게 전승해 준 예수의 가르침과 역사적 기억을 포함하는 예수 사건을 통해서 우리에게 계시되었다. 그리스도가 하느님의 최종적이며 최상의 계시라는 확신은 그리스도교 초기부터 절대적이었으며 명확한 사실이었다.[20]

계시는 인간의 언어로써 분명하게 드러났다. 하느님이 인간을 통해서 말씀하시는 것에 대해 만족할 수 없을 때에, 당신 스스로 인간의 언어로 계시를 밝히시며, "궁극적인 계시"까지 드러내어 보내주셨다. 예언자들은 위대하신 그분에 대해서 말해야 했지만, 예수 그리스도를 통해서 하느님은 당신 스스로에 대하여 말씀하셨다.[21] 계시는 구원 계시자의 계획에 따른 결

---

¹⁸ *La civiltà cattolica*, 1996/I, 540.

¹⁹ 참조: RIGAUX - GRELOT, "Rivelazione", col. 1099; Jesus Angel BARREDA, Jesus, el Santo di Dios, revelador y evangelizador: *Studium* 36 (1996) 205-34.

²⁰ 참조: B. FORTE, *Teologia della Storia*, 39.

²¹ 참조: Y. CONGAR, *Jesucristo, nuestro medidor y nuestro Senor*, 10-1.

과이다. 구원은 하느님이 무상으로 주신 자유 안에서 스스로 그분을 영접
하는 것이라 하겠다. 당신의 말씀은 의혹이나 두려움 없는 순수한 자유 안
에서 수용될 수 있기 위하여 인간이 알아들을 수 있어야 하고 이해할 수
있어야 하는 것이다. 비록 계시가 우리의 여러 사상과 사고에 새로운 능력
을 부과해 주고, 세계의 구원을 선포한다 할지라도, 그 메시지는 인간 언
어의 양식과 의미로써 전달되어야 하는 것이다.[22] 만일 성자가 우리 인성과
우리 삶에 참여하기 위하여 인간으로 육화되지 않으셨다면, 하느님의 말씀
은 결코 우리에게 신비와 진리로서 계시되지 않았을 것이다.[23]

하느님의 신비를 충만하게 드러낼 수 있으면서 또한 우리 인간 본성에
참여하게 되는 육화를 통하여 하느님 말씀은, 인간의 방식으로 인간에게
이러한 신비를 전달하였다. "계시는 인간 예수로부터 분리될 수 없다. 왜
냐하면 그분은 말로써뿐 아니라 스스로 인간과 같이 되셨으며 계시를 밝히
시는 분이시다."[24] 그분은 참으로 "우리와 함께 계시는 하느님"이 되셨다.
말씀의 육화는, 인간들 사이에서의 여느 다른 인간과 같이 되어, 하느님의
구원의지를 구체적으로 더욱 잘 느낄 수 있게 하였다.[25] "어떤 예언자도 계
시의 절대적 의미를 전달하지 못한다. 그들은 한 사람씩 앞으로 나아갈 뿐
이다. 예수 이후 어떤 계시자도 나타나지 않았다. 오직 그에게서만 세계에
대한 하느님의 계시가 절대적으로 밝혀졌으며, 이러한 계시는 결코 고갈되
지 않는 것이다."[26] 그리스도는 계시된 자이면서 또한 하느님 신비의 계시
를 밝히는 자이다. 스스로 계시하면서 자기 자신을 드러내는 계시자로서,
성부를 알려주셨다.[27]

---

[22] 참조: F. CONIGLIARO, *Ermeneutica e Teologia*, 45; 인간 언어의 의미는 항상 문화로부터
결정되기에 불충분하면서도 모든 가능성들을 포함하고 있다 하겠다.

[23] 참조: A. WOLANIN, La missione di Gesù Cristo, 55-6.

[24] Ch. DUQUOC, *Cristologia*, 271.

[25] 참조: A. WOLANIN, La missione di Gesù Cristo, 53.

[26] R. BULTMANN, *Teologia del nuovo testamento*, 394.

[27] 참조: J. ALFARO, Le funzioni salvifiche di Cristo ..., 825.

인류를 향한 엄청난 지순至純의 사랑으로 하느님으로부터 세계에 파견된 육화된 말씀은 참으로 거룩한 신비의 계시자이며, 당신에게 부여된 인류 구원 사명의 중요성을 충만하게 인지하시고, 우리를 위하여 최고의 유일무이한 대치될 수 없는 구원적 삶의 가치를 밝혀주시는 분이시다.

3.1.4. 육화된 말씀의 선교

성부께서 맡겨주신 소명을 구현하기 위하여 육화된 말씀은 모든 전권全權을 부여받으셨다. 곧, 신성을 견지하시면서 동시에 인성을 취하셨다. 실제로 육화된 말씀의 선교와 교회의 선교는 둘 다 모두 성부와 성자의 사랑에 의탁하며 이뤄진다. 이러한 사랑은, 세계에 대한 하느님의 구원 행위가 완성되도록 하는 의지와 자유의 역동성 안에서 성부와 성자의 두 위격이 드러나는 형이상학적 차원 이전에 먼저 선재先在하였다. 자콥은 "구약에서의 하느님 말씀은, 창세기 때 발설된 하느님의 말씀으로부터 기원되고, 종국적으로는 육화된 말씀으로 귀결되는 역사를 정향正向짓고 그 안에 영감을 불어넣었다"[28]고 하였다. 육화는 단지 성부로부터 성자가 변증법적으로 혈육을 취하도록 하는 조건만을 뜻하지 않고, 육화는 이미 성부와 성자 사이에 있는 변증법의 결실이라고 하겠다. 실제로 성자는 성부의 뜻을 성취하려 인간이 되시어 우리 가운데 오셨다. 성부와 성자 사이의 더없이 친밀한 관계는 예수가 이룩한 강생의 최고점에서 드러난다.[29]

성자의 순명은 육화를 가능하게 했던 신적神的인 역동적 원리이다. 나자렛 예수의 모든 삶은 당신이 실제로 죄 외에는 모든 점에 있어서 우리와 전적으로 동일한 조건이면서도, 하느님 말씀의 계획을 늘 실현하고자 하는

---

[28] E. Jakob, *Theologie de l'Ancien Testament*, Paris 1955, 104.

[29] 참조: RIGAUX - GRELOT, "Rivelazione", col. 1105. "예언자들은 하느님으로부터 초대받은 메신저들이었는데, 그들은 하느님 말씀을 전달하였다. 이때문에 그들의 선포는 '하느님이 이렇게 말씀하셨다' 라고 시작하였으나, 그리스도는 이와는 달리 '내가 너희에게 말한다' 라는 표현을 사용하셨다": K.H. SCHELKLE, *Teologia del Nuovo Testamento, Dio era in Cristo*, EDB, Bologna 1980, 60.

당신의 일상생활을 분명하게 보여주었다. 예수는 하느님 말씀에 의한 사랑의 원칙을 통해서 봉사하고 행동하는바, 그의 사목 지침은 당연히 애덕과 측은지심의 마음을 드러낸다.

"하느님과 인간, 세계 역사와 하느님 사랑 사이의 만남은 예수의 죽음과 부활 안에서 하느님의 창조를 재확증하는 육화된 말씀, 곧 예수 그리스도에게서 가장 잘 드러나고 있다."[30] 육화된 말씀은 신비스러운 현존이며 메시지로서 모든 인류에게 대한 하느님의 결정적이고 확고한 말씀이다. 말씀의 육화에 힘입어, 역사와 창조는 혼돈chaos이 아닌 우주의 질서cosmos처럼 보다 훌륭한 조화를 이룬다. 인간의 죄많은 현실일지라도 하느님의 결정적 말씀의 확고한 가치체계를 무너뜨릴 수는 없는 것이다.

육화된 말씀의 역동성은 "사랑의 원천", 곧 성부의 애덕에서, 당신의 "지극히 자비스런 선善"에서 기원된다고 하겠다. 육화된 말씀은 우리를 창조하고 "무상으로 우리를 당신 생명과 영광에 참여하도록 초청하시는" 하느님이시다. "모든 이에게 모든 것"이 되기 위하여, 자신의 선을 내주시는 분은 그분이시다. 성령의 선물로서 세계에 구원의 소식을 선포해야 하는 교회의 선교 사명은 하느님의 이러한 근원적 사랑amor fontalis과 무한한 자비심misericordia infinita에서 연유하고 있다.

"육화된 말씀"의 선교적 총체는 하느님 형상으로 있는 종의 신분을 취하여 인간과 같이 된 그분의 비허卑虛까지도 포함한다. 육화 신학 안에서 "비허"에 대한 사도 바울로의 개념은, 땅 극변까지 기쁜 소식을 전하기 위해 모든 것을 버리고, 그리스도의 명령을 이행하는 사람들의 케노시스kenosis(자기 낮춤)에 대한 첫째가는 모델을 발견하도록 도와준다. 육화된 말씀으로 인하여 파견된(요한 14,16-17 참조) 성령은 사람의 정신과 마음 안에서 효과적으로 역사役事하면서, 인간 내부에 거룩한 사랑을 비추며 사랑의 불꽃을 점화한다. 그분은 교회의 선교 활동에 깊이 개입하시고 관여하시면서 가시적으로

---

[30] C. STANZIONE, Perché oggi la missione non può che essere radicale, 36.

미리 오시며, 끊임없이 다양한 방식으로 선교 활동에 동반하시고 이끌어 주신다.[31]

성자가 성부의 뜻을 실천하는 데는 기본적인 정향定向이 있다. 성부의 뜻을 실천하기 위해 성자는 겸허하게 인간 혈육을 취하고 교회의 선교와 그리스도인들의 삶의 길에 동행한다. 즉, 성자의 육화는 총체적인 인간 고통에의 참여이다. 이 모든 것의 시초에는 하느님의 사랑과 명령, 항구한 순종의 모습이 존재하였다. 하느님 모상으로서의 인간은 이러한 성삼위의 애덕적 일치 체계 안에 참여하여, 하느님과 친교를 이루도록 요청받고 있다.

예수 그리스도는 항상 선교의 기원이시며, 부활 이후 역사 안에서 기쁜 소식을 계속하여 선포하신다. 말씀이신 성자의 선교는 경계와 한계를 둘 수 없다. 신앙의 선포에 관한 한, 이러한 확신이 결코 거부되지 않기 때문에 신앙의 선포는 계속적으로 모든 사람들에게로 향하고 있다. 예수의 선포 안에 제시된 구원은, 다수의 가능한 구원 가운데 하나가 아니라, 절대적이며 유일하고 보편적 성격의 구원으로 인식되는 것이다.

---

[31] 참조: *L'Osservatore Romano*, 1995.4.20, 4.

3.2. 선교 대상으로서의 인간

인간이 무엇이옵니까? 당신께서 이토록 기억해 주시다니!

사람이 무엇이옵니까? 당신께서 이토록 돌보아 주시다니!

신들보다 조금만 못하게 만드시고

영광과 존귀로 관을 씌우 주셨나이다(시편 8,5-6).

3.2.1. 기본적 질문

인간이란 무엇인가? 이것은 단순히 철학자와 신학자에게만 국한되는 질문이 아니다. 이것은 모든 이들의 질문이다. 왜냐하면 땅 위에 사는 한, 모든 인간은 항상 의문의 대상이기 때문이다. 인간은 항상 자문해야 한다: 나 자신의 생애를 내 스스로 어떻게 가꾸어 영위해 갈 것인가? 인간 현실이면서 동시에 사회 안에서의 단독자로서의 현실인 나 자신을 스스로 형성해 가야 하는 이러한 작업은 자유와 정의의 관념적 지침 아래 펼쳐진다.[32]

"인성은 개방된 체계, 즉 다양한 정의와 그 실현을 받아들일 수 있는 체계이다."[33] 인성의 자유로운 체계는 역사 안에서 점진적으로 구현되어 왔는 바, 자유의 형상적 관념에 대한 구체적인 성취였다. 인간 이해와 해석에 대한 이러한 관점들은 보편적인 것들로서, 곧 인식하고 갈망하는 존재인 인간이 자신의 "어떤 의도하는 바"에 스스로를 투여投與하기를 원하는 사실에 관한 것이다. 여기서 "투여되었다"는 것은 객체성의 지평과는 다른 어떤 것이다. 곧, 스스로 드러낼 수 있도록 주체적인 능력을 갖추고 있으며 동시에 세계에 던져진 존재로서 역사성의 경험 위에 머무는 존재를 뜻한

---

[32] 참조: B. CASPER, *L'ermeneutica e la Teologia*, 18-20.

[33] B. MONDIN, Cultura e morale, 401-2.

다. 죽을 인간으로 역사 안에 투여되었다는 것은 개인적이며 사회적인 존재로서 또한 역사 안에서의 "피투被投된 존재"로서 겪는 모든 현상과 경험들을 내포하도록 조건지어졌다고 하겠다.[34] 그러나 간과하지 말아야 할 점은 선택이 이뤄진 역사적 운명에서 출발하면서 던져진, 그리고 보다 의미 깊은 기본적 선택에 힘입어서 결정된 인간의 조건에 대한 깨달음은, 역사를 바탕으로 하는 학문조차도 역사 안에서 재해석될 정도의, 변환의 연속 과정을 거치며 진행된다는 것이다.[35] 역사의 여정 안에서 무수한 변화의 복합성을 지나면서 인간 인식의 체계는 점진적으로 형성되어 가는 것이다.

막스 셸러는 『우주 안에서의 인간의 위치』*Il Posto dell'Uomo nel Cosmo*에서 자신의 철학적 인간학의 중요한 핵심들을 밝혔다. "인간이란 무엇인가?" 또한 "존재계 안에서 인간의 위치는 무엇인가?"라는 의문들은 셸러에게 있어서 가장 근본적인 질문들이었다. 독일에서 제기된 철학적 인간학의 여러 쟁점들은 많은 학자들이 운영하는 연구 그룹에서 중요한 핵심 지식과 그 해답을 얻을 수 있었다고 셸러는 관찰했다. 그는 인간의 자아 인식과 자아 직관의 새로운 형태를 발전시키기 위하여 제반 학문의 특수한 "보화"의 지식들은 함께 전개되어야 한다고 주장했다. 인간의 특수한 위치를 결정짓는 문제는 "인간"의 의미를 적절하게 규정하는 것을 요구한다. 인간에 대한 개념은 처음부터 그 본성상 결코 소홀히 하거나 축소 평가될 수 없는 존재로 다루어져 왔다. 전통적 개념에 의하면 하느님 모상으로서 인간의 본체는 하느님의 모습을 그 중심 근저로 전제하여 설명하고 있다. 셸러에 의하면 인간이 인간이도록 하는 ― 생명의 자연적 진화에만 국한될 수 없는 ― 어떤 보다 큰 원리가 있다는 것이다. 이 원리는 "영혼"이라는 용어를 가리킨다고 할 수 있다. 이것은 이성理性과 존재와 선善과 애덕의 직관에 대한 개념을 포용하고 있다. 오직 인간만이 인품을 부여받았다는 점에서, 살아 있는 존재로서 또한 소위 시간과 공간의 세계 너머의 중심체로서, 스스로

---

[34] 참조: B. CASPER, *L'ermeneutica e la Teologia*, 20-1.　　　[35] 참조: 21.

의 인식 대상인 자신을 포함하여 모든 것에 대해 인식할 수 있다.[36] 현대 심리학과 철학은 이러한 인간의 인식 기능과 정신, 그 역할, 양심과 의지의 현시顯示 등에 대하여 심도있게 분석하고 있다.

또 다른 관점으로는 언어를 통한 인간에 대한 인식이다. 역사 안에서의 인간 존재는 바로 극단적이기까지 한 자기 표현의 총체성 안에서 언어와 마찬가지로 현실 안에 스스로 구체화되어 존속한다. 인간은 언어로 자신을 표현할 뿐 아니라, 언어처럼 자신의 복합성을 스스로 드러낸다. 하지만 질문은 여전히 계속된다. 과연 인간의 정의定義란 어떤 것인가? 모든 철학적 관념의 기저基底에 있는 이 질문에 대하여 전통적 철학은 인간이 가진 언어의 기능에 의지하면서 해답을 주고자 하였다. 인간은 언어의 기능을 보유하였기에 인간이라는 것이다.[37] 언어적 기능을 통하여 인간은 있는 모든 것을 인식할 수 있고 표현할 수 있으며, 스스로 인식하고 표현하는 것에 대하여, 자신의 세계라고 부르는, 의미의 지평을 부여할 수도 있는 것이다. 인간은 언어로써 생각하고, 말하고, 노동하는 존재일 뿐 아니라 마침내 또한 해석하는 존재이기도 하다. 인간 인지認知 행위의 거의 대부분은 의심하고 사유思惟하는 행위이다. 그러므로 해석의 제반 문제가 인간 인식 안에 존재하게 되며[38], 나아가 인간 자신을 대상으로 사유하고 궁극적으로는 초월적 존재, 창조주에 대해서까지 사유의 대상으로 포괄하게 되었다.

한편 인간에 대한 하느님의 놀라운 개입은, 인간이 영혼과 육신으로 결합된 존재로서 지성과 진리와 지혜, 도덕적 양심과 자유의 존중과 함께 형성되었다는 선언과 함께 인간 품위의 고양高揚에 기여하였다.[39] 교회와 그리

---

[36] 참조: M. FARBER, *I problemi fondamentali della filosofia*, 237-8. "우리는 매우 정확하게 인간의 몸과 신진 대사, 신경조직, 정신과정, 무의식 … 등을 알고 있다. 그러나 어떤 학문이나 철학도 그들 연구의 대상으로서 인간 정신을 파악하고 직접적으로 영혼을 말할 용기를 가지고 있지 않다": K. WOJTYLA, *L'evangelizzazione e l'uomo interiore*, 75.

[37] 참조: B. CASPER, *L'ermeneutica e la Teologia*, 24.

[38] 참조: B. MONDIN, Ermeneutica, 44.

[39] 참조: K. WOJTYLA, *L'evangelizzazione e l'uomo interiore*, 75.

스도교는 인간의 진보와 발전을 평가하는 독특한 기준을 갖추고 있다. 이 기준은 인간에 관한 진리의 총체적 관점 안에 깊은 근저를 두고 있다. 그래서 매우 기본적인 그러나 역사상 많은 경우 무시되어 온 인간 진리를 그 중심으로 두고 있다. 사도 바울로가 고린토 서간에서 말한 바 있으며, "육적 인간"에 대조되는 "영적 인간"을 위한 투쟁은 제2차 바티칸 공의회 문헌에서 주장되어 온 "인간 품위에 대한 억누를 수 없는 요청"을 선포하고 옹호하는 행동과 다른 것이 아니다.[40] 공의회 교부들의 이 입장은 인간의 존엄성과 그 품위에 관한, 곧 인간 인식의 지평을 새롭게 드높였으며 이후 교회와 세계의 제반 활동과 인간관 형성에 대단한 영향을 끼쳤다.

3.2.2. 인간의 신비

과학과 역사가[41] 낳은 실증론과 철학의 모든 요소를 초극하면서, 서구의 전통적 "분석의 문화"로써 인간을 이해하는 데는 한계가 있음을 다시 한번 깨닫는 것이 요청된다. 인간의 신비 개념은 마치 언어를 통한 보다 현대적이며, 심리학과 현상학의 지평 위에 보다 강조된 의미에서 제반 학문의 심오한 개념 중 한 가지로 점차 인정을 받게 되면서, 대단한 폭발적 관심을 모으고 있다. 인간의 신비는 인간 자신을 속이려 하거나 부덕한 어떠한 의도도 배제한 가운데, 순수한 인간 경험을 통하여 "명백하게" 드러난다.[42]

"인간은 창조주께서 피조물에게 선사하신 가장 위대하고 가장 매력적인 신비를 간직하고 있다. 충만스럽게 자아 실현을 갈망하는 이러한 인간은 현대 세계 안에서 자신에게 주어진 진리 정황을 깨달을 필요가 있다."[43] 몸

---

[40] 참조: 79.

[41] H.G. Gadamer에 의하면 "인간은 본질적으로 역사적 존재로서 역사에 의해 양육되고 형성된다": B. Mondin, *Ermeneutica*, 36.

[42] 참조: G. Agresti, *L'uomo nuovo*, 35.

[43] Jerzy Koperek, Lo stato democratico di diritto e i diritti umani alla luce del dialogo personalistico-liberale: *Già e non ancora* 2 (1997.9) 83. "성 이레네우스는 하느님의 이러한 모습에 감동하여 '하느님의 영광은 살아 있는 인간이다' 라고 노래하였다": C. Stanzione, Perché oggi la missione non può che essere radicale, 37.

과 영혼, 정신, 마음, 육체의 인류학적 개념들은 매번 인간의 한 부분을 가
르치는 것이 아니라 인간 총체를 지칭한다 하였다. 그래서 하느님 앞에 있
는 자신의 삶 속에 나타나는 다양한 기능 안에서 스스로를 발견하는 인간
은 특별히 고유한 양심을 존중하도록 불림을 받았다. 인간이 그리스도를
자신의 주님으로 진실하게 받아들이면, 그는 온갖 속박으로부터 해방되어
자신의 창조주께 진정한 찬미를 드릴 수 있게 된다.[44]

하느님께 나아간다는 것은, 인간 자유의 기본적 구조에서 기인되는 진정
한 권위의 선택으로서, 하느님을 향한 신앙의 결심을 보다 올바르게 드러
내 주는 "자아 표현"을 함축하고 있다 하겠다. 그러나 인간 상호간의 관계
안에서 작용하는 윤리적 선택은 인성의 본래적 가치에서 요청되는 것이다.
그것은 곧 자기 내면의 초월적 근저인 하느님을 향하고 있는 자기 자신의
정향성正向性을 내포한 가치를 의미한다. 이와 같은 윤리적 가치는 인간으로
하여금 하느님께로 나아가도록 하는 데 필요한 매개체로서 인간 내면에 그
가치체계가 구성되어 있고 설정되었음을 뜻한다. 인성人性은 자신의 내적인
힘 안에서 스스로에게 존경받고 받아들여져 자긍심을 가질 수 있기를 요청
한다.[45] 그러므로 인간은 단지 물질적 과정 안에서의 가능성을 넘어서는 그
이상의 역동성을 내면에 간직하고 있다 할 것이다. 이것은 물질체계가 초
월적 차원으로부터 초극적인 어떤 것을 받아들여야 함을 의미한다. 현 세
계와의 관계에서 인간 문제를 분석하면, 하느님 문제는 결국 모든 세계 현
실의 원천적 실재로서 부각된다고 하겠다.[46] 이처럼 인간 신비의 마지막 결
론에는 언제나 초월적 존재와의 만남으로 맺어진다.

한편 복음에 의하면 인간 영혼은 만남과 대화의 현장이라고 단언한다.
성聖과 속俗이 어우러지는 무대이며, 영원과 찰나가 함께 대화하는 공간이
며, 구원과 나락那落이 결정되는 법정이다. 인간 영혼은 육신과 물질과는

---

[44] 참조: E. LOHSE, *Compendio di teologia del nuovo testamento*, 116.

[45] 참조: J. ALFARO, *Dal problema dell'uomo al problema di Dio*, 239.　　　[46] 참조: 218.

전혀 다른 "하나의 새로운 영역luogo"이며 "하나의 독특한 요소elementa"로 구성되어 있다고 본다(루가 12,20 참조). 복음은 몇몇 사람들에게만 계시되는 것이 아니라, 모든 인류의 영혼에게 정향된 메시지로 구성되어 있다. 이 메시지는 사도 바울로의 고린토 서간에서의 말씀처럼, 모든 인류가 영적으로 성숙한 인간이 되기 위한 투쟁을 요청하고 있다.[47] 그 메시지의 총체적 역동성에서 볼 때, 인간은 신비로 남으며 앞으로도 남을 것으로 보인다. 인간의 정체성을 거론할 때, 결코 인간의 신비성을 간과할 수는 없는 것이다. 그 신비는 놀라운 것이면서 동시에 역사 속의 선과 악의 복잡한 변증법 안에서 처참한 상황에 처할 때도 있다. 왜 인간은 영광스러운 모습과 처참한 모습을 동시에 갖추고 있는가? 이같은 의문에 대하여 인간이 하느님의 모상이라는 관점에서 벗어나서 그 해답을 찾을 수는 없다. 인간은 하느님의 모상을 지니고 있기에, 인간은 놀라운 선업善業을 쌓을 수도 있고, 동시에 끔찍한 죄악을 범할 수도 있는 것이다.

인간은 역사적 존재이지만, 역사의 종속되는 하인이나 노예가 아니다. 건전한 현실주의의 원칙에 충실하면서, 또한 자신의 과업에 대한 인식의 한계를 깨달으면서도, 인간은 여러 가지 많은 다양한 표현들 가운데서 진리에 기여할 수 있는 해석학적 체계를 신비로운 자신의 사고思考와 실존 조직 안에 구체적으로 정립할 필요성을 내포하고 있는 것이다.[48] "오늘날은 신학과 선교의 성찰 과정 안에 인간의 중심 기저를 고찰하고 있으며, 신학과 선교학이 전 우주적 차원에서 인간 문화적 현상을 중요시하고 있음은 사실이다. 이러한 현상들에 관한 새로운 자료들이 선교학에 나타나며 포함되고 있다."[49] 인간은 교회의 활동 영역 안에서 그 첫째가는 대상이며 기본이고 지상에서의 그 최종 종착점이 되며, 인간을 향한 그 도정에서 교회는 멈출 수도 없고 멈추어서도 아니 된다. 가시적인 것과 경험적인 것을 뛰어

---

[47] 참조: M. FARBER, *I problemi fondamentali della filosofia*, 77-8.

[48] 참조: B. MONDIN, Ermeneutica, 46.

[49] J. LOPEZ-GAY, La missiologia contemporanea, 21.

넘는 요소로서, 또한 인간의 진리에 대한 무시할 수 없는 요소로서, 인간의 신비는 여전히 그 이상의 어떤 것을 내포하고 있다 하겠다. 우리 안에 감추어진 상태로 신비스럽게 머물고 있는 그 어떤 것은 항상 우리가 시각적으로 물질적으로 경험하는 것을 넘어서는 그 무엇이다.[50]

신비 개념에 입각하여 고찰하게 될 때, 인간은 그 본성상 종교적 존재다. 인간은 이 세상에서의 신앙과 영성에 영향을 미치는, 저 세상에의 희망에 대한 욕구를 항상 가지고 있다. 수천 년 동안 펼쳐진 심오하면서도 여러 가지인 다양성과 그에 결합된 보편성을 통해 종교적 현상은, 인간의 자기 성찰에 양분을 공급하고, 세계의 근본적이며 중요한 질문들을 인류사회의 문화적인 광활한 지평 위에서 채택하고 연구하는 일들을 중단한 적이 없었다.[51] 인간은 자기 자신을 위해 종교적 진리에 대한 신앙을 견지해야 한다.

그리스도교 신앙의 진리는 핵심적인 두 가지 요소를 갖추고 있다. 하나는 그리스도가 계시하셨고 사도들이 선포하였던 진리에 대한 지적知的 집착의 요소이다. 다른 하나는 나자렛 예수의 역사적 인성에 대한 애덕적 집착의 요소이다. 여기서 신앙이란 진리에 대한 지적 요소와 애덕적 요소의 두 지평 위에서 생동감 넘치는 체험을 하기까지 변화되어야 하는 그리스도인과 그리스도와의 인격적인 만남이다. 나아가 신앙은 하느님을 믿는 이들을 진리의 말씀과 그 역동성을 통하여 온갖 죄에서 해방시켜 주시기에, 그리스도의 손 안에 진실되이 자기 자신을 맡기고 의탁하는 것이라 하겠다.[52] 그리스도교 신앙은 모든 인류를 걱정시키는 어려운 문제점들 가운데 그리

---

[50] 참조: G. AGRESTI, *L'uomo nuovo*, 36.

[51] 참조: P. POUPARD, Visione religiosa e visione secolaristica del mondo, 21. "이것을 하기 위하여 그는 의식(儀式)이 필요하였다. 통과의례는 세속적 조건에서부터 성스러운 표지인 새로운 존재에로 옮아가게 만든다. … 상징과 신화와 의식을 통하여 종교적 인간(l'homo religiosus)은 성스러운 원천, 초월적 현실 안으로 접촉해 들어간다. 종교적 인간은 분명하게 성스러움의 수혜자이면서 전달자이다"(24-5).

[52] 참조: Editoriale, La fede cristiana: *La Civiltà Cattolica* 1997/IV, 224.

스도인들이 살아가면서도, 위로부터 선사된 은총을 감사하는 마음을 가지고 수용해야 한다고 가르치고 있다. 참된 그리스도인은 성자께서 인간이 되심으로써 당신과 동일시하셨던 모든 형제 자매들에게 보다 심오한 사랑과 존경을 드리면서 이러한 은총들을 열매맺게 하도록 요청하고 있다.[53]

그러므로 비록 파견의 첫째 지향이 신앙과 세례, 교회 공동체 건립 등이라 하여도, 새롭게 태어난 참된 그리스도인이라면 한 걸음 더 나아가서 사회·과학·교육·문화·경제 등 모든 차원에서 민족들의 진정한 발전을 위하여 "하느님의 협조자" 역할을 실행해야 함을 강조할 필요가 있다.[54]

그러나 역시 질문은 남아 있다. 인간의 신비는 도대체 무엇이라고 말할 수 있을 것인가? 개인적·사회적인 인간 자신의 삶은 선과 악 사이에서 계속되며 극적인 하나의 투쟁이라고도 말할 수 있겠다. 이와같이 거대한 인간의 신비는 육화된 말씀의 신비에 조명되어 고찰될 때, 더욱 빛을 내게 된다.[55] 인간 신비에 대한 한 가지 중요한 진리는, 신화적인 미신의 요소 없이 우리들 질문의 핵심에 이르도록 하는 내적인 놀라움을 실현 가능케 하면서, "선사받은" 실재로서 그리스도 신비의 빛에 자유롭게 "개방적"이 되어 그것을 받아들일 수 있도록 이끌고 있다. 또 한편으로 그것은 우리 인간 자신의 신비 내면으로 움직이게 하는 극적이며 신비로운 외침이나 사랑의 열망에 의해서 우리가 그 신비성에 귀기울이고 몰입되는 자세를 가지도록 만드는 그러한 놀라운 진리인 것이다.[56]

3.2.3. 인류의 현대 상황

사도 바울로는 인간을 죄와 죽음의 지배 아래 있는 아담의 후손으로 이해하였다. 율법으로 인하여 인간은 더욱 부패와 타락 속으로 빠져들게 되

---

[53] 참조: René KIEFFER, Regno di Dio, giustificazione e salvezza, 155.

[54] 참조: Joseph MASSON, *La missione continua*, 119.

[55] 참조: P. POUPARD, Visione religiosa e visione secolaristica del mondo, 38-9.

[56] 참조: G. AGRESTI, *L'uomo nuovo*, 38.

었는바, 그리스도에 대한 신앙 덕분에 인간은 죄에 대하여 능동적으로 대응하고 싸울 수 있음을 깨닫게 되었다. 그러나 미래학자들이 현대 인류의 딜레마로 기술하는 새롭고 커다란 문제들은 인류의 목전에 다다라 있다. 곧, 환경 오염의 심각성과 자연 자원의 고갈, 인류의 폭발적 팽창, 산업화의 횡포, 영양실조의 만연 등이다. 이러한 문제들은 인간을 엄청난 곤궁의 상태에 놓이게 하는바, 생물의 종류에 있어서의 전이轉移와 변종, 에너지 위기의 폭발, 기아 인구의 양산量産, 수자원 부족으로 인한 분쟁 또는 국지전 등으로 이어져 발전의 한계에 다다르게 한다.[57] 만일 인간이 발전의 이 같은 여러 후유증을 만들어 내는 단지 이기적이기만 한 "소비주의 사회"를 향하여 나아간다면, 회프너 추기경이 진단하고 예견한 것처럼 그 "소비주의 사회"는 필연적으로 비극적인 사회가 될 것이다. 소비주의는 필연적으로 자유주의 및 쾌락주의와 상호 만나게 되어 있다. 쾌락주의자의 입장은 인간의 자유 개념을 남용하는 방향으로 끌고 간다. 인간 자유의 남용은 사회생활 안에서 쾌락주의적 태도를 여실히 드러내고 있다.[58]

「사목 헌장」은 4항에서 현대 세계의 인간 상황을 다음과 같이 묘사하고 있다: "인류가 이토록 풍요로운 재화와 능력과 경제력을 누려 본 적은 결코 없었다. 그러나 아직도 세계 인구의 상당수는 기아와 빈곤에 허덕이고 있으며 무수한 사람들이 완전 문맹에 시달리고 있다. … 정치, 사회, 경제, 인종, 이념의 극심한 분쟁들은 여전히 계속되고 있으며, 모든 것을 송두리째 파괴하는 전쟁의 위험도 없지 않다. … 더 나은 현세 생활은 열심히 추구하고 있지만, 정신적 발전은 걸맞게 이루어지지 않고 있다. 이토록 복합적인 상황에 놓인 수많은 우리 동시대인들은 영원한 가치를 참으로 깨닫지 못하고 또 이를 새로운 발견과 조화시키지 못하고 있다."

---

[57] 참조: G. AGRESTI, *L'uomo nuovo*, 37. 전쟁의 이유 이전에 원자탄의 위험 때문에 인간이 체험하는 불확실성과 고뇌 앞에서, 일반적으로 기술차원의 경쟁문제만이 아니라 반복할 수 없는 유일회성인 인간의 운명에 대한 대량 살상 위협의 현실적 문제와 연관된다.

[58] 참조: K. WOJTYLA, L'evangelizzazione e l'uomo interiore, 79.

인간의 고뇌와 고통에 대한 위험은 인간의 모든 조건에 필연적으로 동반되지만, 매우 다양한 형이상학적 차원을 가지고 있다. 고통은 형이상학적으로 분리될 수 없는 한 측면을 가지는바, 그것은 아리스토텔레스의 이론처럼 고통의 비극적 요소는 정화 혹은 카타르시스의 기능이 있다는 것으로, 고통의 심오한 측면들은 실존의 빛나는 차원에 대해 존재론적으로 순종하여 실제 상황을 수용하도록 한다는 것이다. 인간 자신에게 있어 삶의 여정도 죄와 고뇌와 고통을 관통해야 하는 것은 너무나 명백하다. 인간은 죽음과 함께 사라지거나 상환되는 것이 아니고, 되돌릴 수 없고 소급할 수 없는 구원이나 혹은 멸망의 결정적인 선택의 길을 가게 된다. 이는 하느님의 은총이, 구체적인 행동으로 증거되는 신앙을 통해서 의화될 수 있기 때문에 보상받게 되는 그러한 인간의 조건을 강조하는 것이 아니라, 단순히 구원될 인간과 멸망할 인간의 궁극적인 조건의 징표로서 해석된다는 것을 의미한다.[59]

우리 삶의 여정과 관계있는 어떤 경험이나 행위, 일, 혁명 등등의 상황들은 이미 적어도 과거, 현재, 미래의 세 가지 측면에서 해석되고 있다. 과거 시점에 있어서 그것들은 전망이나 계획에 따라서 다르게 해석되었는데, 그것을 상상하고, 검토하고, 분석하고, 토의하였으며, 어떤 의미를 부여하면서 해석하였다. 그리고 현재는 사건이나 일이 예상했던 것과는 적게 혹은 현저하게 다른 모습으로 나타난다는 것이다. 그래서 그 차이점을 파악하고 받아들이거나 보충하도록 시도하며, 재해석하여야 한다. 사실 한때 끝나 버렸던 것이 극복되고 회복된 것으로, 또한 포기해 버렸던 것은 결점이 보완된 것으로 계속해서 변천하며, 조금씩 그리고 천천히 우리 인간은 그것들을 이해하고 해석한다. 그리고 미래의 여러 전망 가운데 일과 사건들은 예상하거나 이해하지 못했던 결과를 야기하거나, 혹은 우리 삶에 대한 여러 숨겨진 증거를 제시해 주는 결과들을 서로 혼합하며 드러내기도

---

[59] 참조: L. PAOLETTI, *Ermeneutica delle condizioni umane*, 89.

한다. 일과 사건들이 현재 상황의 우연성에 속하는 것과 마찬가지로, 이전에는 예상하지 못했던 결정들과 중요성과 의미들이 과거 상황의 우연성에서 벗어나 새롭게 드러날 수 있게 된다. 그러므로 다시 한번 재해석을 할 필요가 있는 것이다.[60]

앞서 언급한 바와 같이 인류에게 고통을 주는 시류時流에 속한 여러 일과 사건의 상황 가운데에서 인간은, 자신의 구원을 위하여 주 예수 그리스도를 매우 필요로 한다. 오직 유일한 구세주 예수 그리스도만이 인류를 복잡하고 고통스런 상황과 위협에서 벗어나게 할 수 있다. 비복음적 상황은 변화되어야 하고, 인간은 하느님의 의지에 따라 그리고 그 말씀에 따라 살아가야 한다. 교회의 선교와 복음화 활동은 인류의 비복음적 상황을 변화시키고 발전시켜 하느님의 은총과 자비의 상황, 곧 복음적 상황이 되도록 하기 위하여 매우 요긴하다. 그러므로 인류는 어떤 상황에서도 항상 교회 선교의 궁극적 대상이며 최종 목표가 되어야 하며, 인간 정황에 대한 이해와 연구는 점차 진전됨에 따라서 선교 활동과 복음화 사목에 큰 도움을 줄 수 있게 될 것이다.

---

[60] 참조: M. PHILIBERT, Le età dellesperienza umana: *PRATICA*, 31.

3.3. 선교 해석학

그들이 서로 말했다. "길에서 우리에게 말씀하시고 성서를 풀
이해 주실 때 우리 마음이 뜨거워지지 않던가?"(루가 24,32).

3.3.1. 해석학과 현실

현대 언어에서 해석학이란 그리스어 "헤르메네이아"*hermeneia*, 라틴어 "인
테르프레타리"interpretari에 기원이 있다. "번역 혹은 통역"이란 용어의 뜻이
어원학적으로 "가운데 있으면서 말하는 이"라는 점에서, 언어란 적어도 두
사람 사이에서 그 의사를 전달하고 통역한다고 하겠다. 해석학도 내면의
의미를 찾아가는 해석의 학문이란 뜻이다. 이해한다는 것은 해석한다는 것
이기 때문에, 이해해야 할 무엇이 있는 한 해석학은 필요한 학문이다. 모
든 학문 연구에는 이해하는 것이 필요하므로 해석학이 적용되어야 할 것이
다. 실제로 모든 학문이 어떤 새로운 인식을 향한 도정이며 방법이다.[61]

인간의 지식은 한계가 있다. 이 한계를 극복하기 위하여, 해석학은 필요
불가결하며, 인간은 총체적 진리를 향해 개방되어 있어야 한다.[62] 해석학은
두 가지의 상이한 인식을 제공한다: 그것은 진리의 영역에서 초월을 향한
인간이해에는 그 한계가 있다는 인식과, 모든 지식은 그 나름대로 해석학
이며, 존재 자체도 해석이라고 하는 명제 안에서 해결되어야 할 인간이해
의 한계에 대한 인식을 제공한다.[63] 엠마오로 가는 제자들 기사(루가 24,13-35)

---

[61] 참조: S. FAUSTI, *Ermeneutica teologica,* 20-3.

[62] 모든 현실은 존재의 총체다. 참조: G. MURA, Per una filosofia della verità totale, 75-104.

[63] 참조: Armando RIGOBELLO, L'ermeneutica come verifica delle vie daccesso alla verità:
L'Osservatore Romano, 1997.10.16, 3.

의 해석학적 교훈은 성서 해석학에서뿐 아니라 그리스도교 신학에서도 교도적 가르침을 제시하며, 아울러 현대 해석학에 대하여 마치 유일한 것처럼 성서를 통하여 정립된 해석학적 상황의 기초를 제공하고 있다. 엠마오 여정 체험의 해석학으로 인하여 실제적으로 또한 처음으로 부활하신 분에 대한 점진적 인식 과정에서의 해석학의 성격과 역사적인 차원 및 그 이해는 보다 분명하게 되었다. 해석학은 마치 항상 진리를 향하여 더욱 충만되어 가는 경험처럼, 추상적인 개념으로서 진리를 추구하는 것이 아니라, 해석이 이뤄지는 점진적인 인식의 도정에 따라 증폭되어 가는 경험적 참여이다. 해석학은 끊임없는 해석의 긴장 속에, 궁극적으로는 종말에 가서 완전하게 성취될 점진적 인식과 이해에의 여정이다.[64]

"해석학은 변증법적 과정으로서, 텍스트의 이해는 항상 텍스트 자체보다도 넓게 이해된다."[65] 해석학은 진리 해석을 찾아내는 원리의 탐구라 하겠다.[66] 교재나 작품 또는 역사적 사건 등의 의미가 곧바로 분명하게 드러나지 않으면, 우선적으로 반드시 해석학이 요청된다. 해석학은 단순히 언어의 해석이 아니고, 하이데거의 "존재와 시간"의 분석적 이해와 같은, 인간 사고의 존재론적 모형에 대한 축소된 분석도 아니다. 오히려 해석Erörterung 과 언어의 원래적 의미에 접근해 가는 도정을 통해서, 메시지와 선포의 이해가 이루어지는 유형과 그 과정에 대하여 더욱 숙고하게 만드는 그 무엇이다.[67]

"하이데거의 '알레테이아'로서 '진리'의 개념에서부터 가다머의 이해 지평으로서의 진리와 리쾨르의 언어 진리의 명제화, 그리고 마침내 베티의 해석의 '객관적 진리' 탐구에 이르기까지 '언어의 진리'에 대한 고전적 해석학의 중심 문제에 상이하지만 반대되지 않는 확실한 방도로서, 해석학의 대표적 원리는, 인식과 해석의 '진리' 문제를 해석학 상에서의 중심문제로

---

[64] 참조: G. MURA, *Ermeneutica e Verità*, 77.

[65] PCB 편 *L'Interpretazione della Bibbia nella chiesa*, 67.

[66] 참조: A. HOUSSIAU, La liturgia, 170.　　　[67] 참조: G. MURA, *Ermeneutica e Verità*, 15.

자리매김하였다."[68] 고대인들에게 있어서 진리는 오늘의 현대인처럼 "정당화되는 것"을 의미하지 않았고, 진리는 특별한 형상을 통해서 증명되는 한에 있어서 존재를 구성하는 것이 아닌 존재에 참여하는 것을 뜻하였다. 이러한 고전적 의미는 현대 해석학자들에 의해 지지받고 부양되었다: 무엇보다도 가다머의 저서 『진리와 방법』*Verità e metodo*에서 진리는 기본적으로 드러내어 계시한다는 사실과 그렇게 드러내기 위한 가장 좋은 방식은 제시하는 것Vor-stellung이 아니라 밝히는 것Dar-stellung = esposizione의 형상을 통해서 이뤄지는 것이라고 기술되었다. 진리를 밝히기를 갈망하는 오늘날의 어떤 신학자도 특별한 형식을 통한 근원적 표현 안에서의 진리의 해석학적 이해를 위하여 현대적 논점의 기초 위에서 성취되는 현대신학에서의 토론과 의례ri-tuale와 상징과 개념 등의 다양한 양상으로부터 고무됨을 느끼지 않을 수 없을 것이다.[69]

담화와 수사학, 인식과 해석학, 대화와 변증법의 세 구분들은, 언어가 내면의 의지와 이념과 감정의 표현 수단으로 이해되는 한의 인식차원에 있어서 언어의 근원이 되는 특성을 제공한다 하겠다. 이러한 요소들은 실제로 순수하게 주관적이고 고유한 현상이면서도 언어의 객관적이며 보편적인 성격의 표현들을 요청하며, 담론에 대한 올바른 이해를 통하여 응답해야 하는 성찰과 심사숙고를 필요로 한다. 이해란 문법적·심리적 해석의 방법, 곧 저자의 언어와 관념의 세계를 통하여 개선해 가는 창조적 절차의 재구성을 의미한다 하겠다.[70] 해석학은 주로 두 주체, 곧 작품의 저자와 그 독자, 또는 메시지의 화자話者와 그 수취자 사이의 만남에 있어 전달되는 메시지의 심오한 의미 안에서 펼쳐지는 것이다.[71]

---

[68] 참조: G. MURA, *Ermeneutica e Verità*, 164.

[69] 참조: D. TRACY, Frammenti e forme, 180-1.

[70] 참조: Heinz-Gunther STOBBE, Ermeneutica: *Enciclopedia teologica*, Queriniana, Brescia 1989, 285.

[71] 참조: G. MURA, *Ermeneutica e Verità*, 23.

해석학의 첫째 상황은, 중요하지만 때로는 쉽게 인식되지 않는 텍스트가 있어야 한다는 것이다. 이러한 점에서 해석학은 새로운 인식론적 존재론이라 할 수 있다. 정신 현상학 이후 관건이 되는 것은 표현, 곧 인간의 언어 체계였다. 그 후 해석학은 새로운 존재론, 인간 표현성의 현상학이 되었으며, 이는 현실을 이해하기 위하여 기본적이거나 초월적 구조 안에서 연구되었고, 해석학을 통하여 현실성을 더욱 잘 관철하게 되었다.[72] "해석학은 … 진리를 찾아가는 여정, 곧 우리가 인식하거나 소유감을 얻기 전에 우리 앞에 이미 현존하는 현실의 궁극적인 실체를 향한 여정이라고 할 수 있다."[73] 아리스토텔레스에 의하면 해석학이란 비유 해석에만 한정되는 것이 아니라 모든 의미 깊은 대담에 요청되며, 해석학은 어떤 것의 그 무엇을 언급하는 방도 안에서 "현실을 해석하고 이해하기 위한" 의미 깊은 인식 과정이라는 것이다.[74]

해석학은 현실에 대하여 인식의 방법과 원칙만을 단순히 적용해야만 할 것이 아니라, 오히려 이러한 현실 자체에 대한 인식의 실행 양태라 하겠다. 해석학은 우리의 삶과 실재로부터의 이탈이 아니라 현실과 진리의 관계를 발전시켜 왔다. 현실은 감각적 차원과 실천적 행동 안에서 설득력을 가진다. 언어는 인식의 목표가 아니라, 인식과 현실의 표현 수단인 것이다.[75] 우리가 살고 있으며 인지하고 있는 현실은 언급되고 서술되고 기록되고 전승된다. 그런데 여기에 하나의 새로운 문제가 야기된다. 곧, 어떠한 충실성과 신뢰성으로 현실이 서술되고 언급되고 기록되고 전승되는가 하는 것이다. 인간의 모든 창작물의 다의성多意性으로부터 언급되고 서술되고 기술되는 바의 의미의 풍요로움과 복합성에서 기원되는 해석학적 난제는 진리의 문제이며, 해석의 복합성 문제이다.[76]

---

[72] 참조: S. Fausti, *Ermeneutica teologica*, 20-3.

[73] B. Mondin, Ermeneutica, 46.　　　　[74] 참조: G. Mura, *Ermeneutica e Verità*, 67.

[75] 참조: A. Grillmeier, *Ermeneutica moderna e Cristologia antica*, 29.

[76] 참조: B. Mondin, Ermeneutica, 45.

훌륭한 신학자는 의미 인식에 관한 한 하느님 말씀 그 안에서 의미의 우선 순위를 인정하고 확언할 수 있어야 할 것이다.[77] 인식을 위한 모든 해석에 나타나는 중요한 질문은 다음과 같다: 어떤 해석학 이론이 오늘날의 인류를 위해서 의미 있는 표현과 내용을 제시하면서, 현실에 대한 심오하고 올바른 이해를 가능하게 할 수 있는 것인가? 새로운 것들, 곧 우리들의 일과 만남, 취향, 습관, 계획, 희망 등의 변화는 우리에게 현대인 삶의 실제적 모습과 제반 문제들을 보여주며 또한 우리로 하여금 현실의 새롭게 혁신된 인식 변화로 나아가도록 이끌어 주는 해석학의 긴장감이라 하겠다.[78] 모든 문화와 시대는 해석학적 체계를 통하여 그 고유한 양식으로 존립하며, 인간은 자신을 더욱 잘 깨닫기 위하여 해석학의 새로운 정신으로 스스로를 재음미한다.[79] 어떤 일이 발생하면, 그것은 곧 인식하려는 이들에게, 중요성과 의미성을 간직한 것으로서 해석학적 반성의 대상이 되도록 한다. 이에 대한 과학적 연구는, 개별적인 과거와 대응하며 현실 안에서 실제 운용되는 학문에서 나온 질의로서, 또한 자신에 대한 깊은 인식을 요구하는 정신적 작업으로서 인간에게 요긴하다.[80]

이런 의미에서 해석학이란 과거의 견해가 현대적 사고에 의해서 또한 사람들로 하여금 미래를 향해 정향하도록 하는 개방된 전망을 보유한 채 드러나는 그러한, 현실에 대해 늘 새롭게 이해하려는 작업이라 하겠다.[81] 해석은 인식이론의 실제적인 수정 과정을 함축한다 하겠다. 이것은 실증주의자들과 고대와 현대의 현실주의자들이 바랐던 것과 같은 현실의 직접적 재반영도 아니고 이상주의자들이 단정하듯 자아의 원초적·본래적 창조와 같은 것도 아니다. 그것은 해석학적 관점에서 상황의 해석, 번역, 이해와 같은 것으로 인식된다. 해석학의 개념은 통상적 인식 의미와는 전혀 다르고 훨씬 더 넓고 풍요로운 의미를 확보하고 있음은 명료하다. 우리의 인식을

---

[77] 참조: 42.   [78] 참조: M. PHILIBERT, Le età dellesperienza umana: *PRATICA*, 32.

[79] 참조: P. GRECH, *Ermeneutica e Teologia biblica*, 107.

[80] 참조: B. CASPER, *L'ermeneutica e la Teologia*, 45-6.   [81] 참조: 52.

위하여 주어진 자료의 의미는 해석학적 고찰 없이 드러날 수 없고, 숨겨진 참된 의미를 발견할 수 있기 위하여는, 즉흥적이며 표상적인 의미를 넘어서 관측하고 탐구하는 것이 필요한 것이다.[82]

에밀리오 베티는 인식을 위한 해석학의 네 가지 기본 법칙을[83] 성립시켰는바, 그것은 또한 광범위하게 거론되는 해석학의 과정, 해석의 모든 형태를 주관하도록 하는 해석학의 준거準據를 마련하였다:

1) 객체에 대한 해석학의 자율, 곧 대상의 내재성 법칙. 베티는 인간 정신의 산물인 한에 있어서 해석의 대상이 존중받고 이해되도록 끊임없는 관심과 상존常存의 고찰 원칙을 제시하였다. 여기서 베티는 모든 역사 가운데에서 최고의 유일한 중재자와 같은 헤겔적 정신의 의미에서가 아닌, 구체적인 역사적 실현 안에서 수용될 수 있는 영성靈性이라는 용어를 사용했음을 분명히 할 필요가 있다.

2) 총체적 일관성의 법칙. 텍스트와 현실의 해석에 있어 슐라이어마허에 의해 처음으로 정립된 이 해석학적 법칙에 의하면, 단편적 한 부분은 오직 전체 텍스트에 비추어서 이해될 수 있고, 상호적으로 전체 텍스트는 단편적 부분들의 의미를 심오하게 함으로써 그 총체적으로 일관된 의미를 심화시킬 수 있다는 것이다.

3) 의도의 현실성 법칙. 현실적 상황 의도가 의미 인식에 영향을 미치는 중요한 요소라는 법칙이다. 해석과 이해의 현실성 법칙의 정립으로 베티는 작품과 과거 역사적 산물의 해석은, 현재의 고유한 경험에서 출발하여 과거사의 이해에까지 도달할 수 있다는 사실을 대단히 잘 보여주고 있다. 이러한 해석 법칙은 가다머와 현대 사상가들에게서도 수용되는 법칙이다.

4) 의도의 적합성 법칙, 또는 해석학의 보응報應 법칙. 베티가 서술한

---

[82] 참조: B. Mondin, *Il problema del linguaggio teologico dalle origini ad oggi*, 465-6.

[83] 참조: E. Betti, *L'ermeneutica*, 12-8.

것처럼 만일 정신이 정신에게만 말하는 것이 참이라면, 단지 동등한 수준과 차원의 유사한 정신들만이 상호 적합한 양식으로 서로 의사를 전달하고, 상호 의도하고자 하는 정신 사이에서만 통교를 나누게 된다는 것이다. 이상과 같은 베티의 해석학 법칙은 가다머의 주관적 해석 법칙과는 대조적으로 대단히 객관적인 해석학 법칙이라고 호평받아 왔으며, 인정받고 있다.

3.3.2. 하느님 말씀과 해석학적 순환

궁극적 의미의 풍요로움을 드러내기 위하여 그 역동적 섭리를 결코 멈추지 않으시는 하느님의 말씀은, 초월적 존재를 바라보고 갈망하는 인간에게 당신의 심오한 차원을 깨닫도록 만드는 언어이다.[84] 하느님의 말씀은 우리의 지성에 의존하는 것이 아니라 그 반대로 우리의 지성이 진리이신 그분의 말씀에 의존한다. 진리의 충만한 소유는 하느님에게만 귀속된다. 하느님의 진리는 우리 지성의 측도測度가 된다.[85] 하느님의 존재론적 말씀은, 죄 외에는 모든 점에서 인간과 같이 그분이 육화하셨듯이, 인간 언어로 표출된 하느님 말씀은 오류를 제외한 모든 점에서 인간의 언어와 유사하다.[86]

하느님 말씀은 그 찾는 이에게 원래 모습으로 꾸밈없이 스스로를 드러낸다. 찾는 이가 본래대로의 모든 것을, 시대와 공간과 각자의 고유한 영역의 상이성을 넘어 이해할 수 있게 하는 차원에서 하느님은 당신을 드러내신다. 하느님 말씀의 근원은 인식 확장의 차원에서 인간에게 다다르며, 부분적이며 표상적인 면을 넘어 내적 면과 총체적 면을 이해하도록 이끈다.[87]

오직 하느님만이 당신의 말씀 안에 인간에게 거듭 주어지는 은총의 첨가물인 "그 이상의 어떤 것"을 추가할 수 있으시며, 인간들은 그 말씀을 추구

---

[84] 참조: PCB 편 *L'Interpretazione della Bibbia nella chiesa*, 68.

[85] 참조: G. MURA, *Ermeneutica e Verità*, 96.

[86] 참조: PCB 편 *L'Interpretazione della Bibbia nella chiesa*, 8.

[87] 참조: B. CASPER, *L'ermeneutica e la Teologia*, 33.

하고, 발견하고, 해석하고, 소유하고 실제 살아야 하는 것이다.[88] 현대 해석학의 매우 진전된 부분에서는 대부분의 경우 하느님 말씀의 이러한 "그 이상의 어떤 것"에 대하여 많은 서술을 할애하고 있다. 많은 학자들에게 "그 이상의 어떤 것"은 항상 경이로운 것이며, 동시에 새롭게 발견되며 획득되는 것이다. 이러한 "그 이상의 어떤 것"은 하느님 말씀의 바깥에서는 발견할 수 없는 것이기에, 그것은 하느님 말씀의 주변적인 요소가 아니라 본질적 구성요소이며 근원적인 요소로 내포되어 있다고 하겠다.

마르티니 추기경에 의하면 하느님 말씀의 해석 작업은 텍스트 해석의 세 가지 관점에 따라 고려될 수 있다: 첫째 관점은, 원래적 환경과 기술된 언어와 첫째 대상으로 하는 독자들에 주목하면서 텍스트의 의미를 결집하도록 노력하는 것이다. 이것은 역사 문학적 관점의 차원이다. 라포앵트의 분류에 의하면 이것은 미학적 기준과 존재론적 기준에 부응한다고 할 수 있다(해석학의 세 가지 차원).[89] 그러나 한 가지 의문이 있다: 해석 작업의 첫째 양상, 곧 역사적 문맥에서 텍스트 의미의 결정에 구현되어야 하는 교회 교도권은 어떠한 모습으로 개입할 수 있는가? 해답은 용이하지 않다. 역사의 도정에서 교도권이 단순한 텍스트의 의미에 사로잡혀 있는 경우는 드문 일이었다. 텍스트는 교회의 살아 있는 전통 안에서 해석되어 왔으며, 과학적 해석의 양상은 텍스트가 전통의 흐름 안에 잠겨 있으면서 동시에 계속되는 연속적인 측면 위에서 꽃피우게 될 것이다.[90]

해석학의 둘째 관점은 과거의 용어를 현실적 생각의 범주와 양태로 해석하고자 하는 것으로서, 곧 토착적응화의 관점인바, 단지 과거의 의미意味

---

[88] 해석학의 장르가 있는 곳은 그 심연(深淵)에 성스러운 말씀이 현존한다고 말할 수 있겠다. 참조: G. MURA, *Ermeneutica e Verità*, 21.

[89] 참조: Carlo Maria MARTINI, Ermeneutica, comunità e magistero: ABI 편 *Esegesi ed ermeneutica*, Atti della XXI settimana Biblica, Paideia Brescia 1972, 163-4.

[90] 주석자는, 하느님 백성을 효과있게 양육할 수 있도록 보편적인 주석을 제시하기 위하여, 다양한 수준에 따라 여러 가지로 교회 가르침과 필요한 관계를 굳게 맺어야 한다. 참조: 169-70.

요소를 현대 문맥 안에 이식시키는 것이 아니라, 과거에 사용하던 용어의 의미를 현대 문화 안에 적합하게 다시 흘러내리게 하는 것으로서, 이것은 과거의 가치들을 흡입하여 내면으로부터 현대적으로 변화·발육되도록 하는 것이다. 물론 이것은 언어학적 분야 안에서 주로 이루어지는 일이다. 토차화의 미묘한 한 측면에서 말씀의 보존과 그 신뢰성을 위하여 보편교회 전체의 의지意志를 떠맡아 공정하게 실현시키려 하는 교회의 교도권은, 생생한 교회 전통 안에 전해 내려오는 메시지에 텍스트를 적절하고 합당하게 이식移植하고자 하는 공정한 판단의 기능을 보유하고 있다.

해석학의 셋째 관점은 해석학이 의미 인식을 결정하는 데 영향을 미칠 수 있으므로 독자와 공동의 혹은 개인의 상황에서 구체적인 모습으로 새로운 언어를 삽입하게 한다는 것이다. 즉, 이것은 적용과 현실화의 관점이라 부를 수 있다. 중요한 것은 이 관점이 스스로 그 심오함이 고갈될 수 없는 이전의 관점들에 의존해야 한다는 사실이다. 그런데 여기 해석학의 셋째 관점, 곧 적용의 관점에서 교도권의 매우 특수한 요소가 있음은 분명한 사실이다. 예언으로써 현실화되는 성서 말씀은 신앙인들의 도덕적 삶의 환경 안에서 신앙과 선택의 조명 안에서 작용한다. 교도권의 사목적 기능은 여기서 핵심적인 역할을 하게 된다.[91]

세대를 연이어서도 다함 없는 요소, 곧 실제로 고갈되지 않는 해석학의 요소를 발견한다는 것은 정확히 말하면 해석학의 중요한 목표 중의 하나가 된다.[92] 그것은 곧 해석학적 순환을 통해서 성취된다. "철학적 해석학은, 해석이 항상 예비적 인식을 보유해야 이뤄지는 것처럼 '해석학적 순환'을 통하여 고찰한다."[93] 참으로 올바르게 인식하기 위해서는 예수 그리스도 안에서 계시된 의미 깊은 일들을 통하여 개방되고 성취된 해석학적 순환 안으로 들어가야 하는 것이다. 신앙이란 실제 생활해야 하는 해석학적 순환

---

[91] 참조: 164-9.   [92] 참조: T. FEDERICI, *Ermeneutica Biblica e Teologica*, 303.

[93] C. GROSSNER, *I filosofi tedeschi contemporanei tra neomarxismo*, 193.

이며 지적인 총체성이다. 이러한 순환의 실제적 존속은, 나자렛 예수 안에 현존하는 총체적이며 필연적이고 종말론적인 궁극적 의미라고 부를 수 있는 어떤 크나큰 대의大意에 전적으로 의지하고 있다 하겠다.[94]

"구체적 해석학의 적용에서 여느 텍스트를 해석하기 위해서도 일반적으로 응용해야 할 필요가 있는 모든 규칙들은 나름대로 가치를 지니고 있다: 텍스트 비판과 텍스트가 생겨난 상황과 문맥, 저자, 시대상황 문제, 현시대와의 비교, 선입견 배제 규칙, 논리적 전개 등이다."[95] 신학이 역동하는 신앙에 봉사해야 한다면, 끊임없이 신앙을 개선하면서 그 해석학적 순환을 가능하게 하고 그것을 실제 삶 속에서 조명하고 드러내는 것에 기여하는 바가 되어야 할 것이다.[96] 효과적인 인식을 위하여 해석학적 순환은 개별적인 역사적 인식을 조심스럽게 연결해 놓은 의미의 순환 구현이라고도 할 수 있다. 실제로 하느님 말씀을 보다 정확하게 인식하기 위해서는 스스로 귀속되어 있는 세계와 자신의 경험을 이해하려 하면서 말씀에 대한 신앙의 해석학적 순환 안으로 진입해 들어가야 하는 것이다.[97]

3.3.3. 선교 해석학의 실천적 적용

선교란 무엇인가? 무엇보다도 선교란 구세사 안에서 교회 중재의 역할을 의미한다 하겠다. 선교의 모든 상황에서 그러하듯 교회 안에서 파견하는 사람은 구원의 실현에 협력하기 위해 파견되는 자와 선교사에게 능력을 부여하는 권능을 받을 수 있다. 이렇게 이뤄지는 교회 내의 모든 중재와 파견 역할은 세계 전체 안에서 하나의 목적을 가지고 있는바, 곧 그리스도의 복음을 기다리는 세계의 지리학적 마지막 경계의 한 사람까지 복음을 전해야 할 의무를 내포하고 있다.[98] 이와 같은 관점이 잘 드러나는 부분이면서

---

[94] 참조: B. CASPER, *L'ermeneutica e la Teologia*, 46.

[95] W. BEINERT, "Ermeneutica", 258.

[96] 참조: B. CASPER, *L'ermeneutica e la Teologia*, 49.   [97] 참조: 51.

[98] 참조: J. LOPEZ-GAY, La missiologia contemporanea, 14-5.

또한 예수께서 교회에 직접 부여하신 선교사명에 대한 가장 많이 알려진
성서의 부분은 마태오 복음의 종결 부분인 28,19-20이다. 28장의 "가르치
시오"의 뜻은 "제자로 삼으시오"라는 뜻이며, 교회가 근본적으로 사람들과
민족들을 그리스도의 제자로 변화시키도록 세계에 파견되었다. 제자라는
의미는 주 그리스도의 말씀에 귀기울이고 그 말씀 안에서 행동하고 살아간
다는 뜻이다.

요한 바오로 2세는 신도들을 예수님의 선교에 대하여 묵상하도록 초대하
면서, 폼페이에서의 강론을 통하여 성모 영보 때의 성모의 동의에 의하여
그 순간부터 성자의 선교는 시작되었다고 언급하였다. 하느님 말씀으로 성
자 그리스도의 선교와 그 영원한 현존은 사람들을 위하여 가시적이며 감지
적感知的인 실존 안에 해석의 신비를 동반하면서 스스로 변모를 초월하여 이
루어진다.[99]

복음 선포의 결과는 그에 수반되는 모든 결과와 함께 인간의 회개에로의
변모에 그 주안점을 두고 있다.[100] 그 결과는 정신과 삶의 차원에서 인격의
참된 변모를 의미한다. 개인적인 것보다 공동체적인 차원에서 선교는 세례
와 교회 안으로의 영입을 향한 결정적 거보巨步로 이뤄져 있다.[101] 복음 선
포는 보편성에 대한 절대적 요구를 견지한다(사도 4,12 참조). 복음의 구조는
해석학적이며, 우주적이며 현실적인 해석학 구조를 형성하고 있다. 히브리
인들은 창조주 하느님을 언제나 믿었다. 그리스도의 부활은 하느님이 이미
제정하셨던 언약의 성취였다. 또한 새로운 나라에서의 새롭게 시작된 삶으
로서 성령의 종말론적 선물이 되었다. 모든 것은 이러한 관점에서 해석되
어져야 한다.[102] 복음은 이처럼 거룩한 신앙을 인식하고 생활하도록 해석학

---

[99] 참조: *L'Osservatore Romano*, 1979.10.22-23.

[100] "어떤 회개이든지 그것은 항상, 인간을 보살피며 인류 역사 안에 개입하시고 인간을
선교하도록 요청하시는 하느님께 돌아가는 회개이다": W. BÜHLMANN, *La chiesa alle soglie
del Terzo millennio*, 222.

[101] 참조: E. NUNNENMACHER, La natura missionaria della chiesa, 112.

[102] 참조: T. FEDERICI, *Ermeneutica Biblica e Teologica*, 267.

적인 구도로 조성되어 있다. 그렇지 않고는 인식이 왜곡되어지고 그릇되게
살게 된다.

교회는 역사상 언제나 근본적인 선교 활동의 힘 안에 머물러 왔다. 만약
어느 한순간 사람들 사이에서 예수님의 선포와 신앙의 전달에 침묵했다면,
교회는 그 순간 하나의 주체로서 존속하지 못했을 것이다. 교회는 항상 자
신의 역동성 안에서 신앙 전달의 주체로서 존재해야 한다. 교회는 그 행하
는 기능에서, 곧 자신의 선교 역동성을 존재론적으로 살아가는 기능에서
출발하여 실생활에서 그 구체화되는 목표를 향하여 진전해 간다고 할 수
있다. 왜냐하면 선교는 교회의 기능이 아니라 그 존재 이유raison d'etre이기
때문이다.[103] "선교는 세계의 새로운 질서의 창조나 건설이 아니며, 민족의
인종적 가치의 평가도 아니다: 교회는 근본적인 역할을 한 가지 행하는바,
누구든지 구체적인 결정에 불림 받는 사실에 입각하여, 모든 사람을 새로
운 세계에 대한 선포의 말씀에 귀기울이도록 모으는 것을 뜻한다."[104]

만일 선교가 교회 이식의 목적만을 가지고 있다면, 선교 주체의 책임은
새로운 신자들의 집합체와 새로운 공동체의 구성과 함께 결말지어질 것이
다. 선교는 인류 세계의 모든 길을 새롭게 개설한다. 선교가 단지 교회 이
식에만 급급하다면 교회는 여전히 그 본래의 목적에 도달했다고 할 수 없
다. 성령께서는 예수의 가난과 선善을 본받고자 하는 이들에게, 그리스도가
당신을 드러내신 영역과 교회의 활동을 앞서가며 인간 역사 안에 성령이
남긴 흔적을 그들로 하여금 체험하도록 하면서, 동시에 교회를 통하여 그
들과 하나되어 세계에 대한 봉사를 위해 수많은 여러 다른 길을 함께 나누
시고자 한다고 하겠다. 바티칸 공의회에서도 교회의 신비에 대하여 보다
심오하게 관찰하고 난 뒤, 교회의 자녀들 혹은 그리스도의 이름으로 불린
사람들뿐 아니라 모든 사람들에게 차별없이 교회의 복음 선포를 다양하게

---

[103] 참조: S. Dianich, *Chiesa in missione*, 27 [H.J. Margull, *Theologie der missionarischen
Verkündigung, Evangelisation als ökumenisches Problem*, Stuttgart 1959, 107 인용].

[104] S. Dianich, *Chiesa in missione*, 24.

펼쳐야 할 필요성을 감지하였다. 왜냐하면 교회는 인류 공동체와 또한 그 역사와 함께 실제로 가까운 거리에서 연대 의식을 느끼고 있기 때문이다. 교회는 진리를 증언하기 위하여 세상에 오신 그리스도의 행업을 파라클리토 성령과 함께 계속해야 하는 것이다.

만일 어제와 여러모로 다른 오늘날의 사람들이 신앙에 가까이 나아간다고 할 때, 교회는 인간과 세계의 항상 새로운 개념들과 대면하고 논증해야 하는 도전 앞에 직면하게 될 것이다.[105] 교회의 선교는 종국에 가서 매우 고양되겠지만, 선교는 하나의 구도 안에 모두 해석될 수 있는 것이 아니다. 왜냐하면 선교의 목표는 보편적이며 범지구적인 것이기 때문이다. 그것은 곧 인간과 세계 역사의 구원 문제이다. 교회의 구원론적 목표를 언급한다는 것은 교회가 행하는 세계 안에서의 심오한 판단 문제를 개방하는 것이라 하겠다. 이러한 판단은 교회 안에서가 아니라 하느님과 세계와의 관계 안에서의 판단 기준을 탐색할 수 있다는 것을 뜻한다. 이같은 관계는 복합적인 형상을 통해 구체화되는 것으로 나타난다.

이러한 사실은 예수의 생애 안에서 드러난 하느님과 세계와의 관계 위에서 질문을 제기한다. 곧, 나자렛 예수와의 긴장의 세계가 있는가 하면, 또한 예수 부활로부터 오는 빛나는 세계도 있다는 것이다. 만일 교회 선교에 대하여 반성해야 한다면, 우리는 과거의 모든 역사를 재건하고, 현재 상황으로부터 오늘날의 세계를 위하여 그리스도인 공동체가 실행하지 않는 많은 사안들을 모아들여 재평가해야 할 것이다. 그리스도로부터 부여받은 사명에 대하여 교회가 해결의 확신을 가지고 행하지 않은 것과 또한 현재 행하지 않는 것은 무엇인가? 교회는 자신의 선교사명을 해석하여 가면서 그 해석학적 원리들을 추구하고 실행해 갈 때에 복잡하고 거대한 문제들과 마주치게 된다.[106]

---

[105] 참조: B. CASPER, L'ermeneutica e la Teologia, 57-8.

[106] 참조: S. DIANICH, Chiesa in missione, 77-8.

구체적인 상황 안에서 신학을 현실화하고자 하는 시도와 마찬가지로, 교회 선교가 실제 상황에 대한 신학적 분석의 주요 현장이라는 점에 있어서 선교 해석학의 주요한 강조점은 신학 안에 머무는 어떤 것이 아니라 실질적 선교에 의존하고 있는 신학 자체라고 하겠다. 이러한 까닭으로 교회 선교의 진정한 문제점은, 단순히 개인 각자의 구원에만 연연하는 공동체의 모델 형성 요구에 한정되지 않고, 현대 인류 세계의 문제 안에서 역동적으로 널리 활성화하는 공동체의 형태로서 또한 인류 역사의 과정 안에 인간들 사이에서 능동적으로 활동하며 머무는 공동체로서의 교회를 지향해야 한다는 것이다.[107]

---

[107] 참조: S. DIANICH, *Chiesa Estroversa*, 52.

복음에서의 선교 파견

4.1. 마르코 3,14b-15와 16,15의 해석

4.1.1. 마르코 3,14b-15

또한 그들을 보내어 복음을 선포하고 귀신 내쫓는 권능을 갖게
하시려는 것이었다.

베드로 후서 1,16-21에 의하면 성서 해석의 첫째 원칙은 사도적 전통에 부합되게 설명할 필요가 있다는 것이다. 성서의 특성은 그리스도의 말씀으로써 인간의 궁극적 목적을 향하여 올바르게 나아가는 차원을 개방할 수 있는 능력과 함께, 죽음보다 강하며 스스로 희생할 줄 아는 사랑의 근본적인 표징 안에 모든 종교적인 의미를 육화시키는 능력으로 머물고 있다. 이렇게 볼 때 성서 해석학이 어떠한 형태로서 일반 해석학과는 특별히 구분되며, 어떻게 독특한 위치에 있는지가 분명해진다. 이것은 성서를 언급하는 새로운 실존이 어떤 다른 곳에서 발견되는 것이 아니라 바로 이웃들 가운데서 펼쳐지는 텍스트로서 이 현금의 세계 안에 던져져 있다는 것을 나타낸다. 왜냐하면 하느님에 관한 성서 안의 모든 담화는 우리가 이웃 형제들을 만나고 그들을 진심으로 포용하기까지는 미완성의 차원에 머물기 때문이다.[1]

"복음사가 마르코는 예수 그리스도의 기쁜 소식을 표현하면서, 예수에 의한 전승을 복음에 결합시키고 복음에서부터 그 전승을 해석한다. 메시아 신비의 주요한 동기를 통해서, 예수 행위 안에서 발생하는 하느님 현현顯現 기사는 십자가와 예수 부활, 그리고 충만한 서언과 함께 열정적인 해설이 전개되는 방식의 선포와 깊이 연결되어 있다."[2] "열두 제자 소명사화"인

---

[1] 참조: B. MONDIN, Ermeneutica, 42.

[2] E. LOHSE, *Compendio di teologia del nuovo testamento*, 155.

13-15절과 "열두 제자 명단"인 16-19절이 각각 전승되어 왔었는데, 이것들이 마르코 복음사가에 의해 연결되고 다소 가필된 것으로 추리된다. "열두 제자 소명사화" 역시 그 앞에서 다루었던 것처럼 첫째, 상황 묘사; 둘째, 소명; 셋째, 추종의 순서로 구성되어 있으며, 단지 소명 목적을 상세하게 언급하는 것이 "네 어부"와 "레위의 소명사화"와 다른 차이점이다.

예수께서 열두 사람을 선별하여 제자단을 만드셨다는 대목은 이스라엘 열두 부족을 다시 모아 재건하시려는 의도가 엿보이는 대목이라 하겠다. 비록 시나이 사본과 바티칸 사본 등의 마르코 복음에서는 이 구절 앞부분에 "또한 그들을 사도라고 이름지으셨으니"라는 표현이 있지만, 다른 사본과 다른 복음에서는 발견되지 않고 있다. 사실 지명되고 거론된 열두 사람이 그리스도를 따라다니며 고락을 함께하는 동안 그들은 "제자들"이었으나 아직 "사도들"은 아니었다. 그러나 부활하신 예수께서 그들에게 발현하셔서(1고린 15,5 참조) 그들 열두 제자들을 당신 부활의 증인으로 세상 사람들에게 파견하신 이후부터 마침내 그들이 사도들로 변모하게 된 것이다. 그러므로 사도들이라 함은 그리스도의 십자가와 부활 사건을 증거하기 위하여 세상 안으로 파견받은 사람들을 의미하는 것이다.[3] 열두 사도단은 이스라엘 민족에 대한 예수 그리스도 업적의 계승만을 뜻하지 않고 온 인류를 대상으로 하는 종말론적으로 새로운 이스라엘의 구원에 대한 약속을 의미한다. 마르코 복음사가는 역사적 선교사명 안에서 열두 사도단의 종말론적 역할과 기능을 확장하면서 이 개념을 고수하고 있다. 그래서 선교는 예수의 지상 생애 안에서뿐 아니라 교회 역사 안에서도 미래를 향하여 상황화되어 간다.[4]

마르코 복음에서 제시된 텍스트는 예수의 사도적 위임 아래 열두 사도의 중요성을 훌륭히 자리매김하면서 첫 그리스도인 공동체 안에서 시작된 증거하는 삶으로부터 주도적으로 유래되고 형성되었다. "사실 사도란 파견된

---

[3] 참조: 『200주년 신약성서 주해』 188[13].　　　　[4] 참조: J. GNILKA, *Marco*, 184.

자라는 뜻이다. 초대교회에서 그 용어는 많이 사용되었고 유다인들 정황에서도 유사한 개념이 있었다."[5] "사도직"이라는 용어들 특히 "사도"라는 용어는 바로 그리스도를 인정하고 수용한다는 의미로서 신약성서 언어 안에 매우 훌륭히 부여되었다. 이 그리스어는 셀리아*seliah*의 유다 상황에 부응되는 용어로서, 셀리아는 "일이 부여되어 있음"을 의미히며, 파견된 자로시의 권위있는 대표자로서, 이 사람의 이름으로 또한 그 권위에 따라서 말하고, 일을 결정짓는 능력이 갖춰져 있음을 뜻한다. 사도라는 그리스어를 최초로 사용한 것은 바로 초대 그리스도교 공동체였는데, 협의의 의미로는 열두 사도단을 의미하고 광의의 의미로는 모든 복음사가를 지칭하며, 곧 그리스도인들이 행하는 회개의 관점에서 복음 선포의 업무와 연유된 모든 이를 뜻한다. 그러므로 사도란 한편으로는 열두 사도를, 다른 한편으로는 일반 사도직의 종사자를 총괄적으로 지칭한다고 하겠다.[6]

마르코 3,14를 다시 음미하면 많은 사람들이 치유받기 위하여, 또한 그리스도로로부터 생명의 말씀을 듣기 위하여 모여와서, 그분이 어디로 가든지 많은 군중들이 그분을 뒤따랐음을 알 수 있다. 거대한 무리가 그분을 찾았고 그분은 당신이 원하시는, "마음에 두신"(3,13) 사람들을 부르셔서 세계에 복음을 전하기 위해 열두 사도단을 창립하셨다(3,14 참조). 그리스도는 당신 가까이 머무는 이들만을 생각하지 않으시고, 그로부터 멀리 떨어져 그의 말씀을 듣지 못하는 이들도 고려하시며, 그들도 생명의 말씀을 청취하고 받아들일 수 있도록 당신의 사도들을 파견하신다. 그러므로 사도들과 그 후계자들을 통하여 교회의 활동으로써 그리스도는 온 세계에 당신 말씀을 선포하고 계시는 것이다.

---

[5] 참조: 루가 6,13. "주도권은 예수로부터 기인된다": J.L. Mays, *Harpers bible commentary*, 988.

[6] 참조: A. Seumois, *Teologia Missionaria*, 21.

4.1.2. 마르코 16,15

온 세상에 가서 모든 이에게 복음을 선포하시오.

"선포되어야 하는 복음은 부활하신 그리스도께서 모든 피조물 위에 부여받은 권능을 선포한다. 선교적 선포는 해방자의 주권적 위치의 확장으로서, 이러한 문맥에서 신앙이란 부활하신 분의 선포된 통치권을 인정하고 수용하는 것을 뜻한다고 할 것이다."[7]

고대 라틴어 "미테레"mittere는 그리스어 "아포스텔레인"apostellein과 구분되는 그리스어 "펨페인"pempein과 정확하게 상응하는데, "펨페인"은 일을 완수하는 기능으로서의 꾸준한 파견을 의미하고, "아포스텔레인"은 파견의 뜻이 있어도 배치·전개의 명령에 더욱 역점을 둔다(곧, 파견받은 사람은 파견한 사람의 존재를 다른 장소에서 현시하게 된다). 그러므로 파견의 결정과 권위를 부여하는 직권은 파견의 목표 혹은 동기를 완수하는 궁극적 기능보다 파견을 명령하는 데 더 큰 의미를 두는 것이다.[8] "사도직권의 기원 문제는 그리스도인 공동체를 태동시키고 발전하게 하는 데 핵심이 된 제자직과는 구분되면서 예수로부터 출발한다는 것에 그 의미를 두고 있다."[9]

신약성서의 "사도"는 결코 파견의 행위 혹은 그 목표를 의미하지 않고, 파견되고 그에 따르는 여러 권한을 부여받은 사람을 뜻하며, 이런 점에서 어떤 임무와 책임 및 권한이 주어지고 직책을 맡게 되는 경우를 제자 직분이라는 개념보다 사도 직분, 사도직의 개념이 더욱 합당한 것으로 드러난다. 그리스어 아포스톨로스apostolos는 신약성서에 순수한 의미를 제공하지만, 그러나 이 용어의 내용은 유다이즘의 "파견한다"는 뜻에서 유래되고 결정된 것이다. "사도"는 히브리 용어의 단순한 번역 개념으로는 사법적 권한을 지닌 사람이나 사물체 — 법체法體 — 를 나타내는 개념이다. 초대

---

[7] J. GNILKA, *Marco*, 940.　　　　　　[8] 참조: A. SEUMOIS, *Teologia Missionaria*, 20.

[9] K.H. RENGSTORF, apostello: *Grande lessico del Nuovo Testamento I*, Paideia, Brescia, 1965, 1135-6.

그리스도교 선교사들도 "아포스톨로이"*apostoloi*(사도들)라고 불리었으나, 셀리아는 초세기 공동체 안에서 열두 사도단의 중요성 때문에 아포스톨로스가 훗날 보유하게 된 공식적 성격의 요소를 결여하고 있었다. 비록 고린토 전서 15,8 이하에서 비로소 사도직과 부활하신 분과의 인격적 만남의 밀접한 연관성이 강조되지만, 이미 고린토 전서 15,6에서 부활하신 예수를 직접 목격했다는 오백 명 이상의 형제들이 사도직을 수행하게 되었음은 결코 의심스런 일이 아니다. 사도라는 유일한 직권은 부활하신 분과의 만남을 통해서 이뤄지는, 그 자신에게 부여된 직무이다. 예수 그리스도의 사도는 항상 역사적으로 참된 사실의 증인이며, "그리스도는 모든 인간 경험과 대조되는 말씀의 선포자"라는 사실의 상존하는 증인이 된다.[10]

제자들에게 맡겨진 선교사명은 부활하신 분과 깊은 연관을 맺고 있다. 그분은 열한 제자를 온 세계에 파견하시고 모든 피조물에게 복음을 선포해야 하는 책무를 부여하셨다. 복음 선포의 대상은 모든 피조물을 포함한다. 사도 바울로 당대와 그 후대의 "선교" 용어를 기억하는 세대의 정황에는 선교의 보편적 전망에 대한 언어적 표현이 발견된다. 부활하신 분의 숙업宿業을 위하여 파견 직무가 성취되는 상황은 매우 중요하다. 예수가 갈릴래아에서 선포한 "하느님의 복음"(마르 1,14)은 이제 부활을 통해서, "예수 그리스도의 복음"(1,1)이 되었고, 세계 모든 이를 위한 제자들의 메시지가 되었다.[11] "'가서'의 표현은 더 이상 팔레스타인 경계에 한정된 것이 아니며, 이스라엘의 자녀들에게만(마르 6,7-13; 7,27 참조) 국한되지 않고, 온 세계와 직접 모든 피조물에게까지 확장되는 사도적 선교 용어이다."[12]

"'페포레우마이'*peporeumai*(떠나다, 가다) — 이 용어는 그리스어 분사分詞인데, 즉 이전에 (미리) 또는 주요한 본本행동과 동시에 유발되는 행동, 그래서

---

[10] 참조: K.H. RENGSTORF, apostello, 1127-69; C.S. MANN, *Mark*, 675.

[11] 참조: A. SAND, *Il Vangelo secondo Marco 2*, 792.

[12] 429. "마르코 복음사가의 이 긴 끝맺음은, 열정적 현상에 찬사를 보내던 초창기 그리스도교 공동체에서 기인한다. … 이것은 복음 자체에 의해 급진적으로 신앙을 수용한다는 것이 얼마나 어려운가를 나타낸다": J.L. MAYS, *Harpers bible commentary*, 1009.

덜 중요하게 의도되거나 또는 생략될 수 있는 행동을 묘사한다. 그러나 여기서는 명령어와 동일한 분사로서 다음과 같은 술어와 함께 동시 명령을 내린다: ‘너희는 가서 … 가르쳐라.’ ”[13]

마르코 복음 전편을 통해 표출되고 기록된 그리스도의 말씀과 행적, 표상 등은 상호 밀접히 연관되면서 온 세상에 선포되어야 함을 마르코 16,15는 강조하고 있다. 궁극적으로 말씀의 징표와 효력은 성부 오른편으로 승천하셨으며, 세상을 다스리시는 왕권을 나누어 받으신 그리스도의 역사하심에서 기인되는 것이다. 부활하신 그리스도는 제자들에게 당신 자신을 드러내 보이시며 그들을 통하여 세상 끝날까지 당신이 남기신 구원과 생명과 진리의 말씀이 항구하게 선포되고 사람들 마음속에 심층적으로 수용되어 복음적 가치관의 풍류風流와 시류時流가 세상 극변까지 줄기차게 중단 없이 전파될 수 있기를 원하셨음을 텍스트는 보여주고 있다.

마태오 28,18-20과 상응하는 마르코의 이 텍스트에 의하면, 모든 민족들에게 사도들을 파견한다는 것은 구원에 다다르기 위한, 신앙의 행위로 응답해야 하는 선교의 보편성에 그 초점이 모아진다.[14] 복음 선포는 어떤 몇몇 지역들에 결코 한정되지 않으며, 우주적 차원에서 모든 피조물을 그 대상으로 고려해야 한다. 바로 이러한 이유에서 그리스도의 제자들은 세계의 모든 지역에 중단 없이 나아가서 복음을 선포해야 한다. 결코 멈추지 않고 생명의 복음과 함께 세계 안에 현존해 나가야 하는 것이다.

---

[13] Gianfranco NOLLI, *Evangelo secondo Marco*, Bibreria editrice Vaticana, Città del Vaticano 1980, 30.

[14] 참조: A. POPPI, *Sinossi dei quattro vangeli*, 164.

4.2. 마태오 28,19-20의 해석

4.2.1. 마태오 28,19

그리므로 그대들은 가서 모든 민족을 제자로 삼아, 아버지와
아들과 성령의 이름으로 세례를 베풀고, …

교회 선교를 위한 대파견 명령이라고 일컬어지는 여기의 성서 구절은, 마태오에게 있어서 산 위의 예수는 마태오 복음의 5장에서처럼 "새로운 모세"로서 궁극적으로는 인류로 하여금 다시 태어나 부활의 새로운 세계로 건너가게 하는(파스카) 말씀을 제시하는 것으로 의미한다. 이것은 곧 제2의 창조 사업으로 새로운 예루살렘의 건립이며, 새로운 창세기의 시작을 나타낸다고 하겠다. 19절 "가라"의 명령어는 교회 선교의 시작을 의미하면서, 선교 개념의 활기 넘치고 본질적인 특성을 드러내어 보여준다. 동사 "포레우텐테스"*poreuthentes*는 예수의 움직임을 의미한다. 오늘날 움직여야 할 존재는 예수가 아니라 그의 제자들로서 다녀야 할 장소도 갈릴래아 지역(10,5-6 참조)에만 한정되지 않고 온 세계를 다 포함한다. 마태오의 교회는 이방인들에게 개방되어 있었지만, 그들로부터 관심을 끌지 못했으며 예루살렘의 종교적 권위로부터는 박해를 당하였다.[15]

"마태오 복음사가는 예수의 권위있는 가르침을, 새로운 정의와 사랑의 계명 안에서 예언자 그들 자신의 과업을 장차 실행하도록 할 수 있는 후계자들과 모세의 율법에 대한 해석으로 제시한다. 교회는 새로운 이스라엘을 위한 메시아로서의 예수 안에서 고유한 신앙을 고백한다. 약속의 상속자로서 교회는 주님의 말씀에 따라 살아간다."[16] 예수는 사도들을 파견할 때에

---

[15] O. da SPINETOLI, *Matteo*, 778.

[16] E. LOHSE, *Compendio di teologia del nuovo testamento*, 160.

그들의 선교 임무와 그들 선포의 대상을 분명하게 언급하였다. 곧, 하늘 ─
하느님 ─ 나라의 도래, 견지해야 할 태도, 거룩한 섭리에 전적으로 의탁함
(10,7 이하 참조) 등이었다.[17] 예수는 사도들을 세계에 파견할 장소로서 산을 선
택하였다. "산을 선택한 동기는 마태오 복음 4,8과 5,1; 8,1; 15,29에서의
장소와 서로 연관성을 가지게 된다. 산은 단지 멀리서 볼 수 있는 장소일
뿐 아니라(5,14) 외떨어진 점에서 고적하게 이탈되어 머물 수 있게 하는 장
소이기 때문이다(14,23). 5,1과 8,1에서처럼 산은 계시의 장소로서, 특히
17,1-7에서처럼 거룩하게 변모하시고 또한 부활하신 그분이 현현하신 곳
(28,16)이기도 하다. 이러한 장면은 갈릴래아에서의 활동 끝부분과 마태오
복음 둘째 파트의 시작 부분(16,21 이하)에서 발견된다. 이러한 장면은 28,16-
20에 나오는 산 위의 장면과 연결된다."[18]

　　마태오 복음은 유다 그리스도교 상황에서 펼쳐졌으나, 의심없이 범우주
적 개방성을 드러내고 있다. 그러므로 보편적 권위로부터 혁신적 선교가
시작된다. 10,6의 선교가 이스라엘에 한정된 선교였다면, 이제는 모든 민
족에게로 그 범위가 확장된다. "떠나라"고 명하는 선교 여정의 과업은 사
람들을 예수의 제자로 삼는 과업이다.[19] "이 명령은 마태오의 교회론적 복
음의 성격과 조화를 이루면서, 제자들에게 내리신 예수의 마지막 명령의
중심 내용이다. 공간적 한계도 없고(모든 민족에게) 시간적 한계도 없는(세상 끝날
까지) 선교 과업은 모든 사람에게 교리·교조를 넘어 신앙을 가지게 하고,
그리스도교 세례를 줌으로써 교회 안의 보편적인 형제적 사랑에 귀속하는
외적 표지를 제공하며, 예수의 제자가 되게 하는 목적을 간직하고 있다."[20]

---

[17] 참조: A. SAND, *Il Vangelo secondo Matteo 1*, 145.

[18] A. SAND, *Il Vangelo secondo Matteo 2*, 907. "예수께서 항상 … 가르침의 선교를 통해서
일하신다는 사실은 적합한 결론이며 복음서의 효과적인 요약이 된다": J.L. MAYS, *Harpers
bible commentary*, 981.

[19] 참조: A. SAND, *Il Vangelo secondo Matteo 2*, 908; "예수 자신의 활동 당시에는 이스라
엘에 한정되었던 선교(마태 15,24 참조)가 이제는 모든 민족으로 확장된다": ALBRIGHT -
MANN, *Matthew* 363.

[20] 407.

"떠나라"는 이 말씀은 사람들을 향해 나아감이 없이 사람들이 교회에 찾아오기만 기다릴 것이 아니라 찾아나서고 세계 안으로 찾아 들어가라는 것을 의미한다. 곧, 세계 안의 선교 대상이 되는 사람들을 가서 찾으라는 것이다.[21] 비록 마음의 문을 굳게 닫고 박해를 가한다 하여도 그들을 가서 찾고 만나라는 것이다. 아무리 어려워도 온 세계 민족들 사이에 파고들어가라는 것이다. "제자들의 행업은 그리스도 행업의 연장이다. 제자들은 많은 이교도들에게 복음적 가르침을 전달할 임무를 띤 순례하는 선교사들이다. 예수는 군중에게 설교하였고 회당[22]에서 가르치셨으며 … 이제 가르치는 임무는 당신 제자들에게 이전되고 그들도 예수의 구속사업에 동참하게 된다."[23] 이런 의미로 볼 때 선교는 그리스도의 구원활동에 참여하는 것이 되어, 궁극적으로는 거룩한 삼위일체의 구원적 신비에 동참하는 것이 되며, 하느님의 구원이 인류사회 안으로 나아가서 완성에 이르게 하고 그것이 성취되게 하는 것이다. 그러므로 선교는 장차 이뤄질 일에 대한 예언자적 사명의 표현이며, 하느님이신 성삼위 체험의 내밀한 심저深底에서 기인하여 다시 성삼위의 신비에로 회귀回歸하여 참여한다고 할 것이다.

4.2.2. 마태오 28,20

"내가 그대들에게 명한 것을 다 지키도록 가르치시오. 보시오,
나는 세상 끝날까지 항상 그대들과 함께 있습니다."

---

[21] "독일 교회의 중심 문제는, 우리가 사람들에게 다가가야 한다는 것이다. 우리가 가정방문을 해야 한다. 우리는 사람들이 교회에 찾아올 때까지 기다려서는 아니 된다": F. KAMPHAUS, Keine Angst vor dem Islam: *Weltbild, Christlich, Kritisch, Konstruktiv*, 17 (1997) 17.

[22] 복음을 통해서 볼 때, 예수의 공적인 선교 활동은 예루살렘의 유다 회당에서 시작하고 (루가 1,9 참조), 성전(聖殿)인 회당에서 종결짓는다(참조: 루가 24,53). 이것은 예수께서 회당에서부터 인류 구속을 위한 그 추진 중심인 기쁜 소식이 세계 끝까지 전파되어 퍼져 나가기를 원하셨기 때문이다. 참조: Xavier LEON-DUFOUR, *Risurrezione di Gesù e messaggio pasquale*, 201; H. MARSHALL, *The Gospel of Luke*, 893.

[23] O. da SPINETOLI, *Matteo*, 780. 참조: A.C. WILLOUGHBY, *A critical and exegetical commentary on the Gospel according to St. Matthew*, 306-8.

"선교 임무는 그 실행을 위해 해석학적 정확성이 요청된다. 제자직으로서의 소명은 세례를 통해서뿐만 아니라 무엇보다도 가르침을 통해서 성취된다."[24] 초대교회의 위대한 선교사명의 삶의 터전Sitz im Leben은 순수한 전례 실행 — 세례성사의 전례와 교리 — 에서만 기인될 수 없고, 오히려 확장 일로에 있는 가르침과 교육의 내용이, 이교도들과의 절교가 늘 하느님의 뜻과 일치하는 것이 아님을 깨닫게 하였다. 곧, 그들과 접촉하며 하느님을 알리는 것이 필요하다는 것이다. 모든 사람을 구원하고자 하는 개념은 한정된 경계를 넘어서고, 교회 공동체로 하여금 교회 외부에 대하여도 개방하고 포용하도록 요청한다.[25]

여기서 기술하며 조명하고 있는 마태오 28,20은 비록 복음서 후반부에 위치하지만, 복음서 전체를 통해 강조하고자 하는 핵심 부분 중의 하나라고 보는 견해가 적지 않다. "마태오 복음은 28,1-20의 신학적 전제를 가지고서 기술되었다. 특히 28,16-20은 마태오 복음 전체를 이해하는 데 열쇠가 되고 그 해석에 있어서도 열쇠가 되는 표현이라 하겠다."[26]

"지키도록 … 가르치시오 …"라는 표현은 세계 안으로 들어가 그리스도께서 명하신 것을 실행하고 이루며 사람들로 하여금 따르도록 가르칠 것을 뜻한다. 또한 이것은 교회 선교의 기능을 밝혀주는 것이다. 곧, 그리스도의 가르침을 감추거나 홀로 간직하여 "됫박 밑에"(마태 5,15) 놓는 것을 의미하는 것이 아니라, 세계 속에 파고들어 "지붕 위에서"(루가 12,3) 하느님 말씀을 선포하고, 개방적으로 가르치라는 것이다. 풍성하게 개화되어 열매맺도록 세계의 심연 속에 주님이 말씀하신 것을 가르쳐 심어야 한다. 주님의 말씀이 인간사회 안으로 쇄도하며 들어가 더욱 복음적인 새로운 공동체로 정화시키고 변화를 일으켜야 한다는 것이다.

---

[24] 참조: A. SAND, *Il Vangelo secondo Matteo 2*, 909.　　　[25] 911.

[26] O. MICHEL, *Der Abschluss des Matthäus-Evangeliums*: EvTH 10 (1950/1951) 16-26; O. CULLMANN, *Königsherrschaft Christi und kirche im Neuen Testament* (ThSt 10) 1950, 10 [A. SAND, *Il Vangelo secondo Matteo 2*, 912 재인용].

"예수는 시나이 산과 같은 성서의 특별한 산 가운데 하나를 정하시지 않
고, 갈릴래아의 알려지지 않은 산 하나를 선택하여 당신 메시지의 범세계
적 성찰을 준비하셨다. 복음의 전파를 위하여 발설하신 두 가지 방법은 세
례성사와 가르침이었다."[27] 가르침과 세례성사는 교회를 건설하는 데 한편
이 부재하면 다른 한편도 존속할 수 없는 상호 병존의 관계이다.

그리스도의 지침은 사실 오직 한 가지이다: 제자들로 만들어라. 이러한
말씀으로 예수는 열한 제자에게 각자의 고유한 활동에서 시작된 역할을 계
속할 것을 명하셨다. 그들은 우선 그분이 몸소 가르쳐 주신 것을 가르쳐야
했고 그 가르침은 유일한 주님이신 그분과의 인격적 만남을 요청한다. 이
것은 단지 선포하는 것만 다루지 않고 오히려 권위있는 그리스도교 신앙이
항상 요구하는 예수와의 친밀한 관계를 가지는 일이다.

예수에 의해서 시작된 선교 과업은 모든 민족을 대상으로 한다. 예수가
자신과 제자들의 선교사명을 의도적으로 히브리인들과 이스라엘의 길 잃은
양들에게만 한정하던 시대는 지났다. 그리스도가 하늘과 땅 위의 모든 권
한을 부여받으셨기 때문에 그 가르침은 온 세계에 펼쳐진다. 예수께서 세
계 끝날까지 제자들과 함께 할 것이라고 말씀하셨기 때문에, 선교의 공간
적 확장 역시 한없이 지속될 것이다. 실제로 예수는 어디서나 제자들과 함
께 머물고 계시다. 온 우주의 주님이신 예수는 또한 우주 역사의 주님이시
다. 그분의 현존으로 나자렛 예수의 기쁜 소식은 항상 계속적으로 인류의
역사 안에서 재반항再反響되고 세계는 변모되어 간다. 이러한 예수를 받아들
이고 인지하면서 마태오 복음사가 시대에 교회는 스스로를 인식하게 되었
고, 그 이후의 교회들도 마찬가지로 예수의 가르침과 그 성의聖意에 항상
신뢰하며 머물러 있어야 하는 것이다.[28]

---

[27] Xavier LEON-DUFOUR, *Risurrezione di Gesù e messaggio pasquale*, Edizioni Paoline, Mi-
lano 1987, 192.

[28] 참조: 193. 참조: O. da SPINETOLI, *Matteo*, 782-3.

"나는 세상 끝날까지 항상 그대들과 함께 있습니다"(마태 28,20b). 이때문에 그리스도는 항상 우리와 함께 머물면서 우리를 도우시며 사랑하시고, 우리 마음의 문을 두드리시며 우리와 친밀한 관계를 유지하신다. 공동체 안에서 예수의 현존은, 공동체 구성원의 믿음에 따라 결정되는바, 곧 구원에 대한 성서적 약속의 충만한 실현을 가져오는 것으로서 그에 대한 믿음의 심도深度와 효용성에 달려 있는 것이다. 이것은 그리스도께서 당신 부활 이후 세계의 심판주로 다시 오시는 세계 마지막 날까지, 계속되는 시간의 파도 위에 항해하며 사람을 낚는 제자들과 언제나 함께 하신다는 것을 전제하고 있다.

널리 보편성과 세계성, 일치성을 나타내는 그리스도 복음 말씀의 그 빛과 약속은 궁극적인 인간 해방을 그 목표로 하는데, 그분 제자들의 세상 사람들에 대한 실제 선교 업적과 범우주적 메시아를 자신의 중심에 두고 있다는 선교 공동체로서의 그 목표는 주 예수의 현존 표징 아래 점진적으로 성취되어 간다. 제자들 선교의 효용성과 그들 가르침의 권위는 예수의 이러한 현존 약속 위에 그 기반을 두고 있다. 세례성사를 받게 되고 복음에 순명함으로써 그리스도에게 귀속되는 이들의 신앙심과 깨어 있음은 부활하신 그리스도의 이러한 궁극적 현존과 동행의 약속 위에서 그 힘을 얻는다. 그러므로 제자들의 공동체가 확고한 신앙심을 가지고서 움직일 때, 예수의 복음은 인류 역사 안에서 현존하는 해방자로서의 또한 구원자로서의 뚜렷한 표징이 된다 하겠다.[29]

---

[29] 참조: Rinaldo FABRIS, *Matteo, traduzione e commento di Rinaldo Fabris*, Borla, Roma 1982, 573; A. POPPI, *Sinossi dei quattro vangeli*, 102.

4.3. 루가 9,2와 24,15.29의 해석

4.3.1. 루가 9,2

그리고 하느님 나라를 선포하고 병든 이들을 고쳐 주도록
보내며 …

초대교회는 스스로 선교 활동을 그 핵심으로 고려하였다. 사도행전은 이러한 선교 활동의 역사를 기술하고 있다. 민족들에게 전파된 신앙은 초대 그리스도인들의 심성에 깊이 뿌리를 내렸다. 그리하여 그리스도의 선교 명령은 초대교회 안에 심오하게 유입되었다. 이러한 역동적 전망 안에서만이 교회는 그 의미를 찾을 수 있었다. 그리스도인들의 역동적 선교를 통해 이뤄지는 세계 복음화는 교회의 소망이며, 그 정체성을 명확하게 드러낸다. 교회는 자신이 그 목표일 수 없고, 오히려 세계를 복음화하기 위하여 존재한다. 그리스도로부터 부여받은 메시지 선포의 사명은 교회의 본질적 요소에 속한다. 그리스도교 선교 메시지의 보편성은 모든 영역에서 강조되며, 말씀의 결과는 예수 그리스도에 대한 추종, 신앙, 세례성사, 용서, 회개, 한마디로, 곧 구원의 지평에 도달하는 것을 의미한다. 복음사가 마태오와 마르코가 말씀의 선포와 가르침에 중점을 두었다면, 복음사가 루가는 제자들이 예수님에 대하여 제시하도록 불림받은 그 증거의 삶에 역점을 두고 있다. 또한 복음사가 마태오가 교회 설립과 가르침에 대하여 강조점을 두었다면, 루가는 선교란 증거하는 삶과 같이 드러나며, 사람들을 제자로 삼아 제자로서 살아갈 수 있도록 교육하는 것이었다.[30]

---

[30] 참조: Paul VADAKUMPADAN, Fondamento ecclesiologico della missione: S. KAROTEMPREL 편 *Seguire Cristo nella missione*, 86-8; H. MARSHALL, *The Gospel of Luke*, 351. "그러나 그들은 정신적 메시지를 선포해야 할 뿐만 아니라, 또한 환자를 치유해야 한다. … 기적

열두 사도는 하느님 나라를 선포하도록 파견되었다. 앞의 장(8,1)에서, 여기 9,2와 동일한 선교사명이 예수에게서 이미 증거되었다. 제자들은 예수의 계승자로서 활약하였다. 단순 동사형 "아페스테일렌"*apesteilen* 안에 사도적 선교사명이 형성되어 있다. 그래서 파견된 자 혹은 사도 ― 히브리어 "셀리아"*seliah* ― 는 메신저, 혹은 단순한 말씀 전달자를 뜻하기도 하면서 선교사명을 제시한다.

사도적 설교는 그리스도께서 왕림하심으로 이미 시작된 "하느님 나라"에 집중되어 있다. 복음사가 루가가 반복하여 의도하였던 것처럼, 이것은 교리에 관한 것이라기보다 은총과 구원이 이뤄진 것을 강조한다. 하느님 나라는 모든 사람의 행복이 구현되는 장소이다. 사실 이 세상에서의 고통, 고뇌, 가난은 섭리의 산물이 아니라 사라져야 할 결함이고 불완전성이며, 사도들은 그것들의 종결을 선포하고 그에 대한 근절을 하도록 초대받았다.

예수의 주요한 관심과 염려는 첫째 신체적으로 불편한 이들에게 먼저 쏟아졌다. 하느님 나라를 선포한다는 것도 특별히 악령과 질병(2절)을 굴복시키는 것과 동일하다 하겠다. 질병을 치료하는 것은 의사의 임무이면서 또한 선교 활동의 과업이며, 적어도 효과 있고 급진적 방법으로 발전하며 개선시키고 위로하고, 개입을 강화하는 일은 선교 활동에 귀속된다. 이러한 것은 남아 있는 선교 프로그램의 하나이다.[31]

Q원전(루가 10,9; 마태 10,7)의 도움으로 루가는 하느님 나라를 선포하고 치유하는 사도적 기능을 총괄하였다. 이것은 복음사가가 바라보는 선포와 치유 사이의 밀접한 관계를 보여준다. 치유 행위는 구원의 현존하는 표징과 그 현실을 이미 나타내 주고 있다. 예수의 행업 안에서 역동하던 성령의 도움

의 행위는 두 번째의 부차적인 것이며, 구원을 가져오는 성스러운 현실을 드러나게 하며, 신앙을 받아들이도록 고무시키는 데 기여해야 할 것이다": N. GELDENHUYS, *The new international commentary on the N.T., The Gospel of Luke*, 265.

[31] 참조: O. da SPINETOLI, *Matteo*, 319-20. "원래 문맥에서 예언자는, 하느님이 자기 백성을 돕기 위하여 찾아오신다는 기쁜소식을 다양한 은유로 표현하면서 선포하도록 불림받았음을 스스로 인식하게 된다고 언급한다": H. MARSHALL, *The Gospel of Luke*, 183.

으로 이제는 열두 사도에 의하여 하느님의 행위가 현존하게 되고 또한 그 것을 선포하고 있는 "오늘" 구원의 시기로 특징지어진다.[32]

참되고 고유한 선교 활동은 말씀 안에서 시작한다. 마르코와는 다르게 루가는 특히 하느님 나라에 대한 말씀을 중심으로 한 설교를 강조한다. 1절 이후 환자 치유에 대한 반복적 기사가 여러 차례 언급되지만, 그것은 말씀 선포를 통해 성취되는 기적의 표징과 관련된 내용을 증명하고 기술하는 것이다. 예수의 메시아적 선교 활동처럼 선교사들도 바로 예수로부터 시작된 선교 활동을 계속해서 실행해 나가야 하는 것이다.[33]

"예수처럼 열두 사도의 선교 활동 역시 말씀과 행실, 복음화, 기적 행위 등으로 이뤄져 있다. 이러한 활동으로 인하여 사도행전에서 언급되듯이 초대교회는 신중하게 믿음 안에서 머물러 있을 수 있었다(1-12장: 베드로의 행업: 13-28장: 바울로의 행업). 동사 '복음화하다'는 루가의 기술 특성이다(마태오는 단 1회 사용하지만 루가는 25회 사용한다). 이사야 61,1의 말씀과 함께 루가는 예수와 그의 파견된 이들의 현존과 말씀들이 모든 시대의 사람들에게 아름다운 소식으로서 또한 즐거운 메시지로서 동등한 효과를 제시하고 있음을 강조하고 있다."[34]

사도 바울로는 기회가 좋든지 나쁘든지 복음을 선포하라고 하였다. 세계 사람들은 실제로 세계사에 깊이 얽매여서 복음 선포에 대하여 큰 관심을 가지고 있지 않은 것이 사실이다. 그들은 많은 일을 걱정하며, 찰나적인 것과 세속적인 즐거움에 흥미를 가지고 일상의 삶을 영위하고 있다. 이런

---

³² 참조: Gerard ROSSE, *Il Vangelo di Luca, commento esegetico e teologico*, Città Nuova Editrice, Roma 1992, 313.

³³ 참조: J. ERNST, *Il Vangelo secondo Luca 2*, 391; J.A. FITZMYER, *The Gospel according to Luke*, 753.

³⁴ C. GHIDELLI, *Luca*, 198. "루가는 사도들에 의해 이끌어지는 교회의 계속되는 선교를 특히 보편성에 관하여 추가된 말씀 안에서 명확하게 기억하고 있었다: '어디서든 복음을 선포하고 환자를 치유하여라'": J.L. MAYS, *Harpers bible commentary*, 1027. 참조: H. MARSHALL, *New testament interpretation, Essays on principles and methods*, Exeter The paternoster press, Cape Town 1977, 318-29.

사람들에게 하느님 나라를 선포한다는 것은 결코 쉬운 일이 아니다. 그러나 그리스도는 바로 이런 세속적인 사람들에게도 선교사를 파견하신다. 비록 그들 마음의 문이 굳게 닫혀져 있고 복음 말씀에 귀기울이려 하지 않아도 그들에게 접근해 가야 한다. 아무리 엄청난 방해와 핍박, 어려움이 있다 하더라도 그것을 극복하도록 힘써야 한다. 이것이 선교의 도전 정신이며 나아가 선교 공덕이 된다고 할 수 있을 것이다.

4.3.2. 루가 24,15

> 그렇게 이야기하며 토론하는 사이에 예수 친히 다가와
>
> 동행하시게 되었다.

예수의 부활을 제자들이 믿고 받아들이게 된 계기는 부활하신 그분의 발현을 직접 보았기 때문이다. 발현 체험이 예수 부활 신앙을 싹트게 한 중대한 요소라고 할 수 있다. 여기 엠마오 발현 사화는, 그 이전의 흔한 경우처럼 단지 부활 사실만을 제보하거나(1데살 1,10 참조), 겨우 발현 목격자의 명단을 제시할 뿐인 경우(1고린 15,3-7 참조)보다 훨씬 명확하게 그분과의 대담과 행동과 만찬 모습까지 그리고 다시 사라지는 현상까지 비교적 상세하게 묘사하려 하고 있음을 알 수 있다. 예수 부활 발현의 유형을 분류하면 크게 두 가지가 있는데, 제자들에게 나타나시어 당신의 부활 사실만을 알려 주는 인지 발현 사화와 제자들을 복음 선포의 사도로 임명하는 사명 발현 사화로 구별된다.[35]

두 제자가 엠마오로 실의失意에 차서 걸어가고 있을 때에, 그들이 요청하지도 않았으나 바로 그 순간 예수가 그들 사이에 찾아와 함께 동행한다.

---

[35] 인지 발현 사화의 예: 루가 24,13-35; 요한 20,24-29.

사명 발현 사화의 예: 마태 28,16-20.

인지 겸 사명 발현 사화의 예: 루가 24,36-39; 요한 20,19-23; 21,1-23.

참조: 『200주년 신약성서 주해』 404-5[8].

제자들의 눈은 그를 즉시 알아보지 못했으나, 그리스도는 그들에게 가까이 가면서 그들 사이에 개입하신다. 동행하시며 개입해 들어오신다. 동시에 그는 모세와 구약의 말씀들을 설명해 주시고, 듣고 있던 제자들은 가슴이 뜨거워지는 큰 감동을 받는다. 여기서 루가는 예수와 두 제자 사이의 변증법적 관계를 기술하는데, 첫째는 토론자의 출현이고(13-16절) 그리고 그들의 문제들을 전개하고, 그 후 함께 식탁에 앉게 되고(28-32절), 이어서 새롭게 그분을 발견하게 되어 증거의 삶으로 변모되어 간다(33-35절). 예수께서 그들 가까이 오시어 함께 걸어가신 것은, 그들이 비록 여전히 그분을 알아보지 못하여도 그들에게 당신을 비추고자 하는 생명의 빛으로서 그 현장에 함께 계셨던 것이라 하겠다.[36]

길을 걸으면서 나누었던 그들의 애기는 복음사가에게 있어서 하나의 신학적 토론장이었다. 그리스도를 찾는 공동체는, 그들 자신에게 희망 없이 내버려진 공동체가 아니라 그분에 의해 보이지 않게 이끌어지는 공동체이다. 그리스도는 언제나 교회 안에 동반하시지만, 그분을 볼 수 있는 이들은 오직 단순한 이들, 의로운 이들, 마음이 깨끗한 이들이라고 하겠다. 엠마오 기사는 긴 교리이며 가르침으로서, 제자들로 하여금 부활 신앙으로 나아가도록 이끌어 주고 있다. 결정적 요소는 성서의 실천적 이해라고 하겠다. 비록 마음이 뜨거워지더라도, 빵을 나눌 때에야 비로소 그분을 알아보게 된다는 것이다. 말씀에 대한 이해와 빵의 나눔은 모든 시기의 믿는 이들에게 있어 필수 불가결한 양식이다.

예수와 제자들과의 만남은 사실 무엇보다 말씀을 통해서 이뤄진 것이다.

말씀과 그 해설은 집회 계획의 첫째 요소로서, 빵을 나누는(15-27절) 기사보다 선행하는 전례의 첫 부분의 순간이라 하겠다. 설교와 형제적 담화의 주제는 부활이기 때문에, 루가는 이 문맥 안에 부활 개념을 원용하였다. 예루살렘의 모든 사람이 예수의 죽음이 무엇을 의미하는지 이해하고 깨달

---

[36] 참조: C. GHIDELLI, *Luca*, 457-8.

은 것은 아니지만, 예수의 죽음은 궁극적으로 부활과 연결되는 범우주적 역사의 사건이 아닐 수 없었던 것이다.[37]

예수는 그들 대화의 주도권을 유지하셨고, 그 대화는 강하게 영향력을 미쳤으며, 전적으로 새로운 역동성을 드러내게 되었다. 여기에서 궁극적으로 예수를 인식하게 될 "극적인" 변화가 발생하였다. 만약 예수가 의도적으로 그들을 모으거나, 모이게 하였다면 그들과의 만남에 대해 질문한다는 것이 의미를 잃게 될 것이지만, 예수는 특별나지 않게, 귀향하는 익명의 순례자처럼 나타나서 그들과 만나시게 되었다. 루가에게 있어서 예수와의 친밀감은 부활 현실의 한 기본적 요소이다. 부활하신 분과의 동행에서 인간의 삶은 자신의 단순성 안에서 우연성과 모순과 예상 밖의 일에서 기인하는 굴레를 극복하며 살아간다. 유연성 있는 방법으로 복음사가는 우리 가운데에서 그리스도 현존의 실재를 그리스도인 실존의 특성을 통하여 재현하며 상기시켜 준다.[38]

엠마오 발현 기사에 속하는 문학유형을 정립하기 위하여 몇 가지 연구가 착수되었다. 예를 들면, 하느님의 위격이신 분이 인간의 형상을 띠고서 인간이 알아차리지 못한 채로 인간과 대화를 나누고는 자신의 정체가 드러나는 바로 그 순간 사라졌다(A. Loisy, *L'Evangeli selon Luc*). 이와 유사한 성서 기사로는 다음과 같은 것이 있다: 야훼 하느님은 아브라함에게 나타나셔서 인간의 모습으로 그와 함께 거니신다(창세 18장), 라파엘 대천사가 자신의 신분을 드러내지 않은 채 토비아와 동행하며(토비 5,4 참조) 어느 순간 보이지 않게 된다(12,21 참조) 등이다.[39] 루가는 두 제자가 내적으로 근본적인 변화를 체험했음을 설명한다: 예수는 결코 눈속임하지 않았으며, 소위 "신앙의 눈"이라 부를 수 있는 다른 시야가 필요하지 않았던 것처럼, 외적인 기적에 해당하는 동기는 요청되지 않았다. 그들은 "눈이 가려져 그분을 알아보지 못

---

[37] 참조: O. da SPINETOLI, *Luca*, 732-3.   [38] Gerard ROSSE, *Il Vangelo di Luca*, 1022.

[39] Xavier LEON-DUFOUR, *Risurrezione di Gesù e messaggio pasquale*, 206.

했으며" 동시에 "눈이 열려 예수를 알아보는"(24,16.31) 그와 같은 안목을 가지고 있었다. 이것은 루가가 미묘하게 기술하고 전개한 신앙 성숙의 신학적 주제이다. 퓌에슈의 표현에 의하면, 루가는 역사적 자료의 단순한 전달이 아니라 "역사적 사실의 해석"을 전달하기를 원했다(A. Puech, *Histoire de la Litterature grecque chretienne*). 제자들의 여정은 내적으로 심리적인 의미에서도 함축성이 있다. 제자들은 절망적이어서 "얼굴에도 근심"이 가득하였고 여행 동반자의 신분을 알아보지 못하는 어리석음을 범하고 있었다. 그러나 루가는 제자들을 나자렛 예수와 결합시키는 특별한 접속을 독자들이 깨닫도록 만든다. 기쁨으로 주님을 찬미하기 위해서는 깊은 절망의 구렁으로 내려갈 필요가 있다. 예수 현현顯現의 그리고 부활 인식의 체험이 이처럼 놀랍게 기술되고 있는 것이다.[40]

4.3.3. 루가 24,29

> 그들이 붙잡고 말렸다. "이미 날도 저물어 저녁이 되었으니 우
> 리와 함께 묵읍시다." 예수께서 함께 묵으려고 들어가셔서 …

복음서 가운데 가장 아름다운 부분 중의 하나인 엠마오 여정 발현 사화는 인지 발현 사화의 한 종류로서, 예수의 부활 당일이라고도 하지만(13절) 정확한 시일은 알 수 없다. 적어도 엠마오 발현 사화의 현재 형태를 보면 교회 내의 만찬례가 정형화되어 있음을 고려할 때, 이러한 점은 오순절 이후 이미 상당한 시일이 경과한 다음에야 가능했을 것으로 추측된다. 루가는 앞뒤 문맥과 상관없이 전승되던 이 사화를 채집하여 여기에 배치한 것으로 보인다. 그래서 앞뒤 구절의 상황과 고려하여 13-14.20.21b-24.33.35절을 덧붙인 것으로 편집요소를 분석할 수 있다.[41]

---

[40] 207.

[41] 참조: 『200주년 신약성서 주해』 404-5[8].

예수는 그들 가운데 들어가 함께 빵을 나누신 후 당신을 알아볼 수 있도록 그들의 눈을 열어주신다. 곧, 그들 가운데 그리스도가 함께 현존함을 인식하게 하신다. 그들이 그리스도를 발견하고 알아보는 데 방해가 되는 혼돈 상태 안으로 그분은 개입해 들어오신다. 그분의 개입으로 그들은 무지의 상태에서 인식의 차원으로 변화된다. 그들이 그리스도를 찾고 받아들일 수 있도록 그들을 바른 길로 이끄신다. 제자들의 요구는 자신들이 처해 있는 구체적 상황 안으로 들어오게 하는 것을 의미한다. 이같은 여러 번의 요청(루가 7,36; 11,37; 19,1-5 등)은 공동체 삶에 뿌리내린 다양한 요소들을 통하여 루가가 선포하는 메시지 내용을 지지하게 한다. 제자들에 의해 예수가 "공적으로 초청된" 상황은 그리스도께 대한 청원의 기도가 된다고 할 수 있다. 이것은 루가에 의하면 성찬례의 참석자가 되기 위해 요망되는 태도라 하겠다. 예수는 제자들의 요청에 동의하고 내방객처럼 머무르신다. 둘째 "머무르다"라고 언급할 때에는 십자가상 죽음 이후 펼쳐지는 그리스도와의 친교 개념을 분명하게 하고 있다. 예수는 성서 말씀 안에서만 현존하는 것이 아니고 손님으로 받아들인 나그네에게서도 현존하신다.[42]

호의성好意性과 친밀함에 의해서 제자들은 우정어린 마음으로 예수를 자신들과 함께 머무르도록 요청한다. 밤이 가까웠으므로 요청한 동기는 상황에 적절하였다. 그러나 복음사가 루가는 구체적 현실과 순수한 호의성을 초극하여 관철한다. 제자들의 그 요구는 시련의 밤이 다가올 때에, 그리스도교 공동체 안에 주님의 현존을 요청하는 것이라고 하겠다.

예수는 그들과 함께 머무시는데, 이때 그리스도인의 의미는 다양하게 펼쳐진다: ① 부활 이후 눈으로는 볼 수 없으나, 그분은 그리스도인 가운데 현존하신다. ② 엠마오 장면은 묵시록 3,20의 약속을 상기시킨다: "누구든지 내 목소리를 듣고 문을 열면 나는 들어가 그와 함께 만찬을 나누고 그도 나와 함께 만찬을 나눌 것이다." 여기서 동일한 동사 "에이세르세스타

---

[42] 참조: J. ERNST, *Il Vangelo secondo Luca 2*, 928; H. MARSHALL, *The Gospel of Luke*, 890.

이"*eiserchesthai*가 사용되었다. ③ 나그네를 초청하면서, 제자들은 주님께 환대를 베풀었다: "나그네 되었을 때 맞아들였다"(마태 25,35).[43]

시간적 관점에서 황혼과 저녁은 실제적이지만 상징적 의미도 있는바, 제자들과 함께 했던 예수의 파스카 만찬을 상기시키며, 현재는 황혼 무렵에 완성되어 가는 공동체 실현의 시간이리 하겠다. 엠마오는 예수의 공동체를 받아들이는 어느 곳에나 나타난다. 그 공동체는 마치 오랜 여정 동안 예수와 동행한 것처럼, 식탁에서 언제나 예수를 수반하고 있다. 엠마오의 저녁 식사는 교회 어디서나 이행되던 그리스도인 석찬夕餐의 한 가지 전형이다. 종종 초대하는 이는 엠마오의 두 제자처럼 별로 중요하지 않으나, 복음사가는 두 제자들의 시각을 예리하게 만들어 마침내 그들과 함께 만찬 중에 있는 위대한 귀객貴客을 발견하도록 한다. 그리스도가 결여缺如됨으로써 제기되는 "저녁"과 "밤"은 권언적勸言的 의미인데, 예수가 함께 하지 않으면, 그것은 항상 "어둠의 상태"로서, 밤의 위험스런 접근에 대한 특별한 공포의 순간이 된다.

성찬례 혹은 빵 나눔의 의식은 일반적인 습관 안에서 그리고 빵을 많게 하신 기사(루가 9,10-17)와 최후의 만찬 기사(22,19 이하)에서와 같이 반복해서 거행되었는데, 초대교회에서 "빵을 나눈다"는 것은 성찬례를 거행하는 것과 같다(사도 2,42). 빵을 나눌 때에 제자들이 예수를 알아보게 되었다는 것은 성찬례가 그리스도와 함께 또한 그리스도의 만찬임을 의미한다. 그 중에 최고점의 순간은 많은 이들을 위한 그리스도의 죽음을 상기시키는 빵을 받을 때이며, 현존하는 그리스도를 인식하게 되는 것은 오직 그분과 통교를 이루며, 타인과 이웃을 위하여 최고로 헌신하고 내어 줄 때에만이 가능한 것이다. 성찬례는 하느님의 계획에 따라 부여된 구체적인 소임에 표현되는 그리스도와의 친밀감과 동화同化를 확인시켜 주기 때문에, 성찬례는 그리스도인의 정체성을 증명하고 밝혀내는 순간이라 하겠다.

---

[43] Gerard Rosse, *Il Vangelo di Luca*, 1028-9.

제자들은 예수의 말씀을 청취하면서 만찬에 참여하였으나, 그리스도를 알아보게 된 것은, 그가 자신이 구체적으로 실현한 희생의 한 부분, 곧 단순히 문화적이거나 의식례儀式禮적인 차원이 아닌 것으로, 곧 인간들을 위하여 스스로를 내어놓은 자헌물自獻物과 함께 실제적이며 생동적인 자극과 놀라움을 직접 체험하게 되었을 때 가능하게 되었다. 말씀을 듣는다는 것은 이 마지막 순간을 위하여 준비하였던 것이다. 이것이 결핍되었다면 그리스도를 알아보지 못하였을 것이다.

제자들은, 자신들의 마음이 그리스도와 그분의 말씀에 대하여 온전히 개방하기 시작하였던 것은 바로 그분 말씀을 들음으로써 가능하게 되었다는 것을 상기하였다. 성찬례는 즉흥적일 수 없으며, 사전에 추구되고 이미 인식되기 시작할 때에만이 가능할 수 있는 것이다. 성찬례는 인간의 총체성, 곧 애덕과 신앙과 열망을 통해 관철되고 전례로서는 성화되는 정신과 의지와 함께 사효적 은총 등을 모두 포괄한다.[44]

궁극적으로 파스카의 메시지는 죽음으로부터 다시 살아나신 분이며 우리 앞에 현존하시는 분과의 만남으로써, 시간의 조건들에 구속되지 않으면서 동시에 실제적이며 형체를 갖춘 존재의 총체성과 함께 이뤄지는 것이다. 여기의 살아나신 분은 우리 안에 동행하시기 위하여 그리고 우리의 연약함 안에서 말씀과 빵을 나누기 위하여 준비를 갖추고서 우리와 함께 살기 위해 우리 안으로 개입하시는 분이시다.[45]

---

[44] O. da SPINETOLI, *Luca*, 735-6. 참조: N. GELDENHUYS, *The new international commentary on the N.T., The Gospel of Luke*, 265.

[45] 참조: Xavier LEON-DUFOUR, *Risurrezione di Gesù e messaggio pasquale*, 215. 복음사가 루가는 파스카 메시지의 심오한 내용만을 제시하는 데 그치지 않고, 그리스도 증거의 공동체를 또한 건설하기를 원하였다.

4.4. 요한 20,19b.21.26의 해석

4.4.1. 요한 20,19b

> 그런데 예수께서 오시어 한가운데 서서 "그대들에게 평화!"
> 하고 …

그리스도의 평화를 선포하고 있는 이 절에서는 두 가지 연속적인 발현을
다루고 있다:

1) 제자들에게 나타나신 것은 상처 입은 자의 특권으로서 드러내 보여주
   는 명확한 증거이며 선교를 위한 성령의 선물이고 은총이라 하겠다.
2) 회의주의자 토마의 특별한 출현과 부활하신 분과의 재회이다. 여기
   서 "선교사명은 부활하신 그리스도로부터 사도들에게 주어졌다"라고
   하는 첫째 담론을 강조하면서 선교는 그 핵심내용을 이루고 있다.[46]

"주간週間 첫날 저녁": 여기 시간의 지시 구문은 복음사가 자신의 첨가 부분
일 가능성이 많으며, 예루살렘에서의 예수 발현과 부활절 날의 예수 발현
을 연계시키는 기능을 한다. 저녁이라는 시간 개념은 예수가 엠마오에서
두 제자와 식사하던 때에 이미 낯익은 표현인데, 그 두 제자는 예수께서
예루살렘에 발현하기 전에 예루살렘에 돌아온 것이다. "주간 첫날"은 "주
님의 날" 또는 "그날"이라는 구약성서 신학 개념을 상기시키는바, 예컨대
"그리하여 내 백성은 나의 이름을 알아보리라. 그날에 그들은 '나 여기 있
다'고 말한 이가 바로 나임을 알아보리라"(이사 52,6) 등이다.[47]

  예수의 부활이 이뤄진 그날 새로운 창조와 새로운 계약이 시작되었다.
곧, 이같은 현실은 메시아의 출애굽적인 현시顯示와 함께 새로운 파스카로

---

[46] 참조: G. Segalla, *Giovanni*, 468; H.v.d. Bussche, *Giovanni*, 642-4.

[47] 참조: R.E. Brown, *Giovanni*, 1281.

고려될 것이다. 예수께서 막달레나에게 맡기신 소임을 통해서 보여주신 내용은 다음과 같다: 세계의 죄와 종살이로부터 인간을 해방시키는 새로운 계약의 파스카는 성령과 함께 인간 창조를 완성하여 인간성의 충만함으로 이끌면서 실현되어 간다는 것이다.

예수의 제자직을 결정짓는 특성은 전인격적인 것이며, 마리아 막달레나가 부활 이후 첫 만남[48]에서 공동체를 대표하였듯이, 제자들은 예수에게 의탁하고 그분에게 애착을 가지는 모든 이들을 포함하고 있다. 닫혀진 문은 다음과 같이 이사야 26,20-21을 암시한다: "자 나의 백성아, 네 방으로 들어가 문을 닫아걸고 … 땅에 사는 주민들의 죄악을 벌하시러 주님이 당신 거처에서 나오시기 때문이다."

고대 이스라엘 백성처럼, 예수를 따르면서 출애굽 체험을 시작하였던 제자들은 적의 권력 앞에서 두려워하였으며(탈출 12,42 참조) 마리아 막달레나도 여전히 두려움에서 해방되지 못하였다. 예수께서 부활하신 사실을 아는 것만으로 충분하지 않고, 오직 그분의 현존이 세계의 호전성 가운데서도 안전함과 기쁨을 베풀어 주신다[49]는 것을 믿어야 한다.

" '… 빗장을 질러 잠긴 '케클레이스메논' *kekleismenon* — 동사 '클레이오' *kleio* — 은 열쇠로뿐만 아니라 창살, 족쇄 또는 빗장을 가지고 굳게 잠근 것을 의미한다."[50]

"문들을 잠가놓고 있었다": 많은 사람들은 요한 복음사가의 이 부분 집필 의도가 사도들의 유다인들에 대한 두려움을 나타내는 것으로 생각했으나, 실제로 성서학자들은 이같은 서술 이면에 숨겨진 다른 이유를 간파하고 있다. 그것은 곧 우리의 신앙은 부활하신 예수의 몸이 닫혀진 문을 통

---

[48] 가톨릭의 선교신학과 마리아론에 의하면, 인류에게 처음으로 구세주를 보여주신 분은 성모 마리아이기 때문에, 다른 어떤 여인보다도 궁극적으로는 성모 마리아를 이 세상에 첫 번째로 복음을 선포한 여인으로 이해한다.

[49] 참조: J. BARRETO - J. MATEOS, *Il Vangelo di Gesù, analisi linguistica e commento esegetico*, Cittadella editrice, Assisi 1982, 812-3.

[50] 810.

관通貫할 수 있다는 것을 믿는다는 것이다. 주된 관심은 예수의 부활하신 몸이 전혀 새로운 차원임을 드러내고자 하는 것이다. 그러므로 비록 문이 잠겨 있었으나, 예수께서 들어오셨다는 것을 강조한다.

"여러분에게 평화": 이것은 히브리어 인사말, "샬롬 알레켐"을 의미하는 바, 예수의 죽음과 부활에 대한 메시아적 구원의 찬미 성격을 내포하고 있다. 곧, 현실화된 종말론적 실제 사실의 확언이다.[51] "평화가 너희와 함께" Pace a voi, Il Signore con voi, 이런 표현들은 기원祈願과 가능성의 표현에 있어서 동사가 있는 접속법의 표현보다 더욱 강한 확실성을 나타내고 있다. 부활하신 예수가 평화를 가져왔다는 개념은, 단순한 샬롬의 번역 형식을 초극하는 "평화"라는 용어의 사용에 익숙하였던 바울로 사도의 편지 서두 인사말로 사용되었다.[52] 이상과 같은 부활한 예수의 발현은, 제자들을 버리지 않고 다시 돌아오겠다고 한 그분 약속 실행의 시작이며, 결코 우리들을 포기하지 않고 우리와 함께 우리 가운데 머물 것을 보여주신 것이라 하겠다. 궁극적으로 평화는 부활하신 예수 그리스도께서 승천하면서 인류에게 남기신 마지막 선물로서 귀중한 발사跋辭의 말씀인 것이다.

예수는 공동체의 중심에 발현하시는데, 왜냐하면 그 공동체에 대하여 그분은 생명의 원천이고, 일치의 근원적이며 원소적元素的인 기준이며, 가지가 연결되어 있는 포도나무이고, 공동체가 묵상하는 영광이 빛나는 곳이며, 공동체의 인생여정에 동반하는 하느님의 거룩한 지평이다. 예수의 현시는 즉시 공동체의 중심에서 그 효과를 드러내기 시작하였다. 예수는 세계에 대한 자신의 승리를 선포하기 원하셨으며, 두려움으로 평화를 상실한 제자들에게 이 선포는 세계와 죽음에 대하여 승리하신 분의 인사이다.[53]

비록 세계가 하느님의 명령에 따라 살지 않고, 주님의 가르침을 거부하고, 마음의 문을 닫고 있다 하여도 주님은 세계를 포기하지 않으시고, 오

---

[51] 참조: G. Segalla, *Giovanni*, 468.　　[52] 참조: R.E. Brown, *Giovanni*, 1284-5.

[53] 참조: J. Barreto - J. Mateos, *Il Vangelo di Gesù*, 813.

히려 잠겨진 문을 통해서 찾아오신다. 그리스도는 세계에 참여하시며, 죄로 두려움과 걱정에 사로잡힌 이들에게 그분 자신인 평화를 확장하며 마음 깊이 심어 주신다. 그분은 당신과 자신의 가르침을 수용하기를 원하지 않는 세계를 포기하지 않으시고 내면으로 참여하시길 원하신다. 그분은 세계에 대한 사랑과 구원하고 해방시키려 하는 의지 때문에, 그분을 거스르는 증오에도 불구하고 세계 안으로 찾아 들어오신다.

4.4.2. 요한 20,21

> 예수께서 다시 말씀하셨다. "그대들에게 평화! 아버지께서
> 나를 보내신 것처럼 나도 그대들을 보냅니다."

그리스도의 거듭되는 평화 선포는 아마도 작가의 첨가일 가능성이 있는데, 제자들은 그들의 두려움과 의심 때문에 안심과 위로를 받을 필요가 있는 것이다.[54] "선교사명을 도입하기 위하여 예수는 당신의 인사를 반복한다. 우선적으로 예수는 승리를 제자들에게 확신시키면서 제자들이 두려움으로부터 해방되기를 의도하셨다. 다시 살아나신 그리스도께서 주신 이러한 안정성과 용기는 바야흐로 시작되는 선교에서 그들의 정신 안에 간직해야 하는 것이다. 예수는 세상 일의 어려움 가운데서도 인류가 추구해야 할 현재와 미래를 위한 진정한 평화이시다. 예수로부터의 선별選別이 유효하는 한, 제자들에게 있어 선교는 언제나 필수적이다. 예수의 선교와 제자들의 선교는 동일한 것으로 요한 17,18에서 선포되었는바, 이것은 세계 가운데 있지만 세계에 속하지 않는 이들의 선교를 의미하며, 무엇보다도 선교사의 파견되는 품위를, 마치 성부께서 성자를 파견하신 것과 같은 품위로 격상시키는 것을 의미한다. 예수의 선교는 진리에 대하여 증언하면서, 실제 행적과 함께 아버지의 위격과 인류를 위한 사랑을 증거하는 것으로 구성되어

---

[54] 참조: R.E. Brown, *Giovanni*, 1286.

있다. 여기서 자신들을 파견한 이의 행적을 본받아서 실현하고, 그분과의 일치 안에서 열매들을 맺어 가는 것은 제자들에게 맡겨진 일이다.

선교는 예수께서 당신의 선교사명을 완결하셨던 것처럼 완성되어야 하는 바, 주어진 생을 다할 때까지 사랑을 드러내야 한다. 제자들은, 예수 그리스도를 미워했던 것처럼 그들을 미워하는 세계 안으로 들어가야 한다. 제자들은 그리스도와 함께라면, 많은 열매를 맺기 위하여 죽기까지 아무런 두려움 없이 선교사명을 완수하러 갈 수 있게 된다.[55]

그리스도의 선교는 제자들의 선교에서 계속되어야 한다. 제자들은 세계 안에서 세계를 위해 예수의 선교를 계속하는바, 왜냐하면 성부로부터 성자가 사랑받듯이 그들도 성자로부터 사랑을 받기 때문이다. 그들은 최고의 사랑과 사랑의 극적인 승리의 체험을 겪은 후에 선교가 가능하였다.[56]

성부께서 성자를 구속사업의 완성을 위하여 파견하셨음을 예수는 인식하고 계셨다는 사실은 명백하게 표현되었다(루가 4,43 외 참조). 예수의 전 생애는 이러한 구속사업을 완성하기 위하여 투신되었다. "'아버지께서 … 하신 것 같이'에서의 '같이'가 의미하는 바는 동일한 기본적 행동 안에서 사랑에 의한 것임을 뜻한다. 훌륭한 신학자인 쥬르네 추기경은 『육화된 말씀의 교회』*L'Eglise du Verbe Incarne*에서, 버림받고 죄많은 인간에 대한 사랑[57]으로써 성부가 인간을 구원하고자 할 때에, 외적으로 드러나는 모든 선교의 원천은 성부의 사랑이며, 나아가 그리스도와 사도들과 선교사들의 사랑에 의한 것임을 여실히 잘 보여주고 있다."[58]

소위 말하는 선교의 대파견 명령(마태 28,18-20)은 온 세계에 실행해야 하는 교회의 파견에 대하여 집약된 핵심 개념을 나타낸다. 이러한 관점에서 볼

---

[55] 참조: J. Barreto - J. Mateos, *Il Vangelo di Gesù*, 815.

[56] 참조: G. Segalla, *Giovanni*, 469.

[57] 인간에게 애덕을 펼칠 때 또는 인간에 대한 사랑을 강조하고 실행할 때, 하느님의 자리를 밀쳐내고 인간을 그 자리에 두고자 하는 인본주의로 쇠락하지 않도록 조심해야 할 것이다.

[58] Joseph Masson, *La missione continua*, 89.

때 부활하신 분이 당신 제자들에게 말씀하신 바는 동시에 우리에게도 보다 높은 가치의 해석학적 성서 지침을 선사하신다고 하겠다. 요한 20,21의 말씀은 열두 사도와 그 계승자들에게만 부여된 것이 아니라, 온 교회와 모든 그리스도인에게 내리시는 말씀인 것이다.[59]

교회의 파견은 예수 그분의 연속적인 파견인 것이다. 선교를 실행하는 전형적 방식은, 진리를 증거하기 위하여 오신 그리스도의 사명을 계속하는 것이다. 곧, 인류 구속 계획을 드러내어 밝히는 것이다. 증거의 대상은 성령의 활동과 연관하여 제시되는바, 예수의 정의와 죄와 심판에 종속된 세계 현실이다. 예수의 정의로움은 자기 희생적인 구원 행업과 영광스러운 승리를 드러내는 것이다.[60]

제자들에 대한 축복은 그 목적을 선교에 두고 있다. 제자들은 자신들을 둘러싼 현실에 대해 분리되거나, 인간의 고통에 무관심한 그룹을 형성하지는 않는다. 그들은 모든 이에게 자유와 생명을 주는 그리스도 가르침의 실현 방책을 계발해야 한다. 제자들의 선교는 예수와 동일한 근거와 모습을 가지고 있다. 곧, 성령의 도유塗油와 그에 따른 결과, 그리고 배타적이고 호전적인 세계로부터의 박해 등이다. 성부의 사랑은 예수에게서 빛나던 것처럼 그의 제자들에게 있어서도 동일하게 빛나고 있음에 틀림이 없다.[61]

"매우 분명하게 요한은 많은 학자들이 오랫동안 관심을 두었던 예수의 선교를 묘사한다. … 요한의 상징적 묘사에서는 모든 것이 의도적으로 육화의 신비와 예수의 구원론적 개입의 전全우주적 서술에 정향되어 있다."[62] 성자의 선교가 세계 안에 개입될 때에 성령과 함께 성부와의 특별한 관계가 구체화된다. 근본적으로 선교는 새로운 주행자走行者를 태동시키고 파견

---

[59] 참조: E. NUNNENMACHER, "Chiesa missionaria": PUU 편 *Dizionario di missiologia*, 98-9.

[60] "새로운 창조와 메시아 사상, 요한의 종말론 등은 성령의 감도하심과 연관된다": Giuseppe GHIBERTI, *Spirito e vita cristiana in Giovanni*, 77-8.

[61] 참조: J. BARRETO - J. MATEOS, *Il Vangelo di Gesù*, 679-80.

[62] Giuseppe GHIBERTI, *Spirito e vita cristiana in Giovanni*, 66.

된 자에게 맡겨진 중재기능을 성취시키기 위하여 관계의 장을 확대시켜 나가게 된다.[63]

그리스도가 성부로부터 세상에 파견되신 것처럼 그분은 사도들을 세상에 파견하신다. 왜 성부는 성자를 세상에 파견하셨는가? 세상에는 죄와 고통과 죽음이 있다. 그러나 왜 가장 사랑하는 아들을 파견하셨는가? 세상은 그를 알아보지 못하고 받아들이지도 않았으나, 그러한 세상 안으로 성부는 성자를 보내셨다. 성부는 하느님을 거절하며 죄에 오염된 세상을 구하기 위하여 당신 독생자를 파견하면서 세상에 개입하신다. 세상이 타락하도록 버려 두지 않으시고, 오히려 개입하시고 변화시키며 치유하기를 원하신다. 동일한 방법으로 그리스도는 사도들을 세상에 파견하시고, 각종의 다양하고 많은 죄와 악이 범람하는 세상을 포기하지 않으시며, 세상에 개입하시고 당신 제자들을 파견하신다. 세상을 치유하고 보호하며 발전시키고 결국 구원하기 위하여 사도들과 제자들이 세상을 찾아 나선 것처럼, 그리스도인들은 세상을 피할 것이 아니라, 그리스도처럼 오히려 세상 속으로 들어가 세상 내에 참여하고 개입해야 하는 것이다. 하느님이 세상을 무척 사랑하였듯이 그리스도인들도 세상을 사랑해야 한다. 그러나 세상 안에서 혼합되는 것이 아니라, 세상 안으로 들어가 개선하고 가르쳐서 사랑으로 세상을 변화시켜야 하는 것이다.

당신의 평화를 줄 목적으로 성부로부터 파견되셨듯이, 그리스도는 당신의 사도들이 세상을 두루 다니기를 원하셨고 또한 그렇게 하명하셨다. 그분은 세상을 정화하고 개선하고 구원하기 위하여 당신의 사도들에게 가장 귀한 선물인 성령을 선사하기까지 하시며, 선교 명령을 내리셨다. "성령을 통하여 예수는 세상의 죄를 내쫓았으며, 예수의 피는 우리의 모든 죄를 정화시킨다. 이러한 점에서 요한은 메시아가 우리 모든 죄를 씻어줄 것이라는 꿈란 문헌(IQS 3,7-8)의 흔적을 여전히 간직한 유다 전통을 견지하고 있다

---

[63] 67.

하겠다."[64] 성령의 영향을 통해서 사도들은 죄를 끊어버리고 세상을 정화할 수 있으며, 새로운 하늘과 땅이 도래하도록 할 수 있는 것이다. 이러한 까닭으로 교회의 모든 구성원들은 세상 안에 들어가 인류 역사의 올바른 정진精進을 위하여 헌신할 수 있어야 하는 것이다.

4.4.3. 요한 20,26

> 여드레 뒤에 제자들이 다시 집 안에 모여 있는데 토마도 함께
> 있었다. 문이 잠겨 있는데도 예수께서 들어와 한가운데 서며
> "그대들에게 평화!" 하셨다.

도입 부분의 "여드레 뒤에"라는 표현은 이 발현 사화가 당시 통용되던 날짜 관습의 계산법에 따라 주간 첫날인 새로운 일요일에 발생했음을 의미한다. 요한 복음사가는 일요일을 강조하고 있는데, 이것은 요한의 시간 관념에 의하면 그리스도인 공동체에 있어서 일요일 또는 주일이라는 개념이 매우 특별한 날임을 의미하고자 하였기 때문이다.[65] 이미 이 당시의 원시 그리스도교 공동체에서 주일의 의미는 규칙적으로 또한 정기적으로 신앙 모임을 개최하고(1고린 11,26 참조) 정착되어 있으며, 이날에 전례가 거행된다는 상황으로 묘사되고 있다 하겠다. 무엇보다도 요한의 견해에 의하면 부활하신 그리스도의 현존이 공동체 전례 안에서 체험될 수 있다는 것을 보여주고 있다. "문자 그대로 8일 후의 뜻은 요한의 의도대로라면 둘째 주일과 같은 날을 의미한다. 어떤 이들은 여기서 고대 그리스도교 신학의 자취를 발견한다. 또 다른 상징으로는 … 요한 복음사가는 성서 최초의 언급된 1주간(창세기 1주간)과 일관성을 이루기 위해 1주간을 언급한다. 이 두 주간은 창조의 주제를 공유하고 있다(예컨대, 요한 20,22에서 성령의 창조적 숨결)."[66]

---

[64] Xavier Leon-Dufour, *Risurrezione di Gesù e messaggio pasquale*, 235.

[65] 참조: Browns - Murphy - Fitzmyer, *The Jerome Biblical Commentary*, 464.

[66] R.E. Brown, *Giovanni*, 1291. 참조: J.L. Mays, *Harpers bible commentary*, 981.

제자들은 "안에" 있었는데, 이것은 예수의 장소, 즉 성령의 영역으로서, 예수 없는, 곧 하느님 없는 장소인 "바깥"과 반대가 된다. "안에"는 약속된 땅으로서 그것을 둘러싼 부정한 세계와 구분되어지며, 하느님과 성령의 높은 영역을 뜻한다(8,23 참조). 성령은 제자들을, 교회 공동체와 그를 둘러싸고 있는 세계 사이의 관문 역할을 할 수 있도록 변화시키시면서 그들에게 자유와 안정을 주셨다. 예수는 이처럼 당신을 사랑하는 이들에게 찾아와서 현현顯現하기를 원하신다.

굳게 닫힌 방문은 이전과 같이 잠겨 있었으나, "유다인들이 두려워서"란 표현이 없는 것으로 보아 신앙의 힘과 확신으로 두려움을 극복하고 주님을 다시 만나는 체험의 기쁨을 누리고 있음을 보여준다 하겠다. 그러므로 "문들이 잠겨 있었다"는 구절은 유다인들에 대한 두려움의 이유 때문이 아니라, 곧 있을 토마 사도에게 더 큰 기쁨과 감동을 선사하는 데 기여하기 위한 것이라 이해된다.[67] 별안간 예수께서는 제자들 가운데 서시며 19절과 같은 모습으로 인사하셨다: "여러분에게 평화!" 평화를 기원하는 이 표현은 당시의 일상적인 인사말로서 일을 시작할 때 어두語頭로 시작하는 보편적인 안부 인사이다. 동시에 곧 표현될 토마 사도의 신앙고백을 이끌어 내는 데 기여하게 될 가장 적합한 말씀이라고도 할 수 있을 것이다. 그리하여 토마 사도로 하여금, 불신앙에 사로잡혀 있거나 의심을 품고 있는 모든 사람들에게 하나의 반면교사 또는 모형으로서 묘사되고 있다 하겠다.

예수의 발현을 묘사하는 이곳 19절과 26절의 "오시어 한가운데 서서"라는 그 동사들은 서술 환경이 사뭇 다르다. 이 대조되는 차이점은 한 가지 깊은 의미를 제시하는바, 19절에서는 당신 죽음과 부활의 열매인 성령을 처음으로 불어넣어 주며 당신 공동체를 설립하였다. 한편 26절에서는 주일 첫날의 언급으로써 성체성사를 암시하면서 공동체의 재결합 안에 제자들과의 항구한 현존을 가리킨다. 예수는 오셔서 토마 사도만이 아니라 공동체

---

⁶⁷ 참조: 『200주년 신약성서 주해』 590⁴³.

전체를 위해 현존하신다. 그분은 우리의 중심부에 위치하는바, 그에게서 생명이 유래하기 때문이다. 예수의 인사 말씀은 두 가지 요소를 밝힌다고 할 수 있다. 첫째는 예수의 발현과 그에 따른 공동체로부터의 예수에 관한 인식이며, 둘째는 선교와 성령에 대한 인식이다. 예수가 발현할 때마다, 성령을 베풀며 제자들의 선교를 새롭게 하였다.[68]

"예수는 토마에게 그가 불신앙에서 신앙으로 변화되도록 하는 목적에서 말씀하신다. 이 기사는 호교론적인 관점에서 나왔음이 분명하다. 불신앙에서 신앙으로의 초대는 토마와 같은 모든 경험론자들에게 펼쳐진다. 그들이 환시와 직접적인 경험 없이 다른 이의 증거를 통해서 신앙에 이르게 된 것은 복된 일이라 하지 않을 수 없는 것이다."[69]

주도권은 언제나 주님께 귀속된다. 비록 하느님과의 대화를 차단하고 차가운 침묵으로 문을 굳게 잠그고 자기 방어벽 안에 머물러 있다 하여도, 주님은 이 침묵의 문을 두드리시고 그 침묵 안으로 개입하시고 우리를 찾아오신다. 그분은 세계 안에 들어오셔서 연약한 신앙과 불신앙을 보시고, 당신의 참된 모습을 보여주시며 당신을 믿을 수 있도록 이끄신다. 그분은 신앙이 약하거나 신앙이 부족한 곳은 어디든지, 의심을 사라지게 하시며, 신앙을 깊게 심어 주신다. 참된 신앙을 통하여 세계 사람들이 그리스도를 알아뵙게 하고 "나의 주님, 나의 하느님" 하고 고백하며 찬미하게 한다.

---

[68] 참조: J. BARRETO - J. MATEOS, *Il Vangelo di Gesù*, 824-5. "예수는 그들 가운데 나타나서 이전처럼 인사를 나눈다. 이제는 어떻게 토마가 신앙에 이르게 되었는지를 보여준다. Kierkegaard는 1837년 이렇게 서술했다. 만일 그리스도가 내 안에 머물기 위하여 찾아오신다면, 성서의 말씀에 따라 분명해지는바, … 그리스도는 닫힌 문을 통해서 들어오시게 된다": Ernst HAENCHEN (Robert W. Funk 역) *John 2, A commentary on the Gospel of John*, Fortress Press, Philadelphia 1980, 211.

[69] G. SEGALLA, *Giovanni*, 472.

4.5. 루가 4,18-19의 선교적 해석

주님의 영이 내게 내리셨으니

과연 주님이 기름부으셨도다.

주님이 나를 보내셨으니

가난한 이들에게 복음을 전하고

사로잡힌 이들에게 해방을,

눈먼 이들에게 눈뜰 것을 선포하며

억눌린 이들을 풀어 보내고

주님의 은혜로운 해를

선포하게 하시려는 것이로다.

이 내용은 복음 중의 복음이라 할 수 있으며, 복음서 전체의 압축된 정신을 드러낸다. 루가는 70인역 사본에서 인용된 이사야 61,1-2에서 그의 복음서의 근간을 이루는 이와 같은 대주제들을 총괄할 수 있었다. 곧, 성령, 메시아의 도유, 종말론적 해방, 메시아적 기쁨, 가난한 이와 억압받는 이를 위한 거룩한 개입 등이다. 루가에 의하면 예수는 매우 분명한 모습으로 오셨는데, 복음의 핵심을 선사해 주셨다. 루가의 계획 가운데 예수의 이러한 담화는, 마태오 복음의 산상설교가 가졌던 역동성을 보여준다. 이것은 그의 사도직의 핵심적 사안으로서 대헌장Magna Charta의 모습을 띠고 있다.[70]

이사야 61,1-2의 저자는 자기 예언자적 소명을 기억하고 있다. 그는 동족들과 불의와 억압에 고통받는 이들에게 해방을 선포하도록 파견받았다. 귀양은 끝났으나 참된 자유와 평화, 정의는 굳건하게 정립되지 않았으며,

---

⁷⁰ 참조: C. GHIDELLI, *Luca*, 118.

바로 이때문에 이사야 예언자는 사람들로 하여금 올바르게 행동할 것을 간청하도록 파견된 것이다. 예언자는 영감을 받은 사람이며 특별한 방법으로 자신이 경험한 영靈의 내림을 기억하는 사람이다. 텍스트는 특별한 위임과 대표성을 생각하도록 이끄는 "도유"塗油를 언급한다. 억압받는 이들의 해방은 부수적인 사안이 아니라, 오히려 중심적인 특별한 복음이 된다.

이사야 58,6의 저자에 의하면, 참된 단식은 자선의 행위를 통해서 이웃에게 봉사하고 헌신하는 것이다. 메시지의 최종 대상인 가난한 이들은 생활 필수품조차 부족한 사람들이고[71], 특히 자유가 더욱 긴급한 상황이다. 그들을 위로하는 것만으로는 언제나 충분하지 않고, 오히려 그들이 처해 있는 괴로운 조건에서 그들을 해방시키는 일이 더 시급한 일이다. 18절의 이아오마이*iaomai*는 의학용어인데 메시아적인 선물 가운데서 육신적인 건강을 고려하도록 만든다. "가난하고 고통받는 이들"은 특히 갇힌 이들, 전쟁 희생자들, 정치 싸움의 희생자들이다. 또한 그들을 위한 종살이의 끝은 시력의 회복과 단절로부터의 치유를 의미한다. 이사야서에 언급된 해방의 기쁜 소식은 앞서 말한 노예살이의 종말을, 인류 역사 안에 야기된 불균형을 제거하도록 하는, 곧 인간 본래의 모습을 회복시키는 희년의 은유적인 요구로서 주님의 은총의 해에 부여되는 것이라 하겠다. 주님께 가납嘉納되고 수용될 만하다는 의미의 용어 덱토스*dektos*는 하느님의 은총, 자비, 자애를 하사하던 시기를 상기시켜 주는바, 예언자는 이스라엘 공동체가, 특히 복음사가에게 있어서는 복음이 선포되어져야 할 대다수의 사람들이 오랜 세기 동안 고통받아 온 시대 상황을 드러내지 않을 수 없었던 것이다.[72]

---

[71] 이러한 이유로, "오늘날 파견되는 선교사들의 양상은, 그를 받아들이는 공동체의 고유한 필요성을 발견하도록 준비하는 것이다. 이것은 역사적 변화이다. 선교사들의 활동은 계속해서 필요하지만, 새로운 순간과 변화된 현실은 선교사들에게 대중매체 혹은 양성, 신학과 철학, 인문사회 과학의 전문가가 될 것을 요청하고 있다. 이러한 동기에서의 교회 일치성은, 어린 교회의 자립성과 책임에 대한 열망에 주시하면서, 선교사들의 탤런트를 관대하게 제공할 수 있는 능력있고 유능한 선교사들을 요청하고 있다": George KOTTUPPALLIL, Storia delle missioni: Conclusioni generali, 282.

[72] 참조: O. da SPINETOLI, *Luca*, 180.

루가는 이사야로부터 인용한 이러한 말씀들을 예수가 공생활을 시작하는 엄숙한 선포의 말씀으로 묘사하고 있는 것으로 이해할 수 있다. 성령의 작용으로 예언자에게 내려진 도유의 서술은 바로 예수 세례 때의 하느님 현현을 상기시키는데, 예수 위에 성령의 내림은 기름 도유와 같은, 곧 메시아적 기능의 관점에서 성화이며 성성이라 하겠다. 예수의 모든 행동은 요르단 사적事跡에서 그분 위에 나타나신 성령의 표징 아래서 그 의미를 발견할 수 있다.[73] "예수 그분은 가난한 이들을 위하여 기쁨과 구원을 가져오는 거룩한 치유자로서 하느님으로부터 성성되셨다."[74] 해방 개념의 중요성은, 해방의 장르genre(영역, 종류)가 물질적인 것인가 정신적인 것인가의 구분을 결정하는 것이 아니다. 저자는 그리스도의 총체적 선교, 그의 가르침과 활동 전체를 해방 사건으로 고찰하는바, 육신과 사회적 악으로부터의 해방과 자기중심주의와 소유욕과 하느님을 배제함으로부터의 해방이 그것이다.[75]

"선교의 목적은 가난한 이들에 대한 구원 메시지의 선포이다. 예수의 공식적인 첫째 담론에서 루가 담론의 중심 사상이 이미 앞서서 선포되었다는 것은 의미 있는 일이다. 복음은 — 루가가 독특하게 잘 사용하는 형식인데 — '토지의 빈자들'에게 알려진다."[76] 예수는 이사야 말씀들을 자신에게 적용하면서 자신에 대한 메시아적인 특권을 재인수再引受한다. 어떠한 특성이 예수가 선포한 구원에 속하는 것인지를 아는 것은 중요하다. 구원은 사회적·경제적·공동체적인 한계성에서 벗어나는 것으로 이해된다. 죄악에 관련되었다는 것은 이 세계 안에 혼돈을 야기시킨다는 것이다. 루가가 이사야서에 있었던 심판의 날 선포를 언급하지 않은 것은 어떤 점에서 예언자적 용어를 그리스도인의 용어로 해석하였기 때문이다. 그래서 심판의 날에 대한 언급은 더 이상 나오지 않는다.

---

[73] 참조: Gerard ROSSE, *Il Vangelo di Luca,* 154.

[74] A. POPPI, *Sinossi dei quattro vangeli,* 164.

[75] G. ROSSE, *Il Vangelo di Luca,* 155.

[76] J. ERNST, *Il Vangelo secondo Luca 2,* 231.

"주님의 은총의 해"의 표현은 단지 주변적으로 해방의 표징 아래 머물러야 할, 법으로부터 규정된 "희년의 해"를 상기시킨다. 루가에게 있어서 이러한 표상은 예수와 함께 시작한 구원 시대의 모든 의미를 표현한다. 루가가 의도하는 구원 시기는 광범위한 것으로서 예수의 첫 공적인 현시에서부터 승천하는 날까지뿐만 아니라, 교회의 시대까지 이어지는 시기이며, 이모두를 구원의 시대라고 말한다. 물론 주요 강조점은 복음 선포에 있다. 거룩한 왕직의 선포, 곧 예수의 구원 선포와 함께, 구원은 현재 이뤄지기 시작하는 것이지만, 말보다는 행동에서 이뤄지는 것이다. 이러한 의미에서 이 시대에 병든 자와 고난받고 억압받는 자들을 위한 예수의 행위는 독특한 의미를 보여주고 있다.[77]

주님은 우리를 파견하시는데, 왜 파견하시는가? 감옥에 갇힌 이와 눈먼 이와 억눌린 이들은 우리에게 올 수 없거나 접근이 거의 불가능하다. 그들이 우리에게 찾아올 때까지 기다릴 것이 아니라, 오히려 우리가 그들을 찾아 나서야 한다. 복음을 가져가서 선포해 주어야 한다. 그리스도는 그들이 찾아오도록 기다리라고 말씀하신 것이 아니라, 우리를 그들에게 파견하시며 그들을 찾아가도록 명하신다. 사실 우리가 그들에게 접근해 가야 한다. 그리스도는 세계 인류가 당신에게 오는 것을 단순히 기다린 것이 아니라, 우리와 같은 인간이 되시어 세계 안에 오셨다. 그분은 직접 이 세계에 방문해 오셨다. 우리 마음을 그를 향해 개방할 때까지 기다린 것이 아니라, 닫힌 우리 마음의 문전에 와 서서 두드리신다. 왜 주님은 우리로 하여금 죄인들과 장님들과 피압제자들에게 가도록 하시는가? 왜 그분은 우리를 부자와, 건강한 자, 웃고 있는 자, 궁궐 같은 저택에서 화려한 옷을 입고 있는 자들에게 파견하지 않으시는가?(마태 11,8 참조). 예수께서 말씀하셨듯이 실제로 기쁜 소식과 주님의 은총은 가난한 이들과 세계에서 소외된 이들을

---

[77] 참조: J. ERNST, *Il Vangelo secondo Luca 2*, 231-2. "구체적으로 이 암시는 곧 야훼께서 약속하신 사람들(레위 25장) 가운데 해방의 해, '희년의 해'를 뜻하면서, 그분의 구원행위를 상징하고 있다": H. MARSHALL, *The Gospel of Luke*, 184.

위하여 더욱 절실히 필요하고 긴급하다. 이러한 소외된 이 — 아나윔*anawim* — 들 역시 하느님의 큰 사랑이 전달되고 전수되어야 할 하느님의 자녀들이다.

파견의 목적은 무엇인가? 그것은 해방과 밝음(빛)과 자유와 주님의 은총의 해를 선포하는 것이다. 이러한 주제들은 선교 활동에 있어서 대단히 중요하고 핵심적인 내용들이다. 갇힌 이와 장님과 억눌린 이들에게 필요한 것은 무엇인가? 그것은 부수적인 다른 어떤 것이 아닌 필수적인 것으로서, 곧 갇힌 이에게는 자유를, 장님에게는 밝음을, 억눌린 이에게는 해방을 선사해야 하는 것이다. 이것은 참으로 주님의 은총의 해에 볼 수 있고 느낄 수 있는 하느님의 사랑이며 은혜이다. 이 문맥에서 해방이란 일시적이며 간단한 어떤 것을 의미하는 것이 아니라, 세계의 죄의 굴레로부터의 단절이며 이탈인 것이다. 밝음은 태양의 빛을 보는 것만을 뜻하지 않고 하느님의 사랑을 발견하고 인식하는 것을 의미한다. 자유는 묶이거나 억압받거나 가두어둘 수는 없는 것으로서, 인간의 완전한 자유는 인간이 하느님의 모상이라는 사실을 드러내 준다. 이러한 해방과 밝음과 자유는 총체적 구원의 삶 안으로 들어감을 의미한다. 이것이 은총의 해의 시작이라 하겠다.

이러한 개념으로부터 선교 모델이 유래된다. 선교는 이처럼 세계를 찾아 들어가 개입하는 것이다. 세계가 교회를 만나기 위해 다가오는 것을 기다리는 것이 아니라, 교회가 세계 안으로 찾아가야 한다. 그것은 마치 그리스도께서 늘 세계를 기다린 것이 아니라 때가 이르자 세계 안에 개입하신 것과 같다. 세계에 개입한다는 것은 보다 중요한 것, 곧 구원과 영원한 생명을 세계에 내어 준다는 것이다. 세계가 영원한 생명을 향해 나아갈 수 있도록, 주어진 상황과 시대 안에서 교회는 보다 중요한 것을 판단하고, 식별하고 제공하도록 노력하여야 할 것이다. 그리스도의 말씀은 여러 기적 사화에서 나타나듯이 쌍날칼처럼 힘이 있으며 내세의 영원한 생명을 허락하고 이 세계 안에서도 힘찬 역동성을 가져온다.

선교는 다가오는 세계의 총체적 구원을 향해 나아가는 것인바, 또한 차

안此岸에서도 구원의 표징을 발견해 드러내며, 사랑과 은총과 주님의 자비를 증거하고, 곧 복된 소식을 세계 안에 선포함으로써 세계의 발전과 개선을 성취해 가는 것이다. 이사야 예언자의 선포와 예수의 선포 사이의 차이점은 "오늘"*semeron*이라는 부사에 의해 구분된다. 나자렛 회당에서 되울리는 "오늘"은 메시아의 시대*kairos*, 구원의 결정적 시대를 열어 놓는다. 이사야 61장에서 예언되었던 메시아적 예언자는 바로 그 사람들의 면전에 있었던 것이다. 그들은 그의 목소리에 귀기울이고 있었다. 복음사가는 예수에 의해 성취된 이사야 61장의 적용을 세부사안 안에서 구체화하지 않고 간접적으로 암시하고 있다.

가난한 이들과 고통받는 이들, 갇힌 이들에게 강요된 소외에 대하여 그 종국終局이 선언되어야 한다. 소식만 기쁜 것이 되어야 하는 것이 아니라, 즉각적인 아니 적어도 구체적인 실현의 기쁨이 이뤄져야 하는 것이다. 말씀의 선포는 그 어떠한 종살이와 종속에 대한 끝맺음을 고려하고 있으며, 사라져야 하는 것은 죄와 악, 그것이다. 은총의 해는 인류 가족의 역사적 과정 안에 형성된 상황 안에 현존하는 모든 불균형과 차별과 부정의 종말을 고하는 것이다. 모든 사람과 모든 종족은, 아무도 타인 위에 주도권을 행사할 수 없고, 모두에게 귀속되는 부와 재화의 편중이 없는 그러한 하느님의 계획 안에 자유롭게 자리매김될 수 있는 권리를 보존하고 있다.

예수는 "은총의 해" 선포와 선교를 동시에 하게 하신다. 그가 청중들에게 제안하는 기쁜 소식은 교의가 아니며, 단순한 메시지도 아니고 바로 그 자신이다. 그는 구원이며 증거이며 따라가야 할 길이시다. 하느님에 의해 허락된 은총은 당신의 위격을 통해 인간에게 전달된다. 당신의 현존 안에서 당신은 선善을 행하고 모든 이를 치유하면서 인류 역사와 함께 전진해 간다(사도 10,38 참조).[78]

---

[78] 참조: O. da SPINETOLI, *Luca*, 182.

5

사도 바울로의 선교신학

내가 복음을 전하지 않는다면
내게 불행이 닥칠 것입니다.

· 1고린 9,16c ·

5.1. 사도 바울로의 위상

제2차 바티칸 공의회의 「선교 교령」 2항에서는 교회의 본성을 선교로 규정하고 있다. "순례하는 교회는 그 본성상 선교하는 교회다. 교회는 성부의 계획에 따라 성자의 파견과 성령의 파견에 그 기원을 두고 있기 때문이다. 이 계획은 '원천적 사랑' 곧 하느님 아버지의 사랑에서 흘러나온다."

그리스도인들을 체포하기 위해 다마스쿠스로 가던 중도에 그리스도를 깊이 체험했던 바울로는 그 후 인간의 유한한 상황의 참상과 비참함(로마 1,18 이하 참조)을 직시하고, 인간의 궁극적인 구원을 위해 그리스도를 전파하는 데 분투하였다. 바울로의 선교 동기는 우선 그리스도의 강생과 죽음과 부활에 대한 깊은 인식에서 기인하며, 동시에 인간에 대한 그리스도의 차별 없는 사랑과 은총으로 인하여 가능하게 된 인간의 개방된 구원 가능성 때문이라고 하겠다.

사도 바울로는 그리스도교 선교를 위해 하느님이 간택하신 인물이었다. 그리스도인을 박해하러 가던 도정에서 극적인 개종 체험을 한 이후 바울로는 전적으로 성령의 인도를 따라 하느님이 자신에게 부여하신 복음 전파의 사명을 혼신의 정력을 다해 이행하였다.

그는 당시의 다른 사도들에게서 볼 수 없었던 특징을 가지고 있었다. 우선 그는 어려서부터 유다교 집안에서 태어났기에 유다 풍습에 익숙한 유다인 중의 유다인이었으며, 또한 당시 동서 교류의 요충지인 길리기아의 다르소 출신이기에 그리스와 로마의 철학, 문화에 대해서도 잘 인식하고 있었을 것이다. 또한 그는 당시 소수인만 획득할 수 있던 로마 시민권도 태어나면서부터 소유하고 있었다(사도 22,28 참조). 이러한 요소들이 바울로가 이방인의 사도로 불리기에 적합한 장점이 되었다. 그는 그리스도의 지상至上 명령대로 세상 끝까지 복음을 전하기 위해 자신을 헌신하였다. 특별히 동료 선교사 바르나바와 함께 이방인의 사도로 안티오키아 교회로부터 파견 받은 이후 그가 전개한 선교 활동은 매우 훌륭한 것이었다. 바울로의 선교 전략 가운데는 어느 시대의 선교사라 하여도 그들에게 매우 중요한 두 가지 노선이 있다. 한 가지는 바울로가 성령께서 요청하시는 소명에 언제나 개방되어 있다는 것이며, 다른 한 가지는 자신의 성무 가운데서 의식적으로 하느님의 뜻을 깨달으려 노력하는 점이다.[1]

바울로의 첫째가는 업적은 무엇보다도 그리스도교로 하여금 오랜 전통과 긴밀하게 구성된 유다교의 울타리를 벗어나서 전 세계적인 지평으로 그리스도를 확산시켰다는 것이다. 복음의 보편성, 곧 유다인이나 이방인이나 구별 없이 모두에게 구원이 제공되었다는 가르침은 전적으로 바울로의 신학적 공헌에 힘입은 바가 크다고 하겠으며, 이것이 그리스도교로 하여금 유다교의 지역성에서 탈피하여, 세계적인 종교가 되게 한 것이라 할 것이다. 더구나 바울로의 서신에서는 그리스도교의 신앙체계가 제시되어 있으며, 그에 힘입어 그리스도교는 지리상의 공간적 확장뿐만 아니라 그 신앙 내용의 기초도 확립하였던 것이다. 이런 의미에서 그는 특별한 복음 선포자일 뿐 아니라, 그리스도교의 첫 신학자라 하겠다.[2]

모든 이에게 모든 것이 되어 복음을 전한 바울로는 초대교회에서 유일한 선교사가 아니었다. 그런데 무엇 때문에 복음사가 루가는 바울로만 특별히 사도행전에서 그렇게 두드러지게 부각시켰는가? 바울로에 의한 그리스도교의 확장은 아주 중요한 사실이다. 루가는 사도행전의 후반에서부터 이 점을 시종일관 주시하면서 기록하였는바, 그리스도교가 로마 제국의 주요 도시들에 뿌리내리게 된 것은 바울로의 선교 활동을 통해서였다. 사도행전이 집필되던 무렵 그리스도교는 이미 대단한 세력을 형성하고 있었으며, 이러한 그리스도교의 발전은 역사적으로 중요한 의미를 시사하고 있다.

---

¹ 참조: J. VERKUYL, *Contemporary Missiology*, 113.

² 참조: J. COMBY, *Duemila anni di Evangelizzazione*, 7.

사도 바울로는 그리스도에 대한 확고한 믿음을 가졌으며, 인간의 구원을 위하여 간절히 기도하였고, 복음을 전하기 위해 목숨까지 바칠 각오가 되어 있었다. "나는 목숨이 소중하다는 말은 한마디도 하지 않고, 오직 내 달음질과 주님 예수께서 주신 봉사직을 완수하며 하느님 은총의 복음을 증언하겠습니다"(사도 20,24; 참조: 21,13). 또한 그는 다른 사람의 업적 위에서 일하기보다 새로운 지역을 개척해 나가기를 선호했다. 그러면서 신도들을 만나 위로를 주고, 그곳에서 자기 자신도 격려와 힘을 얻었다.[3] 오늘날의 세계교회도 한 장소에서 안주하고자 하는 사제보다 이와는 뚜렷이 구별되는 바울로와 같은 선교 사제직과 복음 선포자를 요청하고 있다 하겠다.[4]

이 글에서는 누구보다도 깊은 선교 열정을 가지고 그리스도에게 온전히 사로잡혔던 사도 바울로의 선교 사상을 고찰하고 또한 그가 전하는 복음적 삶을 통해 제시되고 증거되는 가치들에 대해 간략하게 규명하고자 한다. 우선 바울로의 회심回心 이후 그가 전파한 복음 선포, 곧 케리그마에 대해서 알아보고, 그의 선교 방식과 특징에 대해 고찰한다. 이어서 이방인의 선교에 있어서 드러나는 바울로의 특수한 점들을 펼치고, 그가 그리스도의 몸인 교회 공동체를 어떻게 이해하였는지 진술될 것이다.

서간문은 주로 바울로의 유력한 친서로 알려진 데살로니카 전서, 고린토 전·후서, 로마서, 필립비서, 갈라디아서를 중심으로 하여, 아울러 바울로의 제2 서간들인 사목서간(디모테오 전·후서, 디도서), 데살로니카 후서, 골로사이서, 에페소서 등도 참조하였다.

---

[3] 참조: J. VERKUYL, *Contemporary Missiology*, 113.

[4] 참조: J. COMBY, *Duemila anni di Evangelizzazione*, 7.

5.2. 사도 바울로의 복음 선포

바울로는 누구보다도 먼저 복음 선포의 역군이다. 하느님은 그에게 당신의 아드님을 계시해 주셨으며 또한 복음을 맡기셨다(2데살 2,4 참조). 바울로는 복음을 그리스도의 복음이며(로마 15,19-20; 2고린 2,12 참조), 영광의 복음이고(2고린 4,4 참조), 헤아릴 수 없는 풍부함의 복음이라 한다(에페 3,8 참조).[5] 바울로는 어떤 권위에 근거해서[6] 복음을 전하지 않았다. 사실 복음은 성령의 역사하시는 활동에 의해 스스로를 전하는 힘을 가지고 있는 것이다.[7]

　바울로가 이해하는바, 그리스도교적 복음 선포는 불가해한 어리석음인 십자가에 달리신 그리스도를 알리는 것이었고, 또 선포의 능력은 인간의 지혜에서 나오는 것이 아니라 선포의 주제가 되는 그리스도 자신과 선포에 수반되는 성령의 능력으로부터 비롯된 것이라고 생각했다. 바울로는 특히 그 당시에 살았던 아테네의 현자들에게 자신이 전하는 복음이 얼마나 어리석게 보이는지 깊이 체험하였다. 그러나 그는 자신의 복음 메시지를 부끄럽게 생각하지 않았다. 왜냐하면 복음은 하느님의 힘이며 지혜이기 때문이다. 바울로는 복음을 그 내용에 입각해서 규정하고 소개하는 것이 아니라, 복음이 끼칠 수 있는 영향과 역할에 의거해서 규정하고 선포한다. 바울로는 필립비에서 여러 체험들을 했음에도 불구하고 체념적인 태도를 가지지 않았다. 그의 활동은 처음부터 힘이 넘쳤다. 그리스도에게만 의지하는 그였기에 담대한 마음을 가질 수 있었을 것이다. 그는 자신의 담대함(에페 6,19 참조)이 어디에서 왔는가를 설명한다. 하느님은 그를 유능한 사람으로 인정하여 자기에게 복음을 위탁하셨다는 것이다.

---

[5] 참조: X. Leon-Dufour "복음" 『성서신학사전』 212.

[6] 그는 이 권위를 사도적 권위라 주장한다.

[7] 참조: C.K. Barrett 『고린토 후서』 69.

복음 선포는 단순히 구체화되는 메시지 이상의 것이다. 복음은 세상에 대한 하느님의 구원선포이며, 인간통제를 넘어서 있으며, 성령의 능력 안에서 선포됨으로써 끊임없이 그 실재가 되어 가는 것이다. 예수가 사람을 만나는 곳이 바로 이 복음 선포밖에 없다. 바울로는 하느님이 그에게 당신 아드님을 계시하기 원하실 때(갈라 1,12.16 참조), 그리스도께서 베푸신 계시를 통해서 복음을 받아들였다. 이때에 하느님의 영이 바울로에게 참 지혜인 십자가의 의의를 계시하신 것이다(1고린 2,10 참조).[8]

바울로는 하느님 말씀의 종이다. 그가 전하는 복음은 인간에 의한 것이 아니라(갈라 1,11 참조), 하느님 말씀의 메시지이며, "모든 믿는 이에게 구원이 되는 하느님의 힘"(로마 1,16)이다. 그리하여 바울로는 복음의 신비를 전하면서(에페 6,19 참조), 이전에는 숨겨져 있었으나 이제는 계시된 하느님에 관한 신비의 과정을 만민에게 알린다(에페 3,9-10 참조).[9] 복음이 전하는 것은 그것이 신관神觀에 관한 것이든 구원에 관한 것이든 일반적인 진리나 무無시간적 이념이 아니라 엄연한 역사적 사실이다. 보다 엄밀히 말한다면 역사적 사실이기보다 역사적인 사건eventum을 두고 바울로는 선포하고 있다. 그가 전하는 복음이 율법에서 구별되는 점은, 정신사精神史적 발전의 새로운 기원에 있지 않고 한 역사적 사건, 즉 약속의 성취로 예수를 전하는 것이었다.[10] 바울로는 구약성서와 복음의 일관성을 강조한다. 아브라함이 받았던 약속은(창세 12,3 참조) 오늘날 외교인들의 회개로 인하여 구현된 복음적 은총의 전조였다고 하겠다(갈라 3,8; 에페 3,6 참조).

바울로의 복음 선포는 한갓 종교적 감정의 그리스도론적 투사로 환원될 수 없다. 오히려 바울로의 복음 선포는 그리스도의 강생, 수난, 죽음, 그리고 부활에서 이루어진 절대적으로 유일한 구속사적 사건에 구심점을 두고 있으며,[11] 또한 그분의 영광스러운 개선을 지향하고 있다(1고린 15,22-28 참조).

---

8 참조: Xavier LEON-DUFOUR "계시" 『성서신학사전』 26.　　　　　9 같은 곳.

10 참조: R. BULTMANN 『예수와 바울』 95호 79　　　11 참조: H. Ridderbos 『바울신학』 30.

"어떤 사람이라도 하느님의 사랑을 받을 만하지는 못하지만 인간됨에는 상관없이 자유롭게 하느님의 사랑이, 십자가에 못박히고 부활한 그리스도 안에서 주어졌다는 바로 그 사실 안에 복음이 존재한다. 바울로는 복음을 포기하지 않는 한 자신의 직무를 부인할 수 없었다.[12]

바울로는 그리스도에 대한 구속사적 사건 안에서의 믿음을 가지도록 하기 위하여 선교사가 파견된다고 하고(로마 10,14-18 참조), 세례보다 더 중요한 것은 복음을 전하는 것이라고 하면서,[13] 복음의 선포는 자신의 의무라고 말한다. 그래서 복음을 전하지 아니하면 자신에게 화가 미칠 것이라고까지 말하고 있다(1고린 9,16-17 참조). 그는 모든 것이 "복음을 위하여" 행해져야 한다는 원리를 세웠다. 복음에 귀의한다는 것은 인간이 자기 자신으로부터 눈을 돌려 오직 하느님으로부터만 구원을 기대한다는 것을 의미한다. 그래서 복음을 선포하는 일은 사도직의 본질이었다. 사실 복음은 그리스도교 선교의 핵심인바, 복음 선포자의 설교가 효력을 나타냈을 때에 비로소 확신과 인내와 믿음 안에 있는 사람들은 세례받기를 원하게 될 것이다.

그리고 바울로는 투쟁鬪爭이라는 용어를 곧잘 사용하였으며, 선과 악 사이의 싸움 중에 선의 승리를 지향하고자 하였다.[14] 그는 많은 어려움과 투쟁 가운데 있었으나, 그럼에도 불구하고 그리스도의 복음을 선포하였다. 그에게 있어 투쟁이란 말은 어떤 박해받는 상황을 의미한다기보다 실제로는 극복되어야 할 방해물과의 격렬한 논쟁을 의미한다 하겠다. 이런 일은 먼저 유다인의 회당에서 복음을 전할 때 일어났으며, 그다음에는 그 지역에서 경쟁적으로 전하게 되었던 여러 종류의 선교 행위 가운데서 일어났던 것이다.[15]

바울로의 주된 관점은 질그릇(2고린 4,7 참조)이 깨지기 쉽다는 것을 강조하는 것이 아니라 그리스도의 복음이 지닌 무한하고 값진 보화와 그것을 전

---

[12] 참조: C.K. Barrett 『고린토 후서』 179. [13] 참조: Barrett 『고린토 전서』 21.

[14] 참조: S. Dianich, *Chiesa in missione*, 144.

[15] 참조: W. Marxsen 『데살로니카 전서』 67.

하는 인간을 대조시키는 데 있다.[16] 사실 인간의 처지와 상황은 그리스도의 복음과는 전혀 다른 지평으로 대조된다. 그래서 복음 선포가 곧 구원의 사건인 이유는 복음 선포가 한갓 역사적 사건의 전달이 아니라, 바울로 자신에게 그러했듯이 인간에게 결단을 요구하는 물음인 때문이다. 또한 복음 선포는 호기심을 가진 자나 듣는 자의 관심에 호소하지 않고 각자의 양심을 상대로 한다(2고린 4,2; 5,11 참조). 바울로는 그의 선포에서 훌륭한 말이나 지혜에 의존하지 않았다. 훌륭한 말과 지혜는 사람들로 하여금 변론이나 언어의 효과, 또는 변론술에 감탄하게 만드는 외적 수단에 불과하다.

그러나 이것은 그가 어떤 형태의 화술이나 지혜도 사용하지 않았다는 것을 의미하지는 않는다. 바울로가 복음을 선포할 때는, 언어와 문화에 관한 자신의 다양한 능력을 아낌없이 발휘하였다. 그의 생애와 작품에 관한 최근의 연구에 의하면, 그는 팔레스타인과 유다 관념과 헬레니즘적 유다 관념, 이방 헬레니즘 관념 등을 필요한 경우에 적절히 구사하였다.[17] 다만 훌륭한 말이나 지혜가 그의 복음 선포에 있어서 두드러진 역할을 하지 않았다는 말이다. 예수의 죽음과 부활이 그렇듯이 복음 선포 역시 모든 사람에게 구원을 위한 하느님의 힘인 것은 복음에서 하느님의 의로우심이 나타나기 때문이다(로마 1,16.17 참조). 구원의 사실은 곧 말씀에 기인한다(로마 10,13-17 참조). 그러나 이것은 이념을 지닌 자도 아니고 역사적 지식의 전달자도 아니며, 예수 그리스도 자신에 의하여 증명된 생명의 말씀이다. 이 말씀이 그리스도 자신과 일치하게 할 뿐 아니라, 나아가 그 말씀과 일치함으로써 그리스도를 만날 수 있는 유일한 장소가 된다.[18] 그 안에서 그리스도와 만나고 인간을 향한 하느님 자신의 말씀과 만나는 것이다.

바울로에 따르면 복음 선포와 봉사 활동의 연관성은 선포자가 선포된 말씀을 가지고 원래 가시화된 것을 해석한다는 식으로 받아들여야 한다. 이

---

[16] 참조: C.K. BARRETT 『고린토 후서』 184.

[17] 참조: J. VERKUYL, *Contemporary Missiology*, 113.

[18] 참조: R. BULTMANN 『예수와 바울』 95호 99.

가시화된 것은 역동적이기 때문에 여기에 동반된 말씀, 곧 복음도 역동성을 공유하며, 이렇게 해서 그것은 역동하는 말씀이 된다(1데살 1,8-9 참조).[19] 복음 선포와 복음적 활동의 두 요소는 동시에 함께 움직이는 가위의 두 날과 같고, 이 두 날은 친교에 의해 서로 붙어 있다. 친교는 교회 과제의 격리된 한 부분이 아니라 오히려 복음 선포와 복음적 봉사 활동을 함께 붙어 있도록 해주는 축으로서, 이것이 조화를 이루도록 한다. 복음 말씀, 활동, 그리고 친교는 서로 격리된 선교 활동들이 아니라 한 분광기의 세 가지 단광 색채와 같다. 세계를 향한 모든 형태의 활동은 그러한 활동이 복음과 또한 복음화로서의 증거와 서로 밀접하게 소속하고 있는 한에서만, 올바른 복음 선포적인 근거와 견지를 유지할 수 있는 것이다. 선교는 선포 활동의 집합이 아니다. 진정한 복음 선포는 본래적으로 사회적 차원을 가지고 있고, 참된 활동과 봉사는 본래적 선포의 차원을 가지고 있다.[20] 이 두 차원은 서로 분리될 수 없는 것이다.

공동체들에게 보낸 후대의 바울로 서신들에서는 신학적으로 또는 윤리적으로 가르치려는 동기가 뚜렷하다. 흔히 이런 동기는 적대자들과의 논쟁에서 비롯된 것이다. 따라서 가르침을 통하여 공동체를 다시 올바른 길로 이끌려는 것에 주안점을 두고 있다는 인상이다. 현대의 공동체를 염두에 두고 이런 공동체 형태의 모습을 전제한다면, 오류를 고쳐주는 것만이 선포의 과제가 아니라 믿음과 생활에 현존하는 불안정을 폭로하는 것도 선포의 과제로 전개된다.[21] 이러한 가르침은 바울로가 세상의 종말을 염두에 두고 그리스도인들의 생활에 대해 말할 때에 특히 그러하다(로마 1,18-32 참조). 복음은 종말론적으로 실현된 약속이다. 약속과 복음은 실질적으로 동일하지만, 그때에 따라서 서로 다른 면을 나타낸다. 약속과 복음의 상호 관계에서, 종말론적 사건은 말씀을 통해 현실의 역사 속으로 들어오며 따라서 언제나

---

[19] 참조: W. MARXSEN 『데살로니카 전서』 69.　　[20] 참조: D. BOSCH 『선교신학』 271.

[21] 참조: W. MARXSEN 『데살로니카 전서』 119-20.

역사를 신神적 창조와 섭리의 영역으로서 규정한다는 것을 드러낸다. 말씀
은 역사 속에 감추어져 있을 뿐 아니라, 또한 역사 안에 들어와 역사役事한
다. 사람들의 오해와 걸려넘어짐과 완악함이 이를 증명한다. 복음은 율법
에 대립해서 약속과 임무를 지시하며 그것은 오직 약속으로서만 종말론적
성격과 지평을 가진다.[22] 그리하여 그리스도의 구속은 세상 속에 있는 어떤
상황이 아니라 세상 자체의 존재를 종말론적으로 결정짓게 하는바, 복음
선포는 그리스도인을 십자가와 수난의 방향 아래 둠으로써 세상의 저항을
극복할 힘을 가지게 한다.

---

[22] 참조: E. Käsemann 『로마서』 200.

5.3. 사도 바울로의 선교

예수님의 십자가 사건에 관해서 숙고하는 것, 이것이 초대교회가 최초로 행한 공적인 일이며 이후에도 항상 선교는 이것을 중심으로 이뤄졌다. 그래서 선교사가 가지는 힘의 합법적인 양식도 그리스도의 십자가와 조화되는 것이어야 한다. 바울로는 십자가에 비추어 볼 때 자신은 연약하다는 것이다. 여기서 십자가의 역사가 나타난다.[23] 또한 하느님은 예수님을 부활시킴으로써 당신의 옳음을 증명하시고 적敵을 부끄럽게 만드셨다. 하느님은 이 부활로 사람들을 신앙과 회개로 부르시고자 하신다. 이리하여 하느님의 승리는 하느님 용서의 업적이 승리한 것으로 드러난다. 피에 대한 하느님의 승리와 그 승리가 죄인에게 구원을 가져다준다는 두 사실은 초대교회 선교의 근본사상을 이루고 있다(사도 2,36.38; 3,13.19; 4,10.12; 5,30-31; 10,39-40.43 참조). 이러한 사상은 바울로가 로마서에서 논술하는 내용과 완전히 부합한다. 피츠마이어는 말하기를, 바울로의 신학은 다마스쿠스 도상에서의 체험과 그 체험에서 발전된 하느님의 아들로서의 부활한 그리스도에 대한 신앙에 의하여 대부분 영향받았다고 했다.[24]

바울로는 자신의 개종 체험으로부터, 이스라엘의 하느님이 예수 그리스도를 통해 모든 이를 구원으로 부르도록 모든 민족과 창조물 위에, 주권을 행사하신다고 확신하였다. 이것이 그의 선교신학의 바탕이 되었다. "혹시 하느님이 유다인만의 하느님이십니까? 이방인의 하느님은 아닙니까? 물론 이방인의 하느님이시기도 합니다. 의롭게 하시는 하느님은 오직 한 분이시니 …"(로마 3,29-30). 이러한 관점은 바울로에게 있어서 새로운 종교적 견해

---

[23] 참조: H. Ridderbos 『바울신학』 323.

[24] 참조: D. Senior - C.P. Stuhlmüller, *The Biblical Foundations for Mission*, 165.

가 되었다. 그는 이방인과 유다인 모두 죄의 권세 아래 있다는 통찰력을 가지게 되는데, 이러한 굴레에서의 해방은 하나의 선물이며 하느님의 의로우심의 증명이라 하겠다.

바울로의 투철한 선교 의식은 주님의 명령에 충실하고자 하는 윤리적 차원의 좋은 지향을 넘어서, 인간의 구원은 예수 그리스도로 말미암아 비로소 가능하다는 것을 굳게 믿었기 때문이다. "이분을 통해 우리가 사도적 은총을 받은 것은 모든 이방인이 믿음으로 순종하여 이분 이름을 기리게 되기 위해서입니다"(로마 1,5).

바울로의 선교 활동에 부과되는 책임을 질 수 있는 능력과 선교 자체를 수행할 수 있는 능력은 하느님께로부터 부르심과 함께 온다. 그가 트로아스에서 마케도니아인을 환상중에 보았을 때 그는 그것이 하느님의 부르심이라는 것을 곧 깨달았다(사도 16,10 참조). 이방인들이 스스로 부르는 것이 아니라 하느님이 부르신다. 이렇게 볼 때 선교는 초대에 대한 응답이면서 동시에 하느님의 명령에 대한 순명인 것이다. 선교 활동은 하느님에 의하여 추진되는 것이지 인간에 의하여 시작되는 것이 아니다. 동시에 선교는 그리스도와의 만남에서 이루어지는 자연스러운 결과이기도 하다. 그리스도를 만난다는 것은 이 세계를 향한 선교에 빠져버리는 것을 의미한다 할 수 있다.[25] "나의 기대와 희망은 … 살든지 죽든지 내 몸을 통해 그리스도께서 항상 그러하셨듯이 지금도 온 세상에서 찬양을 받으십니다. 사실 나에게는 삶이란 곧 그리스도요 죽는 것이 이익입니다"(필립 1,20-21). "내가 복음을 전하지 않는다면 내게 불행이 닥칠 것입니다"(1고린 9,16c). "우리는 … 순수한 동기로, 하느님께로부터 파견되어, 하느님 앞에서, 그리스도 안에서 말합니다"(2고린 2,17). 이런 바울로의 글들은, 그가 완전히 그리스도에 의해서 새로운 사람이 되었기 때문에, 이제부터는 살아서나 죽어서나 그리스도만을 위한 삶이어야 한다는 결심을 나타내고 있다.

---

25 참조: D. BOSCH 『선교신학』 103.

선교사업은 하느님의 구원계획에 있어서 필연적인 연관성을 구성하고 있다. 왜냐하면 구속받는 자들로서 우리는 하느님의 구속계획의 객체이면서, 동시에 우리의 구원으로 인하여 우리는 그 순간부터 주체로서 하느님의 구속사업에 능동적으로 개입하기 때문이다.[26] 하느님이 행하시는 모든 신비는 모든 객체들을 동역자로 변화시킨다.[27]

하느님 손에서 모든 것은 능동적이 되며 또한 그의 봉사에 있어서 창조적인 효과가 나타난다. 따라서 선교 활동의 비밀은 하느님의 놀라우신 역사로 에워싸여 있고 그것으로 하느님은 모든 객체를 주체로 만드신다.[28] 이렇게 볼 때 선교는 한마디로 하느님 자신이 그리스도를 통하여, 그분 안에서 존재하고 살아가는 믿는 자들과 모든 민족들 가운데서 스스로 활동한다는 것을 의미한다고 하겠다. 선교는 거기에 참여하는 자체가 하나의 특권이다. 바울로는 로마에 있는 교회에 자신을 소개하면서, 그리스도를 통하여 사도의 직분을 받아, 그리스도의 이름을 위하여 다른 이를 순종케 하는 (로마 1,5 참조) 사람이라고 한다. 이것은 그가 다마스쿠스 도상에서 부활한 그리스도를 전인격적으로 만난 후에 따르는 합리적 결과로서 선교하게 되었다는 것을 의미한다. 그는 복음의 전파와 자신의 선교 행위를 통하여 이방인들도 함께 참여하는(에페 3,6 참조) 현재적으로 계시된 신비로서의 또는 비밀로서의 하느님 계획과 약속이 모든 사람에게 확산된다고 보았다.

바울로는 하느님으로부터 특별한 소명을 받은 것으로 확신하였으며, 동시에 자신을 사랑에 빚진 사람으로 겸허하게 평가하고 있었다(로마 1,14 참조).[29] 바울로 선교관의 특징은 그 자신이 이같은 강렬한 사도적 소명 의식을 가졌다는 데 있다.[30] 그는 사도로서 하느님을 반대하는 세력에 대하여

---

[26] 참조: J.H. BAMCK (전호진 역) 『선교학 개론』 서울 1987, 62.

[27] 같은 곳.   [28] 같은 곳.

[29] 참조: J. VERKUYL, *Contemporary Missiology*, 113.

[30] 바울로의 은사 가운데 하느님의 구원의지가 선교의 요구와 더불어 등장한다. 하느님은 소명 없이 은사를 내리지 않고 또 은사 없이 소명을 내리지 않는다고 볼 수 있다.

영적인 전쟁을 치르며, 복음 전파의 강한 사명감을 가지고 있었다. 그는 그리스도의 명령을 선교의 동기로 직접 언급하지는 않았으나, 선교의 사명이 사도인 그에게 그리스도에 의하여 맡겨졌다는 의식이 있었다(갈라 1,12 참조). 그는 자신의 선교 활동을 세상에 빛을 가져오는 수단으로 보았다. 영적인 의미에서 세상에 빛을 비춰주는 것은 지식인데, 지식은 하느님의 영광(위엄보다는 구원하고자 하시는 행위)을 아는 것이다. 창조 때에 어둠으로부터 빛이 나와서 세상을 비추었던 것처럼, 바울로의 선교 활동을 통해서 하느님을 아는 지식이 전해졌다. 하느님에 의해 창조된 그 빛은 사도직이 무엇인지 암시적으로 가르쳐준다. 그것은 세상의 한가운데 있는 하느님에 관한 표징이며 증거이다.

그리스도 안에서 하느님의 영광이 계시되었다. 바울로는 이러한 영광은 그 자신과 같이 약하고, 때로는 악담을 듣기도 하는 어리석은 사람들에 의해 계시된다고 생각했다(2고린 7,4-5 참조). 그는 눈에 뜨이는 성공과 승리의 범주 안에서 선교를 정의하는 사람들의 주장을 거부한다(2고린 2,17 참조). 나자렛 예수를 따르는 것은 무엇보다도 그의 고난에 동참하는 것을 의미했다. 바울로는 고린토 후서에서 이 점을 두드러지게 나타낸다(1,4-11 참조). 사실 연약함과 역경, 고통은 그의 서간에서 중요한 개념이다. 그의 활동에는 많은 고통이 따랐으며, 고린토서의 전체 문맥이 보여주듯이(특히 2고린 7,5 참조) 별로 감사를 받지도 못했다. 그리스도에 대한 신앙은 선교 활동의 의무를 바울로에게 부과하면서 동시에 현재의 고통이 마지막이 아니라는 사실을 그에게 확신시켜 주었다.[31] 바울로의 선교 활동은 많은 비난에 직면했지만, 그는 결코 자기 자신을 전하지 않았으며, 위대하기는 하지만 사라져 버릴 율법을 선포한 것도 아니었고, 오직 그리스도를 통하여 나타나는 하느님의

---

[31] C.K. BARRETT 『고린토 후서』 189. 그리스도교 선교의 두드러진 주도자로서 바울로는 가장 힘든 고난의 경험을 스스로 감수한다. 자신 앞에서 복음이 현시되는 사람으로서 그는 예수의 생명은 마지막 날의 부활 때에 계시될 뿐만 아니라 자신의 죽을 몸 안에서 이미 보이기 시작한다고 생각했다(참조: 188).

영광만을 선포했다. 그러나 그 영광은 전적으로 선포된 복음에 속하는 것이지 결코 그것을 선포한 사람에게 속하는 것은 아니었다.

바울로는 민족적인 관습과 관련된 문제들에 있어서의 위험을 잘 인식하고 있었다. 그 관습들을 과격하게 거부할 때에 모든 선교 활동은 불가능하게 될 수 있다는 점을 알고 있었다. 그는 유다인들에게는 유다인같이, 율법 아래 있는 자들에게는 율법 아래 있는 자와 같이 행동했다(1고린 9,20 참조). 그러면서도 사도직에 대한 확고한 신념에서 바울로는 필요한 때에 권위를 사용했다. 그리스도에 의해 파견된 사도로서 그는 자기의 일에 권위를 가지고 행사하며 성령의 지시에 따라서 겸손하게 행동하였다(사도 20,13-18 참조).

바울로는 선교 활동을 설명하려 할 때는 언제든지 다음과 같이 결론지었다. "그러므로 심는 이도 물 주는 이도 별것 아니며 오직 자라게 하시는 하느님만이 중합니다"(1고린 3,7). 선교사는 아무것도 아니다. 그러나 선교사의 활동은 매우 중요하며 필요한 것이다. 그의 "화해의 직책"인 선교는 세상을 향한 하느님의 계획과 그 필연적인 연결을 가지기 때문이다(로마 10,14-15 참조).

5.4. 사도 바울로의 이방인 선교

여러 언어로(사도 2,8-11 참조) 하느님의 영광을 찬미한 성령 강림이 보편적이고 세계적인 의미를 지녔는데도 불구하고, 초기 공동체는 복음의 선포를 이스라엘에게 국한시키고 있었다. 온 세계로 확산되어 모든 인류에게 선포되어야 할 구원을 바르게 인식하지 못하고 있었던 것이다. 그러나 성령의 인도로 교회는 그러한 비좁은 영역에서 차츰 벗어났다. 하느님은 바울로를 부르심으로써 예언에 따라(사도 13,47; 이사 49,6 참조) 모든 사람에게 복음을 전하기 위하여 뛰어난 선교사를 교회에 선사하셨다. 예루살렘 사도회의에서는 모든 사람들이 교회 내에서 이스라엘과 같은 지위를 가지게 되었고, 이때 이방인의 사도로서 바울로의 특수한 사명이 확정되었다(사도 15장 참조).

바울로는 최초의 이방인 선교사가 아니고(사도 8장; 10장 참조) 당시에 유일한 이방인 선교사도 아니었다. 그러나 예수 그리스도의 복음이 유다 민족의 관심사나 유다교 단체와의 관계에 그치지 않고 모든 이방 민족을 포함하는 전 인류의 구원에 대한 복음이라고 명확히 인식하고 널리 전파한 첫 그리스도교 선교사였다.[32] 바울로는 옛 계약에서 연유된 질서를 지키면서 항상 유다인들에게 복음을 먼저 선포하고 그들에게서 거부당한 다음에 이방인들에게 찾아갔다(사도 13,45-47; 로마 1,16 참조). 이방인 구원을 위한 그리스도의 바울로 파견은 야훼의 종 파견과 흡사하다(사도 26,17 참조). 야훼의 종은 예수 그리스도로서 오셨고, 그리스도로부터 파견된 자들은 그리스도가 이스라엘의 길 잃은 양들에게 전한 구원의 소식을 모든 민족에게 전하게 된다.[33] 바울로는 복음이 천하에 전파될 것을 확신하면서 이방인에게 복음을 전하고

---

[32] 참조: M. Dibelius 『바울로』 128.

[33] 참조: X. Leon-Dufour "파견" 『성서신학사전』 604.

그들을 하느님께 대한 믿음과 복종으로 인도한다(로마 1,5 참조).

"유다인이라는 명칭은 그 자체로 영예로운 이름이다. 그것은 아마도 이 말이 '나는 이제야 야훼의 이름을 찬양하리'(창세 29,35)라는 의미로부터 유래하는 것이며, 또한 유다를, 야곱이 '형제들이 너를 찬양할 것'(창세 49,8)이라고 말하며 축복하고 있는 데에 근거한 것이다."[34] 그러나 이러한 유다인들을 바울로는 비난한다. 왜냐하면 그들은 다른 이들에게는 율법을 강요하면서 자신들은 실행하지 않고, 이방인들에게 하느님을 찬미하게 하는 대신에 하느님의 이름을 모독하고 있기 때문이다(로마 2,17-24 참조).

할례는 마음의 할례가 아닌 이상 그 특전은 무의미하며, 그리스도를 믿지 않는 유다인은 외관상 유다인일 뿐이다(로마 2,28 참조). 그리스도를 믿는 자가 참으로 할례받은 자이며(필립 3,2 참조), 영적 유다인이다(로마 2,29 참조). 바울로는, 유다인이든 이방인이든 다같이 죄인이라는 이유로(로마 3,9 참조) 유다인의 특전을 폐지하고 있다. 유다인과 이방인 사이의 상관관계는 죄의 차원뿐 아니라 은총의 차원에서도 소멸되었다.[35] 왜냐하면 그리스도 안에서 한 몸을 이루었기 때문이며, 율법의 준수로써가 아니라 신앙이 그 기준이 되기 때문이다(골로 3,11 참조). 바울로에게 있어 이스라엘은 하느님의 선민選民이고, 이방인은 그것에 접붙임을 받은 하느님 나무의 야생 가지들이었다(로마 11,17 이하 참조). 그러나 바울로는 하느님이 그리스도 안에서, 세상 종말시의 왕을 기다리는 유다인의 소망을 완성한 것이 아니라, "과연 하느님은 그리스도 안에서 세상을 당신과 화해하게"(2고린 5,19) 하셨다는 것과 "이 복음은 먼저 유다인부터 그다음 그리스인까지 모든 믿는 이에게 구원이 되는 하느님의 힘"(로마 1,16)이라는 것을 인식하였다.

바울로의 이방인 선교에의 결정적 동기는 회심 체험 안에 있다.[36] 곧, 하느님은 그의 아들을 바울로에게 계시하셨고 이로써 바울로 자신은 이방인

---

[34] 참조: "유다인" 456.　　　　　　　　[35] 같은 곳.

[36] 바울로는 그의 사도적 권위와 이방인 선교의 성공을 자신의 다마스쿠스 체험에 두고 있다(1고린 15,3-4 참조).

가운데 그분을 선포하게 된 것이다(갈라 1,16 참조).[37] 그의 개종 체험은 자신에게 있어서 하느님의 인간 구원에 대한 긴박한 의지를 경이롭게 깨닫는 기회가 되었다는 것은 의심할 수 없다. 바울로를 포함하여 출애굽을 체험한 사람들의 후손에게 구원자로서의 하느님 개념은 새로운 것이 아니다. 다만 바울로에게 당혹스럽게 다가온 사실은, 하느님의 이러한 구원 의도가 이스라엘 민족에게만 한정된 것이 아니라, 이스라엘과 맺어진 이방인들을 포함하여, 모든 사람에게 해당된다는 것이었다.[38] 십자가에 못박히고 죽었다는 부활한 예수를 통해서 하느님은 유다인이나 이방인이나 모두에게 구원을 제공하고 있다는 것을 그는 확신하였다.

다마스쿠스 체험 이래 그리스도의 빛은 계속해서 바울로를 선교의 길로 이끌고 가르쳤다. 바울로는 예수가 이사야서에 예언된 종의 역할을 세우셨다는 것과 그분은 이방인의 구원(사도 13,47; 26,17-23 참조)이라는 것을 이해하였다.[39] 바울로가 이해한 바에 의하면 "이방인들 가운데에 나타난 이 신비의 영광이 얼마나 부요한지 성도들에게 알려 주기를 원하셨습니다. 그 신비는 여러분 안에 계시는 그리스도 …"이시라는 것이다. 베드로는 이미 음식에 관한 금지법이 더 이상 유다인과 이방인을 갈라놓지 못한다는 이 사실을 환시중에 알고 있었다(사도 10,10-11.18 참조). 그러나 바울로는 하느님의 은총을 받아 이 신비에 대한 각별한 지식을 가지게 되었으며(에페 3,4 참조), 또 이 신비를 모든 사람들에게 전달할 임무를 가지게 되었다. 그래서 바울로의 소명이 뚜렷해졌는데, 성부께서 그리스도의 계시를 주시기 위하여 바울로 자신을 선택하셨으며, 이방인들에게 복음을 전파하도록 부르셨다는 것이다. 바울로가 자신을 이방인의 사도라고 자각한 이후 문명인에게나 미개인에게나 또 유식한 이나 무식한 이나 모두에게 복음을 전할 책임을 지고 있다고

---

[37] 참조: M. DIBELIUS 『바울로』 61.

[38] 참조: D. SENIOR - C.P. STUHLMÜLLER, *The Biblical Foundations for Mission*, 103.

[39] 바울로에게 있어서 이스라엘과 이방인의 구원 문제가 로마서의 주요 관심사이기 때문에, 로마 1,16-17에서는 구원의 복음에 대한 자신의 견해를 간결하게 언급하고 있다.

(로마 1,14 참조), 또한 자신은 그리스도께서 행하시는 화해 직무의 사절이라고 고백하고 있다(2고린 5,20 참조).

로마서 9-11장에서 바울로는[40] 유다인에의 선교문제에 대해 기술하면서 이방인들이 현재적 교회의 구성원이 되기까지는, 유다인에의 선교는 성공하지 못하리란 것을 말하고 있다. 그리스도는 육적으로는 유다인에 속했지만, 하느님은 그들에게 속하지 않는다. 왜냐하면 하느님은 모든 사람 위에 계시는 분이며 오직 한 분이시기 때문이다. 이것이 유다인들이 그들의 모든 특권을 상실한 이유이기도 하다. "한 분이신 하느님의 계시"는 선교가 의지하고 서야 할 궁극적인 근원이다. 만일 하느님이 한 분이시라면(이사 43,10 이하 참조), 그 하느님은 만민의 하느님이신 셈이다. 복음을 온 세계에 전파한다는 바울로의 관심이, 그가 이어받은 전통의 이같은 측면에 뿌리를 내리고 있다는 것은 명백하다. 그는 하느님이 한 분이신 까닭에, 이방인들도 하느님 은혜의 계승자이며 수혜자인 것을 주장하였다. "혹시 하느님이 유다인만의 하느님이십니까? 이방인의 하느님은 아닙니까? 물론 이방인의 하느님이시기도 합니다"(로마 3,29). 이로써 예수 그리스도 안에서 인류의 일치가 회복된다. 하느님이 유일하신 까닭에 또한 만민의 하느님이라는 신앙은 불가피하게 교회에 선교의 임무를 지운다고 하겠다.

---

[40] 이 부분은 신약에서 역사해석의 위대한, 그리고 드물게 보는 작품의 일부다(참조: H. ANDERSON 『선교신학 서설』 323).

5.5. 교회 공동체

바울로는 그리스도가 구약의 완전한 계승자이기 때문에, 교회는 그리스도 안에서 이루어진 이스라엘의 완성이라고 대답한다.[41] 하느님이 인간 구원을 위하여 이스라엘 백성에게 하신 약속은 메시아의 파견이었는데 이제 그분이 오셨으니, "하느님의 그 숱한 약속도 그분 안에서 모두 '예'가 되었습니다"(2고린 1,20). 곧, 하느님의 모든 약속이 그리스도를 통해서 그대로 이루어졌다고 하면서 그리스도가 구약에서 약속한 바로 그 대상이며, 이 약속을 실현한 집행자며, 또 그 약속의 첫 결과를 차지하는 당사자임을 말하고 있다. 이 유일한 계승자인 그리스도에게 믿음과 세례로써 결합된 사람들은 유다인이나 이방인이나 종이나 자유인이나 남자나 여자나 아무런 차별이 없이 그리스도 안에 모두 한 몸을 이루고 있으며(갈라 3,26-28 참조), 그리스도와 함께 아브라함의 자손이고 약속에 의한 상속자가 된다(갈라 3,29 참조). 그래서 그리스도의 교회가 참된 아브라함의 후손의 자격으로 약속의 성취를 얻었다.[42] 교회는 그리스도의 왕국이라 불린다. 이 주제는 바울로의 수인囚人 서간에서 주로 발견할 수 있다(골로 1,12 이하: 에페 5,5 참조). 이 개념은 그리스도의 새로운 이스라엘 통치 개념이 발달된 것이라 하겠다.[43] 현재적 구원에 관련하여 바울로는 구속救贖된 피조물로서의 이 세상을 날카롭게 구별한다고 케제만은 주장한다. 교회란 하느님께 순명하고 하느님을 받아들이는 세계이다. 의롭게 하시는 하느님의 공의公義의 능력은 그리스도인들에게 구체적으로 그리스도의 주권을 인정하도록 요청한다.[44]

---

[41] 참조: 정하권 『교회론』 I, 53.　　　　[42] 같은 곳.

[43] 참조: L. CERFAUX, *Christ in the Theology of St. Paul*, 348.

[44] 사목서간들은 교회 문제에 대해서 많이 언급함에도 불구하고 "그리스도의 몸"이라는 표현을 사용하지 않았다(참조: J.A. FITZMYER 『바울로의 신학』 128).

바울로는 자신의 소명과 이방인들의 소명을 보고서 교회는 본질적으로 하느님이 불러모은 백성, 집회, 회중會衆이라고 생각한다(로마 1,6; 8,28; 1고린 1,2.24; 1디모 2,12 참조). 이 소명은 하느님이 거저 주시는 것이다. 하느님의 분명한 자비로우심은 당신 백성을 조성하도록 도움을 주신다.[45] 하느님은 인간의 선행을 보고서가 아니라 당신의 뜻대로 부르신다(로마 9,12; 갈라 1,15-16 참조). 이것을 더욱 강조하여, 인간이 하느님 앞에 자랑할 수 없도록 지혜로운 자, 유력한 자보다도 어리석고 약하고 미천한 자들을 오히려 선택하셨다 한다(1고린 1,26-30 참조).

이때의 소명은 순전히 개인적인 것이 아니고 공동체적인 것이다. 왜냐하면 사람들이 스스로 모여서 교회를 이룬 것이 아니고 하느님이 사람들을 불러모아서 교회를 이루셨기 때문이다. 우리는 같은 희망 안에 하느님의 백성으로 불리어 왔다(에페 4,4 참조). 이 부르심은 한번으로 끝나는 것이 아니고 항구적인 소집상태에 있다. 이것은 교회라는 하느님의 백성이 계속해서 성장해 갈 것임을 뜻한다(갈라 5,8; 1데살 5,24 참조). 이 부르심은 다이내믹하고 종말론적이다. 그 부르심은 이 백성 안에 입문시키는 것으로 끝나는 것이 아니고, "그분은 당신이 예정하신 이들을 또한 부르셨고, 부르신 이들을 또한 의롭게 하셨으며, 의롭게 하신 이들을 또한 영광스럽게 하셨습니다" (로마 8,30; 참조: 필립 3,20)[46]라고 한다.

유다인 지방이 아닌 다른 지방과 그리스 세계에도 공동체가 생겨서 이들도 교회라고 불리게 되었다(로마 16,1-5; 갈라 1,22 참조). 그러나 여러 개의 하느님 백성이 아니고 전체로 하나의 교회였다.[47] 바울로는 후기에 가서 그리스도의 우주적 의미가 자기에게 뚜렷이 부각될 때에 비로소 "몸", "머리", "교회"라는 주제들을 서로 결부시킨다.[48] 이러한 사실들이 교회에 대한 그의 시야를 더 넓혀준다. 교회는 명시적으로 그리스도의 몸과 동일시된다.

---

[45] 참조: S. DIANICH, *Chiesa in missione*, 145.

[46] 참조: 정하권 『교회론』 I, 58-9.   [47] 참조: 60.

[48] 참조: 장상 「바울 사상 이해의 문제점」 『신학사상』 27(1979 겨울) 129.

"그분은 몸의 머리, 교회의 머리시로다"(골로 1,18). 즉, 몸인 교회의 머리인 것이다. "교회는 그리스도의 몸이요, 만물 안에서 만물을 충만케 하시는 그리스도의 충만입니다"(에페 1,23). 머리라는 주제는 초기 편지들 안에서는 몸이라는 주제와 독립적으로, 종속의 요청으로 나타난다(골로 2,10 참조).[49] 수인 서간에서 몸의 주제와 머리의 주제가 결합된다. 그리스도가 교회라는 몸의 머리라는 사실은, 당시의 의학에 입각하여 설명되어 있다(에페 4,15.16 참조).[50] 교회와 그리스도의 관계를 나타내는 데 있어서, 그리스도를 머리로 하고 교회를 각 지체의 관계로 설정하고 표현한 것은 바울로 사도의 지대한 신학적 업적이라 하겠다.[51]

인간 구원에 대한 그리스도의 역할을 더 깊이 인식함에 따라서 바울로는 교회의 역할도 한층 깊이 깨달았다. 인간은 성령 안에서 한 몸을 이루고자(1고린 12,13 참조) 세례를 받는다. 지역적 그리스도교 공동체들이 교회 안에서 단일성을 가진다는 사상은 바울로의 신학적 공헌이다. 그는 교회의 단일성을 하느님 구원계획의 유일성에서 연역했다. "주님도 한 분, 믿음도 하나, 세례도 하나입니다"(에페 4,5). 바울로는 하느님의 교회를 이렇게 유다인과 이방인을 모두 포용하는 초월적 단위로서 제시한다(1고린 10,32 참조).

구약에서 이스라엘의 집회가 사막에서 경신례를 위하여 모인 상태였던 것처럼, 신약의 백성도 사제적이고 전례적 백성이다. 그리스도 자신이 하느님의 새로운 성전이 되셨고, 새로운 영신적 제사를 바치게 되었다. "여러분은 하느님의 밭이며 하느님의 건물입니다"(1고린 3,9). "우리는 살아 계신 하느님의 성전이니 이는 하느님이 말씀하신 바와 같습니다"(2고린 6,16). 이 새로운 백성이 하느님의 성전임을 강조하는 바울로는 신자 개인에게도 이 사상을 적용한다(1고린 6,19 참조). 그리스도께서는 바울로에게 당신의 영광을 보여주시면서 "네가 박해하는 예수다"(사도 9,5)라고 말씀하실 때 계시하신

---

[49] 참조: J.A. Fitzmyer 『바울로의 신학』 129.　　　　[50] 같은 곳.

[51] 참조: E. Nunnenmacher, La natura missionaria della chiesa, 88.

바를 유추해 봄으로써 알 수 있듯이, 믿는 이들 무리 안에도 계시다. 사실 예수께서는 신앙으로 당신을 받아들이는 이들 안에서(갈라 2,20 참조), 당신의 몸을 형성하며 그들 안에 살아 계시다(1고린 10,16-17 참조). 이 백성을 바울로는 야훼의 백성처럼 거룩한 무리, 곧 성도聖徒라고 일컫는다(로마 15,26.31; 1고린 1,2; 16,1.15; 2고린 8,4; 9,1 참조). 그들은 하느님의 한 가족으로서 그리스도를 모퉁잇돌로 하는 하느님 성전의 구성 요소이며 거룩한 집단이다(에페 2,19-22 참조).

바울로는 신비체 교의敎義와 봉사의 교의를 함께 선포하였다.[52] 그는 교회가 그리스도의 신비체임을 역설하면서 머리이신 그리스도의 구원사업에 몸인 교회가 함께 참여하여 봉사하고 있다고 주장한다(에페 3,1-13 참조). 교회는 이미 그리스도의 죽음과 부활에 참여하였다. 동시에 교회는 미래의 부활에 참여할 것이다. 교회는 여전히 현세계 내에 존재하며 교회의 현실적 실존은 죽음을 피할 수 없음에도 불구하고, 그 현실적 실존은 더 이상 첫 아담과 죽을 몸의 관점에서 보여지는 것이 아니라 오히려 성령의 지배 아래에서, 둘째 아담과 연관맺는 것으로 드러난다. 바울로는, 그리스도의 구원의 신비 안에서 그리스도와 교회와의 관계를 보고 있음으로써, 교회는 사회적 집단으로서보다는 그리스도의 신비를 연장延長하고 있고, 구원의 공동체일 뿐 아니라 그리스도의 영광에 참여하고 있는 천상적 실체이며, 따라서 그리스도와 신비로운 일체를 이루고 있다.[53] 그리스도는 교회에 필요한 모든 은사들을 주시고(에페 4,11-12 참조) 성령을 가득히 부으시어(에페 5,18 참조), 교회로 하여금 믿음과 인식에 있어서 일치하고 성숙하며(에페 4,13 참조) 사랑 안에서 완성되어(에페 3,19 참조) 하느님께 나아가 영광을 얻게 하신다(에페 2,6; 3,13 참조). 이리하여 그리스도는 당신의 몸인 교회를 통하여 보편적인 구원의 경륜을 펴시고(에페 2,15.16; 3,6 참조) 만물을 다스리신다(에페 1,22.23 참조).[54]

---

[52] 참조: E. TESTA, "Bibbia e missione": *Dizionario di missiologia*, Pontificia Universita Urbaniana, EDB, 1993, 66-7.

[53] 참조: 정하권 『교회론』 I, 67.

[54] 같은 곳.

바울로는 여러 교회에 예수 그리스도와 교회와의 동일성을 의식시키며 또 그렇게 인도하면서, 부활한 자의 세계적 교회인 "하느님의 이스라엘"의 첫 선포자 역할을 한다. 그런 가운데 그리스도교가 팔레스타인 지역을 넘어 이교도들의 세계로 진출할 때 그리스도와 교회와의 연대성, 그리고 모든 교회의 연대성 의식을 잃지 않았다.[55] 바울로의 관심은 공동체가 분열을 일으키지 않는 것이며, 바울로가 세운 교회들이 나머지 교회에서 떨어져 나가지 않는 것이었다. 그래서 예루살렘 교회를 위해서 모금한 것은 그에게 있어서 하나의 신학적 필요성이 그 동기였다. 즉, 그 모금은 교회의 연대성을 견지하고, 실제적으로는 그 유대감을 시위하는 일도 되기 때문이다.[56] 대부분의 바울로 서신들도 공동체 설립을 위한 것이라기보다 공동체의 유지 발전을 위한 설교의 증언들이라고 볼 수 있다.[57] 그러므로 이 서신들은 사도가 지역교회를 떠난 뒤에도 공동체가 계속 바울로의 복음을 명심하도록 하기 위한 것이라고 하겠다. 그러나 이 경우에 있어서 사도의 가르침을 고수하거나 관철하기도 했으나 고린토와 갈라디아 교회처럼 그것을 그르치기도 했다.

머리이신 그리스도와 일치한 몸인 교회는 그리스도로 말미암아 인간의 구원과 만물의 완성에 몸의 자격으로 참여한다. 여기에서 교회는 하느님의 구원의 도구라는 자격으로 우주의 경신敬神에까지 관계하게 된다.[58] 바울로는 "그리스도와 함께"라는 표현을 통하여 우리는 그리스도와 함께 그의 죽음과 부활에 참여한다는 것을 강조하고 있다(골로 2,12; 로마 6,5 참조). 교회는 예수 그리스도의 존재에만 참여하는 것이 아니고, 그리스도의 활동에도 참여한다. 그리스도 안에 참여하는 자는 서로가 하나로 결합된다(갈라 3,26-28 참조). 왜냐하면 모든 것 위에 모든 것을 통합하시는 그리스도가(골로 3,11 참조)

---

[55] 참조: M. DIBELIUS 『바울로』 129.　　[56] 참조: H. RIDDERBOS 『바울신학』 324.

[57] 로마서는 바울로가 로마를 방문하기 전에 미리 발송한 서간이지만, 로마 교회의 유지와 발전을 위한 것이라고 보겠다.

[58] 참조: 정하권 『교회론』 I, 71.

모든 인간들의 장벽을 허물어 버리고 만민을 부르시어 새로운 인간으로 만드시고 또 그들을 새로운 백성으로 형성하셨기 때문이다(에페 2,4-16; 골로 3,9-11 참조). 여기에서 바울로의 신비체 사상은 하느님[59]의 백성이라는 개념과 다시 연결된다. 그리스도와 일치한 교회가 나아가 성삼위와의 일치에 이르는 것은 당연한 일이다. 교회는 성자를 통하여 또 성자 때문에 하느님의 양자가 되고(로마 8,14-16 참조), 그리스도와 함께 하느님을 아버지라고 부를 수 있고(로마 8,15 참조) 하느님의 영광의 찬미자가 된다(에페 1,14 참조).[60]

교회는 십자가를 통하여 유다인과 이방인으로 하여금 하느님을 향한 "하나의 몸"으로 화해시키고, 그들을 격리하는 담을 헐어버린 그리스도 안에서 하느님의 새 창조이며, 메시아적 공동체이며, 단 하나인 "새 인류"를 이룬다(에페 2,14-16 참조). 예수가 여러 민족으로부터 신앙인들을 받아들여 자기 몸의 지체로 삼아 주었기에, 민족들은 이제 더 이상 세계 안에서 희망 없이 살아가는 이방인들이 아니고(에페 2,12 참조), 하느님의 백성과 함께 하는 천국의 시민이며 하느님의 한 가족이다(에페 2,19 참조).

교회가 그리스도의 몸이고, 그리스도의 영적 권능이 교회 안에 이미 실현되어 있기에, 교회는 그리스도의 충만함으로 표현될 수 있으며, 또한 모든 이 안에 완전하게 채워진다. 교회는 이러한 충만함이 집중되어지는 장소로 생각될 수 있는바, 곧 "충만함"으로 불릴 수 있다. 그리스도의 충만함은 교회와 사람에게 흘러넘친다(에페 4,10 참조). 나아가 그리스도의 충만함은 화해의 원인이 되고, 그 화해는 전 우주까지 펼쳐나간다.[61] 그리고 바울로의 선교 의식도 구세사 안에서의 교회의 위치를 자각한 데서 나오는 것이라 할 수 있다. 교회 스스로 구원의 공동체 역할을 하고, 이 공동체를 통하

---

[59] 이스라엘의 뿌리에서부터 자라나는 하느님 백성의 개념은 설령 그것이 바울로 교회론의 여러 관점들 가운데 하나에 불과하며 그것이 중심점이 아닐지라도, 그의 교회론에서 불가결한 기능을 가진다.

[60] 참조: 정하권 『교회론』 I, 71.

[61] 참조: L. CERFAUX, *Christ in the Theology of St. Paul*, 428.

여 구세사는 그 성취에로 나아간다. 바울로는 선교가 교회의 여러 가지 활동 중의 하나가 아니고, 바로 교회 존재의 본질적 구성요소임을 자각하고 있다. 선교함으로써 교회가 비로소 교회인 것이며, 선교로 그리스도 신비체가 그 완전한 성장에 도달하는 것이다. 즉, 교회를 통하여 하느님의 인류 구원의 경륜이 성취되는 것이다.[62]

---

[62] 졸고 「사도 바울로의 선교 사상 연구」 (가톨릭대학교 석사학위 논문 1989) 47-63을 일부 발췌하고 새롭게 보완.

5.6. 사도 바울로의 활동 성과

바울로의 삶과 태도는 그리스도인들이 본받고 따르며 지향해야 할 과제들이다. 그 과제들은 바울로가 자신의 전 생애를 통해 선포하고 증거한 복음적 보화인데, 이제 복음을 전해받은 사람들은 선택을 해야 하며, 이 선택은 각자의 구원과 멸망, 생명과 죽음의 운명을 결정짓는다. 복음을 믿고 자신의 믿음을 고백하는 자는 구원되며(로마 10,9-10.13 참조), 이 세상에서부터 선취적으로 완성의 삶을 미리 시작하게 되는 것이다. 이때에 인간은 하느님과의 원수의 상태로부터 벗어나서 한 분이신 중재자 그리스도에 의해 하느님과 화해하고 자유로워진다. 죄와 죽음의 처지에서 하느님의 자녀, 하늘의 상속자(로마 8,17 참조)로, 포로의 처지에서 주님의 피로 인하여 자유와 구원을 얻으며, 새로운 이름으로 하느님의 백성이 된다(디도 2,14 참조). 또한 정신적 혼돈 상태에서, 하느님의 창조적 말씀으로 하느님의 모상을 띠고 재창조된다(골로 3,19; 갈라 6,15 참조). 그리스도의 십자가상 죽음과 부활로 인하여 모든 이는 새 아담인 그분 안에서 죄에 죽고 은총의 새 생명으로 부활하는 것이다(에페 2,15 참조).

바울로의 선교신학적 인간관의 의미에서 볼 때 인간의 삶은 단순히 하느님이 인간에게 던지시는 실존에 관한 문제라기보다는 오히려 그것은 무엇을 위하여, 또한 누구를 위하여 살며 누구에게 그 자신의 삶을 바칠 것인가에 대한 문제라고 하겠다. 이러한 점은 어떤 의미에서 바울로의 전체 인간관을 결정짓고 있다. 그것은 우리 자신이 거듭하여 그리스도 안에 나타난 구원의 목적이 우리가 더 이상 자기 자신을 위해 살지 않고 하느님을 위해 살아야 한다는 것으로 함축될 수 있을 것이다.[63]

---

[63] 참조: H. RIDDERBOS 『바울신학』 133.

무엇보다도 중요한 사실은 바울로가 선포했던 복음적 제반 가치들, 예컨대 화해, 자유와 해방 그리고 성령 안에서 이뤄지는 윤리적 삶을 통하여 구원으로 나아가는 사람은, 현재의 주어진 삶 속에서 복음의 빛을 제시할 수 있어야 한다는 것이다. 사도 바울로가 그리스도에게 전 실존이 흠뻑 젖어서 그리스도의 모습을 드러낼 수 있었던 것처럼, 현대의 그리스도인도 자신의 주어진 삶 속에서 그리스도를 증거하고 십자가를 짊으로써 세상의 소금과 누룩 역할을 다 할 수 있어야 할 것이다. 이러한 점은 「선교 교령」에서도 잘 지적하고 있다. "진정한 복음 생활로, 많은 인내와 관용과 온유와 꾸밈없는 사랑으로, 필요하다면 피를 흘리기까지 자기 주님을 증언하여야 한다"(24).

사도 바울로는 이러한 삶에서 우러나오는 선교 실제면과 자신의 신학과의 조화를 잘 이루었다. 그의 신학은 결정적으로 선교 활동에 영향을 끼쳤으며 동시에 그는 선교 현장에서 일어나는 문제를 다루기 위하여 신학 작업을 하였고, 선교를 위한 신학 활동에서 의미를 찾을 수 있었다.[64] 바울로의 활동에 있어서 특별한 성과를 찾는다면, 그것은 그리스도의 하느님 나라 복음을, 그리스도의 복음으로 전파한 것이라고 할 수 있을 것이다. 그래서 바울로의 복음은 더 이상 하느님 나라의 도래 예언이 아니고, 그리스도에 의한 실제적 성취에 집중한다. 바울로는 미래의 구속은 이미 벌써 이뤄진 것이고 현재에도 이뤄지는 어떤 것이라고 이해한다. 그것은 오직 하느님의 은총에 의해서 그리스도를 통해 가능하게 된 것이라고 깨달았던 것이다.[65]

참으로 그리스도인들은 신앙의 진리와 교리를 전수하고 주입시키려 하기 전에 삶과 증거로써 진리의 빛을 발산하도록 노력해야 한다. 진리는 이론이나 이념의 차원에서가 아니라 실제 삶의 차원에서 입증된다. 그러므로

---

[64] 참조: D. Bosch 『선교신학』 36.

[65] 참조: W.A. Meeks, *The Writings of St. Paul*, 303.

교회는 사랑에 대하여 설교하기 전에 먼저 사랑을 보여주고 사랑할 수 있어야 한다. 이런 의미에서 복음 선교는 필요 충분가치를 능가한다고 하겠다. 왜냐하면 그리스도의 육화와 죽음이 보여주는 것은 필요가치의 정도를 넘어선 아낌없는 무조건적인 사랑인데, 이를 본받아 선교는 시작되기 때문이다. 실로 반대급부나 보답을 요구하거나 바라지 않고, 참으로 아무런 조건이 없이 베풀어주고 내어주는 그와 같은 몰아적인 사랑은 사람의 전 실존을 송두리째 사로잡고 뒤흔들어 놓는다. 그래서 전혀 새로운 삶의 양식을 가능케 한다. 이때에 종말론적 구원의 여명이 드러나고 "새 하늘과 새 땅"(묵시 21,1)의 가능성이 열리는 것을 느끼게 되고 인간 심성과 인간 공동체의 상호 제반 관계를 새롭게 변화시키며 고양시킨다.

6

사도 바울로 선교의 현대적 조명

평화의 주님이 친히 어떤 모양으로든지
여러분에게 평화를 내려 주시기를 빕니다.
주님이 여러분 모두와 함께 계시기를 빕니다.

· 2데살 3,16 ·

6.1. 사도 바울로의 그리스도론

선교신학자 뷜만은 "선교에 관하여 계속해서 논의하는 것은 시대착오가 아니다"라고 했다.[1] 교회가 어떤 모습으로든지 세계와의 연관성 속에서 활동하는 한 선교는 교회 존재의 항구적인 주제라 하겠다. 왜냐하면 선교란 교회가 세계에 대하여 어떠한 관계를 가지고서 존재 의미를 확대하는가 하는 물음에 대한 응답이기 때문이다.

복음을 전하고 선교를 하려 할 때, 우리는 우선적으로 오늘날과 같이 온갖 사상과 문화, 가치관과 윤리관, 문화와 물질 문명의 범람하는 혼탁하고 복잡 다변한 세계를 만나게 된다. 이러한 세계 속에서 그리스도인은 어떻게 그리스도의 빛과 사랑을 전파하고 증거할 수 있을까? 더구나 모든 사람을 그리스도의 제자로 삼아 성삼의 이름으로 세례를 베풀고(마태 28,19 참조), 세상을 두루 다니며 복음을 선포하라(마르 16,15 참조)고 명하신 그리스도의 말씀을 이러한 세계에 어떻게 실현할 수 있는가? 복음 선포에 대한 세상의 이러한 도전에 직면하여, 그리스도의 종servo으로서 자신의 생애를 온전히 봉헌하여 그리스도의 복음을 선포하고 그 복음을 생활함으로써 그리스도를 증거한 사도 바울로를 상기하지 않을 수 없다.

바울로의 선교신학적 관점에서 그리스도에 대한 몇 가지 특별한 의미의 기본 개념을 말한다면, 바울로는 예수의 구체적인 삶에 대해 거의 관심을 두지 않았으나, 다만 그가 중요하다고 보았던 점은 예수가 자신의 죽음과 부활을 통해 메시아적 역할을 행했다는 사실이다. 이같은 확신 때문에 바울로의 세계관이 두드러지게 변화되었다. 예수께서 십자가상 죽음과 부활을 통하여, 당신이 들려올려지심으로 인하여 모든 인간은 죄에서 하느님에

---

[1] 참조: W. BÜHLMANN, *The Coming of the Third World*, 98.

게로, 죽음에서 생명으로 전환될 수 있게 되었다.[2]

바울로는 메시아로서의 그리스도를 유다인이 사용하는 직능 명칭으로 사용하지 않고 예수의 고유 명칭으로 사용했다. 그리고는 언제든지 "예수 그리스도"라고 부르거나 또는 "우리 주 예수 그리스도"라고 부른다. 그렇다고 하여 바울로가 유다교의 전통적 메시아관을 전혀 무시한 것은 아니었다. 유다인에게 준 계명과 계약과 약속을 중요시했다. 예언자들을 통해서 주어진 하느님의 약속은 메시아에 의해서 성취된다고 믿었다(로마 1,2 참조). 그 메시아는 성서의 약속에 따라 그의 사명을 완수할 것이며(2데살 1,5 참조), 최후의 심판자가 되어 의인과 악인을 구별하여 그 결과에 따라 상벌을 줄 것이다(1고린 5,10; 2데살 2,8 참조). 유다인들은 그러한 메시아가 오실 것을 기다렸다. 그러나 바울로는 그러한 메시아가 이미 세상에 왔다고 믿었다. 그분이 바로 유다인에 의해서 십자가에 달려 죽으시고 사흘 만에 부활하여 많은 사람들에게 나타났다가 지금은 승천한 예수 그리스도라고 믿었다.[3] 바울로에 의하면 그리스도의 첫째 사명은 인류의 구원을 실행하는 것이다. 그리스도는 세상을 구원하기 위해 우리 가운데 한 사람이 되셨고, 죽으셨다. 그러므로 우리의 구원은 그리스도의 몸을 통해서 이루어지고 그의 몸은 우리 성화聖化의 수단이며 우리 구원이 이뤄지는 장소이고 우리는 그의 지체라고 하겠다.

바울로 메시지의 핵심이라고 부르는 고린토 후서 4,5에서 그는 다음과 같이 말한다. "우리는 자신이 아니라 예수 그리스도를 주님으로 선포하고, 우리 자신은 예수를 위한 여러분의 종으로 선포합니다." 예수의 주主 되심은 단지 생각으로 들어서 알 수 있는 것이 아니라 그 예수와의 통교를 통해서만 알 수 있고 체험도 할 수 있다. 이런 체험을 했기 때문에 바울로는 예수의 주님 되심에 대하여 확신을 가지고 강조하게 되었다. 그러나 그러

---

2 참조: D. SENIOR - C.P. STUHLMÜLLER, *The Biblical Foundations for Mission*, 173.

3 참조: 이종성 『바울로의 그리스도론』 74.

한 체험이나 고백은 자신의 힘으로만 이루어진 것이 아니라 성령의 역사役
事하심에 의해서 성취된 것임을 바울로는 밝힌다. 성령이 마음속에서 역사
할 때 인간은 예수를 주님으로 인정하게 되는 것이다(1고린 12,3 참조).[4]

본고에서는 사도 바울로의 선교 사상을 현대 선교신학적인 관점에서 전
망하고자 한다. 우선 제2차 바티칸 공의회 문헌의 「교회 헌장」*Gaudium et spes*
과 「선교 교령」*Ad gentes*의 관점에서 나타나는 바울로의 선교 사상을 언급하
고, 이어서 「현대의 복음 선교」*Evangelii nuntiandi*에서 요청하는 바울로적인 선
교 관점을 어떻게 반영하고 있는지 고찰하고, 20세기의 선교사 교황이라고
일컫는 요한 바오로 2세의 「교회의 선교 사명」*Redemptoris missio* 회칙에서의
바울로 선교신학의 영향을 알아보도록 한다. 그리고 선교신학과 관련하여
앞으로의 예상되는 선교 전망을 간단히 약술하고자 한다.

---

[4] 참조: 75.

6.2. 「교회 헌장」과 「선교 교령」에 반영된 관점

"주교는 바오로 사도처럼 모든 사람에게 빚을 지고 있으므로, 기꺼이 모든 사람에게 복음을 전하며(로마 1,14-15 참조), 자기 신자들에게도 사도직 활동과 선교 활동을 권장하여야 한다"(교회 27).

공의회 교부들은 교회 선교 활동을 촉구하고 견지하기 위하여, 주교들의 특별한 사표師表로서 사도 바울로를 옹립하였다. 사도 바울로 서간문에서 발췌한 문구는 「교회 헌장」에서만 무려 150회 이상이나 인용했는데, 이것은 사도 바울로가 교회사 안에서의 쇄신 운동을 상당한 수준에서 고무시켜 왔다는 사실을 암시한다.[5] 선교사로서의 바울로의 성공은 복음을 선포하는 자신의 선교 소명에의 전폭적인 투신에 기인한다. 공의회는 이러한 선교 소명이 교회의 숭고한 임무로서 바울로에게서부터 전수되어 왔음을 강조한다. "교회는 구원의 진리를 전하라는 그리스도의 이 장엄한 명령을 실천해야 하는 것이다(사도 1,8 참조). 그러므로 사도 바울로의 말씀을 받아 '내가 복음을 전하지 않는다면 내게 불행이 닥칠 것입니다'(1고린 9,16) 하며, 끊임없이 선교사들을 파견함으로써 새 교회들이 완전히 창설되어 스스로 포교 활동을 계속할 수 있도록 하는 것이다"(교회 17).

「교회 헌장」은 이어서 전 세계에 대한 사도직을 사도들의 후계자인 주교의 특별한 임무이고 책임이라고 언명한다. "사도들의 후계자인 주교들은 하늘과 땅의 모든 권한을 받으신 주님에게서 만민을 가르치고 모든 사람에게 복음을 선포할 사명을 받는다. 이는 모든 사람이 믿고 세례를 받아 또 계명을 지켜 구원을 얻게 하려는 것이다(마태 28,18-20; 마르 16,15-16; 사도 26,17-18 참조). … 그러나 주님께서 당신 백성의 목자들에게 맡기신 저 임무는 참 섬

---

[5] 참조: J.A. GRASSI, *A World to Win*, 171.

김이다. 성서에서는 이를 뜻 깊게도 '디아코니아' *diakonia* 곧 봉사라고 한다
(사도 1,17.25; 21,19; 로마 11,13; 1디모 1,12 참조)"(24).

봉사와 접촉을 통해 교회는 점차적으로 집단에 들어가며 관계를 맺게 된
다. 이렇게 하여 사람들을 그리스도교의 충만성 안으로 받아들이게 된다.
이러한 선교 활동의 목적은 교회가 뿌리내리지 못한 민족과 집단에 복음을
선포하고 교회를 심는 일이다. 이러한 교회 부식의 주요한 방법은 예수 그
리스도의 복음 선포임은 물론이다. 이 복음을 전하기 위하여 주님은 당신
제자들을 온 세상에 보내셨던 것이다(선교 6 참조). 선교 활동의 근거는 하느
님의 뜻에 의한 것인데, 하느님은 "그분은 모든 사람이 구원을 받고 진리
를 깨닫게 되기를 원하십니다"(1디모 2,4). 비록 본인의 탓 없이 복음을 알지
못하고 듣지 못한 사람들을 하느님은 당신만이 아시는 방법으로 구원의 신
앙으로 이끄실 수 있으시지만, 교회의 복음 전파 필요성과 선교 활동의 긴
박성은 항상 변함 없이 상존하고 있는 것이다(선교 7 참조).

바울로에게 있어 교회의 설립은 한 개인만의 힘이 아닌 공동노력의 결과
이다(1고린 3,6-8 참조). 사도들은 선교 지역의 지도자들과 협력하였고, 지역교
회의 탄생은 상호 협력의 결실이었다. 공의회는 이러한 협력 정신을 강조
하며 특히 성직자와 평신도 사이의 협력을 중요시하고 있다. "평신도들은
여러 가지 모양으로, 복음 안에서 바오로 사도를 도와 주며 주님 안에서
많은 일을 하였던 저 사람들처럼(필립 4,3; 로마 16,3 이하 참조), 교계 사도직과 더
직접적인 협력을 하도록 불릴 수 있다. 그 밖에도 평신도들은 영성적인 목
적을 수행하는 어떤 교회 임무를 교계로부터 받을 수 있는 역량을 갖추고
있다"(교회 33). 이외에도 평신도와 사목자들의 가정적 교류(37)와 평신도와
성직자가 함께 일하는 관계(28)를 실천하도록 권장한다. 사실 오늘날 선교
업무는 선교 종사자들이 더욱 조직적이고 긴밀한 협력체제의 소규모 교회
단위로 구성되도록 요청하고 있다.[6]

---

[6] 참조: J.A. GRASSI, *A World to Win*, 177.

바울로는 이방인도 하느님이 심어주신 자신의 이성과 양심을 통해서 하느님을 알 수 있다고 했다(로마 1,20; 2,14-16 참조). 공의회는 하느님께서 모든 사람들의 마음이 그리스도의 복음을 받아들이도록 예비하셨다고 언급한다. 그래서 오늘의 사도들은 복음을 위해 하느님이 마련하신 그 예비의 지평을 찾으며 애쓰고 있다.[7] "어둠과 그림자 속에서 미지의 신을 찾고 있는 저 사람들에게서도 하느님께서는 결코 멀리 계시지 않으신다. 하느님께서 모든 사람에게 생명과 호흡과 모든 것을 주시고(사도 17,25-28 참조), 구세주께서 모든 사람이 구원받게 되기를 바라시기 때문이다(1디모 2,4 참조). 사실, 자기 탓 없이 그리스도의 복음과 그분의 교회를 모르지만 진실한 마음으로 하느님을 찾고 양심의 명령을 통하여 알게 된 하느님의 뜻을 은총의 영향 아래에서 실천하려고 노력하는 사람은 영원한 구원을 얻을 수 있다"(교회 16).

바울로는 복음을 모든 사람에게 전하기 위하여 자신의 모든 것을 바쳤다.[8] 바울로를 비롯하여 예수 승천 이후 시기의 모든 사도들은 예수께서 말씀하신 바의 위로부터 오는 힘에 의지하여 복음을 전파했다.[9] 「선교 교령」은 사도들 특히 바울로의 이러한 선교 책임을 교회가 이어받았다고 한다. "교회는 사도들 위에 세워졌으며, 바로 그 사도들이 그리스도의 발자취를 따라 '진리의 말씀을 선포하여 여러 교회를 낳은 것이다'. '하느님의 말씀이 퍼져서 찬양을 받고'(2데살 3,1) 또 하느님의 나라가 세상 어디에나 선포되고 건설되도록 하기 위해서다"(선교 1).

또한 바울로는 그리스도를 세상에 선포하면서, 그리스도 그분은 하느님과 인간 사이에 가로놓여 있던 죄의 장벽과 인간과 인간 사이에 놓여 있는 인종, 성별, 빈부에서 야기되는 장벽을 무너뜨리고 인간의 진정한 자유를

---

[7] 참조: 179.

[8] 바울로처럼 온 마음으로 선교 사업에 헌신하는 것은 실제로 교회의 다른 직무에도 힘을 불어넣고 자극하는 것이다.

[9] 참조: Gianfranco COFFELE, "missione": Renè LATOURELLE - Rino FISICHELLA, *Dizionario di Teologia fondamentale*, Citta della Editrice, Assisi, 1990, 775.

회복하신 분이라고 전하였다. 공의회는 바울로의 이러한 사상을 이어받아, 하느님 백성을 다음과 같이 묘사한다: "이 백성의 신분은 하느님의 자녀로서의 품위와 자유이며, 성령이 그들의 마음을 성전으로 삼아 그 안에 거처하신다. 이 백성의 법은 그리스도께서 친히 우리를 사랑하셨음 같이 서로 사랑하라는 새 계명이다(요한 13,34 참조). ⋯ 피조물도 부패의 노예상태에서 해방되어 하느님의 자녀들이 누릴 영광의 자유를 얻게 될 것이다(로마 8,21)"(교회 9). "그러므로 그리스도와 교회 안에는 민족의 차별도 남녀의 차별도 있을 수 없다"(32). 궁극적으로 교회는, "주님도 한 분, 믿음도 하나, 세례도 하나입니다"(에페 4,5)라는 바울로의 말대로 그리스도 안에서 모든 사람의 일치와 해방과 평등을 구현하고자 한다.

교회는 복음을 전함에 있어 사도 바울로처럼 많은 고난과 박해를 각오해야 한다: "그리스도의 성령으로 인도되는 교회는 바로 그리스도께서 가신 그 길을 따라 걸어 나가야 한다. 곧 가난과 순명과 봉사의 길, 또 죽음에 이르는 자기 희생의 길을 가야 한다. ⋯ 모든 사도는 희망 속에서 거닐며 수많은 고통과 고난으로 그리스도의 몸인 교회를 위하여 그리스도의 남은 고난을 채웠다(골로 1,24 참조)"(선교 5).

그리스도 몸의 각 지체가 자기 구실을 다함으로써 몸 전체가 영양분을 고루 받아 자라난다고 바울로는 생각했다. 「선교 교령」은 선교 활동의 교회 전체적인 영향에 대해 언급한다: "선교 활동을 통하여 그리스도의 신비체는 자기 발전을 위한 힘을 끊임없이 모으고 조직하여 나간다(에페 4.11-16 참조). 선교 활동을 수행하도록 교회의 지체들은 사랑으로 재촉을 받는다. 하느님을 사랑하는 그 사랑으로 모든 사람과 더불어 현재와 미래 생활의 영적인 행복을 나누고자 하는 것이다"(선교 7).

그리스도의 신비를 체험할 때 사람은 새롭게 변화된다고 바울로는 보았다. 「선교 교령」 12항에서도 새로운 인간을 말한다: "사람들은 하느님과 인간에 대한 사랑을 통하여 구원을 얻도록 도움을 받고 또 그리스도의 신비가 환히 드러나기 시작한다. 하느님의 모습을 따라 창조된 새 인간이(에페

4.24 참조) 그리스도의 신비 안에서 나타나고 또 거기서 하느님의 사랑이 계시된다." 이때에 그리스도를 증거하는 새로운 사람이 되어야 한다. "남녀 평신도들의 주요 의무는 그리스도 증거이다. 이는 가정에서 자기 사회 집단에서 또 자기 직업 분야에서 삶과 말로 수행하여야 한다. 실제로 평신도들은 하느님의 모습으로 창조되어 정의와 거룩한 진리 안에서 살아가는 새 사람으로 드러나야 한다(에페 4.24 참조)"(선교 21).

또한 「선교 교령」은 세계의 평화를 위해서 어떤 상황에서도 노력하고, 제반 협조를 다하도록 촉구하고 있다: "하느님의 나라가 다가왔다는 표징으로 그리스도께서 모든 도시와 마을을 두루 다니시며(마태 9,35 이하: 사도 10,38 참조) 병자와 허약한 사람을 모두 고쳐 주신 것처럼 그렇게 교회도 자기 자녀들을 통하여 어떠한 처지에 있는 사람들이든 특히 가난한 사람들과 고통받는 사람들과 결합되어 그들을 위하여 기꺼이 희생하고 있다(2고린 12,15 참조). 실제로 교회는 그들의 기쁨과 고통을 함께 나누며 인생의 열망과 난제들을 알고 죽음의 고뇌에 동참한다. … 그리스도인들은 경제·사회 문제의 올바른 질서를 이루도록 노력하며 또 다른 모든 사람과 협력하여야 한다. 또한 특별한 배려로 각종 학교들을 통하여 어린이들과 청소년들의 교육에 헌신하여야 한다. 학교는 청소년 그리스도인들을 양성하고 향상시키는 매우 뛰어난 수단일 뿐 아니라 또한 동시에 사람들이 특히 개발 도상국의 국민들이 인간의 존엄을 들어 높이고 더욱 인간다운 조건을 갖추게 하는 드높은 가치를 지닌 봉사로 여겨야 한다. 더 나아가서 기아와 무지와 질병을 극복하여 더 나은 생활 조건을 만들고 세계 평화를 다지려고 노력하는 그 민족들의 노력에 참여하여야 한다. 이러한 활동에서 신자들은 민간 단체나 공공 기관, 정부, 국제 기구, 다양한 그리스도교 공동체들과 다른 종교들이 추진하는 사업에 공동 활동으로 지혜롭게 협력하는 것이 바람직하다"(선교 12). 교회는 세상이 주는 것과 다른 평화를 선사한다(요한 14,17 참조). 교회는 세상 안에 하느님 나라의 평화가 성취되도록 노력하는 것이다.

이상에서 알아본 바와 같이 사도 바울로의 선교 사상에서 고취된 제2차 바티칸 공의회는 오늘날의 교회 쇄신에 괄목할 만한 진전을 보이고 있다. 그러나 교회 선교의 가장 긴급하게 요청되는 바는, 그리스도를 위해 모든 위험을 감수할 수 있는 바울로와 같은 사도들의 무리이다. 그들은 참으로 제2의 바울로 사도라고 불릴 만큼 성령과 세상에 대해 넓은 유연성과 개방성의 은총을 간직하여야 할 것이다.

6.3. 「현대의 복음 선교」에 반영된 관점

1975년 성년 폐막에 즈음하면서 또한 제2차 바티칸 공의회 10주년을 기념하여 바오로 6세 교황은 1976년 12월 8일에 「현대의 복음 선교」를 발표하였다. 이 권고서는 "현대 세계에 있어서의 복음 선교"라는 주제의 제3차 세계 주교 대의원 총회synodus가 결론을 맺지 못하고 폐회된 것에 대한 보완으로서 공포된 것이다. 「현대의 복음 선교」*Evangelii nuntiandi*에서 권고하고 있는 복음 선교의 내용, 주체, 객체(대상), 방법, 목적, 정신 등 이 모든 것이 바울로의 선교신학을 직접 간접으로 반영하고 있다. 이 권고서에서 교황은 현대의 선교에 대한 제반 이해와 관점에 대해 설명하는데 우선적으로 사도 바울로의 가르침, "진리의 의로움과 거룩함으로 하느님을 따라 창조된 새 사람을 입으시오"(에페 4,24)와 "하느님과 화해하시오"(2고린 5,20)에 따라 「현대의 복음 선교」를 선포한 것이라고 2항에서 밝힌다. 이것은 "20세기 인류에게 복음 선포를 하는 데 적응할 수 있는 20세기의 교회가 되도록 하자는 것이었다".

5항에서는 복음 메시지의 숭고한 가치와 중요성에 대해 말한다: "이 메시지는 … '인간의 지혜에 바탕을 둔 것이 아니라 하느님의 능력에 바탕을 둔'(1고린 2,5) 신앙을 불러일으키는 것입니다. 그것이 바로 진리이며, 복음의 사도가 일생의 전력을 바침은 물론이요, 필요하다면 자기 생명을 바쳐도 후회함이 없을 만큼 가치 있는 것입니다."

제1부가 시작되는 6항에서부터는 "나는 다른 고을에서도 하느님 나라 복음을 전해야 합니다"(루가 4,43)라는 그리스도 자신의 선교사명 말씀을 전개한다. 이 한마디의 말로써 예수의 전체 사명이 집약되고 있다. 이 일을 위해서 하느님이 예수를 보내신 것이다(루가 4,43 참조). 사실 하느님이 허락하신 계약의 완성, 곧 하느님의 사랑인 복음을 알리는 것이 성부로부터 파견된

예수 자신이 하느님의 기쁜 소식이며(마르 1,1 참조) 최초이자 최대의 복음 선포자였던 것이다(7). 그리스도 복음 선포자로서 먼저 하느님 나라를 알렸다. 그에게 있어서 하느님 나라는 가장 중요하기에 다른 것은 부수적인 것에 불과했다. 그런데 그 하느님 나라의 행복은 이 세상이 거부하는 것을 행복하다고 하는 역설적인 행복이었다(마태 5,1-12 참조). 그리스도의 말씀은 하느님 나라의 깊은 뜻과, 하느님의 구원계획과 약속을 계시한 것으로서, 인간의 마음과 운명을 새롭게 만드는 것이었다(11).

또한 권고서는 복음 선교가 교회의 근본적 소명임을 고린토 전서 9,16을 인용하면서 14항에서 강조한다. "나는 다른 고을에서도 하느님 나라 복음을 전해야 합니다"(루가 4,43) 하신 구세주의 말씀을 교회는 잘 알고 있고, 강하게 의식하고 있다: "'실상 내가 복음을 전한다 해서 그것이 곧 자랑거리가 되는 것은 아닙니다. 내가 복음을 전하는 것은 그러지 않을 수 없어서 하는 일입니다. 내가 복음을 전하지 않는다면 내게 불행이 닥칠 것입니다'(1고린 9,16)라고 말한 바울로와 교회는 뜻을 같이하고 있다." 이어 18항에서는 「선교 교령」(12-13)에서도 언급한 것과 같이, 교회가 복음 선교의 기쁜 소식을 모든 인류 계층에게 전해주어 모든 것을 새롭게 만들고(2고린 5,17 참조), 그 힘으로 인류를 내부로부터 변혁시켜 새롭게 해야 한다고 하면서 인류의 쇄신을 말한다.

만일 복음 선교가 복음과 인간의 구체적인 개인적·사회적 생활 사이에 지속적으로 있는 상호 관계를 거부한다면 완전한 복음 선교가 성취되지 않는다. 복음 선교에 있어서 개인의 권리와 의무, 가정생활, 사회 공동생활, 국제관계, 평화, 개발사업 등에 분명한 입장과 견해를 밝히는 것이 필요하다(29). 특별히 30항에서는 복음 선교가 바울로의 주요 주제였던 인간의 자유와 해방과 밀접한 연결이 되어 있으며 이를 위해 증거하고 기여할 의무가 교회에 있다고 천명한다: "교회는 … 수백만의 사람들을 해방시켜 주어야 하고, … 해방을 위해 증거해 주고, 또 성취하도록 해주어야 할 의무를 지고 있다. 이 모든 것들은 복음 선교를 위해 무관한 것일 수 없다." 이러한 해방은 전인격적인 해방을 의미한다: "인간 해방은 단순히 경제적·사회적 혹은 문화적인 영역에 한정시킬 수 없다. 오히려 참된 인간해방은 모든 차원에 있어 전인격을 직시하고, 지향하는 어떤 절대자, 즉 하느님께 대한 관계까지도 포함시켜 생각해야 한다"(38).

그리고 41항에서는 새사람이 되어 그리스도를 증거하였던 바울로를 따라서 생활에 의한 증거를 강조한다: "복음 선교를 위한 첫째 방법은 신자들의 진정한 생활의 표양이다. 끊을 수 없는 하느님과의 친교로 봉헌하고 동시에 무한한 열성으로 이웃에게 봉사하는 생활의 표양은 복음 선교의 첫째 수단이라고 인정한다." 진정한 그리스도인은 신앙 진리를 전시하기 전에 진리를 삶으로써 그 빛이 발하도록 해야 하는 것이다.

42항에서는 다시 한번 복음 선교의 중요성을 강조하고 있다: "믿지도 않는 분에게 어떻게 부를 수 있겠습니까? 들어 보지도 못한 분을 어떻게 믿을 수 있겠습니까? 선포하는 이가 없으면 어떻게 들을 수 있겠습니까? 그러므로 '믿음은 들음에서 비롯하고 들음은 그리스도를 전하는 말씀에서 비롯합니다'(로마 10,14.17). 이렇게 사도 바울로가 말한 원칙은 오늘도 살아 있다. … 언어는 언제나 현대적이고 효능적이다. 더욱 언어가 하느님의 능력을 전달하는 경우에는 말할 것도 없다(1고린 2,1-5 참조)." 특별히 모든 사람의 구원을 위해(1디모 2,4 참조) 대중을 향해 복음 선교할 것을 상기시키고 있다(57 참조). 그러나 무엇보다도 복음 선교는 바울로를 본받아 사랑의 정신에서 실천되어야 한다고 요청한다: "복음 선교 사업에 있어 선교자는 선교되는 사람들에 대해서 날로 증가되는 형제적 사랑을 가져야 한다. 선교자의 모범인 사도 바울로는 데살로니카 사람들에게 다음과 같이 썼다. '우리는 여러분에게 정이 들어서 하느님의 복음뿐 아니라 우리 자신의 생명이라도 나누어 주고 싶었습니다'(1데살 2,8). … 이러한 사랑은 교육자의 사랑 그 이상의 것이고, 바로 아버지의 사랑, 어머니의 사랑과 같은 것이다"(79). 그리고 끝부분에 가서는 성인들의 열성을 본받아 열성을 다해서 선교하도록 권고하면서 맺는다: "우리는 … 눈물을 흘리며 씨뿌리는 경우가 있더라도 전교의 기쁨을 간직하고자 한다. 요한 세례자, 베드로, 바울로 기타 다른 사도들을 위시하여 교회사 안에서 볼 수 있는 무수한 복음의 사도들의 놀라운 내적 정열과 기쁨은 어떤 사람이나 사정으로 꺼지게 할 수 없는 내적 동력動力이었다"(80).

6.4. 「교회의 선교 사명」에 반영된 관점

요한 바오로 2세의 회칙 「교회의 선교 사명」*Redemptoris missio*은 그 집필 동기가 무엇보다도 예수 그리스도의 인류를 위한 구세주로서의 그 유일한 존재임을 강조하고 상기시키도록 하기 위함이다. 20세기 후반 다양한 모양의 세기말 징후와 함께 시대 조류가 다변화되면서, 그리스도의 구원 절대성을 위협하고 배척하는 사람들과 이념들에 대하여, 그리스도의 유일성을 강조해야 될 필요성과 그 긴급성이 대두되었다. 교황은 회칙의 5항 앞부분에서 사도 바울로의 서간을 인용하면서 하느님 아버지의 유일성과 함께, 인류의 주님도 예수 그리스도 홀로 유일성을 간직하고 있다는 내용을 인용한다: "우리에게는 오직 한 분 하느님이 계실 뿐이니, 곧 아버지이십니다. 모든 것이 그분에게서 나오며 우리도 그분을 향하고 있습니다. 그리고 오직 한 분 주님이 계실 뿐이니, 곧 예수 그리스도이십니다. 모든 것이 그분으로 말미암아 있고 우리도 그분으로 말미암아 있습니다"(1고린 8,5-6). 같은 항의 후반부에서는 그리스도 중재성의 유일함을 강조한다: "과연 하느님은 한 분뿐이시고 하느님과 인간 사이의 중재자도 한 분뿐이시니, 곧 인간 그리스도 예수이십니다"(1디모 2,5 참조). 곧, 그리스도는 하느님과 인간 사이를 중재하시는 유일한 분인 것이다.

회칙은 6항에서 골로사이 서간 1장과 2장 부분을 인용하면서 바울로 사도의 그리스도론을 짧게 인용한다. 하느님으로서 그리스도가 지닌 인성과 신성의 완전함(골로 2,9 참조)을 말하면서, 하느님 아버지의 아들(골로 1,13)로서, 그리스도는 십자가의 수고, 수난과 죽음을 통해 하늘과 땅의 만물을 하느님과 화해시키셨다는 것으로 전한다(골로 1,19-20 참조). 나아가 이러한 그리스도를 통해서 하느님은 모든 사람들을 사랑하시어, 구원 가능성을 차별 없이 온 인류에게 열어 놓으셨다(1디모 2,4 참조)고 강조한다(9). 곧, 하느님이 세상에 파견하신 당신의 성자를 통하여 모든 민족과 모든 종교의 신앙인들과 인종, 언어, 직위, 성별, 능력 등의 구분에 관계없이 온 인류가 그리스도 구원 은총에 초대되어 있다는 것이다.

기쁜 소식, 곧 복음에 대한 사도 바울로의 태도를 회칙은 소개하면서, 인류의 평화(에페 2.14 참조)이신 그리스도의 기쁜 소식은 그것을 믿는 모든 사람을 하느님의 구원으로 이끌기 때문에 결코 부끄러워할 대상이 아님을 밝힌다(11 전반부). 오히려 기쁜 소식에 대한 깊은 애정을 가지고 사람들 앞에서 담대하게(에페 6,19 참조) 선포되어야 하는 것이다. 이방인의 사도인 바울로가 이방인에게도 기쁜 소식을 전하였듯이(에페 3,8 참조) 모든 사람에게도 기쁜 소식이 전파되어야 하고, 전全 인류가 기쁜 소식의 새로운 생명에로 불림을 받고 있으며, 자신의 생애 가운데 기쁜 소식의 선물과 그 가치를 만나고 깨달을 천부적인 권리가 있는 것이다(11 후반부). 그리스도께서 말씀하신 구원의 기쁜 소식은 감춰지고 침묵하고 은폐되고 독점되기 위해서가 아니라 전파되고 선포되고 함께 나누고 깨닫기 위해서 존재하는 것이다.

그리스도의 기쁜 소식 선포는 하느님의 인류 구원계획에 따라 오랫동안 감추어져 있던 구원 신비의 계시이다(에페 3,3-9 참조). 회칙 44항과 45항에서는 사도 바울로가 서술한 구원 신비의 개방과 선포에 대해서 피력하고 있다. 그리스도를 통해서 그동안 감추어져 왔고 드러나지 않았던 하느님의 구원 신비가 인류에게 분명하게 알려지게 되었다는 것이다(44). 이런 의미에서 볼 때 선교 활동이란 그리스도에 의해서 성부의 인류 구원사업의 신비가 기쁜 소식으로서 밝혀지고 깨닫도록 사람들을 이끄는 일이라 할 수 있다. 이러한 신비는 선교와 신앙생활의 중심이 되고 사랑으로 드러나고 증거된다. 특별히 토착화 관점에서 복음과 민족들의 문화가 융합되어야 할 때, 그리스도교가 전파되기 전에 복음을 받아들이기 위한 준비 단계praeparatio evangelica로서 민족들을 이끌어 왔던 그 불완전하고 미성숙한 양태로서 감추어져 왔던 진리의 빛은 그리스도의 기쁜 소식을 통하여 명확하고 분명하게 밝혀지게 되는 것이다. 그리스도의 신비를 드러내게 하기 위해서는 사도 바울로가 아테네 시민들의 철학과 삶의 현장을 먼저 관찰하고 아레오파고의 "알지 못하는 신"에 대한 훌륭한 설교를 하였듯이, 감추어져 왔던 신비를(로마 16,25; 에페 3,5) 드러내고 알려주기 위해서는 사도 바울로처럼 오늘날에도 지역의 언어와 문화적 환경과 그 특성을 발견하고 체득할 수 있어야 할 것이다(53).

초기 그리스도교의 양兩대 사도로서 사도 베드로와 함께 특별히 구별되는 사도 바울로의 특성은 무엇보다도 기쁜 소식의 전파이다. 회칙 45항에서는 데살로니카 전서와 에페소서를 인용하면서 사도 바울로의 복음 전파 소명을 강조하고 있다. 예수 그리스도의 종으로서 사도 바울로는 하느님의 기쁜 소식을 아직 듣지 못한 사람들에게 전해야 할 의무를 감옥에 갇혀 있으면서도 강하게 느끼고 있음을 보여준다. 여기서 회칙은 특히 사도의 기쁜 소식에 대한 확신과 용기를 뚜렷하게 언급한다. 아울러 88항에서는 그리스도의 신비에 따라 살아가는 선교 영성을 간직한 모습으로 사도 바울로가 다음과 같이 복음 전파에 온전히 전적으로 투신하고 있음을 밝힌다. "사실 나는 다만 몇 사람이라도 구하고자 모든 이에게 모든 것이 되었습니다. 나는 복음을 위해 이 모든 일을 합니다. 내가 그 복음에 동참하기 위해서 말입니다"(1고린 9,22b-23). 그러나 이 복음은 유다인과 이방인에게 어리석게 보였듯이(1고린 1,23 참조), 오늘날의 기술 문명과 물질주의와 이기주의에 젖은 현대인에게도 무능력적이고 가치 없는 것처럼 보이지만, 바로 이 십자가의 어리석음을 과소평가해서는 아니 된다. 그리스도 부활의 영광에 이르기 위해서는 십자가와 죽음의 터널을 지나야 하는 "어리석음"의 과정을 지나야(파스카) 하는 것이다. 그러므로 참으로 지혜로운 자들이 십자가의 어리석음을 깨닫게 되고 시대의 세속적 조류를 거슬러 복음적 삶의 성덕의 길로 나아가고자 하는 것이다(90-91).

회칙은 사도 바울로가 당시의 교회를 염려하였듯이, 교회 구성원 모두는 교회를 사랑하도록 촉구하고 있다. 사도 바울로가 언제나 모든 교회를 위한 걱정을 지니고 있었듯이(2고린 11,28), 특히 모든 선교사들도 사도 바울로

처럼 교회를 걱정하고 교회에 헌신하고 더욱 사랑하기를 요청하고 있다
(89). 오직 교회의 모든 선교사들의 몰아적인 투신과 선교 활동으로 인하
여, 교회는 그 본연의 사명인 복음 선포와 인류 공동체 복음화에 매진할
수 있는 것이다. 그리스도께서 목숨을 바쳐 당신 정배인 교회를 사랑하셨
던 것처럼, 교회도 그 신랑이신 그리스도를 위하여 진정으로 흠숭하고 찬
미를 드리며, 그분의 지상 명령인 선교사명을 세상 끝까지 또한 세상 끝날
까지 마지막 한 사람에게까지 성실하게 수행해야 할 것이다.

6.5. 선교의 현대적 전망

"시대에 따라 교회가 거쳐가는 단계가 있듯이 복음 선교도 마찬가지이다. 비록 이러한 현세적 단계의 궁극적 의미를 하느님만 알고 계시다 할지라도, 그것은 어느 정도 밝혀진다. 어떤 사건들을 통해서 우리는 교회와 복음 선교의 역사에 나타난 다양한 단계를 식별할 수 있다. … 교회의 역사는 본질적으로 복음 선교의 역사이기에, 우리는 눈에 드러나는 시대의 표징을 통하여 복음 선교의 현세적 단계를 인식하도록 해야 할 것이다."[10] 이처럼 교회는 부각되는 시대적 요청에 따라 다양하게 대처해 나가야 한다.

현대의 교회 선교는 경제, 정치, 사회, 문화, 종교 등 인간 삶의 모든 분야에 대한 전통적 관점의 변모일신을 요청하는 도전에 직면해 있다. 우선 경제적으로는 세계 재화와 자본의 불균등 분배와 집약으로 인한 세계와 자국 내의 경제 정의 문제가 있고, 경제적 불균형은 정치적 불안정과 종속적 지배를 공고히 하며, 정치적 불안정은 개인과 집단의 기본권을 유린하며 탄압하는 억압적인 체제를 유발한다. 이러한 현상은 집단과 집단, 개인과 개인간의 대화를 단절시키고, 상호관계의 바탕이 되어야 할 신뢰심과 포용성을 파괴시킨다. 교회는 이러한 세계 속에서 자기 자신만의 안위를 살피고 위하는 폐쇄적이고 편협한 삶을 영위해서는 안 된다.

교회의 선교 활동이 오직 "영혼 구원"에만 몰입해야 한다면, 교회의 존재 이유raison d'etre가 왜곡된다. 선교 활동은 인간의 구원에만 국한되지 않고 전체적인 인류와 함께 온전한 세계의 구원을 지향해야 한다. 이러한 모든 인류와 온 세계의 구원은 정의롭고 자유로운 질서 가운데 평화가 안착安着될 때에만 그 성취 가능성이 있는 것이다. 인류의 일치를 표현하고 구현해

---

[10] J. Conblin 『선교사 예수 그리스도』 133.

주는 표지와 도구로서의 교회는 자유, 정의, 평화, 인권 등의 주요문제가 관건이 되고 위협받을 때는 언제든지 그 방어와 해결을 위해 노력과 관심을 아끼지 말아야 한다. 인류의 미래 운명과 직결되는 궁극적 문제에 능동적으로 참관하고 동참함으로써 교회는 참으로 일치의 표지이며 성사聖事가 된다. 교회가 현실 도피적이거나 개인주의, 안일주의, 무사주의의 경향을 벗어나 인간과 세계의 제반 문제에 관여하며 그 해결을 위해 노력할 때에, 교회는 참으로 그리스도의 화해로 이끄는 은총의 힘을 온 인류로 하여금 체험할 수 있도록 하는 것이다.[11]

선교하는 교회의 구조는 교회 자체가 선교의 내용과 방법, 대상 등의 일체를 주관하는 것이 아니라 세상이 제공해 주는 선교 항목에 따라 반응을 보여주고 참여하는 것이다.[12] 앞으로의 교회 구조는 보다 유연성이 있는 구조와 조직이 되어야 하며 세상을 향하여 개방적이어야 할 것이다. 그리하여 교회는 인류의 발전과 발맞추어 진전하면서 해방의 소식을 선포하려는 입장을 견지해야 한다. 인간 전全존재, 영혼, 육신, 사회, 국가 등 모든 면에 걸쳐서 복음적으로 해방시켜야 할 대상으로 받아들이며, 현대 교회는 인간 해방과 사회 개발을 직접 선교의 보조 수단으로서가 아니라, 바로 복음화의 일환으로 받아들여야 한다.[13] 피선교지의 사람과 마침내 하나가 될 수 있도록 육화incarnatio해야 하는 것이 현대 복음 선포의 새로운 현실이며 도전인 것이다.

바울로 서신에서 언급하는 선교의 대상과 목표도 인간 삶의 전체를 포함한다고 하겠다. 그의 주요한 관심과 주제는 한마디로 예수 그리스도 안에서 인간이 그분과의 관계를 하느님의 모상으로서 완전하게 회복하는 것이며, 또한 인간 삶의 품격을 개인적으로 사회적으로 더 높은 차원으로 상승시키는 것이라 하겠다(2고린 5,17 참조). 이러한 바울로의 복음 선교는 인간의

---

[11] 참조: 심상태 『그리스도와 구원 — 전환기의 신앙이해』 (성바오로출판사 1981) 347.

[12] 참조: H. ANDERSON 『선교신학 서설』 367.　　　　[13] 참조: 정하권 『교회의 쇄신』 318.

개인적인 생활을 새롭게 할 뿐만 아니라, 인간 개인이 견지하고 있는 모든 관계 또한 근본적으로 일변하게 한다. 그 결과 인간사회 전체가 다시 태어나게 되고 근본적으로 궁극적인 차원에서 새로운 모습으로 변모하고 쇄신된다.

또한 교회는 드러난 비그리스도인들, 특히 약하고 소외된 이들을 억압하고 착취하는 억압자들과 수탈자들의 회개와 속죄를 위하여 노력을 경주해야 할 것이며, 인류 역사에 진리의 빛을 반사해 온 다른 종교들과의 단순한 대화를 넘어서 온 인류의 공동 선익을 촉구하기 위하여 서로 협력하고 유대관계를 가져야 한다. 이제 구원은 엄밀히 말해서 개인적인 것이라기보다 사회적인 것이다. 구속救贖뿐만이 아니라 인간화人間化가 구원과 선교의 구호가 되었다.[14] 복음 선포와 인간 발전promozione umana — 자유와 해방의 발전 — 사이에는 상호 관계가 있다. 인간의 신중하고 성실한 향상과 성숙을 선포하면서 정의와 평화를 진착進着시킴 없이 그리스도의 복음을 말할 수는 없다. 정의와 해방, 자유, 발전, 평화의 중요성을 간과하거나 좌시하면서 복음 선포는 사실 불가능한 것이다. 그래서 교회는 가정과 사회, 국가를 포함하는 인간 삶의 모든 영역에 걸쳐 복음화를 촉구하고 힘쓰는 것이다. 완전한 복음화와 인간화가 이룩되지 않은 상황은 어디서나 교회 선교의 대상이 되고 선교사를 필요로 한다. 더구나 기본적 생활과 교육적 조건이 미흡한 곳은 우선적으로 복음화와 인간화가 요청되고 있다.

선교는 무엇보다도 우선 사람을 찾아가는 것이다. 그다음에는 그리스도의 십자가와 부활을 생활로써 선포하되, 섬기는 자의 자세로 인격 전부를 돕고 구원을 얻도록 하는 것이다. 교회가 그리스도의 봉사적 공동체로서 하느님과 다른 이들을 위해 십자가를 지고 자기 자신을 아낌없이 헌신할 때에만 선교는 그 빛을 잃지 않을 것이다. 또한 교회는 지금까지 구원의 지성소 역할을 했으나, 이제부터는 하느님의 인류 구속과 그 사랑을 증거

---

¹⁴ 참조: 김명혁 『선교의 성서적 기초』 42.

하는 변호인의 역할도 담당해야 한다. 이것은 비그리스도교적인 세계의 영역을 하느님이 구속하시는 활동의 영역으로서 이해하고 수용한 것이라 하겠다. 실제로 그리스도인은 무상으로 받은 천상적 보화를 세상의 소외된 이들과 나누고 대화하며 세상을 위해 기꺼이 봉사할 때 그리스도를 드러내는 것이며 증거하는 것이다. 이같은 점은 1983년에 개정 공포된 새 교회법전의 787조 1항에서도 명시하고 있다: "선교사들은 생활과 말의 증거로써 그리스도를 믿지 않는 이들과 진정한 대화를 하여, 그들이 자기네 특성과 문화에 맞는 방식으로 복음을 알아들을 수 있게 길을 터 주어야 한다."

　　그러나 이상의 모든 것은 현재와 미래를 주관하시는 야훼 하느님의 능력 안에서 이루어져야 한다. 왜냐하면 우리 자신은 복잡다단한 현재의 세태 안에 살면서 과거 그 어느 때보다 더 무력하고 곤궁스러움을 체험하고 있기 때문이다. 그러므로 선교 사업은 오직 하느님의 넓고 크신 섭리하심 안에서 실행되고 성취되어야 한다. 모든 것이 하느님 그분께 깊이 의존하고 있다. 우리는 오직 하느님 구속 사업의 조그마한 그러나 매우 중요한 도구와 연장[15]에 불과한 것이다.

---

[15] 선교사는 그러므로 언제나 하느님께 의탁하여야 하고, 그분 사랑 안에 항구하게 머물도록 힘써야 한다.

6.6. 바울로 후대의 선교관

우리는 지금까지 사도 바울로의 선교 사상을 현대 선교신학적인 관점에서 알아보기 위하여, 제2차 바티칸 공의회 문헌의 「교회 헌장」*Lumen gentium*과 「선교 교령」*Ad gentes*에 나타나는 바울로의 선교 사상을 고찰하였고, 이어서 「현대의 복음 선교」*Evangelii nuntiandi*에서 요청하는 바울로적인 선교 관점을 어떻게 반영하고 있는지 통찰하였으며, 최근 선교 문헌의 대헌장*Magna Charta*이라고 일컫는 「교회의 선교 사명」*Redemptoris missio* 회칙에서 바울로 선교신학의 영향을 알아보았다. 그리고 장차 선교신학과 연계하여 앞으로 예상되는 교회 선교 전망을 간략하게나마 진단하였다. 이들 문헌에 대한 조명과 전망은 사도 바울로 선교신학의 결실이며 효과라고 할 수 있는 복음적 제반 가치들을 드러내 준다.

바울로의 그리스도교 선교 이후 오늘에 이르기까지, 그리스도교 선교 개념은 많은 변화를 겪고 있다. 선교는 그리스도 신앙과 교회의 구원 필요성에서 기인한다. 그리스도를 세계 안에 현존케 하기 위해서 교회가 세계 안에 현존해야 하고, 세계 안에서의 교회 현존은 복음 선교를 통해 이뤄진다. 이런 관점에서 교회 부식扶植의 선교 이론이 생성된다. 이러한 교회 중심의 선교가 역사적으로 제국주의적 동기와 깊은 연관을 맺게 되고, 교회 밖에 있는 사람들과 비교하도록 하여 우월감을 싹트게 하고 독선과 아집을 자아내게 하였다. 그래서 비그리스도교적 문화와 종교와의 관계가 나빠지고 선교 활동에 지장이 초래되기도 하였다. 이런 이유로 선교 활동의 목적이 가시적 교회의 부식이나 이식移植에 있다는 고전적 선교관은 지양되고 수정되어야 했다. 오늘날의 선교 개념은 새롭게 변화되었는바, 전통적 개념에서의 교회를 부식하는 선교는 이제 더 이상 진정한 의미의 선교가 아닌 것으로 고찰한다. 오히려 선교 사업은 복음적 삶을 통해서 각 나라의

방인 교회를 풍요롭게 하고 건실하게 하기 위해 아낌없이 봉사하고 헌신해야 하는 것이다.[16]

실제로 선교의 본질은 우선적으로 쌍방의 가식 없는 대화와 진실한 상호 이해에 있으며, 교회 설립과 함께 사회적·정치적 및 경제적 구조악構造惡을 제거하여 이 땅 위에 복음적 세계가 건설되도록 기여하는 데 있다.[17] 왜냐하면 선교사는 방인 교회의 결핍된 것과 필요로 하는 요소를 위해 봉사해야 하며, 그 구조적 고통과 소외성에 참여해야 하고 완화시키는 데 노력해야 하기 때문이다.[18] 그리하여 세상에서 인간의 해방을 위해서 일하시는 하느님의 역사役事하심에 교회 전체는 동참해야 한다. 그때에 인간 해방을 위한 활동으로서의 선교를 이해할 수 있다. 오늘날의 구원이란 개념도 이러한 지평에서 폭넓게 이해할 수 있는바, 그것은 결코 개인 구원이냐, 아니면 사회 구원이냐 하는 양자 택일의 문제가 아니다. 구원의 역사役事를 교회 안에 국한할 것이 아니라, 그것을 교회로부터 해방시켜 전 인류의 구원, 나아가 전 코스모스(우주)의 구원이라는 차원까지 선교의 과제로 삼아야 한다(1고린 15,28 참조). 왜냐하면 역사의 전환점이자 정점頂點이기도 한 그리스도 사건의 종말론적 의미 안에서 하느님 구원계획의 궁극적 목표는 그리스도를 통해서 온 인류와 전 우주가 일치하여 하느님의 큰 영광과 사랑을 찬미하는 데 있기 때문이다(1고린 15,28; 에페 1,10-12; 필립 2,10-11; 골로 1,15-20 참조).

종말론적으로 선교의 과제는 하느님 나라의 거룩한 완성에 대한 기대를 희망으로 지켜나가야 하는 것이다.[19] 선교는 종말론적 사건으로서 세계를 희망으로 채워주는 것에서 의미를 얻는다. 선교는 이러한 활동 속에 진실하게 나타나는 희망이며, 선교는 그러한 희망을 가지고 인내하는 긴장 속

---

[16] 참조: F.A. MXGUIRE, *The New Missionary Church*, 158.

[17] 참조: 김명혁 『선교의 성서적 기초』 287. 다른 종교들과의 관계에 있어서 그리스도교 선교란 세계를 그리스도교화하는 것이 아니라 모든 인간과 역사의 원천이자 목표를 지향해서 나아가도록 인간들을 서로 촉구하고 격려하는 종교 상호간의 만남으로 이해하고 있다. 참조: 심상태 『속 그리스도와 구원』 (서울 1984) 354.

[18] 참조: M. DHAVAMONY, "martyr" 10. [19] 참조: D. BOSCH 『선교신학』 284.

에서 드러난다고 하겠다.[20] 교회는 선교함으로써 세계에 대한 자신의 책임을 완성한다. 이 궁극적인 것에 대한 희망의 확신 때문에, 교회는 이차적인 것을 확신한다. 그래서 교회는 이차적인 영역에 대하여도 변화하려고 애쓴다. 그것은 궁극적인 것에 대한 희망을 포기하였기 때문이 아니라, 바로 그 희망을 가지고 있기 때문에 가능한 것이다.[21] 종말론적 관점에서의 선교는 교회가 절망하지 않도록 격려하며 무장시켜 준다. 종말론적 희망으로 교회는 이 세상 속에 참여하도록 재촉받으며 "지금 여기서"hic et nunc 하느님 나라의 표징을 드러내 보이도록 하며 실망, 혼란 그리고 좌절의 온갖 위험으로부터, 스스로를 극복할 수 있는 영적인 힘을 얻게 한다.[22]

---

[20] 같은 곳.

[21] 같은 곳.

[22] 졸고 「사도 바울로의 선교 사상 연구」 88-98을 일부 발췌하고 새롭게 보완.

7

교회의 복음화 구현

7.1. 복음화의 사역자

그러므로 그대들은 가서 모든 민족을 제자로 삼아, 아버지와 아들과 성령의 이름으로 세례를 베풀고, 내가 그대들에게 명한 것을 다 지키도록 가르치시오. 보시오, 나는 세상 끝날까지 항상 그대들과 함께 있습니다(마태 28,19-20).

7.1.1. 교회의 복음화 활동

성삼위로부터 시작되는 선교의 기원은 교회 안에 선교의 근원적 긴급성을 제시하는바, 곧 성삼위의 교회는 선교하는 교회를 뜻한다. 전수되는 신앙의 경험, 사람들 사이의 인격적 관계와 연관된 하느님과의 관계가 성립되어 있는 한에서 교회가 존재하는 것이다. 성삼위의 선교와, 하느님과 인간 사이에 행해지는 근본적 선교행위 안에서 교회가 태동되는 것이다. 교회는 성령을 통하여 그리스도의 생애와 깊은 관계를 맺고 있으며, 성부로부터 기인된 성자와 성령의 선교 안에 현존하며, 성자와 성령의 선교는 하느님이 인류에게 가까이 계시는 바를 세계의 역사 안에 드러낸다. 성자와 성령의 선교 안에 살고 있는 인간은 바로 하느님 안에 살고 있으며, 하느님의 신비는 처음부터 언제나 인간의 역사에 대하여 개방하고 있는 신비이다. 선교로 교회 공동체가 건립되고 교회가 시작된다는 것을 인식해야 한다. 인간의 자유, 일치, 고통, 기쁨 안에서 하느님의 영광, 하느님의 일치, 하느님의 고난과 기쁨을 드러내는 그곳에 교회가 존재한다.[1] 나아가 근본적 의미의 선교 활동 개념이 복음화 개념으로 확장되고 발전된다. "이방인

---

[1] 참조: S. DIANICH, *Chiesa Estroversa*, 63-4.

에 대한 선교 목적은 현대적 용어 '복음화'와 동일한 것이다. 구체적 의미로 '선교 활동'은 이 복음화 활동의 한 부분만을 서술하고 있다."[2]

하느님 선교의 내용은 모두를 포용하는 메시아적 평화이다. 교회는 하느님 행위의 무대인 이 세계의 한 부분으로서, 선교의 출발점도 아니고 귀착점도 아니다. 선교는 하느님 나라가 가까이 왔음을 선포하고 회개에의 초대로 구성되어 있다. 선포와 초대는 희망의 표지를 수반한다: 곧, 질병의 치유, 죽은 이의 부활, 악령들로부터의 해방 등이다. "교회는 오순절을 시작으로 모든 민족을 위하여 기쁜 소식을 선포하며, 신앙의 확신을 모든 문화와 인격적 삶에 증거하면서, 세계 곳곳으로 선교사들을 파견하면서 선교 활동을 보여주고 있다."[3]

가시적인 교회는 예수의 파스카 체험에 결합된, 그리고 회개와 구원의 도정에 있는 사람들의 공동체이다. 겸손함과 대담성을 가지고서 예수의 초기 제자들처럼 교회는 새로운 백성을 재건하기 위하여 구원의 파스카 체험을 선포해야 한다. 파스카 체험은 우월감의 동기가 되어서는 안 되며 예수의 죽음에 겸손하게 동참할 수 있어야 한다. 교회의 선교는 세계 사람들을 제자로 이끌도록 명하신 예수의 파스카 체험에서 태어났다. 사실 예수의 부활 체험을 겪지 않고서 선교할 수는 없다. 교회는 사도적 복음 선포와 교리교육의 중심인 예수의 부활과 기쁜 소식을 선포하면서 그 임무를 수행해 간다.[4] 그리스도가 세상에 가져오기 위하여 오셨던 바로 그 생명의 충만함에 따라서 교회는 경계가 없는 범우주적 사명을 받았으며 총체적인 구원을 지향하고 있다. 교회는 지상의 모든 민족과 인류에게 하느님의 사랑을 드러내고 알리도록 초대받았다. "교회의 모든 활동은 선교적 존재 근거에서 분출되는바, 곧 보편적 구원의 성사로서 세계에 파견되는 것이다."[5]

---

² K. MÜLLER, Missiologia, 27.

³ E. NUNNENMACHER, "Chiesa missionaria": PUU 편 *Dizionario di missiologia*, 97.

⁴ 참조: S. Karotemprel 편 *Seguire Cristo nella missione*, 56-7.

⁵ NUNNENMACHER, "Chiesa missionaria" 99.

선교 목표로서 영혼의 구원을 위해 교회 부식扶植의 방법을 제시하면서, 교회는 특별히 교회를 새로 낳기 위하여 생활하고 작용해야 하며, 바로 그리스도에게로 구심적求心的인 모습을 지닌 채 세계를 위하여야 한다. 동시에 모든 선교의 개념들은 영혼 구원의 매우 개인주의적인 상황에서부터 훨씬 교회론적인 상황으로 전개되고 있다. 이것은 대단히 흥미로운 역사적 전망으로까지 그 관점을 넓히면서 이해하기 복잡한 측면까지도 인식하게 한다. 사람들을 위하여 행해야 하는 교회의 결정적 임무는 사회교리의 가르침과 함께 교회로부터 사회에로 이행된 봉사의 순수하고 단순한 실천으로 구성되어 있다.[6]

교회가 자신에 대해 깊이 숙고하면 할수록, 그만큼 더욱 선교사명을 깨닫는다. 교회의 선교는 이미 은총이 활동하고 있는, 하느님에 대한 무인식無認識의 불모지 안에 참된 복음 말씀을 알려주기 위하여, 또한 성사와 교회 체제 안에 역동하는 표징들을 전파하기 위하여 사람들과 만나고 대화하러 나아가는 것이다. 부분교회가 이식移植될 때에는 스스로 믿지 않는 이들을 위해서도 파견되었음을 충분히 인식하고, 가능한 풍요롭게 보편교회를 재창출하면서, 이른 시기 안에 뚜렷한 선교적 교회가 되어야 한다. "사람들이 사는 곳에 은총과 사랑의 수단으로 그들을 구원하도록 떠나가라." 이런 모양으로 교회는 항상 역동적으로 순례하는 백성으로서, 하느님의 계획에 순명하며 충실하고 인류 역사에 함께 형제적으로 동참하면서 계속적인 완성을 향하여 꾸준히 정진해 간다. 지상의 모든 민족이 하느님 자녀들의 영광스러운 자유에 참여하도록 불림받은 한에 있어서 교회는 자신의 성장을 지향한다.[7]

전통적으로 행하여 온 바에 의하면, 교회의 선교란 그리스도의 복음을 선포하여 신앙인들의 공동체를 형성하고 교회를 부식plantatio ecclesiae하는 일

---

[6] 참조: S. DIANICH, *Chiesa Estroversa*, 17-9.

[7] 참조: Renzo LAVATORI, "Ecclesiologia": PUU 편 *Dizionario di missiologia*, 10.

이었다. 이러한 임무에 첨가하여 나아가서 모든 인간적 제반 가치와 행적을 복음적 가치로 변화시키는 복음화를 의미하게 되었다. 예수 그리스도께서 공생활을 시작하실 때 가장 먼저 이사야 61장의 희년 선포에 관한 기쁜 소식을 인용하셨다. 오늘날의 교회 복음화는 예수께서 회당에서 처음 선포하셨던 그 말씀을 실천하도록 요청받고 있다. 곧, 교회의 복음화 활동은 인간의 전인적全人的인 발전을 목표로 하면서, 물질적이며 육신적인 것과 정신적이며 영혼에 관한 것 모두를 포함한다. 교회는 가시적인 것과 비가시적인 것 모두를 하느님의 선물로써 조화를 이루도록 노력하고 있다. 그리스도의 선교는 온갖 죄로부터 인간을 해방시켜 온전한 자유의 지평을 향하도록 하며, 빛과 생명과 자유 속에 인권을 더 높이고, 인간의 존엄성을 고양시키도록 한다. 이러한 해방적 관점은 하느님의 모상imago Dei이라고 하는 그리스도교의 인간관에 입각한 복음화로서, 궁극적으로 하느님 나라의 구현을 지향하고 있다고 하겠다.[8]

"국가적 · 국제적 주도권에 있어서 교회 존재는 항상 보다 더 긴요하게 드러난다. 개별적으로 실현이 되든 국제적 동참에 의하여든 교회는 겸손하게 적극적으로 협력할 준비가 되어 있다."[9] 교회는 세계에 대하여 은총과 가치의 역사를 전달해 주는 메신저이며, 복음의 영양분을 가져오고 문화를 창조하며, 또한 인간애의 원천을 드러내면서 동시에 영원을 약속한다. 메시아적 구원을 실현하며 교회는 가시적으로 역사적으로 세계와 역사와 인간의 새로운 모습을 다시 제시한다. 교회 복음화는 세계의 상황에 대한 신학적 분석과 교회사에 대한 주요한 위치를 점하고 있다. 현대 세계 상황에 대한 신학적 분석은 교회 복음화를 위한 적절한 영역을 자리매김하는 데 기여한다. 교회 복음화는 어디서나 스스로 새롭게 재창조되며 사회 안에 인간을 위한 궁극적 청원과 희망을 제시하고, 자신의 궁극적 목적을 실현

---

[8] E. NUNNENMACHER, "Chiesa missionaria": PUU 편 *Dizionario di missiologia*, 97.

[9] Joseph MASSON, *La missione continua*, 132.

하는 도구로서 자신을 발견한다.[10] 복음화 모델의 기준은 교회가 자신의 역동적 풍요로움 전체 안에서 그리스도 교회의 사도적 가치를 구체적으로 드러내는 데 있다. 그리하여 교회는 그리스도의 메시아적 선교를 증거하는 곳이다. 교회는 세계의 구원을 위하여 성부로부터 파견된 선교사로서 그리스도께서 가셨던 똑같은 길을 반드시 따라가야 한다.

모든 교회는 믿는 이들의 신앙을 돈독히 하기 위하여, 길 잃은 이들을 인도하기 위하여, 또한 그리스도로부터 멀리 있는 자들로 하여금 구원의 은총을 수용하도록 이끌기 위하여 모든 이들에게 이해할 만하고 적절한 방법으로 복음적 메시지를 선포하려 노력하고 있다.[11] 이때문에 교회 복음화의 해석에 있어서 무엇보다도 필수적인 것은 근본적이고 중심적인 요점을 받아들이는 것인바, 그것은 교회가 세계 안에서 만들어 내는 역사적 모든 과정의 해석학적 원칙이다. 이 첫 원칙은 보다 과감한 결단과 함께 신앙 안에서 또한 "예수가 주님이시다"는 교회론적 선포의 전달 현상 안에서 복음적인 관점을 통하여 구체화되어야 하는 것이다.

7.1.2. 복음 선교 안에서의 성사

"성서에 커다란 영향을 미친 고대 문화적 전통에 의하면, 의식儀式은 주님이 이해할 수 있는 마음과 볼 수 있는 눈과 들을 수 있는 귀를 주신다는 현재화現在化의 구현이라고 한다. 신약성서에서의 이런 관점은 교회 전례가 구원에 관계되는 한에 있어서 성령을 통하여 성부께서 성자를 드러내시고 성자는 성부를 드러내시는 현재화 현상임을 확언해 준다. 이러한 측면에서는 교회의 전례 집전, 곧 성체성사와 여러 성사들, 시간 전례들 안에서 하느님 말씀의 중요성이 부각된다."[12] 교회는 바로 복음 선교 안에서 세상을 위한 성사이다.

---

10 참조: S. DIANICH, *Chiesa in missione,* 68.

11 참조: E. NUNNENMACHER, La natura missionaria della chiesa, 108.

12 G. ODASSO, La formazione biblica in relazione al ministero presbiterale, 75-6.

복음 선교하는 교회는 인류를 위한 구원의 보편적 성사이다. "구원은 종교적 안정의 보증서가 아니다. 그것은 참된 인간에 이르기 위하여 창조주의 모상imago으로 향한 인간의 내밀하고 점진적인 변모라고 하겠다. 이것은 자신의 고유한 성소와 충만함의 실현을 위하여 전 생애를 통해 이룩되는 과정이며 그 과정의 여정을 발견하는 것이다. 또한 예수 그리스도의 파스카 체험과 심오하고 신비롭게 연계되어 있으며, 예수 그리스도 형상으로의 점진적인 변형인 것이다."[13]

관상생활과 활동, 하느님 말씀과 인간에게 경청하는 것 사이의 긴장과 연관된 일치의 유쾌하고 심오한 의미를 제시하는 이탈리아 주교회의 문서인 「성체성사 및 영성체와 공동체」는 다음과 같이 확언하고 있다: 성체성사는 뛰어난 복음 선교 행위를 구현하는 것이다.[14] 이러한 단언은 세계 안의 복음 선교와 성체성사의 실행 사이에 있어서, 교회를 위한 절대적으로 필수적이며 불가결한 연관성을 정립하고자 하는 지향을 고려해 볼 때, 대단히 중요한 선언이다.[15] 성사는 사람들을 향하여 보다 광범위하고 넓은 통교의 능력을 지니고 있다. 신비체의 관점으로부터 교회는, 세계의 구원이 흘러나온 그리스도 희생에 의지하면서 성부께로 향하는 성사적 재현 효과를 벗어난 그 이외의 어떤 방법으로도 사람들과 통교하고 세계와 만나게 될 수 있을 것이라고는 생각조차 할 수 없는 것이다. 교회는 사람들의 유익을 위한 복음 선교를 활동보다 기도에, 또한 복음화의 강한 실천과 사회정치적 소임의 역사적 효과성보다 기도와 대부분의 성사적인 신비로운 효과성에 더욱 의존하고 있다. 이것은 순교에서 발견할 수 있는바, 하느님에 대한 신앙의 급진적 확언은, 풍요롭고 유효한 활동 기구들을 포함하는 복

---

[13] S. KAROTEMPREL 편 *Seguire Cristo nella missione*, 56.

[14] CEI, *Eucaristia comunione e comunità*, n.103: *Il Regno* 28 Dic. (1983) 318-38.

[15] 교회의 선교는 하느님의 선물, 곧 제자들이 자신 위에 전(全) 세계를 위하여 받게 되는 선물을 나타낸다고 할 수 있다. 만일 선교가 높은 데서부터 오는 선물이라면, 성체성사는 이러한 선물의 역사(歷史) 안에서의 즐거운 회상이며, 그 완성을 위한 예언자적 기다림이다.

음화 활동들에 대한 어떠한 계획보다도 "그리스도인의 피는 신앙의 씨앗" sanguis Christianorum semen fidei이라는 신비성을 더욱 신뢰하고 있는 것이다.[16]

성체성사를 거행하는 곳 어디든지, 세상에서 복음 선교의 신비로운 빛은 현실화된다. 왜냐하면 성사적 의식儀式은 예수와 그의 메시지의 인식과 신앙의 수용 등 이 모든 것의 시작을 먼저 요구하기 때문이다. 이러한 시작이 없으면, 인간은 행위와 예식적 용어들의 의미를 간직하는 언어적 구조를 상실하게 된다. 교회는 그리스도의 몸인 한에서 사회화되고 공동체적인 역동성 안에서 그리스도 선교의 성사적 요소들을 재창출한다.[17] 성사적 예식은 이처럼 자극적 기능을 가지고 있으며 세계와 통교하는 복음 선교 형태를 건립할 수 있는 것이다.

교회는 또한 항상 아벨의 교회처럼 순수하고 거룩하고 티없는 희생물을 봉헌해야 한다. 곧, 하느님이 기쁘게 받으셨던 제물을 드렸던 아벨의 전례의식을 교회는 계속해야 할 것이다. 제2차 바티칸 공의회가 거룩한 삼위일체의 사랑과 자비 위에 교회를 건립하고, 교회 개념의 올바른 인식을 위하여 성부에게 호소해야 했던 동기를 설명할 때, 자발적으로 스스로를 "아벨의 교회"라는 교부학적 인용과 함께 담론을 결론짓도록 한 것은 뜻깊은 일이었다. 역사를 서술한다고 하기보다 모든 시대 인간성의 모델로 묘사되는, 성서 전체의 앞부분 첫 페이지들 중에 서술되는 순진하고 의로운 아벨은 역사의 월력과 다른 계절력을 셈하여서도 교회의 분명한 전형적 독특한 인물인 것이다. 그리스도의 교회는 한편으로 가시적인 경계를 가지고서, 인간 관계의 심오함 안에 자신을 겸손하게 낮추면서, 동시에 다른 한편으로 더욱 광대한 아벨의 교회, 성부의 교회로서 세계 안에 연관되어야 한다. 이와같이 예수 그리스도의 교회는 평화 건설과 보편적 형제애의 임무를 부여받고 있다.[18]

---

16 참조: S. Dianich, *Chiesa in missione*, 66-9.

17 참조: F. Conigliaro, *Ermeneutica e Teologia*, 142.

18 참조: Dianich, *Chiesa in missione*, 239-40.

예수께 신앙을 고백하는 교회가 실제 생활에서 살며 변화되어 가고자 지향하는 아벨의 교회는 자신을 고정적이고 한정적인 주체로 표현하지 않는다. 믿는 이들의 공동체가 하느님의 거대한 공동체에 귀속되어 있음을 깨달은 이들과 함께 성사 안에서 행동하는 역할을 담당하게 될 때, 교회는 신앙을 고백하는 그 안에서 참으로 아벨의 교회로서 자신에 대한 인식을 확고히 할 수 있다. 사람들의 모임과 함께 하는, 인류 구원을 위한 교회의 협력은, 순간적 필요에 의해 제안된 우연한 체험의 의미를 가지고 있는 것이 아니다. 오히려 아벨의 교회로서 교회 협력은 하느님이 사람들로 하여금 성사 안에서 그리스도의 후계자로 고백하도록 하는 교회로 성장되도록 부르시며, 동시에 그 아벨의 교회에 생명을 주시고, 성사를 통하여 첫 의인과 마지막 의인의 모든 이들을 항상 일치시키면서, 하느님 나라의 도래를 준비하며 당신의 계획을 깨닫도록 한다는 심오한 의미를 시사해 준다.

참으로 교회의 모든 역할은 인간의 구원을 위한 것이다. 교회는 세상의 성사이며, 모든 그리스도인들은 이러한 의미에서 수혜자로서 성사의 한 구성 요소를 이룬다. 교회론과 관련된 이 모든 매듭의 해결은 교회 복음 선교를 생각하게 하는 필요 불가결한 과정이라 하겠다. 세상의 성사로서의 복음 선교는 다양한 복수성pluralitas의 총체적 역동성 안에서 새로운 궁극적 이스라엘 백성을 모으는 장소이며 도구로서, 세계 안에 적극적으로 제시하는 가운데 일치를 성취하는 교회의 가톨릭성과 다름이 아니다. 왜냐하면 구원의 총체적 복음은 모든 사람 개개인을 그 대상으로 하며, 인류 구원의 보편적 성사로서 하느님 백성이 머무는 어느 곳에서나 실행된다.[19] 그리스도의 몸인 교회는, 봉사 안에서 늘 새롭게 자신을 봉헌하며 모든 것 안에 모든 것인 하느님의 영광을 향하여 그리스도의 누룩으로서 인류 역사를 발효시켜 나가기 위해 성사를 통하여 언제나 새롭게 성령을 받는다. 교회가 성령의 능력을 간직하고 있는 한, 그리스도의 충만성을 언제나 구현한다.

---

[19] 참조: B. FORTE, *La chiesa*, 1.

성사적·구세사적·가시적·비가시적 활동과 함께 교회는 세계 안에 역사적 실존과 그리스도의 영광을 실현하여 간다.

7.1.3. 세계 안의 하느님 나라

교회는, 성부께서 부활시키신 나자렛 예수의 생애 안에 하느님 나라가 이미 또한 지금 현재 도래하고 있음을 알리는 기쁜 소식 안에서 태동한다. 예수는 기쁜 소식을 선포했을 뿐만 아니라, 자신이 바로 기쁜 소식이다. 그는 세계를 구원하기 위해 하느님 계획을 구현한다. 예수가 성부와 함께 가지고 있는 친밀한 관계는 "아빠"라는 용어에 표현되어 있고, 그것은 하느님 나라가 다가왔다는 표시이다. 하느님 나라가 현재 하나의 현실이라는 최고의 증거는 예수 그리스도의 부활이다. 사도들의 복음 선포가 예수 그리스도 안에 중심을 두고 있는 것은 의미심장하다. 그러므로 예수 그리스도는 하느님 나라 선포의 중심이 되시는 것이다.

하느님 나라는 그리스도의 현존과 활동과 선포로부터 불가분의 관계에 있다. 오늘날 역시 하느님 나라는 교회의 현존과 선포로부터 분리될 수 없다. 왜냐하면 교회는 모든 민족 안에 그리스도와 하느님 나라를 선포하고 건설할 사명을 받고 있으며, 이 하느님 나라에 대하여 교회는 미래에 있어 하느님 나라의 충만함의 씨앗과 그 완성을 이룩하기 위하여 지상에서 자신의 소명을 착수하기 때문이다. 하느님 나라의 선포는 복음화의 중심이지만, 이것은 나자렛 예수의 삶과 신비를 무시하고 그에 대한 구체적 선포 없이는 이해할 수 없다. 예수께서 구태의연한 삶을 하느님 나라의 삶으로 변화시킴을 강하게 나타낼 수 있으셨던 것은 예수께서 세리와 죄인들과 함께 만찬을 나누면서 동시에 하느님 나라를 선포하셨기 때문이다.[20]

구체적인 선교 목표들 가운데 최근에 와서 — 현실의 실제적 인식을 위한 새로운 요소로서 — 비록 그 방법이 쉽지 않다 하여도 세계 안에서의 하

---

[20] 참조: J. RICHES, Gesù lebreo, 87.

느님 나라 건설 임무가 부각되고 있다. 이러한 개념의 올바른 해석은 다음과 같은 사항을 강조하는바, 곧 교회는 자신을 끊임없이 다시 태동시켜야 하는 사명과 함께 그 자신을 스스로의 목표로 삼아서는 아니 되며, 하느님 나라의 더 큰 충만함의 기능 안에서 이해해야 한다는 것이다. 교회는 종이며 도구로서 표지이며 성사로서 또한 모든 구세사 안에서 하느님 나라의 영광스러운 완성의 시작을 알리는 유권적이며 진실하고 참된 현존인 것이다.[21] "예수와 교회, 그리고 역사 안에서와 같이 하느님 나라의 도래는 세계 안에 하느님과 사람들 사이의 관계 그리고 사람들 상호간의 관계들을 변화하도록 하는 거룩한 삶의 역동성을 불러일으킨다. 세계 안에 사람들의 일치를 건설하는 것은, 교회를 통하여 역사를 관통하는 하느님 나라를 인정하고, 선호하며 수용하는 것을 뜻하는 것이다."[22]

교회의 임무 가운데 하느님 나라에 관한 가치로운 일들에는 여러 가지 많은 사안들을 발견할 수 있는바, 인간의 발전, 사회적 해방, 경제의 발전, 기본권의 보장, 평화의 추구, 자연 환경의 보호, 신앙의 토착화, 전례와 신학의 상황화, 평신도의 참여, 세계 모든 계층의 상호 만남, 결속화, 모든 이와의 공동 책임과 공유 분권共有分權, 교회의 부식·건립·운영 등이다. 그러므로 하느님 나라의 성격은 인간 모두와 하느님 사이의 통교라고 할 것이다.

성부의 용서를 선포하기 때문에 하느님 나라는 종말론적 희망의 선포라고 하겠다. 하느님 나라는 언제나 회개를 호소하며, 그 호소는 변화의 의무를 받아들일 것을 요구하고 있다. 성부의 용서를 통한 회개는 인간들의 현재 상태에 대한 부정적인 평가와 함께, 점차 도래하고 있는 것에 대하여 다음과 같은 새로운 적응 노력과 결심을 포함하고 있다:

---

[21] 참조: E. NUNNENMACHER, La natura missionaria della chiesa, 102-3. "이스라엘 고대 문화의 가장 위대한 유산은, 우리 시대까지 전수된 유다교의 또는 그리스도교의 중요한 원천으로서 유일신 종교이다": M. LIVERANI, *Antico Oriente*, 682.

[22] F. MARTON, La Chiesa segno e strumento del Regno 48-9.

1) 모든 것이, 다가오는 하느님 나라 선포와 연결되어 있다. 하느님 나라에 들어가기 위해서는 성부의 뜻을 실천하도록 요청하고 있다. 이 때문에 "아버지의 나라가 오시며"라고 기도하도록 가르치고 있다.

2) 예수는 제자들이 비록 세상에 있지만 세상에 속하지 않는다고 언급하면서, 성부에게 그들을 악에서 구하시도록 간절히 기도하셨다. 교회는 이러한 기도를 복음과 세계 사이의 별리別離로서의 관점이 아니라, 신앙의 고백 아래 교회 자신의 몸 안으로 깊이 포용하는 다양한 관점에서 세계를 이해한다.

3) 하느님 나라는 사람들 사이의 관계를 변화시키려 하는바, 사람들이 서로 사랑하고 용서하고 봉사하는 것을 점진적으로 배워 갈 수 있도록 힘차게 역동한다.

4) 하느님 나라는 복음 선포를 통하여 새로운 마음을 사람들에게 불어넣는다. 그 나라는 현세에 대한 심판이면서 가난한 이들을 기쁘게 하는 심판이다.

교회는 근본적으로 이교도들에게 펼쳐지는 하느님 나라, 곧 완성되어 가는 하느님 나라뿐 아니라 계속해서 자신과 세계를 하느님 나라의 판단에 맡기는, 세계에 열린 공동체로서의 그 임무를 간직하고 있다. 바로 이때문에 교회는 자신의 정체성뿐 아니라 자신의 임무 실행에 있어서 반성하도록 요청받고 있다. 교회는 세계를 향해서뿐만 아니라 세계 안에서 자신의 사명을 살고 있는바, 그 안에서부터 하느님 나라를 향한 종말론적 메시지를 선포하도록 노력하면서, 숨어 계신 하느님을 전파할 수 있도록 — 침묵의 하느님으로부터 특성지어진 — 이 세계 안에서 자신을 재발견한다.

제2차 바티칸 공의회는 세계로부터의 도피를 정당화하지 않고, 그리스도인의 희망이 대조對照사회(교회)를 건설하기 위한 자극으로서 전혀 새로운 방식으로 나타났을 때, 교회를 종말론적 기다림의 지평 위에서 현대 세계와 마주하도록 새롭게 강조하기 시작하였다. 그것은 세계로부터의 도피가 아니라, 그리스도의 재림을 향한 세계와의 새로운 여정이다. 공의회는 이

처럼 교회 혁신의 의지를 표명하였다.[23] 하느님 나라와 타종교와의 관계를
조명해 볼 때에도, 타종교 신도들이 하느님의 뜻에 따라 살아간다면 특별
한 방법으로 하느님 나라의 충만함에 또한 동참할 수 있다고 하겠다.[24]

지금까지 일반 신학적인 하느님 나라에 대하여 언급하였다. 이제는 세계
를 위한 선교 관점에서 하느님 나라를 고찰하고자 한다. 하느님 나라는 당
신 자신을 봉헌하고 희생하는 사랑이 충만한 하느님으로부터 선사된 은총
에 기원을 이루고 있다. 교회는 하느님 나라를 선포한다. 부활하신 주님에
대한 즉각적인 첫 선포는, 최초의 신앙인들이 살고 있던 세계 안에서 그
역사적 상황의 모든 제반 요소들과 깊이 연관맺고 있었다.

선교에 대하여 이러한 역학관계를 조명하면서 무엇보다도 필요한 것은
선교에 대한 중심적인 최초의 요소들을 구체화하는 일이다. 역사적 예수의
행적 가운데 중심적 요소라면 하느님 나라의 선포이며, 사도들 설교의 중
심 요소는 부활하신 그리스도의 선포, 곧 부활하신 그분이 주님이신 그리
스도라는 사실이다. 우리들에게는 첫 중심보다 둘째 중심이 더욱 깊이 관
련맺고 있다. 왜냐하면 하느님 나라에 관한 순수하고 단순한 선포는 곧 예
수의 부활 사실을 언급하는 것이며, 처음부터 교회론적 특성과 함께 제시
된다. 여기서 교회와 함께 나아가는 종말론을 생각할 수 있게 된다. 우리
에게 있어 교회의 선교를 해석한다는 것은 대단히 흥미로운 일이다. 부활
하신 예수의 첫 선포에서 선교의 참된 관점이 체현되어 있고, 사도행전의
베드로 사도의 첫 설교는 세계와 함께 하는, 교회론적인 최초의 선교 행위
이며 파스카를 찬미하는 최초의 세계와의 만남이다. 동시에 그것은 최초의
그리스도인 공동체가 탄생되는 계기를 제공하기도 한다. 그렇게 나타나서
교회는 계속하여 존속하며 선교행위를 꽃피워 나간다.[25]

---

[23] 참조: S. DIANICH, *Chiesa Estroversa*, 44-6; E. LOHSE, *Compendio di teologia del nuovo
testamento*, 52-65.

[24] 참조: J. DUPUIS, *Verso una teologia cristiana del pluralismo religioso*, 479-80.

[25] 참조: DIANICH, *Chiesa in missione*, 169-70.

공동체는 세계가 행하지 않는, 예수 그리스도 안에서의 신앙을 고백할 때에 비로소 자신의 정체성을 찾을 수 있다. 모든 그리스도인에게 있어서 신앙고백은 자기 자신의 회심의 시작임을 그들은 잘 알고 있다. 그리스도인 공동체는 의식儀式과 상징적 행위 등을 통해서 세상과는 다른 환경과 상황을 건설해야 할 과제를 안고 있다. 현대의 교회 선교에 관한 교회론은, 세상으로부터의 공격을 방어하고 자신의 내부 구조의 법제화와 심오함을 구현하려 했던 과거 교회론에 비하여, 교회의 보다 광대하고 복합적인 그 신비의 인식과 해석을 성취하려 애쓰고 있다.[26] 선교와 상황에 대한 평가는 교회론적인 교의에 의해서만 추론될 수 없다. 교회 — 세계 — 선교의 연관성은 선교 자체의 범세계적이며, 사회학적 해석학의 관점으로서 고려되어야 한다. 선교는 그 주체와 출발점으로서 교회를 선교 자신의 어깨 위에뿐 아니라, 또한 항상 세계 안에 스스로를 펼쳐 가는 선교하는 공동체로서의 교회인 측면에서, 자신 앞에 그러한 교회를 동반하도록 요청받고 있다. 교회로부터 선교의 지적知的 인식이 도래하는 것이 아니라 선교로부터 교회의 지적인 인식이 이루어지는 것이다.[27]

교회는 인류 역사 안에서 스스로를 순교의 운명조차 감수해야 할 하느님의 종으로 인식하고 있다.[28] 교회가 세계에 자헌해야 할 봉사의 효과와 결실은 기도, 관상, 고난, 순교, 청빈, 겸손 등에 달려 있다 하겠다. 이러한 까닭으로 전적으로 선교 상태에 있는 교회는 참으로 늘 혁신되어야 하겠다. 교회의 선교는 인류 역사를 늘 새롭게 하는 과정으로서 자리매김되고 있다. 하느님 나라의 절대성을 위해 교회가 개선되고 있는 증거들은, 사람들을 범凡우주의 유일하고 결정적이며 총체적인 완전한 구원으로서 다가오는 하느님 나라의 현실과 능력 앞에 머물게 한다.[29]

---

[26] 참조: S. DIANICH, *Chiesa Estroversa*, 7.　　[27] 참조: 51.

[28] 그것은 어떤 의미에서는 하느님 나라를 위한 결정적 자리가 된다.

[29] 참조: DIANICH, *Chiesa Estroversa*, 81.

7.2. 하느님 말씀에 대한 고찰

비와 눈이 하늘에서 내려와 그리로 돌아가지 않고 오히려 땅을
적시어 … 양식을 준다. 이처럼 내 입에서 나가는 말도 나에게
헛되이 돌아오지 않고 반드시 내가 뜻하는 바를 이루며 내가
내린 사명을 완수하고야 만다(이사 55,10-11).

7.2.1. 하느님 말씀의 역동성

신약시대로부터 시작되는 교회는 그리스도의 부활의 빛에 따라 성서를
이해한다. 이러한 관점에 의해 교회 안에서 성서를 읽는다는 것은 그리스
도 부활의 빛 안에서 근본적으로 말씀을 읽는다는 것을 의미한다. 이러한
논거에서 우리는 그리스도인들에 의한 성서 봉독의 기본적인 해석학적 원
칙을 발견하게 되었다. 이때문에 오늘날 그리스도와 성령을 통해서 교회에
전하는 하느님의 말씀 안에서, 성서에 가까이 다가오는 이들에게 성서가
밝혀주는 생명의 메시지를 얻어주기 위하여 그리스도의 부활 전망 안에 항
상 교회가 머물러야 하는 것은 필수불가결한 요건이다.[30]

"신학과 해석학은 언어의 책임성을 깨닫는 데 있어서 자극과 도움을 제
공한다."[31] 신앙 안에서 우리는 하느님 말씀으로부터 세상이 창조되고 비가
시적인 것이 도래했음을 알고 있다. 하느님 말씀은 인간 언어와 차별되는
특이성의 힘을 함축하고 있다. 하느님 말씀은 바로 역사의 창조주로서 즉
시 효과를 발산한다. 이러한 능력 때문에 하느님 말씀은 세상의 경이로움

---

[30] 참조: G. ODASSO, *La formazione biblica in relazione al ministero presbiterale*, 63-4.

[31] A. GRILLMEIER, *Ermeneutica moderna e Cristologia antica*, 31.

과 밀접히 연관되어 있다. 하느님 말씀은 힘이 있고 경이롭기 때문에 인간들에게 대해 잠잠하지 않으신다. 이러한 이유로 하느님 말씀의 역동성은 인간존재를 감복시키면서 직접 접근해 온다.[32]

성서에서 전해지는 예언자들의 말은 인간의 언어로써 표현하되 하느님의 말씀이다. 하느님 말씀을 뜻하는 히브리어 "다바르"는 덜 지적知的이지만 이 말에서 번역된 그리스어 "로고스"보다 더욱 풍부한 의미를 담고 있다. 이러한 용어 안에서 인식의 통교는 행위의 완성과 연결되어 있다. 다바르는 말과 행위를 동시에 뜻한다. 하느님은 당신의 말씀으로 가르친다. 하느님은 역사의 순간과 사물들의 의미, 삶의 도덕, 규칙들이라 할 수 있는 담론 안에서 인간에게 당신을 밝혀준다. 시나이 산 계약의 대헌장은 십계명의 역동적 의미를 가져온다. 이스라엘 사람들로부터 얻어진 하느님에 대한 모든 인식은, 당신 정체성에 대한 엄숙한 확정(탈출 20,2)으로부터 기인된, 하느님에게서 온 말씀처럼 제시된다. 당신 백성들을 위한 하느님 계획에 대한 모든 인식과 이스라엘의 미래를 조명하는 모든 빛은 바로 야훼 하느님의 입에서 나오는 말씀들 안에 함축되어 있다.[33]

말씀의 내용은 계시되고 약속된 율법과 그 인식이 될 수 있는바, 그것은 항상 하느님의 입에서 나와 인간에게 펼쳐지는 호소이다. 이 말씀과 함께 하느님은 역사를 만들고 일궈 가신다. 다바르는 곧 행동이다. 그것은 어김없이 작동되는 내적 역동성과 힘을 감추고 있다. 그 말씀은 선포된 약속을 구체적으로 실현시킨다. 말씀의 이러한 구체적 역동성은 역사의 첫 순간부터 나타났으며, 창조주의 동일한 행위가 하느님 말씀으로 현시되었다. 그러므로 이 말씀의 전달자인 예언자들은 그 말씀이 생각하고 행동하고 실현시키는 살아 계신 분에 대하여 언급하는 것으로 서술하고 묘사하였다.

"실현되는 말씀"의 감추어진 역동성과 그 풍요로움은 또 다른 해석학적 풍요로움을 제공하고 있다. 예로 나열된 요소들을 혼돈 없이 첨가하면서

---

[32] 참조: U. Tilomelli, Italo Mancini, 130.　　　[33] 참조: A. Houssiau, La liturgia, 118-20.

받아들여진 말씀은 커다란 논쟁을 불러일으킬 수 있는 또 다른 해석학적 법칙들을 발전시킨다. 그러나 그 말씀은 "하느님 말씀의 덕목"이라 불릴 수 있는 — 또한 그 말씀의 해석학적 덕목을 암시하는 — 객관적 사실을 드러낸다. 물론 선포와 해석학에 대한 필연적 신비성에 대한 부족함과, 또한 표현된 부분들과 잠재된 부분들에 대한 덕목의 결핍 등이 발생할 수 있다.[34] 하느님 말씀의 해석은 학문으로서의 해석의 해석이며, 세대를 이어가면서 계속되는 교정矯正과 발전이 점차 증가되는 해석이다. 하느님의 말씀과 해석학은 엄정하면서도 인식을 고양시키는 일련의 결과들을 제기한다: 우리 앞에는, 말씀과 함께 해석학적으로 응답해야 할 질문들이 산적하여 있다.[35] 말씀은 각 삶의 방면으로부터 우리가 기대하고 결정하는 것과는 전혀 다른 방식으로 문제들을, 특히 우리의 지능이 부족하고 한계가 있으므로 우리가 미처 생각하지 못하거나 그럴 필요성조차도 못 느꼈던 그런 문제들을 제기한다.

당신 백성들에게 들려주시는 하느님의 말씀을 이해할 수 있거나 그렇지 못한 것은 바로 우리 자신에게 달려 있다 할 것이다: 왜냐하면 그것은 개개인의 신앙심, 말씀에 대한 갈망과 순명, 삶 내면에서의 은총 현존 등의 정도에 따라 결정되기 때문이다. 아울러 이러한 것들과 함께 하느님 말씀에 대한 다른 특성들도 간과할 수 없다. 그것들은 하느님 말씀 안에서 본질적이며 초월적인 요소들이다. "하이데거에 의하면 말씀은 존재의 집이며 존재의 해석학이다."[36]

말씀은 존재에서 태동하여 존재에로 귀착되는바, 다른 언어와 함께 완전한 "존재"를 만날 때까지 계속된다. 동시에 말씀은 자신을 초극하여 해석학적으로 자기 자신 너머의 지평에까지 도달하려 애쓴다. 말씀이 언어 형상 뒤편에까지 이르는 것이 불가능하지 않다는 것은 언어가, 이해의 지평

---

[34] 참조: T. FEDERICI, *Ermeneutica Biblica e Teologica*, 340-5.

[35] 말씀의 이해와 그 해석은 하느님의 뜻에 따라 신앙과 사랑의 공동체 안에 성취될 수 있다.

[36] P. GRECH, *Ermeneutica e Teologia biblica*, 103.

이며 도구로서, 인간과 함께 시간 안에서 공존하는 초월적이며 중요한 요소임을 의미한다.[37] 지금까지의 논고로 볼 때, 객관적이며 총체적인 진리인 하느님 말씀에 대한 의문의 최고 의미에 관한 요구는, 신학의 제반 문제의 모든 표현과 함께 말씀에 관한 여러 문제 안에서 실존적으로 또한 초월적으로 유출되기 시작한다고 하겠다.

7.2.2. 하느님 말씀의 선포

"말씀은 예언자나 랍비, 설교가의 목소리나 노랫말을 담고 있는 어떤 기록물보다 선행한다. 그리스도는 설교가이셨으나 … 글쓰는 작가는 아니셨다. 그에게서 초대 그리스도교는 육화되신 하느님의 말씀을 보았다. 그분의 증거자들은 복음을 하느님의 말씀으로 선포하였다."[38] 하느님의 말씀은 파견받아 오게 된, 세계를 향해 달려가야 할 사자使者이다. 성서의 도움으로 말씀은 선포하는 이의 목소리를 통해서가 아니라 말씀 자체의 "의미"를 통해서 전달되면서 우리에게까지 이르게 되었다.[39]

하느님 말씀은 그 말씀의 봉사 책임을 간직한 그리스도교 공동체 안에서 생존한다. 그러므로 말씀의 전제와 말씀의 순환과 말씀의 이해는 교회생활 안에서 활성화를 위한 뜻깊은 "현장"에 속하는 것이다. 이에 대한 최고의 효과는 비판적이며 합리적인 도전 의식 안에서 말씀의 선포가 무엇보다도 해석학적인 기본적 태도를 견지해야 하는 것이다. 그것은 하느님 말씀으로 정향定向하면서 그 말씀을 경청하는 것이다.[40] "말씀의 선포와 그 말씀에 관한 지적知的 이해는 하느님 나라 백성의 공동체를 향상시킨다. 이 공동체는 사랑과 형제애와 상호 봉사 안에서의 친교로 특징을 이루고 있다. 빵의 나눔과 기도 안에서 제자들은 구원의 파스카 체험을 새롭게 갱신하고 스스로의 신원 의식에 대한 인식과 총체적 진실성의 응답 안에서 성숙해 간다."[41]

---

[37] B. CASPER, *L'ermeneutica e la Teologia*, 26.

[38] P. RICOEUR, *Ermeneutica filosofica ed ermeneutica biblica*, 85.　　　　　[39] 참조: 88.

[40] 참조: U. TILOMELLI, Italo Mancini, 126.

말씀이 예수 그리스도와 하느님의 신비에 관해 언급될 때에는, 신앙 안에서 신앙과 함께 시작되어 참된 진리 선포의[42] 객체가 될 수 있다.

하느님 말씀은 점차 심오하게 하느님 말씀의 신비로 전이되어 간다. 인간에게 전달된 하느님의 말씀은 언제나 성자 예수이신 육화된 말씀 안에 그 기원을 두며, 세계 안에 선포된 현존하는 말씀인 것이다. 그에게로부터 창조에서와 인류 역사와 구원의 최종 완성에서까지 나타나는 하느님 말씀의 모든 현시가 유래된다. 말씀 선포의 신비에 관한 어떤 고찰이든지 반드시 하느님의 말씀인 예수의 신비에 대한 고찰에 근거를 두어야 한다. 복음적 메시지의 첫 선포는 바로 하느님 아들에 대한 것이다. 선포된 하느님의 말씀은 교회의 사도들이 전하는 말씀이며 동시에 본래 말씀하시던 그분이시다. 곧, 선포하시는 분이 선포되는 분이 된다. 예수의 선포는 바울로 사도와 사도들이 선포한 메시지의 핵심을 형성한다. 세 공관共觀 복음사가들이 예수 선교 행위의 첫 기사에서부터 핵심적 요소들을 제공하고 있는 것은 뜻깊은 일이다. 기쁜 소식이란 생활 속의 해묵은 가치관의 멸렬이며, 이미 우리 안에 와 있는 "하느님 나라"라는 견지에서의 회개이다.[43]

하느님 백성에 대한 메시지는 회개의 관점 위에서 정립된다. 말씀 선포의 역할은 일상생활 안에서 회개할 마음을 가지고 그리스도의 중요성을 이해하도록 한다. 그러나 여기서 뚜렷한 특징 하나는 모든 선포가 비록 종교적 주제에 관한 것이라 하여도 교회론적 교리교육에 관한 것이 아니라는 사실이다. 말씀의 선포는 교리 지식을 주입하는 차원을 훨씬 너머 초극하는 것이다. 모든 선포된 말씀은 인간의 구체적 내면에까지 영향을 미쳐 그리스도에게 나아가도록 초대하는 역동성을 드러낸다. 여기서 가장 선명한

---

[41] G. Odasso, Un sì al Dio Santo e un sì ad ogni uomo, 16.

[42] "많은 사람들이 교회를 포기하고 있는데, 왜냐하면 설교대에서 언급되는 말씀은 그들에게 아무런 의미가 없고, 그들의 실제 생활을 전혀 반영하지 못하며, 오늘날의 생활에 위협적인 양식으로 혼란시키는 복잡하고 난해한 문제들의 바깥 표피에 관해서만 언급하기 때문이다": K. Rahner, Problemi attuali della predicazione cristiana: Concilium, 1968/3, 14.

[43] 참조: O. de la Brosse, La predicazione, 119.

공식의 하나는 의심 없이 다음과 같은 것이다: 말씀의 선포는 신앙고백에서 기인되고 신앙고백으로 나아간다. 신앙고백이란 한 주체가 고유한 자유의 가장 친근한 상태 안에서 언어를 통해 역동할 수 있는 상황을 획득하는 것이라 하겠다. 신앙고백은 항상 하나의 되돌아서는 것, 곧 회개를 의미한다. 진실한 신앙고백의 언어는 존재 이유를 나타내는 말씀으로까지 변화되어야 한다.[44]

하느님 말씀의 선포는 인류 역사 안에 계속되는 모든 시대를 위한 것이다. 결과적으로는 보다 광범위한 해석의 모델 안에서 역사적이며 문학적 비평 방법까지 형성하게 하는 해석학적 이론은 아무도 거부하거나 무시할 수 없는 것이다. 다시 말해서 그 해석학은, 교회 선교에 새롭게 힘을 주기 위하여 하느님 말씀의 메시지를 올바르게 현실화시키는 양식 안에서, 말씀 화자話者의 시대와 말씀 선포의 첫 청취자들의 시대와 현대의 우리 시대 사이의 괴리감을 극복하도록 하게 한다.[45] 이러한 까닭으로 이제 하느님 말씀의 현실화에 대하여 고찰하도록 한다.

7.2.3. 하느님 말씀의 현실화

현실적으로 언어의 관점에 의한 신학자의 적절하고 참된 해석학적 작업은 말씀에 대하여 되새겨 보는 것뿐 아니라, 인간 언어의 모든 적절한 분석 매개체를 사용하면서, 말씀이 어떻게 인간 담화 안에서 구체화되는가를 관찰하는 것이다. 이와 같은 분석 안에서 의미, 곧 우리에게 전달되는 바와 같은 말씀의 현실태를 결정해 낼 수 있다.[46] 곧, 말씀은 "우리 앞에 머무는" 상태의 살아 있는 언어로서 스스로 현실화한다. 관련되는 인식과 함께 세계 안에 현존함의 해석학적 총체인 말씀은 상호 통교의 밀접한 성향을 위한 것이고, 역사를 따라 연이어 가는 통교 안에서의 하느님의 계획이

---

[44] 참조: G. PIETRI, La catechesi: *PRATICA*, 101.

[45] 참조: PCB 편 *L'Interpretazione della Bibbia nella chiesa*, 68.

[46] 참조: S. FAUSTI, *Ermeneutica teologica*, 288.

며, 실제적으로는 결코 고갈되지 않는 샘이다. 말씀은 스스로의 모습을 유지하면서 말하고 있는 인격들 사이에 펼쳐지는 상호 통교의 상황 안에서 생동적이고 역동적이 된다. 인식될 수 있는 존재는 곧 말씀이다. 이러한 명제는, 인간이 자신의 이타성 안에서 타인을 필요로 하고, 타인에게 채무자인 정황 안에서만 말씀의 현존이 스스로를 드러내면서, 더욱 심오하게 변화될 수 있는 것이다.[47]

말씀은 노력 없이는 수용되지 않는 은총과 성령 안에 고유한 신뢰를 두면서 언급된다. 말씀은 인성과 신성 사이의 상호 통교를 위한 보다 나은 길을 찾는다. 비록 그리스도 사건이 우리에게 신앙의 언어적 형식이 신비의 현실에 상응한다는 것을 보증한다고 하더라도, 그러한 상응이 나자렛 예수의 인성과 신성 사이에서 교류하는 것과 같은 형태의 것임을 분명하게 할 필요가 있다.[48]

말씀은 항상 스스로 현실화하기 위한 통교의 대상이 필요하다. 그리스도인들에게 있어 말씀은 항상 현실화되기 위하여 상존한다. 말씀은 그리스도 예수의 이름과 얼굴을 소유하고 있다. 현실화 용어의 문제는 이념과 현실 사이에 주의를 집중해야 함을 깨닫는 것에 있는 것이 아니라, 그 두 가지 사이의 연관성을 인식하는 것에 놓여 있다. 이 마지막 문제에 관한 관심은 실천신학의 몇 가지 긴장을 야기시킨다. 달리 말하면 실천의 의미 문제가 특히 인식론의 문제로서 흥미를 불러일으킨다는 것이다. 신학은 추상적이며 동시에 실천적이라고 단언한 성 토마스 아퀴나스로부터 시작하여 우리에게 있어서도, 그리스도인의 신앙은 그 인식과 언어의 연구에 있어 또한 그 분석의 적법화에 있어서 역사적이며 실천적임을 주목하고 있는 바이다.

말씀과 행동, 가르침과 현실화, 곧 하느님의 말씀은 점진적으로 고대 히브리인들에 의해 유효하고 역동적인 현실로서 발견되었다. 그 말씀은 역사

---

[47] 참조: B. CASPER, *L'ermeneutica e la Teologia*, 28-9.

[48] 참조: F. CONIGLIARO, *Ermeneutica e Teologia*, 49.

의 서두에 존재했으며, 역사와 동행하였고 때로는 직접적으로 선포하면서, 역사의 새로운 장을 준비해 왔다. 하느님의 계획이 발전되어 가는 여러 요인들 가운데에서 그 말씀은 단순한 요인이 아니며, 모든 역사에 참된 의미를 부여해 주면서 이끌어 간다. 왜냐하면 그 시초부터 말씀은 역사를 창조하고, 하느님 말씀을 생활화하는 사람들과 동행하기를 중단하지 않기 때문이다.

신학 안에서 신앙의 비판적 에너지와 현실화의 요소들 사이의 교류가 상호의 수용 및 해석과 함께 정립되는 것이 필요하다. 현실화는 신앙에 의해 상속된 언어 문화적 조건의 경계에서 신앙에 대하여 명료한 봉사를 제공해 준다. 신앙은 살고 있는 시대와 교회의 현실화에 대한 진정한 임무를 분명하게 한다. 그 임무는 사도적 기원에 근거를 두고 잘 증거된 경험을 요청하면서 가톨릭적 공동체 안에 머물며 신앙적으로 비판적인 견지를 고수固守한다. 또한 그 임무는 신앙으로부터 이끌어진 현실화의 비판적·과학적 가능성을 요구한다. 그러한 경험은 — 삶 안에서의 모든 현실화의 바탕이 되어야 하는바 — 삶을 초극하도록 하는 요청에 대한 수락을 의미한다. 나아가 신학이란 일반적으로 역사적 현실화의 이론으로 발전해야 한다고 할 수 있을 것이다. 현실적 정황과 동떨어진 단지 은총의 현대적 이론으로서 명상적 성격으로만 발전하는 것으로 한정될 수는 없는 것이다.[49]

말씀의 사도직은, 삶이 하나의 증거가 되어 말할 수 있는 것보다 훨씬 많은 것을 설파할 때 현실화되는 것이다. 이 세계의 어떤 강요로부터 자유롭게 벗어난 메신저에 의해 꾸밈없이 선포된 복음은 바울로 사도에게서처럼 "진리의 증언"이 되는 것이다. 복음은 말씀과 마찬가지로 단지 메시지일 뿐 아니라 또한 행동 현실인 것이다. 그것은 세계 구원사업을 수행하는 하느님의 힘찬 개입이며 현실화된 권능이다.[50]

---

[49] 참조: E. Vilanova, *Storia della teologia cristiana*, 704-5.

[50] 참조: O. de la Brosse, La predicazione, 122.

교회는 선포되고 현실화된 하느님 말씀으로부터 오직 태동되고 성장한다. 이를 위하여 교회는 한 가지 의무를 지니고 있다: 그것은 하느님 말씀을 선포하여 그 말씀의 빛에 따라서 생활을 해석하는 일이다. 이러한 사유로부터 교회 교도권의 권위는 교회 구성원에게만이 아니라 모든 인류에게 차별 없이 적용되어야 한다는 사실이 견지된다. 또한 교회와 교회 사이의 친교는 교회가 만인에게 복음을 선포하는 데 제공해야 할 상호 교환과 협조 안에서 선교에 대한 공동책임을 표현하도록 요구하고 있다.

하느님 말씀을 받아들인 인간 언어는 구원을 앞당겨 보여주는 예시豫示가 되며 또한 명료하게 정체성을 밝힌다. 이러한 전시와 명료성은 우리의 삶 안에서 말씀 현실화의 증거로 발생한다. 초기 그리스도교 공동체는 말씀의 다양성과 풍요로움을 증거하였는바, 그 말씀은 실제 생활 안에서 복음과 신앙 증거의 풍요로움 안에서 해석되었다.[51] 그러므로 하느님 말씀은 반드시 성취되고 현실화될 뿐만 아니라, 그 말씀은 우리 마음속에 이미 심어진 씨앗으로서 세계 안에 현실화되어 꽃피울 것임을 믿고 희망할 필요가 있는 것이다.

---

[51] 참조: P. JACQUEMONT, Lanimazione nella vita ecclesiale, 251.

7.3. 세계 안에서의 교회의 육화

진실히 진실히 말하거니와, 밀알이 땅에 떨어져 죽지 않으면 그대로 남아 있을 뿐이지만 죽으면 많은 열매를 맺습니다(요한 12,24).

7.3.1. 세계 안에 열린 교회

교회 선교의 주요 개념은 제한적일 수 없다. 교회 선교는 성부로부터 파견되고 세상에서 구원사업이 계속되도록 선교의 주역이신 성령을 파견하신 예수 그리스도의 선교와 다름이 아니다.[52] 교회는 선교사를 파견함으로써 생동감 넘치며 역동하는 살아 있는 신앙을 간직하게 된다. 선교는 하느님의 행위이며, 그 목적은 모든 것을 포용하는 메시아적 평화라 하겠다. 교회는 하느님 나라를 대면하고 전파하면서 세계 안에서 예언자적 기능을 가지고 있다. 메시아적 평화를 위한 교회는 세계 전체와 그 역사 총체를 주시하고 있다. 이때문에 교회 선교는 세계 상황에 항상 귀기울이고 있다.

교회는 구원의 길에 개방된 채, 자신의 권능과 그 구조와 함께, 오직 하느님 나라를 위한 구원계획의 전달자로서, 역사 중심에서 근대의 세기까지 절대적으로 자존해 왔다. 그러나 다변적 현대사회는 교회 중심주의를 거부하고, 그 반면 단지 사회적·종교적·초자연적 소임의 도구로서 교회를 받아들인다. 교회 중심주의에 대한 극복은 교회로 하여금 선교에 대한 새로운 지평을 발견하도록 한다. 교회는 항상 자신과 사람들을 위하여 현존의 새로운 형태를 찾도록 요청받는다. 다양한 관점들을 통해서 교회는 바티칸 공의회의 심오한 의지를 다루는바, 많은 이념과 한없는 문화적 동요의 거

---

[52] 참조: K. MÜLLER, Missiologia, 27.

대한 전장戰場인 현대 세계에 직면하여, 그들 가운데 투쟁하는 하나의 선한 세력으로서 교회는 전장에 내려서서, 오랜 세기 동안 진정한 해방을 향하여 세계를 이끌기 위해 대단한 노력을 경주해 왔다. 바야흐로 이제는 교회가 세계에 보다 가까이 접근해 가도록 요구하는 시기가 도래하고 있다.[53]

교회는 복음에 충실하고 자신이 몸담고 있는 사회에 대하여 기쁜 소식으로서의 복음을 해석하기 위하여, 성령으로부터 영감을 받은 활동과 노력 안에서 "사도적"인 모습을 유지하려 하고 있다. 이것은 많은 이들의 협력을 통해서 가능하다. 그 노력은 개인적인 회개와 성서 및 성전聖傳의 재해석, 지역 공동체의 개입, 주석학자와 신학자의 연구, 교회 내 권위의 영도領導, 예언자 운동의 탄생 등을 예로 들 수 있다.[54]

교회는 모두를 하느님에 의해 선사된 구원의 완성으로 이끌기 위해 세계를 향하여 항상 나아가고 있다. 세속화된 사회 안에서 교회에 허락되고 요청되는 유일한 선교는 나자렛 예수가 십자가상 죽음에 이르기까지 자신의 전생애 동안 실현하였던 그 본래적 현존의 삶을 다른 이들을 위해서 재창출하는 것이다.

여기서 우리는 선교와 복음화의 차이점을 대별하여 비교하도록 한다. 선교와 복음화는 동의어가 아니지만, 신학에서든 실제에서든 서로 불가분하게 연관성을 가지고 사용되며 어느 정도 거의 같은 의미로 표현되고 있다. 꼭 구분하자면 다음과 같이 강조점을 차별화할 수 있을 것이다:

1) 복음화는 선교보다 훨씬 확장적인 의미이며, 복음화는 사랑하고, 봉사하고, 선포하고, 가르치고, 치유하고, 해방시키도록 세계에 파견된 교회에 하느님이 계획하시는 전 우주적 완성을 구상한다. 선교는 복음화이지만 복음화가 반드시 선교는 아닌 것이다.

2) 복음화는 선교와 동일시되어서는 안 된다.

---

[53] 참조: S. DIANICH, *Chiesa Estroversa*, 108-9.

[54] G. BAUM, La chiesa cristiana pellegrina sulla terra, 170.

3) 복음화는 "교회의 전 세계적 활동의 핵심적 차원"이며, 교회 선교의 중심으로 이해된다.

4) 복음화는 하느님이 완성하셨고 완성하고 계시며 완성하실 일들에 대한 증거이다. 그것은 우주의 창조자요 주님이신 하느님이 인간 역사 안에 인간이 되어 오셨다는 것과 나자렛 예수의 인격과 행동 안에 극단적인 방법으로 그 일을 하셨다는 것을 선포하고 증거하는 것이다.

5) 복음화는 하나의 응답을 요구한다. "때가 다 되어 하느님 나라가 가까웠다"는 현실을 언급하면서 예수는 당신의 청중들에게 "회개하고 복음을 믿으라"고 요구한다.

6) 복음화는 항상 하나의 초대이다.

7) 복음화하는 사람은 심판자가 아닌 증거자이다. 전적으로 거룩하고 자비로운 사람의 증거에서는 그 거룩함과 은총이 말하는 이든 듣는 이든 그들의 이해차원을 초극한다.

8) 우리의 증거에 대한 그 성격과 효과에 관해 비록 겸손해져야 한다 하더라도, 복음화는 필수적인 직무로 남는다. 모든 사람은 복음을 들을 권리가 있고, 교회가 말하고 행하는 모든 것에 복음화의 차원이 포함되어야 한다.

9) 복음화는 복음화하는 공동체가 매력적인 삶의 스타일과 신앙에 대한 명확한 증거를 드러낼 때만 가능하다. 교회가 세계에 대해 희망, 믿음, 사랑, 정의, 평화의 메시지를 선포해야 한다면, 이 모든 것들 이같은 교회 안에서 이미 가시적이어야 하고 분명해야 한다.

10) 복음화는 오늘을 위한 선물이며 영원한 복락의 약속으로서 구원을 제공한다. 만일 그리스도인들이 스스로 그리스도를 개인적 행운을 선포하는 기복적인 또는 제재초복除災招福[55]하는 사람으로 국한하여

---

[55] 참된 그리스도인이라면 그리스도의 십자가와 부활을 함께 받아들이고 그리스도를 뒤따라서 이타적인 삶을 살아가야 할 것이다.

인식하고 있다면, 그들은 그리스도를 단순한 세속적 행복의 분배자
에 불과하며 보잘것없이 겨우 미소하게 거룩한 일을 추구하는 자 정
도로 축소시키는 결과를 야기하게 된다.[56]

교회와 세계의 관계는 변증법적 구조 안에서 언급할 수 있다. 교회가 신앙으로
순명하면서 행동하는 역사歷史이고 그리스도 사실事實에서 가능하게 된 총체성
안에서 자신을 통합한다고 한다면, 세계는 또 다른 총체적 의미를 이룩하려 하
는 역사라고 하겠다. 교회는 역사 안에서 신앙의 다산성多産性을 위하여 필요한
기능을 펼친다. 역사 안에서 교회 현존의 양식은 분열상이 아니며, 교회가 하
느님의 영역 안에 머무는 한 보편적이며, 하느님을 찾는 모든 이들을 위한 최
고의 수용 공간을 자신 안에 마련해 놓고 있다.[57]

하느님 백성들과의 결정적 통교를 이룩하며 그들의 중재자인 예수 그리
스도에게로 세계 인류를 이끌고자 하는 심오한 선교 의지를 통하여, 교회
정체성의 사려 깊은 보존을 유지하려 하는 것은 합당한 일이다. 교회는,
마치 선교하는 교회가 비그리스도교와 관계를 맺는 것과 같이 현대 세계와
연관하고 있다. 사목적 소임과 선교적 임무 사이의 전통적 구분의 극복은
결정적으로 구체화되어야 하는바, 이것은 세계에 개방된 상황과 더욱 밀접
한 관계를 이루는 교회의 교회론으로 귀착되어야 하기 때문이다.[58]

7.3.2. 세계 안에 육화해야 할 교회

"구원 은총의 신비로서 교회는 유한한 시간성과 역사 위에서의 정도正道
인 참된 육화의 길을 추구해야 한다. 이것은 교회 안에서 교회를 통해서
실현된다."[59] 우리는 세계를 신중하게 이해할 필요가 있다. 성서 구절의 매
우 널리 알려진 말씀은 이렇게 선포한다: "과연 하느님은 이 세상을 이토
록 사랑하시어 …" 하느님이 세상을 사랑하셨듯이 우리도 사랑해야 하고

---

[56] 혹자는 선교를 더 넓다 함. 참조: D. BOSCH, Cosa vuol dire evangelizzare? 35-7.

[57] 참조: S. DIANICH, *Chiesa Estroversa*, 78.　　　　　　　[58] 참조: 107-8.

[59] J.A. BARREDA, La Chiesa come comunione, 82.

교회도 세상을 사랑해야 하지만, 이 사실을 기억하는 이들은 요한 3,16의 "외아들을 주기까지"라는 표현에 유의해야 하는 점을 쉽게 망각하고 있다. 세계에 대한 당신 사랑으로 인하여 하느님이 행하시는 바는 아이러니하게도 세계로부터 우리를 해방시키는 것이라 할 수 있다. 당신께서 파견하신 그리스도를 믿는 이들은 이 세계에서가 아니라 다가올 세계에서 영생을 얻을 것이기 때문이다.[60]

교회 선교 주제에 접근해 있는 주요한 해석학적 구조로서 인식된 바의 비판적 담론을 추구했던, 우리의 논거에 대한 첫 시도에서부터 해결해야 할 중심 매듭은, 자신의 임무를 세계에 대하여 봉사하고자 하는 세상 안의 현존재로서 이해하는 바의 교회의 정체성이다. 곧, 역사 안에서 성삼위 하느님 선교의 연장延長이라 하겠다. 이로부터 교회의 매우 막중한 선교 책무와 보다 심오한 선교 의미가 유래되는 것이다. 세계 역사 안에서의 불가결한 주역은 그 선교사명을 항구히 간직한 바로 그리스도의 교회이다.[61] 그리하여 인류 역사의 흐름 안에서 지역교회들은 사회 문화적 다양한 맥락을 통하여 복음을 육화시켜야 하고, 또한 이러한 문화들로부터이든 혹은 서로 만나게 되는 타종교로부터이든 야기되는 모든 역사적 상황에서 오는 어려움들을 극복할 수 있어야 할 것이다.[62]

교회는 오늘날 선교를 통해서 세계가 인정할 만한 거대한 교회론을 정립하고 있다. 곧, 세계와 교회의 연관성을 언급하지 않고서는 더 이상 교회론을 기술할 수 없게 되었다. 하느님과의 관계에서와 세계와의 관계에서 핵심적으로 규정되는 교회 형상을 묘사하지 않는다면 아무도 교회론을 거론할 수 없다. 오늘날의 교회는 근본적으로 세계를 위한 존재로서 스스로를 이해하고 있다. 그러나 세계의 복음화를 위하여 세계를 보다 심오하게 인식할 필요가 있다.

---

[60] 참조: WEIGEL - ROYAL, *Verso una società libera*, 11.

[61] 참조: S. DIANICH, *Chiesa in missione*, 79.

[62] 참조: J.. BARREDA, La Chiesa come comunione, 97.

교회 육화의 성격은 교회가 태동할 때뿐 아니라, 교회가 세계와의 가장 중요한 첫 만남의 순간에도 분명하게 말씀의 선포를 수반해야 한다. 이러한 관점으로부터 교회와 세계 사이에 창출되는 복합적인 변증법적 관계가 형성되는바, 여기서 야기되는 차별과 긴장은 비록 극단적인 갈등을 야기시킬 수 있으나, 모든 사람을 위하고 또한 그들이 필요로 하는 것과 그들의 미래를 위하여 봉사하는 교회의 역할과 그리스도의 사랑을 훼손시킬 수 없는 것이다.

교회는 하느님 말씀에 주의를 기울이면서, 세계에 육화하는 자신의 선교 사명을 완수해야 하는 것 외에 다른 방도는 소유하고 있지 않다. 하느님의 선교missio Dei인, 세계에 대한 선교의 현실화를 시도하는 한, 세계 안에서의 교회 역할은 합법적이며, 곧 하느님의 개입을 뜻하는 것으로서, 하느님은 당신 자신을 내놓기까지 이러한 선교를 수긍하고 수용하신다. 세계에 대한 교회의 육화와 참여는[63] 세계를 위한 교회의 사랑을 표출하는 양식을 가져야 한다. 교회는, 그리스도 안에서 세계를 향한 하느님의 개방이 세계를 참으로 복음적인 그리스도교화하는 것으로 인식하고 있다. 교회 선교는 사도적 선교이며 말씀과 행동과, 공동체와 세계와의 만남에서 도피하지 않는 인식을 통해서 지리地理와 시간의 한계 끝에 이르기까지 그리스도의 자유로운 통치를 이룩하는 선교이다. "세계"란 용어는 교회 육화가 자신의 진정한 역할을 발견할 수 있도록 하는 우주적 지평 위의 정확한 지향과 함께 무한히 개방된 개념을 함축하고 있다. 곧, "온 세상을 위하여", "전 세계를 위하여"라는 개념은 단지 복음 선포를 위해서뿐 아니라 교회 육화를 위하여 지향된 목표이다.[64]

---

[63] 예컨대, 격월간지 *Aggiornamenti Sociali*는 그리스도교 가르침에 의한 사회 개입의 잡지이다. 실제적 사회, 정치, 경제, 문화의 긴급한 현안들에 대하여 문서화된 정보에 기초하여 비판적 담론을 제안한다.

[64] 바울로에 의하면 보편적 범주에서 선교의 인식은 보편적 화해 과업으로 이해된다(2고린 5,19 참조). 그리고 만일 신앙의 관점에서 그리스도 안에 화해가 이루어진다면, 신앙의 아버지인 아브라함에게 있어 이루어진 "신앙의 상속자가 되는 약속"(로마 4,13)이 성취되는 것을 뜻한다.

교회를 염두에 두지 않고 갈등의 세계 상황에 대한 선교를 생각할 수는 없다. 복음 선포는 교회가 마침내 한 알의 밀알로 죽기까지 온 세계가 새로운 땅이 되고 온전히 하느님 나라가 될 수 있도록 행하는 모든 부정한 제도와의 끝없는 투쟁도 포함해야 하는 것이다.

한편 교회와 세계 사이의 관계는 다양하게 변한다. 문화적으로, 종교적으로, 정치적으로 통일된 단일한 사회 안에 교회가 존재하는 것이 아니다. "인종적 집단이 그대로 교회로 변화되는가"라는 질문은 더 이상 제기되지 않는다. 새로운 문제들이 사회생활 안에서 제기되고, 이에 대해 교회 교도권은 복음과 자연법에서 거대한 원칙의 내용을 추출하면서 새로운 응답들을 제시한다. 변화되어야 하는 것은 세계이다. 레오 13세 교황은 만일 세계가 심각한 사회 분쟁과 갈등으로 소요騷擾된다면, 그것은 그리스도교 정신으로부터 멀리 유리된 제도와 법 때문이라고 깊이 확신하였다.

"비록 하느님이 다른 방법으로 당신 목적을 성취하실 수 있다 하여도, 당신은 그리스도 육화의 신비 안에서, 교회를 통하여 자유롭게 그 일을 하고자 하신다."[65] 실상황 안에서의 교회 육화는 그 보편성을 부정하지 않으며, 오히려 진정한 초월성을 이룬다. 왜냐하면 교회는 자신의 덕목의 총체성을 고갈시킴 없이 누구든지 모든 이와 함께 맺은 관계 안에서 존재하기 때문이다. 그러므로 육화하는 교회는 참으로 "모든 이의 모든 이를 위한 교회"를 지향하며 변모해 가야 할 것이다.

7.3.3. 세계 실재 안에서의 교회

"교회는 영적인 공동체일 뿐 아니라, 또한 가시적인 사회이다. 이 두 요소는 동일한 실체의 불가분 요소이다. 여기서 일치와 애덕의 선善을 위하여 권위있는 봉사와 순명하는 삶이 필요하게 된다." 시초부터 복음은 애덕과 봉사의 선포였다. 그리스도께서 파견한 사도들이 병자 치유를 위하여 봉사

---

65 Gianfranco COFFELE, Missione: Renè LATOURELLE - Rino FISICHELLA 편 *Dizionario di Teologia Fondamentale*, Citta della Editrice, Assisi, 1990, 778.

하였듯이, 선교사들도 순교하기까지 그렇게 사람들에게 봉사하였다. 처음부터 교의를 수호하려 했던 순교자들이 있었듯이, 사회에 순수하게 봉사하려 했던 순교자들도 항상 존재하였다.[66]

성령은 성부에게 귀기울이고 교회 안에서 그리스도가 언급한 말씀을 사람들에게 알려 주신다: "교회는 선교 역사의 순례중에 태동되었고, 세계를 실재하는 현실 안에서 '신학의 현장'locus theologicus으로 또한 성령의 발자취[67]로 해석하면서, … 몸의 머리이신 그리스도 안에서 충만한 삶의 성숙을 향하여 '말씀의 씨앗'을 자라게 하는 바의, 그러한 회개와 변화로 세계를 초대하는 그리스도인 고유의 심오하고 분명한 중책을 견지하고 있다."[68] 다양한 문화와 종교 안에서 말씀의 씨앗은 세계 실재에 대하여 명백하게 스스로를 개방해야 한다. 그리스도로부터 구원된 이들은 그리스도와 일치하는 표징을 드러내는바, 주요한 표징은 부활한 그리스도의 현존을 보여주는 바의, 그러한 공동체를 위한 헌신적인 삶이다. 그리스도의 현존은 증거와 표징으로써 선포된다.[69]

이미 말씀의 씨앗을 선사받은 이들은 그리스도를 통한 하느님의 결정적인 현시로서 제시된 신앙적인 삶의 표징 안에서 만사를 바라볼 필요가 있다. 말씀의 씨앗을 받은 이들은 교회 초세기에 바로 말씀 그분을 분명하게 상봉하였던 이들과 진정으로 일치하는 삶이 요청되며, 하느님에 대한 참된 체험은 엄청난 신비 앞에 겸손의 태도를 수용하게 하는 것이다. 그러나 중요한 것은 그리스도의 유일성과 인류를 위한 진정한 구세주로서 그 보편적인 특성의 실재를 잊어서는 안 된다는 것이다.[70] "실제적·사회학적 상황은 다가오는 미래의 인간사회가 더욱 다문화적이고 다종교적이 되리라고 전망하고 있다. 말씀의 씨앗은 육화된 말씀이신 그리스도를 정향하고 있다. 아

---

[66] 참조: K. MÜLLER, *Teologia della missione*, 111.

[67] 교회 선교의 역사는 곧 성령의 역사(歷史)이며 그 흔적이라 하겠다.

[68] E. NUNNENMACHER, La natura missionaria della chiesa, 90.

[69] 참조: J.E. BIFET, Orme del Verbo Incarnato, 54.   [70] 참조: 56-7.

브라함과 깊은 연관을 가진 종교들 — 유다교, 이슬람교, 그리스도교 — 은 메시아 그리스도를 향해 명료하게 정향하고 있다."[71]

구원의 유일한 두 실체, 곧 말씀과 그 해석행위가 어떻게 구체적으로 또한 결정적으로 성령의 거룩한 위격으로부터 작동되는가 하는 점은 명확하다. 거룩한 말씀의 행업은 전적으로 성령의 인도 아래 귀속된다. 또한 성령은 거룩한 삶과 진리로부터 계시된 충만함에서 멀리 떨어져 머물고 있는 개인, 사회, 문화 현실을 향해 가는 길에 있어, 교회의 거룩한 보호자 역할을 행한다.[72] 성령의 인도하심에 따라 교회는 세계 실재 안에 영역의 제한 없이 대담하게 육화되어 갈 수 있는 것이다. "분명히 이같은 전망은 어떠한 형태이든 교회 중심주의의 공간을 기꺼워하지 않으며, 각 공동체의 한계성을 극복하면서 세계 실재의 모든 영역을 만나면서 각 개인의 양심뿐 아니라 전 인류의 활력있는 모든 차원, 곧 모든 인간 문화를 복음화하면서, 한계 없는 지평으로 교회를 전진하게 한다."[73] 이같은 교회론적 관점에서 해석학은 인간 지성 탐구를 방해하거나 자유 의사를 규정짓는 것이 아니라, 오히려 지성의 힘있는 비약이며 자유의 결정적 주역인 거룩한 애덕이 제시하는 지침 아래 교회 존재의 필요성을 새롭게 드러낸다 하겠다.[74]

교회 현실은 신앙을 표현해야 하고 현대 세계 실재의 신앙체험과 연결되어야 한다. 교회의 강조점은 주로 가난한 이들과의 유대, 불행한 이들, 소외된 이들의 문제로 옮겨가게 되고, 증거의 신뢰 근거가 되는, 곧 참된 말씀 역시 교회로 하여금 애덕을 세계 실재 안에서 구현해야 한다는 규준에 부합되게 한다. 말씀이신 독생 성자는 모든 사람을 향해 말하고 듣고 사랑을 베푼다. 근원이신 예수의 삶은 바로 세계 실재 안에서 교회의 현대적 삶 안에 성취되어야 할 사안의 그 목표가 되는 구체적인 육화로 고려되고, 다른 이에게 봉사하기 위한 결정적 사회 상황 안에서 스스로를 낮추는 그

---

[71] 60.　　　　　　[72] 참조: E. Nunnenmacher, *La natura missionaria della chiesa*, 84-5.

[73] Nunnenmacher, "Evangelizzazione": PUU 편 *Dizionario di missiologia*, 251-2.

[74] 참조: T. Federici, *Ermeneutica Biblica e Teologica*, 378-9.

러한 모델로 제시된다.[75] 예수의 제자가 된다는 것은 그의 행업을 계속한다는 것이고, 그 연속성은 십자가 길에 이르기까지 형제들에게 봉사하는 고역스런 여정을 이행하는 것을 뜻한다.

야고보 2,14 이하는 신앙의 현실과 육화의 실제화에 관하여 흥미로운 점을 시사한다. 야고보서의 텍스트는 몇 가지 사안을 의문에 처하게 하는바, 삶을 이끄는 진리의 말씀에 귀기울이는 것으로 충분한 것인가, 혹은 궁핍한 사람들에게 귀기울이는 것이 필요한 것인가, 등이다. 야고보서의 글들은 말씀에 귀기울이고, 그 말씀에 대한 믿음으로 세계 실재 안에서 신앙을 행하는 교회 공동체 안에 가난한 이들을 수용하기를 요청하고 있다 하겠다. 증거의 첫 형태는 새로운 삶의 형태를 보여주는 선교사와 그리스도인의 가족, 교회 공동체 등의 삶 같은 것이라 할 수 있다. 비록 인간적 한계와 결점이 많다 하여도 그리스도를 모범으로 삼아 단순생활을 하는 선교사는, 하느님에 관한 초월적 현실을 드러내는 표징의 역할을 한다고 할 수 있을 것이다. 교회 구성원 모두는 거룩한 스승인 그리스도를 닮도록 노력하면서, 많은 경우 선교사가 되는 유일한 방도인 신앙의 복음적 증거를 할 수 있고 또한 해야 한다. 세계가 매우 예민하게 느끼는 복음적 증거는, 가난한 이와 미소한 자와 고통받는 자를 위한 애덕과 소외된 사람들에 대한 관심을 펼치는 증거이다. 그리스도는 하느님 나라 표징을 선포하였고 그 가치들에 대한 첫 봉사자가 되었다. 선교사들은 하느님 나라의 가치들을 위해 일하며, 그 노력은 항상 자유, 평화, 정의, 인간의 품위 등을 위하여 이루어졌다. 그리스도인의 증거는 예수의 삶을 연이어서 실행해야 할 중요한 것이 있는바, 곧 세계를 위한 봉사이다. "그리스도인의 증거는 오늘날에도 '그리스도의 형상'으로서 말과 행위에 있어 사도직을 실행해야 하는 삶의 양식 위에 그 바탕을 두고 생활해야 할 것이다."[76]

---

[75] 참조: S. DIANICH, *Chiesa Estroversa*, 58-9.

[76] K. MÜLLER, *Teologia della missione*, 38-9. 선교사들은 사실 그들이 살던 시대의 아들이다. 그러나 그들은 항상 고유한 문화를 존경하고 수용하려는 직관을 지니고 있었다. 그 좋은

7.4. 총체적 복음화의 현실화

주님의 영이 내게 내리셨으니

과연 주님이 기름부으셨도다.

주님이 나를 보내셨으니

가난한 이들에게 복음을 전하고

사로잡힌 이들에게 해방을,

눈먼 이들에게 눈뜰 것을 선포하며

억눌린 이들을 풀어 보내고

주님의 은혜로운 해를

선포하게 하시려는 것이로다(루가 4,18-19).

7.4.1. 그리스도의 현실적 교회

복음은 참된 자유에 관한 진실된 메시지이다. 그리스도에 의한 자유는 육신과 영신 두 차원에서 인간에게 다다른다. 예수는 인간에게 치유와 용서를 통하여 자유를 선사하셨다. 예수의 치유는 비천한 인간을 향한 큰 동정심을 보여준다. 예수의 삶을 바라보면 치유 또한 죄로부터의 해방 표징이다. 치유 행위를 성취하면서 예수는 믿음과 용서의 소망으로 초대하신다. 믿음과 용서를 받고 그들은 구원적 해방으로 들어간다.[77] 예수의 제자

본보기는 멕시코 복음화에서의 프란치스코회 회원들과 일본과 중국에서의 예수회 회원들이다. 판단을 해야 한다면, 부정적 요소보다 긍정적 가치들이 훨씬 많다. 참조: J. LOPEZ-GAY, *La missiologia contemporanea*, 13.

[77] "1975년 독일 주교 시노드가 언급하듯이, 그리스도의 구원은 초월적 내면생활만을 고려하지 않는다. 그것은 인간 전체, 땅 위 삶의 환경 전체까지 포함하며, 인간 삶과 인간 공동체는 세속적 지평의 일에 의해 고갈되지는 않는다. 오직 하느님의 영광 안에서 인간은 자기 삶의 의미를 충만하게 찾을 수 있다. 구원은 항상 하느님과의 통교를 사람들 사이의 그리스도를 통해 동시에 성취하는 일치를 의미한다": K. MÜLLER, *Teologia della missione*, 160.

들은 유다교의 한계를 넘어간다. 그 귀착지는 지리상뿐 아니라 사회, 문화, 종교의 영역에 이르기까지 초극되었던 것이다. 그들은 질병을 치유해 줄 뿐 아니라, 마귀를 쫓아내고 죽은 이를 소생시키며 현실적인 교회 모습을 보여주었던 것이다.

전통적으로 볼 때 열두 사도들과 제자들 및 그 후계자들에 의한 "교회 선교에서 다음의 사항들은 서로 구분된다:

1) 이교도들에게 복음이나 그리스도교 신앙을 선포하기.

2) 내적 회개 혹은 마음의 궁극적 변화는 부언할 필요도 없이 나아가 세례성사와 함께 교회에 입교하는 외적인 회개를 하는 일.

3) 공동체의 단순한 형성을 넘어서 교회 위계 질서를 이루기까지 교회를 구성하는 일.[78]

현실 교회가 행하는 선교 활동의 주요 판단 기준은 하느님의 행위로서의 선교인가 하는 것이다. 하느님은 세계를 구원하기 원하시며, 세계에 구원을 주시는 분은 하느님이다. "교회는 다가올 세계만을 희망하지 않으며, 현세계를 거슬러가 아니라 세계와 함께 그 안에서 희망을 나눈다. '함께 희망을 나눈다'는 것은 교회를 역사의 움직임 안에 두는 것이고, 인류를 위한 나은 미래의 모든 사안에 동참하게 한다는 것이다."[79] 선교는 구원 해석 문제에 관한 한 현대 세계의 도전을 회피할 수 없다. 우리는 구원에 대한 성서적 개념과 전통적 해석의 한계점들을 인식하면서, 모든 자료를 재再숙고해야 한다. 구원을 이해하기 위해 범우주적 그리스도론의 구도를 깊이 고찰할 필요가 있다. 부족하게 느껴지는 점은 그리스도의 총체적인 삶, 곧 육화와 죽음과 부활, 영광스런 재림 등을 모두 총괄적으로 고찰하는 구원의 해석학이다. 이 모든 그리스도론적인 요소들은 우리에게 구원사업을 시작하고 뒤따라야 할 사표師表를 제공해 주는 그리스도의 직무를 형성한다.[80]

---

[78] 55.

[79] S. Dianich, *Chiesa in missione*, 260.

[80] 참조: D. Bosch, La missione come servizio della salvezza, 36.

"진정한 복음적 증거와 역사, 문화, 현대의 관습 안에서 신앙을 전수하는 일 없이 세계에 대한 그리스도인의 봉사는 의미가 없다. 신앙 안에서 타인을 위한 봉사와 함께할 때 비로소 총체적 진리를 향한 여정은 가능하다."[81] 교회는 그리스도의 증거를 세계에 제시하도록 불림을 받았다. 교회와 선교사는 그리스도께서 영위하셨던 삶의 소박함을 본받아, 더욱 가난한 이들에게 봉사하기 위하여 자신이 하느님으로부터 선사받은 은총의 보화를 사용하면서까지 겸손함의 증거를 현실적으로 제시할 수 있어야 할 것이다. 실제로 교회는 신학적 이유 때문만이 아니라 인간에 대한 다양한 현실적인 문제들과 만나면서 제기되는 동기와 사유事由에 따라서, 적합하고 바람직한 사회 현대화를 향하여 많은 신생국가들로 하여금 정향할 수 있도록 하는 확고한 과업을 수행하여 왔다. 그래서 한국과 같은 몇몇 나라에서는 그리스도교가 희망이 가득한 현대 세계의 종교로서 사람들에게 이해되었다.[82]

"세계는 교회에게 있어 거울이다. 왜냐하면 교회는 세계와 매일 생생하게 대면하면서 스스로를 비춰보고 자신의 얼굴 모습을 인식하게 되기 때문이다. 세계와의 대면이 없으면 교회는 하느님 나라와의 친교를 단절하게 되고, 모든 것 가운데 모든 것인 하느님과 함께 하늘과 땅의 혁신으로서의 광채를 상실하게 될 것이다."[83] 교회와 세계 사이의 진정한 관계는 갈등과 분노가 아닌 기쁨과 희망을 주어진 현실 안에서 함께 나누는 것이다.

7.4.2. 복음 선교의 실현

대문호 괴테는 다음과 같이 언급한 적이 있다: "모든 이론은 회색빛이나, 실천으로써 꾸며진 나무는 초록빛이다." 궁극적인 결과는 실천으로의 전이이며 현실의 변화인 것이다. 개개인의 사람들이 또는 집단들이 실제로 복음의 여정을 찾아가고, 우리에게도 그렇게 행동하도록 고무시키는 참된

---

[81] B. SORGE, Introduzione, xxiv-v.　　[82] 참조: A. SEUMOIS, *Teologia Missionaria*, 226.

[83] S. DIANICH, *Chiesa Estroversa*, 301.

행동의 모범이 어떠한 것인지 관찰해 보는 것이 필요하다.[84]

예수는 당신 선교 동안 실천적 복음 선교의 빛에 따라 복음 선교의 목적을 두드러지게 드러내셨다. 그 내용들은 구체적으로 다음과 같다:

1) 무엇보다도 모든 이에게 복음을 선포하는 것이다. 복음 선교의 첫째 목적은 그리스도와 교회를 통해서 하느님이 인간에게 선사하시는 사랑의 기쁜 소식, 곧 복음의 선포이다.

2) 복음 선교 행위의 둘째 목적은 새로운 인간이 탄생하게 하는 것이다. 따라서 교회의 복음 선교는 새로운 인간이신 그리스도와의 만남으로부터 형성되는 것이기 때문에 구원론적이다.

3) 선교 공동체가 친교로써 지향하는 복음 선교의 셋째 목적은 또 다른 선교 공동체를 건설하는 것이다. 복음 선포는 사람들로 하여금 그리스도 안에서 신앙을 응집하게 하고, 새로운 인간들이 새로운 공동체를 시작하지 않을 수 없게 한다. 말씀의 선포는 새로운 공동체를 생성시킨다.

4) 선교 공동체의 친교로부터 제시된 복음 선교의 넷째 목적은 하느님 나라의 복음적 가치들을 향상시키는 것이다. 교회는 빛과 선함의 복음적 씨앗들이 있는 곳에 성령이 역동하는 표징이 있다고 확신한다. 비그리스도교적인 상황과 환경에서 살고 있는 그리스도인 혹은 선교사는 선하고 긍정적인 요소들을 발견하여 이러한 요소들을 성숙시키면, 곧 말씀의 표징이 된다는 확신을 가져야 한다.[85]

실천을 전제로 하는 교회론적 해석학은 교회의 복음 선교 안에서 이론적으로 중요한 인식의 기초가 된다. 교회의 복음 선교는 그 이론적 지향과 함께 실천적 지향을 구현하면서 모든 복음 선교의 요소를 결집시킨다. 복음 선교의 증인들은 실천생활 안에서 복음을 말하고 있으며, 복음 안에서 증

---

[84] 참조: W. BÜHLMANN, *Anno 2001*, 157.

[85] 참조: D. CALCAGNO, *Perché ogni uomo incontri Dio e partecipi alla sua vita*, 108-9.

거된 주님을 사람들이 깨닫도록 만든다. 그리스도인의 증거는 근본적으로 복음 선교의 모습을 띤다. 복음 선교적 증인들은 자신들의 실천적 삶을 통해서 사람들에게 예수 그리스도에 관하여 확신하도록 이끈다. 또한 그들은 예수 그리스도에 대한 관심을 모으기 위하여 그리스도께서 당신을 드러내시고 사람들로 하여금 깨닫게 만들었던 방법을 실천함으로써 복음의 핵심을 수용하게 하며, 투명하게 깨닫도록 돕는다.[86] 교회는 모든 전문화와 세계 안에서의 역할에 대한 복합적 구도의 기능을 넘어서 무엇보다도 실천적으로 복음 선교를 필요로 하고 있다. 이것은 슐라이어마허가 세계를 위하여 신앙에 정향된 실천이론으로 선교학을 이해하도록 의도하고 요청했던 것처럼 학문 이론과 현실재에 대한 고찰인 것이다.[87] 그리스도교 실천 방식은 삶 속의 선물을 통한 증거이므로 참여와 증거는 동일한 지평 위에 있는 것이라고 하겠다.[88]

복음 선교는 사람들과 깊은 관계를 가지고서, 각 신도와 공동체, 그리고 거대한 역사를 기록해 온 세계적 사건들과 그 세계 안의 주역으로서 또한 그 주체로서, 가톨릭 교회의 그리스도교적 실천을 통한 역사적 증명의 차원을 간직하고 있다. 이같은 "이론과 실제의 관계는 예수의 삶에서부터 기원된 실천에 대해 이론적 차원을 재숙고하는 변증법적 긴장의 관계에 머물게 되고, 실천은 역사적으로 형성되어 온 종합적 비판 이성에서 출발하며 이론을 계속적으로 의문에 처하게 한다. … 여기서 현대적 실천을 통해 예수의 삶을 재인식하게 하는 실천신학적 해석학이 요청된다 하겠다".[89]

게다가 해석학을 통하여 교회의 복음 선교는 분명히 해방의 실천적인 면으로 모아지게 된다. 복음화 과업은 필연적으로 세계인의 생활조건을 개선하고 고양시키는 일과 연관되어 있다. 그러므로 구원의 초자연적인 질서와

---

[86] 참조: Edmund ARENS, *Che significa oggi morire e vivere in Gesù Cristo*, 163.

[87] K. MÜLLER, *Teologia della missione*, 42.

[88] 참조: E. ARENS, *Che significa oggi morire e vivere in Gesù Cristo*, 166.

[89] S. DIANICH, *Chiesa Estroversa*, 59.

인간 삶의 시속時俗적 질서 사이의 차별성은 그리스도 안에서 모든 것을 재구성하려는 하느님의 유일한 총체적 계획에 의해 조명되어야 함을 확언하지 않을 수 없다.

교회는 스스로 궁극적 목적일 수 없고 자신을 확장하려는 목표를 첫째로 삼지 않는다. 오히려 인간에게 봉사하며 실천적으로 참여하는 예언자적 정신으로 인간을 섬기고자 한다.[90] 인간 향상, 경제, 사회적 해방, 발전, 정치적 임무, 인권 등과 같은 전형적인 교회론적 요소와 밀접히 연관된 영역 안에서 복음 선교에 대한 견해는 다양하게 실천되어야 하는 것이다.

7.4.3. 총체적 복음화

"1971년의 주교 시노드는 정의와 발전을 위한 일이 단순히 선교 활동에서 세례성사를 주기 위한 복음화 준비 수단이 아니라, 총체적 복음화의 한 부분이라는 가르침을 제시하였다."[91] 세계에 대한 교회의 진정한 선교 상황은 권력에 의한 것이 아니라 봉사와 섬김에 의한 것이며, 교회는 시민사회에 대하여 권위보다도 책임을 절감하고 있다. 그리스도를 통하여 성취되었던, 그 옛날 창조의 상태였던 세계의 완전한 모습을 온 세계가 그리스도 안에서 다시 회복하기 위하여, 또한 세계를 올바르게 식별하기 위하여, 부활하신 그리스도의 행적을 세계와 깊이 관련지을 필요가 있는 것이다. 세계 안에서의 그리스도 구원은, 특히 새로운 사회 건설 안에서 자유의 체제를 건설하려 할 때, 인간이 최고의 긴장감을 체험하게 되는 인류 역사의 종말론적 지평 안으로 강하된다 하겠다.[92]

복음화는 인간 향상promozione umana 활동과 심오하고 다양한 연관성이 있다. 인간 향상 활동은 모든 사람의 선익을 추구하는 교회 복음화에 포함되

---

90 참조: W. BÜHLMANN, *Anno 2001*, 117.

91 BÜHLMANN, *La chiesa alle soglie del Terzo millennio*, 117.

92 해방신학은 그 실천으로부터 선교에 대한 그 판단 기준 요소가 생성될 뿐 아니라, 그 안에서 스스로 발전하고 특별한 영성을 요청하게 된다.

므로 교회는 복음화와 인간 향상 사이의 차이점과 일치점에 큰 관심을 가지고 있다. "제2차 바티칸 공의회 이후 복음화 사명과 인간 향상 및 발전 사이의 근본적 관계에 대한 인식이 증폭되었다."[93] 인간 향상 문제의 해결은 신생국가들의 노력에서 발견된다. "70년대에 이미 바오로 6세는 복음화와 인간 향상, 발전, 자유 사이에 인류학적 · 신학적 · 복음적 질서의 밀접한 연관이 있음을 강조하였다."[94] 회칙 「교회의 선교 사명」은 인간 향상 활동을 오늘날 선교 방법의 하나로 이해하며 그 역동성은 복음 선포에 정향되어 있다. "진정한 인간 향상을 위하여 교회는 토지, 문화적 기구와 신념, 정체성에 의한 삶의 권리 보장, 언어와 선조들의 관습, 지상의 모든 사람의 충분한 평등 관계 등에 대한 노력에 의탁하려 한다"(산토 도밍고 문헌 251).

우리가 살고 있는 시대의 교회에 있어서 총체적 복음화는 교회 선교의 항구한 전통적 노선 위에 복음의 영원한 메시지를 사회적 · 문화적으로 현대화에 적응하고 쇄신하는 목적에 부합되도록 하여 선교의 역동성을 더욱 강화하고 새롭게 하며 인간 향상을 도모하는 것을 의미한다.

인간 해방과 함께 건전하고 정의로운 사회 건설은 세계로부터 스승으로, 인도자로 받아들여지는 교회의 주장에 관한 그 근거를 제공한다. 교회는 근본적으로 예언자적 기능을 펼친다. 교회가 그리스도인 공동체 안에 구체적으로 살아 있고 세계 안에서의 개입과 참여로서 또한 동시에 초자연적이며 종교적인 사명에의 호소로서 자신의 선교과업을 이해한다면, 그것은 곧 해방에 대한 강력한 옹호자sostegno 역할을 수행하는 것이 된다. 교회는 자신의 사명 안에 정의를 구현하기 위한 희생의 임무를 충분하게 이행하면서, 또한 세계 안에서 억압받는 이들의 해방 문제에 직면하면서 자신의 역사적인 책임으로부터 결코 벗어날 수 없다.

교회는 새로운 교회론적인 선교의 정체성을 숙성시켜야 한다. 복음 선포와 인간 해방 사이의 밀접한 연관성과 세계에 대한 대화와 봉사, 영성적

---

[93] Ramon Macias ALATORRE, Liberazione e promozione umana, 139.   [94] 139-40.

가치 증진과 가난한 이들과 피압박자들을 방어하는 호소, 선의善意의 모든 사람들의 권리 옹호 및 보호 등의 소명에 관한 인식을 교회는 새롭게 해야 할 것이다. 해방과 인간 발전은 교회 선교의 중요한 요소임에 틀림없다. 이상과 같은 관점과 인식을 통하여 어려운 상황에서 총체적 복음화 활동을 구현하고자 일하고 있는 모든 이들의 자헌적인 활동에 대한 불신과 과소평가는 분명히 극복되어야 하는 것이다.

"선교는 세계 안에 몸담고 있는 신도들을 통해서 통합과 일치를 향해 나아가려 하는 역사적인 그리스도교 정진精進의 지평 안에 있다. 선교는 교회의 내적 역동성에 의해서뿐 아니라 역사와 세계의 역동성에 의해서도 영향을 받을 수 있다."[95] 교회 역사 안에 나타났던, 선교 정책에 대한 불행했던 실책과 독선과 과오 역시 이제 새롭고 어떤 점에서는 희망차기도 한 새 천년대를 맞이하면서 회개하고 개선하며, 세계의 역동성 안에서 복음의 가르침을 겸손하고 비운 마음의 자세로 실천할 수 있어야 한다.

무엇보다도 그리스도께서 몰아적인, 자기를 내주는 희생의 길로 정진하셨던 것처럼 교회를 구성하는 모든 그리스도인 역시 스승의 모범을 따라 자기 자신의 삶의 터전과 상황 안에서 각자 조그마한 한 알 밀알이 되어 썩고 죽어갈 수 있어야 한다. 형제들에 대한 보다 나은 봉사는 인류 복음화 활동으로서, 곧 부정不正으로부터의 해방이며 총체적인 인간발전과 향상을 의미한다. 교회는 모든 이에게, 하느님의 뜻에 동참할 수 있다고 하는 그 확신을 제공하며, 인간의 현세적인 은총을 통해서 문화를 진흥하고, 하느님의 뜻에 순응하면서 인간 발전에 방해되는 모든 것으로부터의 총체적 해방을 향해 진보해 가야 할 것이다.[96]

---

[95] S. DIANICH, *Chiesa in missione*, 123. 참조: Yves CONGAR, *Jalons pour une theologie du laicat*, Cerf, Paris 1970, 132.

[96] 결정적으로 중요한 것은 언어가 아니라 사랑인 것은 사실이다. 그러나 언어는 "총체적 구원"을 위하여 하느님 백성을 묶어두었던 사슬을 끊을 수 있다. 이미 굳어진 체제의 전혀 새로운 확장된 적용은 … 새로운 현실과 전통 내부에서 기인된 그리스도 가르침의 핵심내용을 새롭게 태어나게 한다. 참조: E. VILANOVA, *Storia della teologia cristiana*, 710.

8

복음적 선교 의식

나는 세상에 불을 지르러 왔습니다.
불이 이미 타오른다면야 무엇을 더 바라겠습니까!

· 루가 12,49 ·

8.1. 선교의 목적

그리스도인 각 개인이 예수 그리스도의 사랑에서 배워야 할 선교 영성과 선교의 방식은 무엇인가? 어떠한 삶의 방식과 영성을 따라야 하는가? 어떻게 특정한 교회 공동체 안에서 개인적 신원과 사명을 수행해야 하는가? 이 글에서는 이같이 중요한 문제에 대한 해답을 얻기 위해 영성신학에 있어서의 선교적인 관점을 중심으로 고찰해 보도록 한다.

선교사는 선교사명 안에서 자기 자신을 성화해야 한다. 이것을 위하여 일반적인 그리스도인 성화를 위한 세 가지 방도를 생각해 볼 수 있다. 곧, 하느님과 더욱 일치하고, 선교사 자신에 대한 사랑을 완성하며, 보다 더 "그리스도인다운" 방식으로 생활하는 것 등이다. 이렇게 볼 때 참된 그리스도교적 영성은 선교적이어야 한다는 것은 분명하다. 선교 영성은 예수 그리스도와 함께 다른 이들과 이루는 친교의 기초가 되며 선교 봉사의 원천이자 원동력이다. 선교사는 선교의 주역이신 성령의 이끄심에 의지하여 선한 목자처럼 생각하고, 느끼고, 생활하며, 봉사하게 된다.

이러한 방법이 제시하는 선교 영성에 따라 생활함으로써 선교사는 성인의 길로 나아가게 되며, 개인적인 삶에서는 열매를 맺고, 선교사명의 수행에서는 효율적이 된다. 선교 영성은 세 가지 차원을 가지고 있는바, 삼위일체에서 나와서 다시 성삼위로 정향지어지는 삼위일체적 차원과, 교회 공동체 안에서 살아 움직이는 교회적 차원, 그리고 역사와 세상 안에서 인간에게 봉사하는 사목적 사랑으로 지속되는 것, 곧 인간학적 차원이다.[1]

모든 사람이 다 구원을 받게 되고 진리를 알게 되기를 바라시는 하느님은(1디모 2,4-5 참조) 당신 성자 예수 그리스도를 파견하시어 성령의 권능으로써

---

[1] J.D.B. Ponte, *School of missionary animators*, 41-3.

모든 민족들이 한 백성을 이루도록 하셨으며, 예수 그리스도는 이를 위하여 사도들을 파견하시며 이 사명을 이어가도록 하셨다(마태 28,19 참조). 교회의 선교 목적은 흩어져 있는 하느님의 자녀들을 모으고(요한 11,52 참조) 모든 이들이 영적으로 참되게 아버지께 예배드리는 시기를(요한 4,23 참조) 앞당기도록 하는 데 있다고 하겠다.

하느님은 사람들을 어떤 상호 관계도 배제한 다만 개별체로서 당신 생명에 참여하도록 부르시기를 원치 않으시고, 오히려 그들을 한 백성으로 세우시어 그 백성 안에 흩어져 있는 당신의 자녀들이 하나로 모여질 수 있기를 원하셨다. 하느님은 모든 이들이 구원에 이르도록 초대하시며, 진리를 완전히 인식하기를 원하시고 있다. 또한 그분은 오직 한 분뿐이시고 하느님과 사람 사이의 중재자도 오직 한 분뿐이심을 말하고 있다. 교회는 예수 그리스도를 통하여 하느님이 세우셨음을 알면서도 교회에 들어가기를 거부하거나 그 안에 머물기를 거부하는 사람은 구원될 수 없다(교회 14 참조)고 밝히나 본인의 탓 없이 복음을 알지 못하고 있는 사람들은 하느님의 방법으로 신앙에로 이끄신다(선교 7 참조)고 밝히고 있다. 이는 예수만이 구원해 줄 수 있다고 말하고 있으며 구원을 교회 밖으로까지 열었다는 특징을 가지고 있다.

예수께서는 복음 선포자로서 하느님 나라를 알리시며, 하느님 나라만이 절대적인 것이며, 다른 것은 모두가 상대적인 것이었다(마태 6,33 참조)라고 하시며, 기쁜 소식인 구원으로 초대하신다. 하느님 나라와 구원은 하느님의 은총과 자비로써 "모든 이"에게 베풀어지고 있다. 이것은 제도적 차원이 아닌 내적 쇄신, 즉 근본적 회개와 마음과 정신의 전환을 뜻한다(마태 4,17 참조). "나는 다른 고을에서도 하느님 나라 복음을 전해야 합니다"(루가 4,43). "실상 내가 복음을 전한다고 해서 그것이 곧 자랑거리가 되는 것은 아닙니다. 내가 복음을 전하는 것은 그러지 않을 수 없어서 하는 일입니다. 내가 복음을 전하지 않는다면 내게 불행이 닥칠 것입니다"(1고린 9,16)라고 말함으로써 복음 선교는 교회의 근본 소명임을 밝히고 있다.

구원의 보편성을 이야기하면서도 그리스도를 믿고 교회에 들어오는 사람들에게만 구원이 가능하다는 뜻이 아니라 구원이 모든 사람에게 제공된 것이라면 모든 사람이 구원될 수 있어야 한다고 밝히고 있다. 이는 사회, 문화적으로 환경이 다르고 다른 종교의 전통 안에서 교육을 받아 예수 그리스도를 전혀 모른다 해도 하느님의 은총을 통하여 그리스도의 구원이 가능하다(교회의 선교 사명 10 참조)고 밝히는 것이다.

이렇게 함으로써 교회는 제2차 바티칸 공의회 이후로 점점 구원의 대상을 확대하고 다른 종교와의 대화와 일치에도 나아갔다. 이는 공의회 문헌이 나온 이후 현대의 복음 선교, 그리스도교 교회의 선교 사명이 공의회 문헌이 제시한 여러 가지 사항을 보다 구체적이고 현시대에 맞도록 세분화했음을 밝히는 것이다. 또한 자칫 복음 선교와 그리스도를 모르는 사람에게 설교하고, 세례를 주는 것이 선교의 목적이라 생각하는 경향이 있으나 이것은 복음 선교의 풍부하고 복잡하고 동적인 참모습을 부분적·단편적으로 규정하여 그 뜻을 빈약하게 하거나 그르치게 할 위험이 있음을 밝힌다. 교회 선교의 목적은 궁극적으로는 하느님의 영원한 생명의 풍요로움에 참여하도록 하는 것이며, 이를 위하여 이 세상에서부터 교회는 가르치고 증거하여야 하는 것이다. 이와 같은 목적을 가지고 위에서 언급한 제반 사항으로 각 개인과 집단의 생활과 구체적 환경을 복음의 빛으로 조명하고 변혁시키려고 노력할 때 교회는 복음 선교를 하고 있다고 하겠다.

8.2. 선교의 정신

교회 선교 정신의 주요한 내용으로는 다음과 같은 열 가지의 영성적 요소를 선택할 수 있다:

1) 참된 증거: 현대인은 진정한 것에 굶주리고 있다. 진실과 정직을 찾고 있다. 이 시대의 표지에 생활의 증거는 선교의 참된 효과를 거두는 데 중요한 조건이 된다. 선교사의 복음 선교의 열성은 거룩한 생활에서 솟아 나오는 것이어야 한다. 선교사는 선교함으로 성덕에 도달해야 한다. 성덕은 기도와 특별히 성체성사의 사랑으로 배양된다. 성덕의 표시 없이는 선교사의 말이 현대인의 마음을 움직이지 못할 것이다(현대의 복음 선교 76 참조).

2) 일치의 중요성: 만일 복음 선교를 하는 사람들이 서로 일치하지 않는다면 선교의 효과는 매우 감소될 것이다. 주님은 당신의 유언으로 당신 제자들의 일치가 단순히 당신을 따른다는 증거만이 아니고 그리스도께서 성부께로부터 파견되셨다는 것을 증거하는 것이라고 말씀하셨다. 이 일치는 그리스도 자신과 그를 믿는 신자들에게 해당하는 신앙의 강한 증거가 된다. 복음 선교의 운명은 교회가 보여주는 일치의 증거와 직결되고 있다. 이것은 책임의 원천인 동시에 위안의 원천이기도 하다. 모든 신자들의 일치가 복음 선교의 길이요 수단이다(77 참조).

3) 진리의 봉사자: 선교사에게 위탁된 복음은 진리의 말씀이다. 선교사는 결코 진리의 주인도 아니고 소유주도 아니다. 선교사는 진리의 보관자요 전달자이며 봉사자들이다. 복음 선교사는 남에게 전해야 할 진리를 탐구하는 사람이 되지 않으면 안 된다. 선교사의 할 일은 진리 탐구를 열심히 하고 아낌없이 진리에 봉사하는 것이다. 신자들의 목자인 선교사들이 할 일은 진리를 보존하고 보호하며 어떠한 희생이 있더라도 사람들에게 그것을 전하는 것이다(78 참조).

4) 사랑의 정신에서: 선교사는 선교되는 사람들에 대하여 날로 증가되는 형제적 사랑을 가져야 한다. 사랑의 표시는 진리를 주고 싶고 일치에로 인도하고 싶은 마음의 표시이다. 사랑의 표시는 또한 예수 그리스도를 알리기 위해 남김없이 자기를 바치는 것이다(79 참조).

5) 성인들의 열성을 본받아: 위대한 복음 선교사, 그들은 복음 선교를 위해 많은 장애를 극복한 분들이다. 그리스도와 그의 왕국을 경건스럽게 알리는 것은 복음 선교의 권리이며 의무이기도 하다. 그리스도께서는 선교사가 당신의 권위를 가지고 구원의 계시를 다른 사람에게 전하도록 명하셨다. 선교사는 열렬한 선교 정신을 가지도록 해야 한다. 교회사 안에서 볼 수 있는 무수한 복음의 사도들의 놀라운 내적 정열과 기쁨은 어떤 사람이나 어떤 사정으로 꺼지게 할 수 없는 내적 동력이었다. 때로는 불안 속에서, 때로는 희망 속에서 무엇인가 찾고 있는 현대의 세계가 그리스도의 기쁨 속에 열성 있는 생활을 하고 있는 복음 선교사에게서 하느님의 말씀을 듣게 되기를 바란다. 기쁨을 누리는 선교사일 때 하느님 나라를 선포하고 세계 속에 교회를 건설하고자 하는 생활을 할 수 있다(80 참조).

6) 성령의 인도에 순응함: 선교 활동은 특수한 영성을 요구한다. 이런 영성은 무엇보다도 성령께 대한 완전한 순응의 생활로써 봉헌된다. 이 순응은 선교사로 하여금 내적으로 성령에 의하여 형성되어 더욱더 그리스도를 닮도록 한다. 누구든지 성령의 은총과 능력으로 활성화된 그리스도의 모습을 반사하지 않고 그리스도를 증거할 수 없다. 그리고 성령께 대한 순응은 선교사로 하여금 선교 영성의 필요한 요소인 용기와 지혜의 은사를 받도록 한다. 선교사는 하느님이 선교사에게 복음을 과감하게 선포할 힘을 주고 성령의 신비로운 방법을 고찰하고 모든 진리를 온전히 깨닫게 해주시도록 기도해야 한다(교회의 선교 사명 87 참조).

7) 파견되신 그리스도의 신비를 따라: 선교 영성의 본질적 특성은 그리스도와의 긴밀한 일치이다. 그리스도의 강생과 구속의 신비는 당신

자신을 완전히 비우심으로 묘사되었고, 이 비우심은 사랑으로 충만하고 사랑을 표현한다. 선교는 바로 이 길을 따르고 십자가 밑에서 목표에 도달한다. 그리스도께서 온전히 파견되셨기 때문에 선교사는 그리스도의 위로하시는 현존을 체험한다(88 참조).

8) 교회와 사람들에 대한 사랑: 선교 영성은 그리스도의 사랑과 같은 사도적 사랑으로 표시된다. 이것은 자기 양들을 알고 찾으며 그들을 위하여 자기 목숨을 바치신 착한 목자의 사랑이다(요한 10장 참조). 선교 정신을 가진 사람은 누구나 영혼들을 위한 그리스도의 열정을 느끼고 그리스도께서 하신 것처럼 교회를 사랑한다. 선교사는 사랑의 사람이다. 그 사랑은 모든 백성과 개인들, 특히 약한 사람에 대한 관심을 지닌 보편적 형제애이다. 그는 보편적인 하느님의 사랑의 표지가 된다(89 참조).

9) 성인은 참된 선교사: 선교 소명은 그 본성상 성덕에로의 소명에서 나온다. 선교사는 누구나 성덕의 길에 자신을 맡길 때에만 참된 선교사일 수 있다. 진정한 선교의 새로운 자극은 거룩한 선교사를 요구한다. 참으로 필요한 것은 선교사들과 그리스도교 공동체 전체와 특히 선교사들에게 긴밀히 협조하는 사람들 사이에서 성덕에 대한 새로운 열성을 자극하는 일이다(90 참조).

10) 복음적 행복의 선교사: 선교사는 자신에게 요구하는 성덕의 의무를 숙고하고 나날이 스스로를 쇄신하고 교리적·사목적 교육을 현대에 적응시켜야 할 것이다. 선교사는 "행동 가운데 관상자"가 되어야 한다. 선교의 미래가 관상생활에 달려 있다. 만일 선교사가 관상적이 아니면 그리스도를 신빙성 있게 전할 수 없다. 선교사는 복음적 행복의 사람이다. 청빈, 양순, 고통과 박해의 인내, 평화와 정의의 갈망, 애덕 등 사도적 생활 안에서 표출된 복음적 행복이다(마태 5,1-12 참조). 복음적 행복을 실천함으로써 선교사는 하느님 나라가 이미 왔다는 것과 그것을 자신이 수락했다는 것을 경험하고 증명한다. 모든 참된 선교생활의 내적 특징은 신앙생활에서 나오는 즐거움이다(91 참조).

8.3. 하느님과의 친교

이것은 삼위일체와 이뤄지는 관계로서 성부를 향하여, 그리스도와 함께, 성령 안에서 성취되는 것이다. 선교 영성은 선교사가 성령 안에서, 그리스도를 통해, 하느님 아버지께 나아갈 수 있도록 도와준다. 그것은 삼위일체적 친교 안에 살아 있는 생명과 진리 그리고 사랑을 바탕으로 해서 그리스도인과 공동체의 삶을 형성하며, 그리스도인이 삼위일체의 친교를 자신들 삶의 원천과 모범으로 항상 선용할 수 있도록 돕는다.

또한 선교 영성은 선교사가 그분과 친교를 이루는 삶과 봉사를 통한 생활 방식으로 그분과 더욱 가까운 친교를 이루는 삶을 살아갈 수 있도록 도와준다. 그 삶과 선교사명을 예수 그리스도의 보편적 구원을 전파하기 위하여 이용해야 할 것이다. 그것은 하느님의 뜻을 식별하기 위한 묵상에 도움을 줄 것이다. 그리고 선교 영성은 우리 안에서 우리를 통해 활동하시는 성령(교회의 선교 사명 88 참조)께 온전히 순명하는 삶으로 인도한다. 성령께서 당신의 활동과 선물로써 기르시는 새로운 생명에게 봉사하도록 한다. 선교사는 성령께서 사용하시는 봉사의 도구일 것이다.

또한 영성신학적으로 고찰할 때 여기서 언급하는 하느님의 도구 또는 봉사의 도구라는 개념은, 성모께서 고백한 주님의 종(루가 1,38 참조) 개념과 함께 하느님과의 친교 차원에서 매우 중요한 개념이다. 그것은 도구 또는 하인, 종 때로는 노예라는 의미까지 포괄하여 그 소유주 또는 주인이 필요로 할 경우, 비록 자신의 의지와 다르다고 하더라도, 언제든지 어디서나 자기 자신을 내놓아야 하는 것이며 그것이 일회一回이든지 다회多回이든지 자신의 존재 이음새가 다할 때까지 자신을 주인의 의도와 필요에 따라 기여하고 헌신할 수 있어야 한다. 아울러 오직 한 차례만 필요로 하여 사용한 이후에, 마치 대장간에 내버려져 있는 겨울철 농기구처럼 주인이 전혀 필요로

하지 않은 채 존재와 생성의 의미를 다해 버릴 수 있는 가능성도 수용할 수 있어야 하는 것이다. 이처럼 도구라고 할 때, 그 의미가 언제나 긴요하게 사용되고 반드시 필요로 하는 수단과 방편으로서만, 그래서 항상 보람과 존재 의미를 만끽하는 상태로서만을 의미하는 것은 아닌 것이다. 하느님과의 친교 측면에서 피조물로서 또한 그분의 도구로서 소유물로서 하인으로서 선교사는 상기한 도구의 운명처럼 될 수 있을 가능성에도 불구하고 하느님과의 깊고 넓은 사랑의 친교로 인하여 그분이 찾으실, 그분이 필요로 할 도구와 기구가 되기를 열망하는 것이다.

겸손과 순명하는 마음으로 그분의 방식에 자기 삶을 내맡겨야 한다. 그분처럼 살기 위해 변화되어 가는 과정에 영향을 미치는 것은 성령이다. 이것을 위해 선교사는 날마다 그분께 더욱 확고하게 투신해야 한다. 그리스도의 제자와 증인이 되기 위해서는 그분 말씀을 듣고 실천에 옮겨야 한다. 선교사의 전 존재와 생명, 열정, 마음, 소유물을 그분께 맡겨야 하는 것이다.

이것에 이르는 가장 확실한 길은 성령께 대한 완전한 복종이다. 열두 사도처럼 선교사가 순종적이어야 한다는 것이다. 곧, 성령께서 하시고자 하는 것에 대해 적극적으로 개방되어 있고, 협력해야 한다는 것이다. 성령께서는 여러 가지 방식으로 선교사를 도와주시지만 특별히 다음과 같은 두 가지 방식으로 선교사를 도우신다. 첫째, 그분은 선교사에게 힘을 주신다. 이것은 나중에 사도적 용기로, 선교적 열성으로, 의욕과 능력으로 발전한다. 둘째, 그분은 선교사에게 식별의 선물을 주신다. 이것은 하느님의 뜻을 이해하고 실천하기 위하여 필요한 지식이자 광명이며, 또한 하느님의 지혜를 이해하고 전달하도록 부여받은 능력이다. 성령의 과업은 선교사 한 사람 한 사람이 예수님을 드러낼 수 있도록 그분의 모상을 굳건하게 형성하는 것이다. 성령께서 인도하시도록 하는 것, 즉 성령께서 하시는 일을 받아들이는 것이 순명이다. 선교사의 방식은 겸손과 사랑, 성령께 순명하는 착한 종(루가 19,17 참조)의 모습이 되어야 한다.

8.4. 그리스도와의 일치

성령께서는 선교의 완전한 성취를 위해 빛을 비추시고, 힘을 주시며, 새로운 생명을 주시는 분이다. 그리스도는 선교사를 부르시고 당신과 일치하도록 도와주신다. 선교사명 안에서 일치를 위한 영성을 발전시키는 것, 즉 예수를 따르는 것은 형제적 친교의 삶을 살아가는 것이다. 형제들과 친교를 이루기 위한 에너지이자 근원은 그분과 친교를 맺는 것이다. "그분과 하나 되는 것", 이것이 선교의 조건이다.

그분과 하나가 된다는 것은 영성적으로 자신의 생각과 말과 행위 모두를 그분의 것과 일치하도록 만든다는 것이다. 곧, 선교사명의 실현중에 행사해야 할 중요한 판단 외에도 각종 생각과 말과 행위 모든 영역에서 그분의 방식으로 전환시키는 일이다. 선교 활동중에 발생될 수 있는 여러 다양하고 복잡한 실제 상황 가운데서 그때마다 복음적인 가치관과 판단을 올바르게 결정짓기 위해서는 항구하게 그리스도처럼 묵상하고 실천하는 것이 대단히 중요하다. 이를 위해서는 복음서 안에서 보여주고 있는 그리스도의 언행과 삶의 편린들이 선교사의 가슴과 머릿속에 깊고 강하게 각인되어 있어야 할 것이다. 이런 의미에서 그분의 가르침과 말씀인 복음을 언제나 가까이하는 것이 이 지상에서 그분과 일치하는 데 있어 불가결의 요건이 된다 하겠다.

그리스도께서 교회를 사랑하셨듯이 우리도 교회를 사랑하도록 불림을 받았다. 교회를 사랑하고 교회 안에서 사랑하고 교회로부터 사랑하도록 해야 한다. 이러한 사랑은 선교사에 의해 그가 다른 사람들과 나누는 형제적 친교로 표현되며, 이러한 친교를 통해 선교사명을 수행해야 한다. 선교사는 교회 공동체 안에서 생활하면서 다른 교회 공동체가 성장하도록 돕는다.

활기 있고, 역동적이며 선교적인 교회 공동체가 되기 위하여 이런 형제적 친교가 살아 있어야 한다. 주님의 이름으로 하나가 되고, 서로 사랑하고 섬기며, 교회 안에서 믿음을 서로 나누며 무엇을 하든지 믿음으로 행하면서 자기 자신은 물론 다른 이들까지 복음화해야 한다. 주님 안에서 생활하고, 성령의 힘으로 성장하며, 신앙을 전파함으로써 다른 이들을 성장시키는 살아 있는 공동체가 선교 공동체이다.

교회 사랑의 한 표현은 "보편적인 형제"가 되는 것이다. 모든 사람을 포용하는 국경 없는 사랑이 예수님의 사랑 방식이다. 어떤 사람이건 그에 대한 희망을 포기하지 않으며, 누구도 배제하지 않는 사랑이 그것이다. 그분은 자기 자신을 교회에 바치셨고, 교회를 통하여 세상으로 퍼져 나가는 것이다. 예수님의 방식을 따르려는 선교사는 그분이 교회를 사랑하셨듯이 교회와 그 구성원들을 사랑해야 하며, 말로만 사랑할 것이 아니라 교회, 본당, 교구의 모든 구성원들과 항상 형제적 친교를 이루어야 한다.

그리스도께서 우리를 "친구"라고 말씀하셨고, 또한 모든 사람을 복음화하기 위해 우리를 보내시는 분 역시 그리스도이시다(마태 28,19 참조). 그분의 제자가 되고 다른 이들을 그분의 제자로 삼는 것이 선교사의 소명이다. 제자가 됨과 선교는 상호 의존적이며 보완적인 관계에 있다. 선교사는 선교를 위하여 제자가 되어야 하고, 또한 그리스도의 충실한 제자가 되기 위하여 선교사명을 수행해야 하는 것이다.

8.5. 참된 선교사

착한 목자이신 예수님은 인류의 구원을 위해 성부께로부터 파견되시어 참 인간으로 우리와 함께 사시며 자신의 생명을 바쳐, 온갖 죄악과 불의 속의 인간이 구원받을 수 있는 길을 마련하셨다. 바로 예수님의 삶의 모습이 구원의 길이고 인간 행복과 완성의 길이다. 그리스도를 전파해야 하는 선교사로서의 우리의 삶은 예수님의 모습이 내 모습이 되게 하는 것이다. 이렇게 되기 위하여 하느님의 가장 귀한 은총인 성령(루가 11,13 참조)에 의탁하며 나날이 새롭게 예수님의 모습으로 변해가야 하겠으며, 예수님처럼 인간에 대한 깊은 사랑, 모든 인류를 가슴 속에 받아들이는 넓은 포용성, 주님의 뜻이 이 땅에 언제나 이뤄지기를 바라는 마음, 자기 비움과 항구하게 겸손한 모습 등의 복음적 가치와 인생관을 지녀야 할 것이다. 그리스도에 대한 굳은 믿음과 끊임없이 진리를 탐구하는 선교사는 무엇보다도 복음 안에서의 행복을 누리는 사람으로 자신이 먼저 성령에 충만하여 행복과 기쁨의 사람이 되어야 하겠으며, 그러한 기쁨과 행복을 세상의 다른 이웃들과도 함께 나눌 수 있도록 힘써야 할 것이다.

진정한 선교사는 세상의 등불이다. 아담과 하와의 원죄 이후로 그들이 버려지고 내던져지게 된 이 세상은 너무나도 혼탁하고, 인류 역사는 암흑이 창궐하던 시기가 그렇지 않았던 시기보다 더욱 많았던 것은 부인할 수 없는 사실이다. 바로 이러한 어둠의 세력에 저항하면서 선교사는 하느님이 보내 주신 메시아 그리스도의 가르침을 선포하고 사람들로 하여금 하느님의 사랑과 자비를 깨닫게 한다. 아울러 참된 선교사는 이 세상의 일에 기피하여 자연 속에만 은둔해 있거나 자신의 안정된 공간 안에서만 자만하여 머무르지 않고, 세상 안의 시시각각 변화하는 상황에 적지 않은 관심과 주의를 기울인다. 이것은 하느님이 지극히 사랑하시는 모든 인류의 안녕과 행복을 위하여 인간사회가 요청하는바, 올바른 질서 유지를 비롯하여 예컨대 경제적 재분배, 사회적 불평등 해소, 기회 편중 현상 개혁, 문화적 공동체성 견실화 등 사회 구조의 소프트웨어를 개선하는 데 미소하나마 간접적으로라도 일조할 수 있게 됨을 뜻한다. 참된 선교사의 이와 같은 적절한 사회적 참여는 다른 어떤 특별한 의도가 결부되어서가 아니라, 오직 인류로 하여금 복음적인 관점에서 형성되는 공동체적이며 형제적인 사회 상황 안에서 삶을 영위하고 하느님 모상으로서의 인간 존엄성을 넉넉하게 꽃피울 수 있도록 하기 위함인 것이다.

모든 선교사는 주님과의 친교와 형제적 친교 그리고 그리스도처럼 자신을 온전히 바치는 일에서 성장하고자 노력한다는 의미에서 성인이다. 또한 다음과 같이 말할 수도 있다. "성인은 참된 선교사이다"(교회의 선교 사명 90). 왜냐하면 참된 선교사가 되지 않고는 성인이 될 수 없기 때문이다. 그래서 우리는 선교가 거룩함에 이르는 최상의 방편이며 수단이라는 것을 알 수 있다. 선교 영성에는 세 가지 열쇠가 있다. 첫째는 그리스도에게 순종하는 것으로, 곧 그분과 함께 또한 그분처럼 사는 것을 뜻하며, 둘째는 형제적 친교로서 그리스도와 하나가 되는 것이며, 그리고 셋째는 보편적 선교인데, 곧 일생 동안 그분과 함께 나아가고 마침내 생명까지도 바칠 수 있는 것 등이 그것이다. 이것들을 행함으로써 선교사는 날마다 그분의 방식을 닮아가고 그리스도께서 선교사에게 바라고 계시는 열매를 맺을 수 있을 것이다.[2]

---

[2] 이 장(章)은 앞의 책 43-50의 발췌 편역임.

9

실천적 선교 영성

우리는 하느님을 사랑하고 그분 계명을 실천함으로써
우리가 하느님의 자녀들을 사랑한다는 것을 알게 됩니다.

· 1요한 5,2 ·

9.1. 사도적인 애덕

초기 그리스도교 공동체의 중심에는 예수 그리스도께서 현존하셨다. 그들은 예수님의 말씀을 들었고, 그분과 만났으며 그분을 따르려고 노력하였다. 그들은 마음과 영혼이 하나가 되길 원했다는 표현이 적절할 만큼 형제적 친교 속에 살려고 노력했다. 많은 초기 그리스도교 공동체들은 소유물을 서로 나누고 형제적 친교를 통해 말 그대로 진정한 그리스도인의 삶을 살았으며 복음화의 상징이 되었다. 이 사람들을 지켜본 다른 이방인들도 "그들이 서로 얼마나 사랑했는지 보라"고 할 정도였다. 그들은 예루살렘과 사마리아 그리고 다른 많은 곳으로 복음을 전파했다. 그러한 형제적 친교는 그들이 복음을 전하는 데 도움이 되었다.

그리스도교 공동체는 그 시작에서부터 모든 사람의 복음화를 위해 파견되었으며 이를 인식하고 있었다. 그래서 그들은 예루살렘에 머물러 있지 않고 신앙을 전하기 위해 그곳을 떠났다. 그들은 박해를 받았으며, 이러한 박해로 인해 예수 그리스도교의 선교를 위해 삶 전체를 투신했다.

초기 그리스도교 공동체가 형성된 이후 교회 역사의 흐름 안에서 많은 사람들과 공동체들은 이와 동일한 생활방식으로 살아오면서 그리스도의 선교를 실천하였던 것을 알 수 있으며, 이것 때문에 그들이 그리스도인이라고 불릴 수 있었던 것이다(사도 11,26 참조). 그래서 각 시대의 위대한 선교 성인들에 대하여 연구하면서, 그분들이 실행했던 선교 활동들을 오늘날 시의에 맞는 적절한 방도로써 실천에 옮기는 것도 좋은 방법이 될 것이다. 그러한 성인들을 통해서 그리스도는 끊임없이 다가오시고, 무한한 자비심으로 선교사의 선교 활동에 응답하신다.

그리스도와 함께하는 삶은 항상 친교를 이룬다. 스승과 친구, 동행인, 제자로서의 친교 등을 이룬다. 이러한 친교 안에서 그리스도께서는 제자들이 서로 친교를 이룰 수 있도록 도우신다. 그분의 삶은 각각의 사람들이 고립되어 있지 않고 마치 가족과도 같은 교회적 친교를 이루는 삶이다. 그분과의 삶은 지속적이고 영원한 삶이다. 그리스도는 사도들, 제자들과 함께 몇 차례의 과정을 밟으신다. 그것은 지속적인 사랑의 가르침이며 이러한 삶은 끊임없는 수련과 배움의 연속이다.

성령을 통해서 예수 그리스도는 교회와 각 개인 그리고 모든 공동체의 성화를 주관하신다. 우리가 누구이며, 무엇 때문에 살아가고, 얼마나 많은 열매를 맺을 것인가는 어떻게 그분과 친교를 이루고, 얼마만큼 그분의 생활 방식을 본받을 수 있으며, 보편적인 선교에 완전히 투신할 수 있느냐에 달려 있다. 선교 영성은 선교사로 하여금 성령의 성화 활동에 순종하게 해 준다. 진실하게 선교 영성을 실천함으로써 누구든지, 성인이 될 수 있는 훌륭한 선교사로 성숙된다.[1]

선교사는 그리스도의 양들을 누구보다 잘 알고, 그들보다 먼저 가서 그들을 인도하고, 그들에게 필요한 것을 채워주고 도움을 주는 선한 목자(요한 10장 참조)인 예수 그리스도의 방식을 따라야 한다. 그리고 더욱 계시적인 것은 선한 목자가 자신의 양을 너무 사랑한 나머지 그들을 위해서 자기의 목숨까지 바친다는 것이다. 이것은 마치 "하느님께 바쳐진 나지르인"(판관 13,5)으로서, 또한 일찍이 이사야 예언자가 "나는 주님 안에서 크게 기뻐하고, 내 영혼은 나의 하느님 안에서 즐거워하리니"(이사 61,10) ― 공동번역에는 "나의 하느님 생각만 하면 내 가슴은 뛴다" ― 라고 고백하였듯이, 선교 영성의 삶은 예수님께 압도당하고, 그분의 느낌과 태도 그분의 생활방식으로 살아가는 것을 말한다고 하겠다. 이러한 생활방식과 봉사, 그리고 사목적 사랑을 사도적 애덕이라고 한다.

사도적 애덕, 곧 사랑은 다음과 같은 것으로 표현될 수 있는데, 사람들을 향한 그리스도의 열의와 사도적 열정, 그리고 예수께서 보여주신 모범, 곧

---

[1] 앞의 책 47.

지치지 않는 열성, 주고자 하는 마음, 순종적 태도, 아낌없는 노력, 마음을 다해 자신을 바치는 것 등이다. 사도적 사랑이 드러나는 곳은, 예를 들면 예수께서 사람들을 대할 때의 친절함, 각 개인이나 공동체에 대한 배려, 다른 이들을 판단하는 것이 아니라 형제에게 손을 내밀 때의 연민의 정, 그리고 마음 깊은 환대와 다른 이들이 필요로 하는 것에 대한 관심이다.

그리스도인의 삶과 선교사명은 자신이 선한 목자로 성장하는 만큼 비례적으로 발전한다. 이러한 발전으로 그는 선한 목자가 지녀야 할 사랑과 선교가 열매맺도록 해주는 몇 가지의 특수한 내적인 태도를 획득하게 된다. 이러한 영성은 예수님과 함께, 그분처럼, 그분을 위하여 자신의 생명까지 주는, 특히 세상 사람들을 향한 선교에 바치는 선교적 봉헌의 성장이라고 말할 수 있다.

그리스도인은 선교사명의 참된 실현이 자신의 소명과 일치되는 것으로 생각한다. 선교 영성은 자신의 일생을 통해 공동체 내부와 외부에서 반드시 촉진해야 할 복음적 가치를 이해하고 구현하는 데 도움을 준다. 소외된 사람들을 위한 봉사에 투신하는 것과 비례해서 선교적 감수성은 성장한다. 다른 한편으로 자신의 선교적 책임감을 인식하게 되면, 그리스도인은 쇄신된 열정과 함께 신성함에 대한 소명을 가지게 된다. 선교 영성생활은 어떤 것과도 비교할 수 없는 내적 기쁨과 더불어 축복으로 가득 찬 삶을 향해 나아가는 것이다.

주님은 새 생명을 주셨고 선교사로 하여금 그것을 전하고 열매맺어라 하셨다. 그리고 선교사들 삶의 근본적인 방향은 자기 자신과 다른 이들을 복음화하는 것이다. 선교사 각자는 자신의 소명에 따라, 그리고 자신이 받은 은사를 통해서 모든 사람을 복음화하는 것이다. 선교사로서 그리고 하느님 뜻의 공정한 집행자로서 하느님이 주신 능력을 가지고 사람들에게 봉사하여야 한다. 그래서 선교사는 사랑의 사람이며, 누구보다도 사랑이 많은 사람이다. 형제들을 위하여 자신의 목숨도 바치는 그는 하느님 사랑의 명확한 표지이며 도구이다.

9.2. 친교적인 삶

선교사가 되고 또 선교사로서 활동하기 위해서는 예수님과 사도 및 제자들이 모범을 보인 친교의 생활을 실천하는 것이 필수적이다. 그들은 예수님과의 관계에서뿐 아니라 사도와 제자들 간의 친교도 이루었다. 예수님과 함께 참된 공동체를 이루었던 것이다. 이러한 형제적 친교 안에서 매일 그들은 예수님의 가르침을 받았고, 그분의 이름으로, 그분이 주신 능력으로, 복음화 사명을 수행하도록 파견되었다(마태 28,19-20 참조). 그들은 확고한 친교적 삶을 살았다. 교회는 그 존재 자체가 선교이며 친교이다. 교회는 생명과 사랑과 친교이신 하느님의 살아 있는 표상이다. 교회는 선교사가 하느님 그리고 형제들과 친교를 이루는 삶을 살 수 있도록 돕는다. 친교로부터 교회는 자신의 사명을 수행하고, 교회의 선교를 통해 친교가 견고해진다.

모든 그리스도인에게 가장 중요한 계명은 "그리스도의 사랑 안에 머무는 것"이며 형제적 방법으로 다른 사람들에게 봉사하는 것이다. 참된 제자는 친교의 삶을 실천에 옮기고 자신의 사명을 완수한다. 친교 안에서 제자가 되고, 친교적 삶을 통해 제자를 만든다. 이것에 의해 그의 삶 전체가 변화되어, 자신의 구원에 이르는 길인 친교적 삶의 길로 나아가게 되는 것이다. 교회 공동체 안에서 모든 사람들은 친교를 통해 자신을 복음화하여야 하며, 그것으로부터 다른 이들을 복음화할 수 있고, 자신의 사명을 수행할 수 있다. 그러므로 친교적 삶은 다른 어떤 것으로도 대체될 수 없는 복음화의 수단이며, 복음화 과정의 목표이고, 선교의 원천이다.

모든 개인과 공동체가 수행해야 할 복음화의 과정은 신앙고백과 말씀의 선포만으로는 충분하지 않다. 그것에는 교회 친교와 선교 투신이 포함되어야 한다. 복음화 과정의 마지막 단계이며, 결정적인 것은 친교적 삶이다. 자신이 반드시 이루어야 할 구체적 교회의 친교는, 자신의 선교를 지원해

준다. 우리가 준 그만큼 받는 것이 친교적 삶이다. 선교 증언, 말씀의 선포 그리고 친교의 활성화가 그것이다. 비친교적인 삶의 선교 모습은 매우 권위주의적이며 위압적인 자세를 지칭한다 하겠다. 어떤 의미에서 이것은 진정한 권위라고도 할 수 없는 것이다. 왜냐하면 참된 권위는 자기 헌신에서 기인되는 것이다.[2]

이러한 친교적 삶은 모든 사람들이 자신의 정체성과 카리스마를 잃지 않고 원활하고 원만하게 서로 함께 머무를 수 있도록 용기를 주고, 교회 내적인 친교를 증진시키며, 지역 공동체와 보편교회가 공동으로 실시하는 사목 활동 안에 선교 봉사가 적절히 통합될 수 있도록 하기 위해 반드시 유기적인 것이 되어야 한다. 친교는 선교사들이 서로 존중하고, 이해하고, 지원할 수 있도록 해주며 또한 지역 공동체와 여러 다른 기관, 연합체, 운동 단체의 가치와 카리스마 그리고 선교적 주도권 등을 최대한 활용할 수 있도록 해준다.

내적으로 이런 친교는 예수님 제자 되기와 예수님 제자 만들기에 연관된 우정과 형제애를 더욱 강화한다. 선교사는 예수 그리스도의 친구가 되고, 참된 형제로서 함께 서로 나누며, 선교의 준비 과정과 수행 과정에서 서로를 도와준다. 외적으로, 친교적 삶은 비그리스도인의 복음화를 우선으로 하는 보편 선교 안으로 자신들의 봉사 활동이 통합될 수 있도록 도와준다.

친교적 삶은 그리스도인의 생활, 복음화 과정, 신도들에 대한 선교 봉사에 본질적인 부분이다. 그러므로 신도들이 친교 안에서 복음화되고, 친교

---

[2] 권위는 어디에서 나오는가? 마오쩌둥의 말처럼 권력과 함께 총구(銃口)에서 나오는가? 아니면 금력, 권력, 무력, 재력, 위협에서 기인되는가? 인류 역사 안에서 많은 경우 이러한 출원에서 권위 아닌 "권위"가 나타났다. 그러나 진정한 권위는 구성원 이웃을 위한 봉사와 희생과 섬김에서 비롯되는 것이다. 그리스도의 삶이 이러한 논거를 명확히 증거하셨다. 그분의 희생적 사랑에 젖은 인품과 성품에서 우러나오는 권위를 그분은 우리 모두에게 보여주셨다. 이렇게 볼 때, 진정한 권위는 자신의 삶이 이웃과 다른 사람들을 위하여 전적으로 투신하게 될 때, 비로소 참된 권위의 소유자로서 인정받게 되는 것이다. 선교사의 권위 역시 피선교지에서 군림하는 자세를 가져서는 안 되며, 그리스도와 같이 자신을 내주는 삶의 권위를 드러내어야 할 것이다.

로부터 사명을 완수할 수 있도록 상황에 가장 적합한 방법으로, 신도들 간의 친교가 강화되도록 격려하는 것은 중요하다. 이같은 특별한 친교적 삶은 한편으로 지역 공동체 복음화의 표지이며, 다른 한편으로는 그들이 예수님과 함께하는 학교를 지속시켜 나가고, 항상 선교사로 존재하게 하는 효율적 수단이기도 하다. 신도들 사이의 진실한 친교는 가까운 친구들로부터 시작하여 마침내 전 세계의 복음적 친교를 이끌어 낸다. 친교적 삶은 보편 복음화에 힘을 주고, 하느님이 주시고자 하는 선교적 도약을 보장해 주는 선교 사목[3]을 유기적으로 증진시키는 데 도움을 줄 것이다.

---

[3] 선교 사목이란 그리스도인들이 지역적이며 보편적인 선교사명을 효과적으로 이행할 수 있도록 선교적 방법으로 그들을 교육하고 활성화하는 복음화 봉사를 뜻한다.

9.3. 선교를 위한 조력

참으로 진정한 선교사는 성인이고, 성인은 진정한 선교사이다(교회의 선교 사명 8 참조). 보편 선교에 대한 선교사의 주된 공헌은 일상생활을 통해서 이루어진다. 그러므로 성인과의 친교 속에서 세계의 모든 보편 복음화가 성취되어야 하고 협조되어야 한다. 이러한 이유로 교회는 개인적·공동체적 그리스도인 생활의 증거를 가장 주요한 수단으로 제시한다(교회의 선교 사명 82 참조). 그리스도인으로서 생활을 잘 하게 되면, 신앙이 성장하고, 그때 하느님 나라가 이 땅 위에서 성장하는 것을 도울 수 있는 것이다. 그리스도인 생활의 증거는 선교사와 선교에 대한 직접적인 지원이 된다.

선교사는 기도를 통하여(교회의 선교 사명 78 참조) 세계 보편 선교를 위한 효과적인 도움을 받는다. 기도는 선교사명 수행과 말씀의 선포가 은총에 힘입어 효과적이 되도록 도와준다. 그것은 하느님의 사랑을 전하는 데에 선교사와 그리스도, 그리고 선교사 형제들을 서로 더욱 강하게 결합시켜 준다. 기도 속에서 전全 교회는 선교사와 하나가 된다.

또한 선교사는 희생을 통하여 영성적 선교 조력에 기여한다(교회의 선교 사명 78 참조). 모든 고통을 받아들이고, 사랑과 함께 그것을 하느님께 봉헌하고, 선교사 자신의 십자가를 묵묵히 지고 가야 한다. 선교사들의 희생을 상호 간에 나누고, 온 교회의 희생을 그들에게 줌으로써 그들을 지원한다. 자신을 제물로 내주신 예수님과 선교사는 하나가 되고, 그분의 십자가에 동참하며, 풍성한 마음으로 봉사하고, 생명을 바쳐 다른 이들을 섬기며, 선교사명을 수행함으로써, 선교사에게 주어진 십자가를 기꺼이 받아들인다.

아울러 깊은 영성에서 비롯되는 물질적 협력은 "주는 것이 받는 것보다 복되다"(사도 20,5; 참조: 교회의 선교 사명 81)는 사실을 명백히 보여준다. 하느님은 단지 개인적인 즐거움만을 위해서가 아니라, 모든 형제들의 유익을 위해 사용하라고 많은 선물 예컨대, 생명·가치·지력·기회 등을 주셨다. 사실 인간은 세계 안에 있는 자신의 재산과 물질에 대하여 소유주owner의 관계로 있는 것이 아니다. 물질과 세계 재화에 대한 진실한 소유주는 언제나 하느님이시다. 인간은 단지 한정적이며 임시적인 관리자administrator에 불과한 것이다.

그리스도인들은 다음의 세 가지 이유에서 세계 선교 제대 아래 물질적인 봉헌을 한다고 할 수 있다. 첫째, 하느님을 위하여: 왜냐하면 이웃과 나누기 위해서 하느님으로부터 선물을 받았고, 하느님은 교회 선교를 위해 그 선물을 관용의 정신으로 나누는 데 실행하라고 부르시기 때문이다. 둘째, 다른 이들을 위하여: 선교에서 물질적·경제적으로 필요한 것들이기 때문이다. 단지 최소한의 교회 건물(경당, 학교, 교리교육실, 고아원 등)을 건축하기 위한 것뿐만 아니라, 특히 가난한 나라에서 자선 사업, 인간 교육 사업, 활성화 사업, 광범위한 활동의 지원을 위하여 필요하다. 셋째, 자기 자신을 위하여: 하느님이 나눔을 위해 주신 선물을 정직하게 관리함으로써, 또한 자신의 모든 소유물을 가지고 신앙의 전파라는 사명을 성실히 수행하고 공로를 쌓기 위하여 요청된다.

선교 활동을 돕는다는 것은 결국 선교에 직접 온몸으로 투신하고 있지 못한 그리스도인들에게 선교에 동참할 수 있는 기회를 제공해 주는 것이다. 사실 세례받은 그리스도인들이 모두, 자신의 일생을 다하여 직접적으로 온전히 봉사하는 선교 활동에 완전하게 동참할 수는 없다. 사도행전에서 바울로 사도가 언급한 것처럼, 교회 구성원은 하느님의 뜻에 따라서 각자의 고유한 몫을 간직한 채 하느님의 선교 사업에 동참하게 되는 것이다(1고린 12,27-30 참조). 그러므로 교회 선교를 돕는 일, 특히 물질적·재정적으로 선교 사업에 도움을 주는 일은 많은 그리스도인들로 하여금 선교에 함께 참여하게 하는 기회를 제공한다고 하겠다.

9.4. 선교 영성의 심화

어떻게 예수님은 사도들을 뛰어난 선교사로 변화시켰는가? 무엇을 통해 사도들에게서 사고 방식, 느낌, 태도, 행동에서의 이같은 변화가 일어날 수 있었는가? 그들이 선교에 대하여 가지고 있는 커다란 관심과 열정을 유지하고 힘을 북돋우는 방법은 무엇인가?

회칙 「교회의 선교 사명」은 "신앙을 줌으로써 신앙이 견고해진다"(2)고 말하고 있다. 그러나 신앙을 전달하기 위해서는 선교 정보, 선교 교육, 선교 협력, 선교 성소의 활성화에 도움을 주는 선교 교육자가 필요하다(83 참조). 교회는 본당과 교구 내에서 이러한 선교 활성화와 선교 교육에 우선권이 주어져야 한다고 선언하고 있다(83 참조). 신앙고백, 말씀의 선포, 사랑, 복음적 대화를 통하여 신앙을 서로 나누고 성장할 수 있는 곳은 교회인 것이다(5 참조).

선교 영성을 심화시키는 과정은 그리스도인들을 그분의 제자가 되도록 하여 예수님의 제자들이 가졌던 심성과 믿음을 내면 깊이 간직하도록 이끄는 과정이다. 이것을 실행하기 위해서는 네 단계가 필요한데 선교 교리 이해, 선교 영성, 선교 봉사 그리고 선교 친교가 그것이다:

1) 예수님과 함께 하는 첫째 단계는 선교 교리를 이해하기 위해 말씀을 듣는 것이다. 이러한 이유에서 선교 교리 이해라고 한다. 관련 성서 구절은 "내가 그대들에게 명한 것을 다 지키도록 가르치시오"(마태 28,20)이다. 선교 교리 이해는 예수님의 선교사명, 교회의 선교 사명 그리고 선교사의 선교사명을 알게 해준다. 선교신학과 교리문답을 최대로 활용하면, 선교사명을 더욱 잘 수행하는 데 도움이 되는 사고 방식과 기준, 지식을 얻을 수 있다. 이러한 의미에서 이것을 "선교 교리 이해"라 한다.

2) 둘째 단계는 말씀으로 사는 것으로 예수님의 방식을 따르는 삶이다. 선교사의 선교 열정, 느낌, 태도, 선택 등을 쇄신하는 것이다. 그래서 이것을 선교 영성이라고 한다. 관련 성서 구절은 "그들은 같이 가서 그분이 머무시는 곳을 보고 그날 그분과 함께 지내게 되었다"(요한 1,39)이다. 선교 영성 프로그램에서 영성 심화는 선교 이해의 중심이 되어야 한다. 그렇게 함으로써 참된 선교 열정, 느낌, 태도, 선택 능력 등을 가지게 된다. 이런 의미에서 이것을 "선교 영성"이라고 한다.

3) 셋째 단계는 말씀을 실천으로 옮기는 것으로 예수님의 제자 되기이다. 신앙고백과 복음의 선포, 선교 봉사를 통해서 그분께로부터 배운 것을 실천하는 것이다. 이러한 까닭으로 이것을 "선교 봉사"라고 한다. 관련 성서 구절은 "인자도 섬김을 받으러 온 것이 아니라 섬기러 왔고, 또한 많은 사람을 대신해서 속전으로 목숨을 내주러 왔습니다"(마태 20,28)이다. 선교 이해 과정에는 방법론 교육뿐 아니라 실습도 포함되어 있어, 봉사와 헌신의 실습을 통해 신도들과 활성가들은 지역 및 보편 선교를 이해하게 되고, 실천에 옮길 수 있다. 이러한 의미에서 이것을 "선교 실행"이라고도 한다.

4) 넷째 단계는 공동체에 말씀을 적용하는 것으로 세상이 믿게 하는 일(요한 17,21)을 돕는 것이다. 이것은 선교사를 강하게 하여 생기있고 역동적이며 친교적인 선교 공동체를 이루게 하는 것이다. 이러한 이유로 이것을 "선교 친교"라고 한다. 관련 성서 구절은 "그대들이 서로 사랑을 나누면 모든 사람이 그것을 보고 그대들이 내 제자라는 것을 알게 될 것입니다"(요한 13,35)이다. 선교 이해에서는 "예수님과 사도들의 관계에서 나타나는 것"과 같은 친교의 경험을 할 수 있도록 용기를 주어야 한다. 이러한 친교의 경험을 통해 생활과 봉사를 나누며, 동시에 선교를 비추어 주는 빛과 선에 대한 확신을 얻을 수 있다. 이러한 의미에서 이것을 "선교 확신"이라고도 한다.

이러한 각 단계에 끝과 새로운 시작을 알리는 모임을 가지도록 한다. 각 단계의 모임은 그 내용이 이전의 것과 달라진다. 단계마다 새로운 내용이 있기 때문이다. 첫 단계는 교리 개요, 둘째 단계는 선교 영성을 심화시켜 주는 역동성, 셋째는 선교 봉사의 준비와 실행, 넷째는 생활의 복음적 쇄신, 선교 축제, 선교 소풍 등 선교 친교 강화, 친교 확신 등의 내용이 될 것이다.

이 네 단계에 이어지는 선교 이해 과정은 신도들이 참된 선교사를 향해 점진적으로 성장하는 단계인 순환 과정이다. 이 과정은 말씀을 듣는 일로부터 시작되어, 그것을 생활화하고, 자신의 역량에 맞는 선교 봉사, 선교 친교의 강화로 끝을 맺는다. 이어 새로운 순환의 네 단계가 다시 시작되는데, 선(善)한 제자로서 말씀을 듣고, 그것을 실천에 옮기고, 다른 이들을 예수님의 제자로 삼는 일이 그것이다.

이러한 네 단계가 모두 끝나면 그분은 다시 네 단계를 시작하신다. 첫째, 선교 교리 이해로서 새로운 진리, 새로운 말씀을 가르치시고; 둘째, 선교 영성으로서 그것대로 생활하고 살며; 셋째, 선교 봉사로서 그것을 전하게 하시고; 넷째, 선교 친교로서 공동체를 강하게 하는 단계로 끝마치신다. 그리스도께서 가르치신 방법은 직선적인 이론 전개 과정이 아님은 확실하다. 이것은 제자들이 그분의 삶과 진리 그리고 사랑 안에서 성장할 수 있도록 돕는 순환적이고, 지속적이며 점진적 과정이다.

하느님의 말씀은 다른 모든 단계의 토대가 되며 교리 과정에서는 그것을 듣고, 영성 단계에서는 그것대로 살아간다. 선교 봉사 단계에서는 그것을 실천에 옮기고, 마지막 단계에서 그것은 선교 친교의 열매 또는 원천이 된다. 말씀의 본질과 실천적 체험은 선교 영성 교육 전(全) 과정의 핵심이다.

이상과 같은 선교 영성 심화 과정에서 중요한 점은 다음과 같이 요약할 수 있다:

1) 선교 이해를 가르치는 주역은 성령이시다. 선교 이해에서 선교사의 사명은 신도들이 예수님과 함께 하는 애덕의 학교에서 생활할 수 있도록 도우시는 성령을 지원하는 데 있다.

2) 선교 사목의 효율성과 복음 선포의 미래는 선교 이해에 달려 있다고
하겠다.

3) 신도가 보편 선교를 지성적이고, 영성적이며, 방법론적인 바탕을 가
지고 수행할 수 있으려면, 체계적이고, 점진적인 선교 이해는 필수
적인 것이다.

4) 이렇게 하기 위해서는 잘 짜여진 선교 심화 프로그램을 이용하여야
한다.

5) 활성가들을 위하여는 기본적으로 제공되는 교육 수준을 넘어서는
전문적이며, 고급적인 선교 교육 기관의 설립이 필요하다. 더 나아
가 연속적인 선교 이해 과정도 반드시 제공되어야 한다.

6) 성령과 신도와 공동체에 충성하는 마음으로 볼 때 선교 이해는 신도
전교회의 임무 중에서 가장 우선적인 것이다. 이러한 선교 과정 봉
사를 통해 신도들과 그들의 교육자들, 교회 공동체 그리고 신도 운
동들이 보편 선교를 효과적으로 수행할 수 있도록 돕는다.

이같은 선교 영성 심화 과정에서 배운 것을 실제로 경험하는 데는 선교 영성
모임의 과정이 있다. 그것은 배우고 익힌 바 그대로 더욱 복음적 가치관에 따
라 살아야 하고, 또 그렇게 함으로써 동화되어야 하는 메시지를 모든 이가 더
욱 내면화하는 작업에 관한 것이다. 그러므로 각 영성 모임의 주요 내용들은
선교 교리 심화 과정에서 다루어진 주제를 원용하고 발전시키며 그것을 새롭게
인식하게 된다. 이전 모임의 주제를 단순히 되풀이하지 않고, 그 주제를 개인
과 공동체의 삶에 적용하여 해석하면서 필요한 보완 설명을 한다. 이 모임에서
예수께서 가르치시는 것을 매일매일 기쁘게 어떻게 살아갈 것인지 답을 얻고자
애쓴다. 이렇게 하여 공동체의 한 구성원으로서 예수 그리스도를 더욱 심오하
게 경험하게 된다. 이것은 항상 자신의 삶을 되돌아보도록 도와준다. 그리스도
를 더 잘 알게 되면 그분을 더욱 닮을 수 있는 길을 깨닫게 되기 때문이다.

선교 영성 모임들의 목적은 선교사의 마음, 감정, 태도 그리고 생활을
선교에 중심을 두고 예수님을 더욱 깊이 경험하며, 그분이 공동체와 함께

계심을 경축하고, 그분이 공동체 안에 이루시는 사업에 이바지함으로써 새
롭게 하도록 돕는 것이다. 그러므로 이 모임들의 내용은 구세사의 경험이
다 — 특히 전례 시기 안에서, 성령 안에서 성장하는 수단, 그리스도인들의
덕목과 가치, 예수님께 충실하게 응답하는 방법을 보여주는 선교사들, 새
로운 삶의 성사들, 선교사명의 위임 그리고 선교 영성을 활기 있게 하는
방법들과 수단들이다.

9.5. 선교를 실천하는 영성

그리스도께서 "등불을 켜서는 됫박 밑에 놓지 않고 등경 위에 놓습니다. 그래야 집 안에 있는 모든 이에게 비칩니다"(마태 5,15)라고 말씀하셨듯이, 구원의 복음은 감춰져 있어서는 안 되고 비그리스도인들에게 항구히 선포되고 구체적 삶 안에서 실천되어야 한다. 교회의 중요한 선교 방법으로서는 다음과 같은 7가지의 선교적 표현을 제시할 수 있다:

1) 생활의 증거: 교황 요한 바오로 2세는 복음 선교의 첫째 표현은 증거의 생활이라고 강조한다(교회의 선교 사명 42 참조). 증거의 구체적인 모습은 성령과 함께하는 새로운 생활 모습을 나타내는 선교사와 그리스도교 가정과 교회 공동체의 생활 자체에서 나타난다. 선교사 자신의 인간적인 약점에도 불구하고 그리스도의 모범을 따라서 살고자 하는 모습에서 하느님과 초자연적 사물의 표지 역할을 하여 복음적 증거가 된다. 그리고 그리스도인과 그리스도교 공동체는 자기 민족과 문화에 충실하며 모든 사람을 그리스도교적 정신으로 한 형제자매로 포용할 수 있을 때에 선교가 된다는 것이다(42-43 참조).

2) 예수를 구세주로 선포하는 일: 복음 선포는 예수 그리스도께서 알려 주신 하느님의 자비와 은총 안에 모든 사람이 구원될 수 있다는 기쁜 소식을 알리는 일이다. 이 기쁜 소식은 인간의 구원을 위해 십자가 위에서 죽으시고 부활하신 그리스도를 통해 인간은 죄와 죽음과 온갖 악으로부터 해방될 수 있다는 사실을 알리는 일이다(44-45 참조).

3) 회개와 세례에로 이끄는 일: 복음 선교의 셋째 표현은 그리스도교적 회심을 통해 진정한 의미의 세례에로 이끄는 일이어야 한다고 제시된다. 그리스도의 오심을 준비한 요한 세례자는 죄를 용서받기 위한 참회의 세례(마르 1,4 참조)를 선포하였다. 그리고 그리스도는 복음 선

포의 첫 말씀을 "때가 차서 하느님 나라가 다가왔습니다. 회개하고 복음을 믿으시오"(마르 1,15)라고 하였듯이 복음 선교는 회개를 호소하는 것이 한 가지 표현이 된다. 회개에 대한 호소가 오늘날 경우에 따라서 변절 내지 개종을 선동하는 것으로 오해될 수도 있지만, 복음 선교의 시작은 회개의 마음을 불러일으키게 하는 데서 시작되고, 세례로서 결정적으로 응답하게 된다. 이러한 선교의 표현은 요한 세례자와 예수 그리스도뿐 아니라 사도 베드로의 경우에서도 마찬가지이다(사도 3,19 참조). 선교에 있어서 교회는 특히 회개와 세례성사를 긴밀하게 연결시켜 그 본래의 의미가 살려지도록 해야 한다는 것이다. 나아가 복음 선교는 각 지역에 주민들과 문화와 관습에 적절한 교회가 설립되어 성사로써 교회 자신이 더욱 선교적이고 복음화되고 또 복음화하는 공동체가 됨으로써 보다 효율적으로 이루어질 수 있다는 것이다(교회의 선교 사명 46-49 참조).

4) 복음과 민족 문화와의 융합을 통한 선교: 교황은 복음이 전달되는 곳에서 만나게 되는 민족 문화들에 관심을 표명하며 복음과 문화는 긴밀히 연결되어 토착화되어야 복음이 효율적으로 전달될 수 있음을 언급한다(52-53 참조). 교황은 토착화의 필요성과 유의점을 지적한다. 토착화는 단순한 적응이 아니라, 인간 문화가 그리스도교에 수용됨으로써 그 문화의 참된 가치의 내적인 변모가 이루어지는 것과 여러 가지 인간 문화 안에 그리스도교가 삽입되는 것을 의미한다(52 참조). 토착화는 그리스도교의 교리와 신앙 실천이 그 근본적인 고유성과 순수성이 손상되지 않으면서 제 민족의 다양한 문화 속에 동화되어야 하기 때문에 결코 쉬운 일은 아니다. 하지만 선교는 토착화를 지향해야 하면서 또한 토착화된 교회는 그 지역의 복음 선교에 유효한 도구가 되는 것이다.

그러므로 다른 나라와 다른 문화권의 교회에서 파견된 선교사들은 상호 토착화의 과정을 겪게 된다. 즉, 선교사들도 파견된 지역의 다

른 문화를 접하며 그리스도의 메시지를 어떻게 전달할 것인지를 고려
하게 되고 그러면서 그들도 그 지방 문화적인 요소에 영향을 받는다.
그리고 선교받는 지역의 문화들은 그리스도교의 새로운 메시지를 접
하며 또한 영향을 받게 되는 것이다. 토착화의 과업에서 고려할 일은
언어, 관습, 문화, 인간적 체험들을 살리면서 그리스도교의 근본 메
시지를 이해하고 표현하는 일이다. 그리하여 올바른 의미의 토착화는
근본적으로 복음에 합치되고 보편교회에 일치하는 일이다(53-54 참조).

5) 양심 교육으로 인간 발전을 통한 복음 선교: 교황은 교회의 복음 선
교는 인간들의 물질적·정신적·영신적 진정한 발전을 양심 교육을
통해 이룩함으로써 복음 선교를 효율적으로 수행할 수 있다고 제시
하고 있다(58-59 참조). 오늘날 지구의 남반부에서 전개되고 있는 선교
는 인간생활의 충분한 발전과 모든 억압에서의 해방을 위한 활동으
로 그 성격이 부각되고 있다. 이를 위해 교회의 선교사들은 국가 정
부와 국제 전문 기구들의 도움을 받아 인간의 진정한 발전과 해방을
그리스도의 복음과 연결시켜 선교적 과업을 수행하도록 권고한다.
물질적·정신적으로 낙후된 지역에서 선교사들은 학교, 병원, 출판
사, 대학, 실험 농장 등을 경영하면서 인간의 발전을 도모한다. 그러
나 교회의 선교사들은 돈이나 기술만을 전달하려는 것이 결코 아니
라 인간의 양심을 일깨움으로써 서로 돈과 기술을 나눌 수 있게 하고
스스로 일어설 수 있는 자기 능력과 소질을 개발시키게 하는 일이 중
요한 것이다. 교회의 양심 교육은 하느님이 창조하신 물질들의 공동
선과 모든 인간의 평등성 그리고 모든 인간의 전인적 발전과 모든 민
족들이 발전할 수 있도록 이끌어 주도록 실시되어야 한다는 것이다.

6) 복음 선교의 원천이요 규범인 애덕: 복음 선교의 효율적 표현은 그
리스도인들의 가난한 이들에 대한 배려와 애덕 실천에 있다는 것이
다. 교황은 특히 가난에 허덕이는 사람들 사이에서 봉사하는 교회의
선교사들을 상기하면서 가난한 이들에 대한 우선적 선교는 그리스

도의 산상수훈의 정신에 충실하는 것이라고 하였다. 그리고 선교 정신을 증거하는 것은 사랑이며 사랑이야말로 선교의 원동력이 되며, 선교의 출발점이자 귀착점이 됨을 강조하고 있다(60 참조).

7) 타종교 형제들과의 대화를 통한 복음 선교: 우리나라처럼 여러 타종교들이 함께 살아가는 상황에서 타종교와의 대화는 선교 관점에서 볼 때 필연적인 도전이라 하겠다. 교황 요한 바오로 2세는 복음 선교의 좋은 수단의 하나로서 타종교 형제들과의 적절한 대화를 통해 이룩될 수 있다고 제시하고 있다(55-57 참조). 이 대화는 상호 인식과 상호 기여의 길이며 도구가 되며 선교를 효율적으로 이끈다는 것이다. 타종교에 대한 교회의 복음 선포는 그리스도를 선포하는 일과 또한 종교간의 대화하는 일을 적절히 조화시키는 것이다. 이미 제2차 바티칸 공의회에서 표명한 바와 같이 교회는 타종교에서 발견되는 참되고 신성한 것은 존중하면서도 그리스도를 선포하려는 노력을 기울여야 한다고 한 만큼 교회는 구원의 진리와 그 온전한 수단을 온전히 가지고 있다는 확신을 가지고 대화를 추진해야 한다는 것이다(교회의 선교 사명 55; 교회 14; 선교 7; 일치 3 등 참조).

예수 그리스도께서 보여주신 삶의 양식은 그분의 인격과 영성의 중심에서 나오는 것이다. 그분은 길이요 진리요 생명이시다. 그분은 인류를 자유롭게 하는 진리를 가르치신다. 그분은 교사이며 또한 우리 생애의 동반자이시다. 그리스도께서 운영하시는 공동체는 사랑의 학교다. 단순히 말로 가르치기보다는 그리스도께서 먼저 친구가 되어 주시고, 사람을 이해하고 알고 사랑하고 도와주신다. 예수께서 가르치시는 방법은 단순히 말로 하는 것이 아니라 사랑을 전하면서 실천하는 것이다. 이것이 제자들이 그분 곁에 머물렀던 이유이다. 제자들에 대한 그분의 첫째 부르심은 그분과 함께 있으면서, 그분의 사랑 안에 머물고 친구가 되자는 것이었다(마르 3,14; 요한 15장 참조). 그분은 친구의 응답을 기다리신다. 그분의 친구가 됨으로써 그분의 가르침을 배울 수 있다.

영성은 개인적인 수단과 방법들을 성령과 일치시키는 것, 즉 성령께서 모든 사람과 세상 안에 실현되길 바라고 계시는 성화 사업에 자기 자신을 봉헌하는 것이라 하겠다. 일반적으로 그리스도인의 영성이라 하면 다음과 같은 사항을 고려해 볼 수 있다: ㉠ 성령께서 우리 안에서 하시는 일과 연관이 있다. ㉡ 새롭게 하시는 성령을 따르는 것을 가리킨다. ㉢ 우리를 계속해서 새롭게 하는 "영성"생활을 하는 것이다. ㉣ 그리스도인의 생활 방식대로 사는 것이며, 성령께서 우리를 점차적으로 변화시켜 그분을 닮게 하는 것이다. 이상과 같은 토양 위에 선교 영성은 한 걸음 진일보하여 선교의 관점에 주안점을 두는 것이라 하겠다. 예컨대, ㉠ 성령께 완전히 순명하여, 삶의 방향과 중심을 선교에 맞추는 것; ㉡ 보편 선교의 본질적 차원이 동반되는 그리스도인의 생활; ㉢ 선한 목자이신 그리스도의 "선교사" 방식을 따르는 생활; ㉣ 선교를 개인과 공동체 성화의 방법과 수단 그리고 원천으로 삼는 것 등이다.

무엇보다도 그리스도인은 하느님의 사랑의 모범으로 살아야 한다(1요한 4,11 참조). 그리스도인들이 진정한 생활의 표양으로서 하느님과의 친교를 전례 안에서 보여주고, 이웃에게 봉사하고 사랑하는 삶은 복음 선교의 첫째 수단이 된다. 교회가 세상을 복음화하는 것은 말과 행동으로써 교회에 대한 충실과, 청빈과 희생, 현세 권력에 굴하지 않는 자유, 성덕생활의 표양으로 세상을 복음화할 수 있는 것이다. 하느님의 사랑이 모든 사람을 구원으로 초대하듯이, 민족, 종교, 문화의 차이를 넘어선 보편적 사랑으로 감싸주어야 한다. 하느님과 이웃에 대한 사랑을 통하여 그리스도 안에 하느님을 따라 창조된 "새로운 인간"이 나타날 수 있도록 선교적 삶을 살아가는 데에서, 그리스도인의 선교는 모든 사람을 그리스도 안에 모아들이며 하느님께 진정한 영광과 찬미를 드릴 때에 선교의 그 정점에 이르게 될 것이다.[4]

---

[4] 이 부분은 앞의 책 55. 64-74. 84-100의 발췌 편역임.

9.6. 선교 방법 각론[5]

1. 왜 선교해야 하는가?

우리 그리스도인은 주님의 복음을 들어 보지 못한 주위의 이웃들에게 복음을 접할 수 있는 길로 인도해야 하고, 또한 쉬고 있는 우리 가족들에게 관심을 기울여 신앙을 되살리도록 하며 그들을 교회로 인도해야 하는 선교의 사명과 의무가 있다. 이러한 선교사명을 실천함으로써 우리의 영적인 성장과 신앙 쇄신에도 도움을 얻을 수 있게 된다.

2. 목표

본당 전체의 목표는 새 가족 000명, 우리 가족 000명

- 개인당 몇 명 인도할 것을 적극 권장
- 세대당 몇 명 인도할 것을 적극 권장
- 구역 반별로 몇 명 인도할 것을 적극 권장

3. 추진 방법

이 운동은 교회의 영적 · 인적 · 물적 자원을 총체적으로 동원하여 선교에 투입하도록 한다.

- 본당 사목협의회 위원을 주축으로 추진위원회를 조직 운영한다.
- 본당의 모든 교우가 기도와 행동으로 실천하게 한다.
- 구역, 반 조직을 최대한 활용한다.
- 본당 내 모든 단체가 참여하도록 한다.

---

[5] 이 글은 선교 사목자 김용태 신부가 당신의 본당 신도들을 교육하기 위하여 초안(草案)을 마련한 것을 보강한 것으로, 실제 많은 성과를 거둔 방법으로서 한국 교회 안에 널리 소개되고 보급되기를 희망하는 바이다.

● 기본 전략

1) 목표를 분명히 하고 선교 강사를 초청하여 전 신자들에게 선교할 수 있는 분위기를 조성한다.

2) 입교 대상자와 냉담자를 미리 선정하여 집중적으로 기도를 바치도록 한다.

3) 기도자 명단을 작성하고 대상자들에게 주임신부의 편지와 함께 발송한다. 그리고 방문토록 한다(대상자들의 반응을 볼 수 있다).

4) 각종 홍보물을 제작하여 활용하도록 한다.

　① 포스터, 각 지역에 구역별로 분배하여 게시토록 한다.

　② 방문시 홍보물을 전달하도록 한다.

　③ 성당 내외에 선교운동에 관한 현수막을 설치한다.

5) 가두 선교용 책자와 홍보물을 거리에서 나누어 주도록 한다.

6) 최종 평가회를 가진다.

● 영적(기도) 전략

1) 선교의 모든 활동은 기도로 시작하고 기도로 끝마치도록 한다. 특별히 선교 대상자의 마음에 회개의 은총을 주시도록 기도하며, 우리 자신에게도 지혜와 용기를 주시도록 기도한다.

2) 성체조배, 고리기도, 묵주기도, 반별 9일기도, 금식기도, 단체별 미사, 보편지향 기도 등등 전 신자가 기도운동을 일으킨다. 이때 전 신자가 하느님의 충실한 도구가 되기를 결심하고 자신을 하느님께 봉헌하도록 한다.

3) 그리고 미사 중 평화 인사 때 "선교합시다" 구호로 하게 한다.

4) 이러한 기도는 대상자가 입교할 때까지 지속되어야 하고 (40일)단식(절식)재, 금육재, 금주, 금연, 자선 등의 희생을 동반하면 보다 효과적이다. 이 운동을 통하여 전 신자가 기도하는 신앙 공동체가 되게 한다.

4. 단계별 진행 내용과 기간

  1) 준비 단계(　　년　　월　　일 ~　　월　　일) 1개월간
- 모든 계획을 수립하고 결정한다.
  (주임신부와 사목협의회 회장단, 선교분과장)
- 선교 운영 조직을 구성한다.
- 기도운동에 돌입한다(전 신자에게 선교 기도문을 배포하여 기도에 돌입, 개인적으로나 미사 전후에 매일 기도함).
- 나는 도구로 사용될 뿐 하느님이 하시는 일이라는 믿음과 하느님은 누구든지 당신께 이끄실 수 있음을 굳게 확신해야 한다.
- 선교 대상자를 선정하도록 한다. 가까운 사람부터 선교 대상이 되어야 하고 구체적으로 누구라고 선택한다.
- 대상자가 어떤 사람인지, 무엇에 관심이 있는지, 종교에 대한 견해가 어떤지, 가족관계는 어떤지, 성장과정은 어떤지 세밀히 파악하고 어떤 접근 방법이 적절한지 연구한다.
- 새 가족 찾기, 우리 가족 찾기 운동 소식은 주보를 활용하고 현수막을 이용한다(필요하면, 간지로 계획표를 나누어 준다).
- 반별 9일기도, 21일 고리 기도자와 금식 기도자 명단을 작성하여 각 가정에 기도운동을 일으킨다.
- 각종 홍보물 준비(포스터, 리플렛, 선교 기도문, 9일 기도 순서, 고리기도 순서, 현수막 등).
- 전 신자 선교 교육(선교 체험담, 선교 요령 등).
- 선교 표어 공모를 실시한다.
- 재정은 금식 봉헌금이나 선교 2차 헌금 등으로 충당한다.

  2) 실행 단계(　　년　　월　　일 ~　　월　　일) 40일간
- 대상자를 봉헌토록 한다.
- 봉헌자들의 1차 모임을 가진다(대상자를 봉헌하게 된 동기 청취. 방문 요령 등을 교육한다).

- 21일 고리기도를 시작한다. 그리고 고리 기도자 명단을 주임신부 편지와 함께 대상자 앞으로 발송한다.
- 대상자들을 위하여 40일 금식기도를 시작한다.
- 대상자들에게 40일 금식 기도자 명부와 주임신부 편지를 2차로 보낸다.
- 00월 00일부터 실질적으로 선교 활동에 돌입한다.
- 봉헌자 모임을 가지고 선교 파견식을 가진다.
- 대상자들의 명부를 구역, 반별로 작성하여 구역 반장들에게 배부하고 반원들이 둘씩 편성하여 선교 활동토록 한다.
- 각 반별과 봉헌자들에게 선교 리플렛을 배부하여 대상자들을 방문토록 한다.
- 활동지침서를 작성하여 각 구역, 반장, 레지오 단원, 봉헌자들을 교육시킨다. 현대인은 누구나 진실한 사랑에 굶주리고 있다. 진정한 사랑으로 대상자에게 가까이 접근해야 한다.
- 사람은 누구나 자신의 고유한 인생관을 가지고 있어서 이것을 바꾸기란 쉽지 않다. 한두 번의 실패로 물러서지 말고 꾸준히 인내하며 기다려야 한다.
- 자신의 모든 힘으로 대상자를 설득시키려 하지 말고, 공동체 안에 살아 계신 주님께 의탁하며 공동체 안에 이끌어들일 것이다.
- 예수께서 제자들을 둘씩 파견하셨듯이, 두 사람이 하나가 되어 찾아온 모습 안에서 그들은 하느님의 모습을 발견할 것이다.
- 가능하면 매주일 미사 때마다 대상자, 예비자들과 함께 미사에 참여하면서 미사 전례를 잘 설명해 주어 동행자임을 드러낸다면 그들은 안심하고 교회의 일원으로 탄생할 것이다.
- 추진 본부 운영실을 가동한다. 운영실(책상, 전화, 각종 재료, 사무기기, 컴퓨터, 간이 식사 준비)은 실무진으로 구성하여 자주 출근토록 한다.

- 매주 0요일에 실무 책임자들이 모여 준비 과정과 진행 과정을 평가하고 보충하고 계획한다.
- 구역, 반별, 단체(레지오)별 실적 대비표를 작성하여 부착한다(전 교우들이 쉽게 볼 수 있는 장소에).
- 반별 선교 방문 보고서를 작성하여 구역에서 집계한 후 본부에 제출, 지시를 받는다.
- 입교 대상자 카드를 구역별로 나누어 주어 반원들 또는 봉헌자들에게 전달한다.
- 외짝 교우 대상자는 본당 간부들이 방문토록 하여 집중적으로 권면하고 외짝 교우 환영식에 참석토록 한다.
- 현수막 등은 관계 기관에 협조를 요청하여 거리에 부착한다.
- 선교 포스터를 각 가정 현관이나 대문 그리고 동 또는 아파트 관리실 게시판에 붙이도록 한다(몇 번이고 시도한다).
- 중간 평가회를 가지고 미진한 사항을 대비한다.

3) 총력 단계(　년　월　일 ～　월　일) 15일간
- 구역별 성체조배를 실시한다.
- 선교 대상자 가정을 집중적으로 3회 이상 방문토록 하고
- 입교서(자기 소개서)를 나누어 주고 자필로 작성하도록 한다.
- 그동안 각 개인이 선정한 입교 대상자를 일제히 방문하여 입교서를 작성토록 한다.
- 마지막 주간 안에 자필 입교서를 받아 본부에 제출한다.
- 선교 활동 중간 평가를 한다(구역 반장, 선교 본부 위원, 레지오 단장).

4) 결실 단계
- 입교서를 계속 접수받아 최종 집계를 내어 입교식 준비를 한다.
- 구역별(반별), 꾸리아별(꼬미시움별) 집계와 대비표를 작성한다.
- 본당 주임신부의 사목 서신(초대)을 입교 대상자에게 보낸다.

- 예비신자 교리 및 관리에 대한 대비책을 마련한다.
- 새 가족 입교 환영식 준비(예비신자 환영식 참조).
- 교리 시간 안내, 그리고 희망하는 요일과 시간을 각자가 정하게 하고, 양식을 배부하여 기록하여 제출토록 한다.
- 우리 가족 판공성사에 동행하게 한다.
- 우수 구역과 꾸리아를 선정하여 시상한다.

5) 입교 환영식 – 새 가족 입교 환영식(참조) – 외짝 교우 환영식(참조)

5. 추진위원회 조직

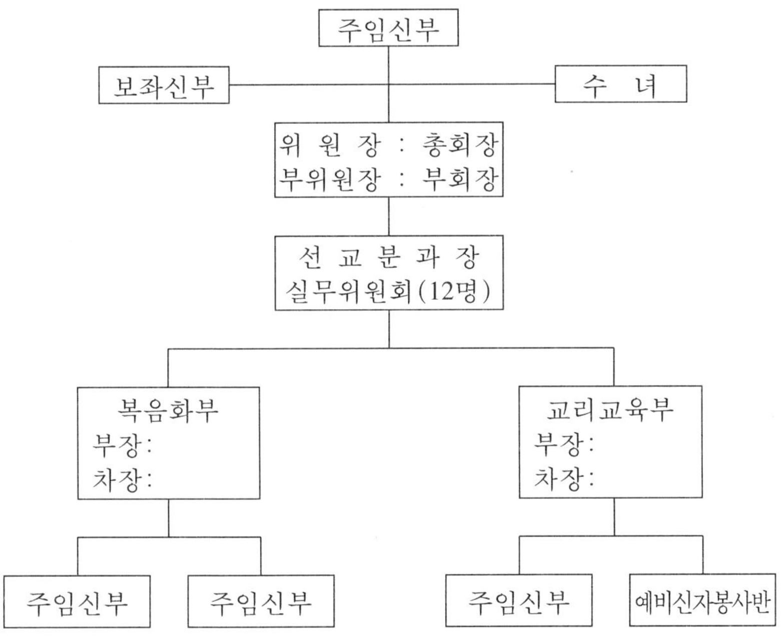

위원회 조직표

교육홍보   구역전례   교리교사   인도자·대부모   환경·재정

사회 복지   여성부   방문 교리교사   레지오 단원

- 주임신부: 위원회를 대표하며 추진에 관한 모든 결정권을 가진다.
- 보좌신부: 주임신부를 보좌한다.
- 본당 수녀: 〃
- 사목 회장단: 기본 계획을 수립하고 전개, 방향을 설정한다. 선교 본부를 지휘 감독하고 지원한다.
- 선교분과장: 세부 계획을 수립하고 실무위원회와 각 부서를 총괄, 지휘 감독하며 지원한다. 대부모 선정(1개월 이내로 해준다).
- 복음화부: 기도, 활동, 교육, 홍보 분야를 관장한다.
- 교리교육부: 교리교육에 관한 제반 사항을 관장한다.
- 교육 홍보반: 전 신자, 간부 교육 및 홍보에 관한 사항을 책임진다.
- 소공동체반: 기도운동 및 활동을 책임진다.
- 예비신자 봉사반: 예비신자 관리, 출석, 아기 돌보기 기타 사항을 책임진다.
- 교리교사반: 교리교육과 예비신자 가정 방문을 책임진다.

6. 성공을 위한 조건들

1) 본당 사목자들(사제·수도자)의 적극적 참여

평신도로 구성된 추진위원회의 모든 진행사항을 주간별로 보고받아 본당 직원회의를 주간별로 열어 위원회 활동을 돕기 위한 방안을 모색한다.

2) 선교 분위기 조성

선교운동 첫 주간 주일미사에 모든 추진위원과 사목위원, 단체장, 구역장 기타 많은 인원이 새 가족 찾기 어깨띠를 두르고 분위기를 조성하며 "선교합시다" 인사를 나누며 주보를 나누어 준다. 또한 정장을 한 교우들이 피켓을 들고 성당 정문 양쪽에 서서 인사를 한다.

3) 선교 의식 강화

선교운동 실시 기간 동안의 강론은 선교 의식 고취를 위한 내용으로 구성하고 가능한 한 외부 선교 강사를 초청하여 듣도록 한다. 선교 체험 사례를 발표케 하여 신자들로 하여금 "나도 할 수 있다"라는 자신감을 심어 준다. 또한 선정한 구호를 매 미사 후 모든 신자들이 구호 제창을 하게 하면 더욱 좋다.

4) 새 가족 찾기 소식지

· 선교운동 실시 기간 동안 매주일 공지사항 때에 신부님이 선교운동 진행사항을 설명하고, 선교 우수 실적반과 개인을 격려하면 좋다.

· 선교운동 진행사항을 간지에 인쇄하여 배부한다.

· 반별, 구역별, 단체별(레지오, 꾸리아별) 실적 대비표를 공개한다.

5) 홍보물 활용

· 홍보물을 적극 활용하며 선교 현장에서 신자들이 활동하는 데 사용할 수 있도록 준비한다.

 − 포스터: 개신교, 아이들, 관리자들이 훼손하는 경우가 많다. 그래도 계속 부착하도록 한다.

 − 현수막, 선교지(소책자)와 리플렛(가두 선교용) 선교 기도문 제작.

7. 마무리

1) 결과를 종합하여 평가회를 가진 후 기록으로 보관하고 종합 보고서를 작성한다.

2) 선교 활동을 열심히 한 구역이나 반을 선정하여 표창한다.

3) 협조 기관, 본당 단체, 반별 대상자 등에게 사목협의회 명의로 감사 서한을 보낸다.

4) 새 입교자들을 인도자와 구역장, 반장의 책임하에 구역반에서 관심을 가지고 반모임에 참석시켜 환영해 주고 가끔 방문하도록 하고 1개월 이내에 대부모를 선정해 준다.

5) 교리 과정에 예비신자, 대부모, 인도자와 함께 성지 순례를 한다. 대부모와 친교가 돈독해지고 예비신자 상호 친교를 가지게 되니 교리반 출석률이 양호하게 된다.

- 성지 순례 때 차 안에서의 계획을 세워 진행자가 잘 해야 한다.
  귀가 때 차 안에서 오늘의 소감을 각자 발표토록 하고 봉사자는
  기록해 남긴다.

8. 추진위원회에서 경계해야 할 사항

1) 교회 내부에서 나오게 될 불만의 소리들을 인내롭게 받아주고 독려
   하고 분발케 한다.
2) 왜 이 운동을 개신교처럼 극성스럽게 하느냐?라는 일부의 비판의 소
   리에 조심스럽고 지혜롭게 이해를 시킨다.
3) 이 운동이 어렵다는 부정적인 생각이나 자세는 절대로 가지지 말아
   야 한다.
4) 최선을 다하되 실적에만 치우치는 경향을 피해야 한다.
5) 선교 할당량이 중복되지 않게 배당해야 한다(가령, 구역반 중심으로
   할당할 경우, 신심 단체는 미루었다가 할당한다).
6) 기도운동을 소홀히 하지 말아야 한다.

10

인류 문화의 복음화

감사하게도 하느님은 언제나 그리스도의 개선행진에
우리를 참여케 하시고 어디서나 그분을 아는 지식의 향기가
우리를 통해 퍼지게 하십니다.

· 2고린 2,14 ·

10.1. 민간 신앙

바오로 6세 교황은 권고문「현대의 복음 선교」48항에서 민간인들 사이에 전통적으로 내려오는 하느님을 찾고자 하는 신앙이 그리스도 교회가 있는 나라 안에서도 이미 널리 퍼져 있음을 하나의 현상으로 언급하고 있다: "수세기를 통하여 이루어진 가톨릭 국가나 다른 포교 지역에 있어서 백성들 가운데 신과 신앙을 찾고자 하는 특수한 표현을 볼 수 있다." 이러한 민간 신앙의 현상은 주의를 요하며 다시 조심스럽게 고찰되어야 한다. 비록 민간 신앙 안에 신앙심과는 일치하지 않는 기형적이며 저급한 미신 행위 따위의 여러 한계성이 노출되고 있다 하여도, 민간 신앙 안에는 새롭게 첨삭되고 올바르게 정향시켜야 할 가치가 없는 것은 아니다.

민간 신앙과 그리스도 신앙은 현대적 문화와 선재先在했던 민간 신앙과 함께 어우러져 자신들의 전통적 언어와 춤, 노래 등으로 장식되는 경우가 흔히 있다. 민간 신앙을 대할 때는 사목적 배려를 제공하면서 다음과 같은 태도를 가지고 임해야 한다:

1) 수용성: 부정적 선입견과 불신을 버리고 민간 신앙에 접근해야 한다. 여러 인종과 민족의 정신적 유산을 존중하고 선호하며, 형제애를 가지고 현실적인 모습으로 이해하고 수용해야 한다(선교 9와 22 참조).

2) 인정성認定性: 민간 신앙은 그 기원과 성향, 특성 등이 충분하게 인정되고 수용되는 것이 필요하다.「현대의 복음 선교」48항은 섬세하고 유의깊게 민간 신앙을 고려하도록 요청하면서, 내적인 차원과 부인할 수 없는 가치들을 통찰하도록 한다.

3) 해석: 민간 신앙 현상은 복합적이며 파악하기 쉬운 것이 아니다. 그러나 민간 신앙 안에 내재된 심오한 가치의 생성은 과거와 같이 오늘날에도 복음의 씨앗을 아직 불완전한 상태로 간직하고 있거나 또는

복음의 씨앗을 성장하게 할 수 있는 비옥한 풍토를 조성하고 있다.

4) 평가: 민간 신앙 안에 있는 제반 가치의 풍요로움을 선용하면서, 다음의 내용들을 평가해야 한다: 축제감각과 단결성 혹은 연대성, 하느님의 부성父性과 현존 의식, 창조된 현실감과 섭리 의식, 십자가 느낌, 관대함과 이타주의 등이다.

　　"복음 선교에 있어 지역 사람들의 입장, 그들의 언어, 그들의 문제에 대답하지 않거나 그들의 실생활에 관심을 표시하지 않는다면, 복음 선교는 당연히 효과를 내지 못한다. … 만일 표현하고자 하는 데서 내용을 변질케 하거나 무의미한 것이 되게 하면 복음 선교는 본질을 상실하고 … 말 위험이 있다"(현대의 복음 선교 63). 그러므로 복음적 메시지의 전수를 위하여, 믿음을 심화시키기 위하여, 종교생활의 증진을 위하여, 또한 신앙에의 효과적인 참여를 위하여 민간 신앙의 영능(카리스마)을 평가할 필요가 있다.

5) 정화 작업: 전통적인 본래의 순화적 지평 위에서 민간 신앙을 순수한 상태로 발견하기는 쉬운 일이 아니다. 이따금씩 민간 전승의 노래와 미신적이며 마술적인 요소들 ― 이런 것들은 내면화시킬 필요가 있는 것들인데, 자유롭게 된 것, 정형定型화된 것, 그리고 삼위일체적이며 그리스도론적인 평등성 등등의 여러 요소들이 복합적으로 혼합되어 조성된 형태의 경우가 있다. 이런 경우에는 반드시 순화 작업 단계와 정화 작업 단계의 과정을 거쳐야 하는 것이다. "만일 그런 것들이 적절히 선도되고 특히 복음 선교의 방향으로 선도된다면 가치 있는 것이 될 것이다"(48).

6) 조화 및 화합성: 민간 심성에 심도 깊게 널리 뿌리가 내려져 있기에, 민간 신앙은 집단주의화 또는 단순한 퇴마退魔 그룹 등으로 쇠퇴되어서는 아니 된다. 그러므로 다른 형태의 종교성과 조화를 이루면서 식별과 평가를 신중하게 진행시키는 것을 도와야 하는 것이다. 비록 민간 신앙의 부분적 요소에 불과하다고 하여도, 그런 부분을

임의로 또는 함부로 간단히 제거하거나 과소평가하려 해서는 아니 된다. "민간 신앙은 순박하고 가난한 이들만이 알아볼 수 있는 하느님께 대한 갈망을 표현하고 있다. 그러한 신앙은 신앙을 위해서라면 헌신과 영웅적 희생도 할 수 있는 것을 보여준다"(같은 곳). 아울러 다른 기존의 종교적 성향이든지 혹은 다른 민간 전례적 신앙의 요소들이든지, 그러한 것에 따라 판단을 내리거나 혹은 그러한 성향들과 요소들을 모방하게 하거나, 경쟁적 관계에 들어가게 하거나, 또는 혼돈의 상태를 초래하도록 해서는 아니 된다.

이상의 관점들을 고려하여 민간 신앙을 이해하면, 민간 신앙은 복음화를 위한 훌륭한 수단이 되며 그 지름길이 됨을 알 수 있다. 이것은 특별히 민간 신앙이 하느님 말씀의 강력한 힘과 만나게 될 때 그러하다. 왜냐하면 하느님 말씀은 하나의 문화 지평 안으로, 예컨대, 민간 신앙의 지평 등에 찾아들 때에는 매우 강력한 재생再生의 능력을 발휘하기 때문이다. 곧, 기존의 전통적 문화를 복음적 지평으로 신속하게 때로는 완만하게 변화시켜 간다. 민간 신앙은 하느님 말씀과의 만남을 통해서 점차 그 표현과 관점, 가치관 등이 고양되고 순화되며 인간과 진정한 가치에 대하여 새롭게 깨닫게 된다. 아울러 간과해서는 안 될 점은 그리스도의 복음 역시 민간 신앙 안에서, 예컨대 아시아인의 본래적 전통 문화 안에서 아시아인의 고유한 모습과 표현으로써 적절하게 적용되어야 한다는 것이다. 곧, 그리스도는 아시아인에게 있어서 아시아인의 얼굴로 드러나고 이해되어야 하며, 서구적인 문명의 흔적으로부터는 탈피하여야 한다. 그리스도의 복음은 아시아라는 한 지역 안에서 아시아적인 민간 신앙의 요르단 강에서 세례를 받고, 태평양과 인도양을 새로운 지중해로 삼아 구원의 십자가 신비가 새롭게 표현되어 아시아인의 심성에 깊이 그 뿌리를 내려야 하는 것이다.[1]

---

[1] 참조: A. Pieris, L'asie non semitique face aux modeles occidentaux d'inculturation, 50-62 (P. Giglioni, *Cultura*, 96 재인용).

10.2. 사회 문화의 복음화

10.2.1. 문화와 복음

"문화"란 인간이 태생적으로 소유하지는 않았지만, 자아 실현과 성숙을 위해 필요로 하는 모든 것으로, 광의의 의미로는 "인간이 정신과 육체의 다양한 자질을 연마하고 발전시키는 모든 수단"(사목 53)을 지칭한다. 또한 영국의 인류학자 타일러에 의하면 지식, 신앙, 예술, 도덕, 법률, 관습 등 인간이 사회의 구성원으로서 획득한 능력 또는 습관의 총체를 문화라고 정의한다. 문화는 필연적으로 역사적 또는 사회적인 차원을 띠게 되며 삶의 조건과 환경에 따라 각각 고유한 모습이 형성되고 이러한 고유한 모습의 문화는 역사적 특징과 환경에 의해 새롭게 변화되고 전수된다.

복음은 인간의 문화와 만나서 그 문화에 적응하고 그 문화를 이용하여 하느님의 계시를 전파한다. 복음은 단순히 어떤 한 종류의 문화에만 속하지 않으며, 하나의 특정한 문화권 안에서만 전적으로 구현되는 것이 아니고, 모든 문화와 조화를 이룰 수 있는 능력과 가능성을 내포하고 있다. 따라서 복음은 모든 문화에 도전을 제기하고 각 문화의 전통, 사고 방식, 가치체계의 근본적인 변화를 통한 복음적 요소의 수용을 요청한다.

한국 문화 안에서도 복음적 가치와 그 정신의 진정한 수용과 그에 따른 제반 문화의 새로운 변화가 성취되어야 할 필요성이 제기된다. 교황 요한 바오로 2세는 200주년 사목방문 시에 이러한 관점을 특히 강조하였다: "여러분은 이중의 사명을 띠고 있습니다. 문화를 복음화하고, 인간을 옹호하는 것이 그것입니다. '복음 자체도 문화의 한 누룩'이니 복음이 문화 차원에서 인간을 만나기 때문입니다. 문화를 복음화하는 과제에 이르되 현실적인 감각을 가지고 타당한 공감을 주면서 해야 합니다. 오늘의 한국이라는 상황에서 여러분이 당면하고 있는 특수한 도전을 모르는 바 아닙니다. 그러나 해야 할 일이 어려울수록 부활하신 주님 안에 살 생각으로 도전에 응하는 일 또한 시급하고 값진 일입니다."[2] 또한 한국 교회의 200주년 기념 사목회의는 다음과 같이 결의하였다: "보편적 교회 안에서 한국 민족 문화의 고유한 문화 유산을 계시의 빛으로 조명, 수용하고, 신앙생활 전반에 걸쳐 복음화의 가능성을 탐구하여 적극 추진함으로써 이 땅에 민족 문화 창달과 인간다운 삶을 증진시키는 데 이바지하고자 한다."[3]

"문화의 복음화"Evangelizazione della cultura는 복음과 문화의 만남에서 시작되며, 문화에 대한 복음의 적응뿐 아니라 문화 안에 생기는 심층적 변화를 의미한다. 곧, 문화 자체가 복음 메시지에 의해 새롭게 되는 변화다. 여기서 복음이 문화와 만날 때, 그 지역의 전통 문화와 만날 뿐 아니라 그 사회의 시대적 상황과 사회적 현실에 의해 형성된 현대 문화와의 만남을 또한 뜻하게 된다. 부언하면 복음이 어떤 시간과 공간상의 특정 문화와 만나 그 안에 전파될 때는, 전통적인 요소뿐 아니라 그 만남 당시의 독특하고 고유한 전통과 현대의 문화적 요소와의 조우도 동시에 이뤄지는 것이다.

10.2.2. 문화 ─ 복음화의 영역

과거와 달리 오늘날 문화의 복음화에 대해 많이 언급하고 있다. 교회는 예수 그리스도의 기쁜 소식이 사람들의 의식, 정신, 집단적 태도, 생활양식, 상징과 가치유형 등에 영향을 미치도록 한다. 사람들의 집단은 자신들이 생각하고 행동하고 표현하는 것에 의하여 자신들의 특성을 규정짓는다. 이때문에 진정한 복음화는 그 목표를 사람들에 두며, "복음 선교를 한다는 것은 … 하느님의 말씀과 구원계획에 상반되는 인간의 판단 기준, 가치관, 관심의 초점, 사상의 동향, 상상의 원천, 생활양식 등에 복음의 힘으로 영향을 미쳐 그것들을 역전시키고 바로잡는 데 있다"(현대의 복음 선교 19). 이러

---

[2] 한국천주교 200주년 행사위원회 『벗으로서 평화의 사도로서』 81-2.

[3] 한국천주교 200주년 기념 사목회의 위원회 「200주년 기념 사목회의 의의와 목적」 『사목회의 의안』 서울 1984, 17.

한 복음화 과정은 다음과 같은 사실을 상기시킨다:

1) 복음은 문화를 창조한다.[4] 또한 교회 역시 세상과의 관계 안에서 문화의 창조자가 되어야 하는 소명을 가지고 있다.[5]

2) 그리스도교와 문화 사이의 관계는 일반적으로 조화와 상호 연관이라는 용어로 표현되었다. 이것은 은총은 자연을 파괴하지 않는다는 명제에 따라 은총과 자연 사이에 현존하는 조화로운 관계 위에서 설정된다.

3) 교회의 모든 역사적 전통은 복음의 풍요로움을 명시한다. 이는 특히 교회 건축, 그림, 시, 음악, 철학, 법학 등의 장르에서 성숙되며 문화의 복음화 및 그리스도교교화에 기여하였다.

신학자 니버에 의하면, 오랜 세기 동안 그리스도교와 문화의 관계는 적어도 다섯 가지 유형으로 맺어졌다고 한다: ① 어느 한 편이 거부함으로써 야기되는 상호 배타적 관계; ② 그리스도교에 의해 영향을 받아 이루어지는 문화의 변화 양태; ③ 그리스도교와 문화의 화합과 조화적인 통합; ④ 문화의 정점으로서 만개한 그리스도교; ⑤ 적절한 영향을 나눔으로써 이루어지는 문화와 그리스도교 상호간에 연관을 맺는 유형 등이다.[6]

10.2.3. 세속 사회의 복음화

현대 사회에서는 종교와 문화가 과거 지난날의 사회처럼 공동보조를 맞춰 발전되는 것이 아니다. 세속화된 문화와 비그리스도교화된 사회는 새롭게 복음화해야 될 또 하나의 새로운 아레오파고 광장을 형성한다. 특별히 「교회의 선교 사명」 37항은 현대의 가장 주요한 아레오파고 영역으로 대중 홍보의 세계로 꼽고 있다. 홍보 매체는 사람의 정신영역을 매우 쉽게 현혹

---

[4] 참조: 요한 바오로 2세 「유네스코 연설」 (1980.6.2) [P. GIGLIONI, *Cultura*, 98 재인용].

[5] 참조: Discorso al Pontificio Consiglio per la cultura, 1984.1.6: *Doc. Cat*(가톨릭 문헌집) 1984년, 1868, 189-90 [P. GIGLIONI, *Cultura*, 98 재인용].

[6] 참조: R, NIEBUHR, *Christ and Culture*, NY 1956.

하여 정신세계를 오염시킬 수 있으며, 엄청난 위력으로 인류를 하나로 묶어 가치관과 판단 기준을 통합하며 하나의 지구촌·지구시市를 형성해 간다. 제반 사회 홍보 수단들은 개인과 가정과 사회의 행동 규범과 사고방식의 주요 도구가 되었다.

현대의 세속 사회에서 일반 대중 홍보 매체는 그 영향력이 대단하므로, 단순히 복음 선포를 확장하는 데에만 의미가 있는 것이 아니고, 현대 문화의 복음화가 바로 이 홍보 수단의 선용에 좌우되기 때문에 그것은 중대한 의미를 가지고 있는 것이다. 그러므로 복음의 메시지를 전파하기 위하여, 현대의 홍보 수단으로 조성되고 새로운 언어와 기술과 심리 현상을 통하여 형성된 "새로운 문화" 안에 그리스도교의 가치관을 접합시킬 필요가 있다. 아레오파고의 영역들은 소수자 집단의 인권 옹호, 부녀자들과 어린이들의 향상, 환경 및 자연 보존, 장애자·노인층·도시빈민·미혼모·모든 민족들의 공동발전과 해방 등의 분야이다.

교회는 기쁜 소식을 인류의 모든 계층에 전해 주어 그 힘으로 인류를 내부로부터 변혁시켜 새롭게 한다. 그래서 복음 선교의 목적이 이같은 내적 변화의 성취에 있다고 할 수 있는바, 곧 복음의 영적인 힘으로써 모든 개인과 집단의 양심, 그들이 실행하고 있는 업적과 활동, 그들의 생활과 사고방식·구체적 환경을 복음적 제반 가치와 영향력으로 변혁시켜야 한다(현대의 복음 선교 18 참조). 지역적·민족적 현실의 정당한 자율성과 고유함은 마땅히 인정받고 존중되어야 하지만, 하나의 문화를 복음화한다는 것은 문화의 윤리적·도덕적 요소를 복음적 윤리와 만나도록 한다는 것을 의미한다 하겠다(같은 곳 참조). 곧, 그리스도의 말씀과 복음 가치를 통하여 정화하고 개선시키는 역동성은 낙태, 인권 유린, 안락사, 폭력, 인종주의 같은 비복음적 사회 현실을 제거하거나 개선하여 극복하도록 한다.

세속화된 세계 안에서의 문화를 복음화한다는 것은 시대의 세속적 조류에 역류逆流하는 것으로서, 인간 양심을 혼란스럽게 하는 것과 윤리 감각을 유약하게 만드는 것을 판단하여 비판하며 배격하고, 인간사회의 공생共生

의식을 파괴시키는 소비주의와 집단적 이기주의에 반발하고 저항하는 것을 의미한다. 그리스도교의 복음을 전하는 메시지 선포는 언제나 하나의 진실된 회개를 요청하며 수반한다. 문화를 복음화한다는 것은 문화 안에 스며든 집단적 이기주의와 탐욕에 젖은 악의 구조와 사회적 죄를 회개시키는 것을 뜻한다. 문화의 복음화는, 자신의 개인적·사회적인 삶 안에 그리스도의 메시지를 확고히 받아들이고, 복음에 따라 삶을 거룩하게 변화시켜가는 사람들의 중개와 도움으로 인하여 가능하게 되는 것이다.

10.3. 현대 사회의 복음화

현대에는 과거를 배척하고 새롭고 발전된 것을 도입하려는 사고의 흐름이 일어나고 있다. 그 가운데는 기존의 가치체계를 평가절하하는 경향도 있다. 예컨대, 사고의 상상력보다 넘어서려는 경향, 묵상의 가치를 무시하고 행동과 이성주의에 대한 선호 사상, 진리보다 앞서 가려는 공공 여론과 대중적 합의에 대한 가치화와 미화 등이다. 세속화가 진전되면 뒤이어, 현대 사회는 하느님 말씀과 또는 하느님과 관련되는 모든 것을 배척하면서 생각하고 살아가는 방식을 취하려 한다.

만일 중요한 가치들이 문화의 영혼과 같은 역할을 한다면, 진리, 정의, 자유와 같은 기초적인 가치들이 하나의 종교 문화 안에서 결여되었을 경우, 이것은 흡사 건물의 기초가 없는 것과 같으며, 인위적으로 조작되고 변덕스럽게 되어 진정한 문화적 발전을 상실하게 된다. 문화의 제반 가치들을 복음화한다는 것은 하나의 문화로 하여금 그 목적에 충분히 이르도록 하는 것을 의미한다. 예컨대, 사람들 사이의 평화적 공존과 연대성을 증진시킨다는 것과, 사람을 하느님의 모상으로서 참으로 사람답게 만든다는 것은 그 사회의 정신적·물질적 부유함을 증진시킨다는 것을 뜻한다.

복음화의 첫째 과업은 예수 그리스도의, 해방을 위한 메시지의 적극적인 선포이다. 구원의 복음은 사회집단의 주요한 활동에 대해 영향을 미쳐야 한다. 가정, 사회, 정치, 경제 등의 분야에서 현실을 살아가는 그리스도교적인 생활방식이 있다는 것을 사람들로 하여금 깨닫도록 해야 한다. 일반적인 삶 속에 신앙이 적용되고 뿌리를 내려야 하는 것이다. 신앙과 생활의 분리는 우리 시대 최고의 오류 중의 하나이다(사목 23 참조).

교회는 오늘날 현대 사회의 문화를 복음화하도록 소명을 받고 있다. 복음의 내적 역동성은 인간의 필요성에 의해서가 아니라 하느님 사랑의 신비에서 기원한다. 모든 인간에게는 존엄성이 있고, 어떤 과학 기술적 성과도 인간의 존엄성과 품위보다 우월할 수는 없다. 그리스도의 하느님은 억압하는 하느님이 아니시며, 사람의 자율과 자유를 존중하면서 사랑의 유일한 법과 은총의 유일한 힘과 함께 자신을 드러내시고 계시하시는 분이시다.[7]

현대 사회로부터 오염됨이 없이 현대 사회를 복음화하는 것이 중요하다. 복음화 과정 중에 복음화 활동을 단순히 사회 현상 또는 정치 이념의 운동으로 축소시킬 수 있는 실책의 위험은 늘 상존하고 있다. 이런 경우 복음의 토착화는 복음이 스스로의 풍요로움을 잃어버리고 겨우 한 종류의 문화로 전락하게 된다. 이것은 그리스도교의 제반 가치들이 현대 사회 문화와 다원주의 사회라는 도가니 안에서 진부한 것으로 추락할 때 발생될 수 있다. 예를 들면, 신앙과 회개의 묵상과 메시지는 전혀 없이 단지 일상에서 벗어나는 하나의 탈출구로서 흔히 크리스마스의 소비주의 같은 경우가 있는데, 다함께 반성해 볼 필요가 있다. 현대 사회의 복음화는 궁극적으로 교회로 하여금 초월적이며 피안적인 구원에만 몰입하거나, 지상에 미치는 복음적 영향력이 메마르거나 하지 않도록 보호하고 도우면서, 복음의 예언자적 목소리에 귀기울이고 그 가치를 보존하게 하는 일이라 하겠다.[8]

일상적으로 야기되는 소규모의 여건과 상황에서부터 넓게는 하나의 사회적 조류로 굳어져 가는 현상과 경향까지, 현대 사회 안에서 드러나는 인간 군상群像의 여러 모습과 삶의 양태를 교회는 심도 있게 분석하고 평가하면서, 그 가운데 인간의 품위와 존엄성을 훼손시키는 요소들과 그러한 사고 방식과 시류時流에 대해 예언자적 비판과 복음적 질타를 통하여 정화하고 순화하는 일에 주저하거나 태만해서는 안 될 것이다. 여기에 그리스도 교회가 현대 사회 복음화를 위해 극복해야 할 도전과 어려움이 있다 하겠다.

---

[7] 참조: N. PROVECHER, "Modernita": Renè LATOURELLE - Rino FISICHELLA, *Dizionario di Teologia fondamentale*, Citta della Editrice, Assisi, 1990, 813-6 [P. GIGLIONI, *Cultura*, 101 재인용].

[8] P. GIGLIONI, *Cultura*, 94-101을 발췌 · 번역하고 보충하였음.

11

요한 바오로 2세의 현대 복음화

11.1. 「노동하는 인간」

복되도다, 의로움에 굶주리고 목마른 사람들!

배부르게 되리니(마태 5,6).

11.1.1. 회칙 선포 동기

세계 안에서 하느님 말씀의 육화는 복음화 참여의 출발점과 그 기초를 제공한다. 성자의 육화 강생은 세계에 대한 하느님의 적극적 참여를 뜻한다. 하느님 말씀이 세계 속에 육화하는 관점에서 선교 해석학을 구현하기 위하여, 교회는 그 창립자를 본받아 스스로 육화해야 한다. 교회는 자신의 사명을 세계와 만나고 세계를 구원하기 위하여 봉사하는 것으로 이해한다. 교회는 세계의 모든 인류를 하느님께로 이끌어야 한다. 어떤 의미에서 현대 세계는 인간의 마음을 비춰주고 올바른 길을 가르치기 위하여, 세상의 성사*sacramentum mundi*인 교회의 보다 큰 역할과 보다 구체적인 참여를 요구한다 하겠다. 요한 바오로 2세는 세계에 대하여 항상 진실되고 참된 길을 보여주고 가르치기를 원하였다. 그는 사도좌에 있으면서 다양한 참여를 통하여 이미 수차례 복음의 빛을 선포하였다.

그는 「노동하는 인간」*Laborem exercens* 회칙 선포로써 회칙 「새로운 사태」*Rerum novarum*(1891) 선포 90주년을 기념하였다. 이 회칙은 인간 정신의 본성에 대한 성찰이다. 그것은 사회 문제에 관한 교회 가르침의 영역을 확장시켰는바, 개인의 정체성과 품위를 규정짓는 데 있어 사회와 더불어 포괄적 힘을 구성할 수 있도록, 주안점을 전통적 교회 가르침의 노선에서 자본과 노동의 관계로 변천시켰다.[1] 교황은 "「새로운 사태」 회칙을 결정적으로 중요

---

[1] 참조: Weigel - Royal, *Verso una società libera*, 225.

성을 간직한 회칙으로 평가하고, '교회는 항상 노동자들의 존엄과 권리를 주장하는 것을 자신의 소임으로 받아들이고, 폭력을 사용하는 상황을 비판하며, 인간과 사회의 진정한 발전을 성취하기 위하여 이같은 변천을 올바로 정향시키는 데 기여하고자 한다'"[2]고 첨언하였다. 회칙「새로운 사태」에 의하면, 정부의 첫째 임무는 분배성의 원칙을 지키는 일이다. 이러한 주장은 지난 20세기에 효과적으로 모든 교의적 사상에 영향을 끼쳤다.

아울러 요한 바오로 2세 교황은 당신의 「노동하는 인간」 회칙을 통하여 현대 사회에 있어서 노동의 문제점들을 지적하고 그 해결책을 언급하였다. "그러나 「노동하는 인간」의 알려진 집필 목적은 오히려 대단히 단순한 것이었다. 그것은 인간과 사회의 진정한 발전을 위하여, 또한 인간 품위가 짓밟힌 상황을 거부하고 배척하기 위하여, 단순히 노동자 문제로의 도덕적 접근을 시행하기 위한 것이었다."[3]

「노동하는 인간」은 모든 인류로 하여금 창조주이며 구세주이신 하느님께 나아가도록, 또한 그리스도와 보다 깊은 친교를 나누어 세계 구원계획에 동참할 수 있도록, 교회의 노동자 영성을 형성하는 사명에 협조하고자 한다. 이 회칙은 하느님의 구속사업에 있어 노동의 영성적 차원과 그 역할에 주의를 집중시키면서, 사회 문제는 궁극적으로 도덕과 윤리의 문제라는 사실을 강하게 호소하고 있다.[4]

윤리에 관한 교의이며 교회의, 노동자와 정부에 관한 공식적인 지침으로서의 「노동하는 인간」은 도덕과 경제의 보다 보편적이며 당시로서는 의미 심장한 특성들을 구체적으로 제시한다: 예컨대, (노동환경의 차별없는 조건을 포함하여) 고용주와 노동자 상호간의 정당한 임금과 수당 및 보조금, 실물 경제에 참여하기 위한 개인의 적절한 교육 기회, 가족과 자녀들에 대한 적법한 보조금, 장애자와 외국인 노동자를 위한 특별수당, 노동조건 및 가족수당 등이 있다.[5]

---

[2] 57.　　　[3] 249.　　　[4] 226-7.　　　[5] 237. 193.

11.1.2. 회칙의 중요성

요한 바오로 2세는 엄격한 자본주의와 중앙집권적 사회주의를 모두 배격한다. 이것이 그가 세계를 조명하는 기본적 관점이다. 자본은 인간이 자신의 삶을 실현시키고 진정한 인간이 되기 위하여 또한 성소^{聖召}의 완성을 위하여 개인적으로 또는 집단적으로 사용하는 자원이다. 교황은 자유주의를 노동과 자본의 관계를 전복시키는 체제로 이해하고 있다. 교황에 따르면, 자유주의는 특별히 인간 노동을 단지 경제 목적에 따라 고려하고 이용하려 한다. 교황이 비난하는 자본주의 양태의 하나인 자유주의는 노동이 자본에 관하여 가지는 우선권의 개념을 모순되게 만든다.

회칙 「노동하는 인간」의 가장 인상적인 특징은 인간적 관점의 노동과 자본 "동일성" 개념이다. 자본은 인간이 고유하게 행하는 도구 가운데 하나일 수 있다. 교황에 의하면 거대한 노동자 집단은 결정적이며 명확한 표현으로 다음 사항을 요구해야 한다고 주장한다: 인간의 선익을 위한, 특별히 가장 소외되고 궁핍한 사람들을 위한, 또한 정의를 위한 고상한 투쟁의 한계를 어디라는 어떻게 어떤 구체적 영역에서 어떤 이유와 무슨 방법으로 극복해 갈 수 있는가 하는 점이다. 집단적 이기주의의 새로운 형태로서 증오심은 모든 이들이 서로 대항하게 함으로써 엄청난 자멸 가능성의 큰 위협으로 등장한다.[6] 교황은 더 나아가 개선된 기업 수익을 위해 노동수단의 공동소유 개념과 노동자들의 경영참여에 관한 진술을 덧붙인다. 그는 노동과 자본의 자유로운 상호 소유권을 제시한다. 새로운 기업 개념은 공생하는 공동체 정신을 발휘해야 한다는 것이다. 각 구성원은 참으로 자신의 운명과 삶에 대한 적극적 참여의 몫을 향유할 수 있어야 한다.[7]

다양한 직업에 고용된 사람들의 실제적 유익을 보호할 수 있기까지 노동조합의 역할을 확장시킨 바 있는 요한 바오로 2세는, 노동의 현대사에 있

---

[6] 참조: Giovanni Paolo II, *Omelia della Messa per i lavonatori a Saint-Denis*, 31 maggio 1980, *Insegnamenti di Giovanni Paolo II*. Libreria Editrice Vaticana, III, 1980, 1570s.

[7] 참조: J.-Y. CALVEZ, *Economia uomo e società*, 186.

어 심오한 영향력을 남겼다. 교회의 사회교리는, 노동조합이 칼 마르크스가 표현한 것과 같은 소위 "사회 계급" 구조의 한 영역을 단순히 구성하고 있음을 뜻하는 것이 아니다. 사회교리에 의하면 노동조합은 각 개별 직종에서 노동자들의 정당한 권리를 보호하는 역할을 한다는 것이다. 그러나 여기서 권리를 보호하기 위한 노력은 "정당한 유익"을 위한 것이다. 직종에 따른 노동자들의 근로 수준과 불가결의 필요조건들에 상응하는 권리를 위한 것이어야 한다. 궁극적으로 고용주와 노동자는 자신만의 유익, 즉 편향적 이익만을 추구하여 적대적 관계를 만들 것이 아니라, 양방간의 공익과 또한 사회적 공동선의 정의와 선을 고려해야 한다는 것이다. 우리는 서로 의존하여 살아가고 있으며, 하느님 계획을 구현하기 위해 협력하기를 원하며, 노동 권리에 대한 도덕적 의무를 일관성 있게 추구해야 한다.[8]

사회교리는 교회가 세계에 대하여 참여해야 할 정당한 의무와 권리를 시사한다. 그 교리는 인간의 존엄성을 방어하기 위하여 태동되었다. 2천년 역사의 강줄기 속에서, 회칙 「노동하는 인간」은 정의로운 사회 건립에, 인간사회의 부정을 제거하는 일에, 또한 특별히 사회학적 관점에서 성실하게 복음화의 새로운 요구를 실현하는 데에 큰 기여를 하였다. 요한 바오로 2세의 사회학적 가르침, 특히 「노동하는 인간」 회칙의 내용들은 교회가 최근 정립한 사회학적 가르침을 인정하는 것에 머물지 않고 그리스도 교회의 제3 천년대 지평을 여는 새로운 메시지를 구체화하고 있다 하겠다.[9]

비오 11세, 비오 12세, 요한 23세와 바오로 6세의 사회적 교리 노선 위에 요한 바오로 2세는 동시대 경제 이론과 사회적 특성에 관한 부정적인

---

[8] 참조: WEIGEL - ROYAL, *Verso una società libera*, 228.

[9] 참조: B. SORGE, Introduzione, xxiii. 회칙은 복음 전령사로 이해될 수 있다. "표현된 서술들을 보면, 바오로 6세가 「팔십주년」 회칙과 「현대의 복음 선교」 회칙에서 이미 사용하였던 양식을 요한 바오로 2세도 사용하며 남기고 있다. 새로운 표현은 다음과 같다: '사회 가르침의 회칙은 세계 안의 유동하는 상황 안에서 도전정신을 가지고, 하느님 말씀과 권위있는 교도권과 그리스도인의 광명으로부터 태동하게 된다'. 이 글은 다음과 같은 결론으로 끝맺는다. '사회교리는 성찰의 원칙을 제공하며 판단과 행동지침의 표준이 된다'": G. ANGELINI, La dottrina sociale della chiesa 40-1.

윤리적·사회적 현상에 대하여 주의와 관심을 요청하고 있다.[10] 이는 윤리적으로 정당함의 중요성을 강조하면서 아울러 사회학적으로는 인간 존엄성에 관한 커다란 반향을 불러일으키고 있다.[11] 많은 교황이 사회교리를 통한 세계 복음화 참여의 길에 그리스도 진리의 빛을 조명해 왔다. 사회교리에 관해 빛나는 업적을 쌓은 레오 13세 교황에서부터 시작된 사회학적 역사의 흐름 안에서, 예수 그리스도께서 계시한 하느님 말씀의 풍요로움과 성령의 협력에 힘입어 오늘날에 이르기까지 사회교리의 주된 내용들은 점차 현대화되어 왔다. 교회는 하느님 나라를 건설하고자 하는 이의 부르심에 사람들이 적극적으로 응답할 수 있도록 이끄는 노력을 하여 왔다.[12] 그러한 노력은 참여 방법의 다양성으로 나타났다. 그것은 요한 바오로 2세가 수차례 집필한 것처럼, 사도좌가 선포한 회칙에서부터 단순한 권고서한이나 일시적인 작은 담화문에 이르기까지 다양하게 전개되어 왔다.[13]

---

[10] 최근의 교회 역사 안에서 요한 23세와 바오로 6세 교황의 치적을 후대 사람들은 결코 과소평가할 수 없을 것이다. 두 분을 볼 때 하나의 대조와 비교를 발견할 수 있다. 역사 교수 출신인 요한 23세 교황은 거대한 그리스도교의 수장으로서 두 번의 끔찍한 세계대전을 겪은 20세기 후반부에 격동하는 시대조류를 감지하고 현대 세계 안에서 교회가 올바른 빛의 역할과 사명을 완수하려면 성령이 이끄시는 새로운 기류가 교회 역사 안에 불어 들어와야 한다고 주장하면서 현대화(aggiornamento)를 통한 교회 쇄신의 필요성을 강조하였다.

한편 바오로 6세 교황은 전통적으로 바티칸의 감옥이라고 불리던 교황청의 울타리를 처음으로 공식적으로 넘고, 남미와 예루살렘과 인도와 심지어 동남아의 필리핀 마닐라까지 찾아왔다. 수동적으로 기다리는 선교가 아니라 적극적으로 찾아나서는 선교의 전형적인 모델을 보여주었다 하겠다. 당시에는 대단히 획기적인 발상의 전환인 것이다. 이렇게 바오로 6세가 바티칸의 2천 년간 높아만 있던 담장을 넘어섬으로써 서구에 주로 한정되었던 영역을 보다 확실히 극복하여 모든 민족을 위한, 세상 안의 교회임을 드러냈으며, 그리스도의 말씀과 행적을 많은 사람들에게 밝혔고, 지역교회의 활성화에 크게 공헌하였다. 아울러 그리스도교와 타종교와의 대화 및 관계 발전을 위하여 많은 관심과 노력을 경주하였다.

이렇게 볼 때, 요한 23세 교황은 인류 역사 안에서 시간적으로 교회를 확장시켰다고 한다면, 바오로 6세 교황은 지구촌 안에서 공간적으로 교회를 넓혔다고 할 수 있겠다. 두 분의 공적으로 그리스도교가 시대의 조류를 무시하지 않으면서 많은 민족들이 수용하게 되는, 명실공히 더욱 세계적인 종교가 되는 데 크게 기여하였다고 볼 수 있겠다. 현재의 요한 바오로 2세 교황도 이러한 두 분에게서 많은 영향을 받았다고 인구에 회자되고 있다.

[11] 참조: R. SPIAZZI 편 *Enciclopedia del pensiero sociale cristiano*, 762.

[12] 참조: SPIAZZI, *Codice sociale della chiesa*, 17.

[13] 참조: A. GIANNI, Dottrina sociale e pubblica opinione 186.

교황은 오늘날의 사회 문제는 삶의 "질"에 관한 문제가 되었다고 고찰하고 있다. 그 사회 문제는 세계의 한계들을 넘어 경제적·물질적 불평등의 모든 고착화 차원을 극복하여, 인간 삶의 질에까지 관심을 가지도록 확장되었다. 이것은 인간이 살아 있음과 죽어 있음의 문제로까지 발전하였다.[14] 「노동하는 인간」 회칙은 "자식을 많이 낳고 번성하여 땅을 가득 채우고 …"(창세 1,28) 성서 구절을 매우 잘 적응시키고 풍요롭게 펼쳐내는 철학적·신학적 성찰을 일관되게 보여준다.[15]

윤리적·사회적 담화와 많은 발표문 안에서, 교황은, 인간존재의 진정한 가치와 의미를 심어주기 위하여 죽으시고 부활하신 그리스도의 신비와 자신의 사상이 합류되도록 하였다. 여기에 "노동의 복음" 논리가 그 풍요로움을 펼쳐 십자가를 통한 구원의 광명에 이르도록 하고 있다.

요한 바오로 2세의 유엔 연설은 특별한 의미를 시사한다. 그는 제3 천년대가 가까워진 때에 정신적 질서와 시류적時流的 질서 사이의 새로운 관계 정립을 위한 사상을 전개하였다. 이같은 새로운 관계들은 "인간에 대한 전문가"로서의, 문화적 가치의 영감을 불러일으키는 존재로서의 교회와 정신적 조직 기구와의 밀접한 협력을 바탕으로 하여 정립된다. 그 관계들은 세계적 차원의 권위를 보유하게 된다.[16]

관측된 다른 변화는 역사적 실제 관점에서 자본과 노동의 관계를 고려하게 된 것이다. 마르크스와 엥겔스는 계급투쟁을 사회부정을 제거하는 유일한 방도라고 보았다. 그러나 공산주의 국가에서 생산 수단의 집단화를 강화하더라도 노동의 품위는 개선되지 않았다. 그들의 혁명적 이데올로기에 의해 선언된 해결책은 환상에 불과한 것이었다. 그러므로 회칙 「노동하는 인간」에 의하여 인간 노동을 근본적으로 재고찰하는 일은 마땅한 일이다.

---

[14] 참조: B. SORGE, Introduzione, xxiii; R. SPIAZZI 편 *Enciclopedia del pensiero sociale cristiano*, 762; J.-Y. CALVEZ, *Economia uomo e società*, 17.

[15] 참조: R. SPIAZZI 편 *Enciclopedia del pensiero sociale cristiano*, 756.

[16] 참조: Antonio LIVI, Presentazione, XIV.

요한 바오로 2세는 교회의 사회적 가르침에 대하여 공식적으로 전수된 정신 유산을 고려하면서 자신의 성찰을 복음 정신에 근거를 두고 있다. 그는 사고의 다양함과 구체적인 사도적 정신의 활동을 수용한다. 실제로 노동은 인간을 다른 모든 피조물과 구분짓는 특성 중의 하나이며, 어떤 의미에서 자아 실현을 가능하게 한다. 노동은 가정생활과 국가 사회의 기본이며, 그리스도교 메시지의 표현이다. 교황은 노동에 대한 성서적 기초와, 서로 매우 근접한 신학적·영성적 개방성을 제공하였다. 노동에 관하여 그는 "땅을 가득 채우고 지배하여라"(창세 1,28)라는 성서 구절에 관심을 모으고 있다. 노동을 그리스도론적 전망에 배열하면서, 그는 그리스도의 십자가와 부활의 빛에 비추어 인간 노동에 대한 묵상을 요청하고 있다.

교황의 모든 성찰의 기초는 다음의 주제에 근거하고 있다 하겠다: 모든 것과 모든 활동의 중심은 인간이다. 이러한 개념에서 출발하여, 회칙은 보다 넓은 차원으로 확장되고, 역사적 전망이 개방적이 되도록 창세기에서부터 발전적 미래의 차원에 이르기까지 뻗어나간다. 노동에 관한 개념이 시대와 문명에 따라 다양하게 나타나더라도, 또한 그 객관적 가치가 무엇이라 하더라도 노동에는 하나의 원칙이 있다. 인간과 맺어지는 다양한 형태의 관계 안에서도 인간 품위는 그 기초가 되고 있다. 노동을 통해서 인간은 자연을 가꿀 뿐만 아니라 자아를 실현시키고 자신이 몸담고 있는 가족과 국가 사회를 건설하게 된다.

교황은 회칙에서 직장, 임금, 노동조합에의 참여와 역할 등의 세 영역의 노동자 권리를 분명하게 하였다.[17] 회칙의 핵심 초점은 기술과 사회 문제의 특수성에서 나아가 지역적 문제까지도 함께 고찰하고 있다. 곧, 노동자들의 관심을 각자의 산업 현장과 국가의 내부 상황에 집중하게 한다.[18] 농촌

---

[17] 참조: Philippe LAURENT, Laborem exercens: *Il discorso sociale della chiesa*, 536-40.

[18] 참조: WEIGEL - ROYAL, *Verso una società libera*, 229. 요한 바오로 2세는 인본주의의 리타니아(시편 연송)로서 다음의 내용들을 정확하게 표현한다: 생명, 자유, 인격 보호의 권리; 영양 보급, 의복, 거주, 건강, 휴식, 자유 시간의 권리; 언론 표현의 자유, 교육과 문화에 대한 권리; 사상, 양심, 종교, 개인으로든 공동으로든 가지는 신앙 자유 등에 대한 권리; 생

근로자들의 품위, 장애자들과 이주민의 노동 조건과 보상 등의 문제를 인
식하게 된다. 교황은 인간의 존엄성과 연관되는 노동의 근본적 가치에 대
한 담화에서 그 해결책을 제시하였다.

"몇몇 미국의 비평가들은 「노동하는 인간」 회칙에서 자본주의와 맑시즘
사이에서 '제3의 길' 제안을, 또한 개인 소유의 절대적 권리에 대한 배척
을, 아울러 국제 경제 차원의 실제적 도덕 기준을 찾고자 하는, 사회 교도
권의 새로운 시대 도래에 관한 선포를 발견하게 되기를 희망하였다."[19] 그
러나 결론적으로 근본 요점은 그리스도교의 사회 가르침은 자유주의와 사
회주의라는 두 극단주의 사이의 "제3의 길"이 아니며, 오히려 다른 길들에
빛을 조명해 주는 또 하나의 새로운 광명이다. 그 중요도는 일시적 선택
영역을 초극한다. 그리스도교 사회 가르침을 "제3의 길"로 축소시킨다면,
그 국가와 시대에 종속되는 하나의 이데올로기로 변화될 뿐이다. 역사적
그리스도교 사상은 문명과 문화를 항상 초월하여 삶 안에 복음을 육화시키
는 바의 살아 있는 영감을 표출시킨다.[20] 사실 요한 바오로 2세는 도덕적
가치를 지닌 현대 세계의 다양성 가운데 그리스도 복음의 영원한 가치와
진리를, 시공의 한계를 넘어 대단히 중요한 역할을 한다고 강조하였다.[21]

현대 세계에서 노동자들에 대한 착취와 부당한 처사가 때때로 사회의 커
다란 문제로 야기되었다. 이같은 현상은 단순히 부적절한 임금 문제뿐 아
니라, 위생과 작업 안전을 보장해 주지 못하는 열악하고 형편없는 노동 환
경과 조건, 불안한 유급 휴직 기간, 여성과 어린이에 대한 부당한 처우 등
이다. 기업주는 노동자들의 정당하고 마땅한 요구를 매우 빈번하게 무시하

활 수준 선택과 가정 형성, 가족생활 등의 자유에 대한 권리; 결사 집회의 권리; 거주 이전
과 국가 선택 및 이민 등에 대한 권리; 정치 체제 선택 및 주권 참여의 권리 등을 손꼽을 수
있다: DC (= *Documentation catholique*) 876: L. de PATRICK, *Il pensiero sociale della chiesa
cattolica*, 171-2.

[19] WEIGEL - ROYAL, *Verso una società libera*, 249.

[20] 참조: Antonio LIVI, Presentazione, XXXI.

[21] 참조: WEIGEL - ROYAL, *Verso una società libera*, 234.

고 그들을 위협하고 핍박하며, 오직 노동자의 노동력을 최대한으로 착취하는 데만 전념하곤 한다.

　어떤 기업은 노동자들이 자신들의 정당한 주장을 관철하기 위해 파업을 할 필요가 전혀 없는 경우가 있으나, 어떤 기업은 오직 반복적인 폭력적 파업을 통해서만이 노동환경 개선과 임금 상승의 요구를 관철시킬 수 있는 곳이 있다. 이같이 서로 다른 현상은 자본가와 기업주의 이기주의와 실책失策 때문인 것으로 드러난다. 실제로 이들은 노동자들의 온화하고 양순한 방법으로 표출된 호소와 요구에는 귀기울이지 않는다. 그 결과 노동자들은 심각한 경제적 손실과 일반 시민의 공공 기물에 손실을 입히면서 장기적이고 폭력적인 파업에 의해서만 호소하게 된다. 오직 노동자와 기업주 양편 모두의 상호 이해로 이뤄낸 합법적인 협약만이 양편 모두와 나아가 국가와 민족의 정당한 발전과 복리 증진에 기여하게 된다.

　그러므로 개발도상국과 특히 제3, 제4 세계의 기업주들과 자본가들의 태도에 따라 진정한 노사 협력과 그 발전이 성취된다 할 것이다. 복음적 가치관에서 인식할 수 있듯이 기업주는 노동자의 존엄성을 존중하면서 노동환경 개선에 헌신하는 것이 필요하다.

11.2. 「사회적 관심」

여러분은 세상의 빛입니다. … 여러분의 빛이 사람들 앞에 비
치어, 그들이 여러분의 좋은 행실을 보고 하늘에 계신 여러분
의 아버지를 찬양하게 하시오(마태 5,14a.16).

11.2.1. 회칙 선포 동기

회칙 「사회적 관심」*Sollicitudo rei socialis*은 단순히 「민족들의 발전」*Populorum
progressio* 회칙 선포의 20주년 기념을 위해 저술된 것이 아니라, 교회 가르
침의 끊임없는 진보를 선포하기 위한 것이라고 할 수 있다. 이 회칙은 동
시대의 구체적인 현실 안에 영원한 가치를 선포하고 인간의 진정한 발전을
추구한다. 이는 교회의 의무이며 책임이다. 교황은 회칙을 통해 몇 가지를
제안한다. 자신의 진단을 통해 경제적 관점에 치우친 정치 발전을 비판한
다. 회칙 「사회적 관심」은 바오로 6세의 회칙 「민족들의 발전」이나 교회의
다른 어떤 사회 가르침 문서보다도 주제와 성찰과 초점과 호소 등이 훨씬
풍요롭다. 이것은 현 시대 상황이 바오로 6세 때보다 "인류의 발전"에 관
한 개념과 실제 계획들이 훨씬 성장되었으며, 그 인식과 중요 관점들이 보
다 더 국제적 차원으로 부상하게 되었기 때문이다.

교황은 「민족들의 발전」 회칙에 대한 깊은 예우를 표현하면서, 전임 교
황들이 표명한 사회교리의 발전적 역동성과 그 연속성을 확언하고, 「민족
들의 발전」 회칙의 중요성을 강조하며 민족들의 발전이라는 주제 위에 교
회 교의의 현대화와 현 사회 상황의 새로운 요소들을 연관지어 「사회적 관
심」 회칙의 목표로 제시하고 있다.[22]

---

[22] 참조: R. Spiazzi 편 *Enciclopedia del pensiero sociale cristiano*, 765. 회칙 「사회적 관
심」이 쓰여지게 된 경위는 다음과 같다. 「뉴욕 타임즈」 로마 주재 특파원이었던 Robert Suro

국가간 경제 상황은 대부분 막대한 외채의 누적으로 더욱 악화된다. 그 래서 「사회적 관심」 회칙은 국가간에 자신들의 실책에 대하여 바르게 인식하고 대처하도록 이끈다.[23] 교회의 사회교리가 이전까지의 회칙에서 원칙의 중요성을 명확하게 했지만, 그러나 이미 실현된 것이 아니라 아직 실행되어야 할 것이기 때문에 사회교리를 더 구체화할 필요가 있다. 「사회적 관심」 회칙은 교회 교도권에 의한 세계 복음화 참여의 일부에 불과하다.[24]

이 회칙에서 요한 바오로 2세는 매우 명확하게 자신의 견해를 밝혔다: 남방 세계의 상황은 개선되지 않았다. 왜냐하면 그것은 자신들의 고유한 수익에 따라서가 아니라 동방과 서방 민족들의 수익에 따라서 다뤄지기 때문이다.[25] 회칙은 가난과 부진한 발전 문제와 대면하기 위한 가난 문제의 국제적인 관심을 요청한다: 특히 실업은 모든 사회 문제를 야기하는 근원 문제로서 주의깊게 평가되고 고려되어야 한다. 벨기에, 캐나다, 프랑스, 미국 등의 주교들이 주장한 것처럼 실업자 수당이 결코 취업을 대신할 수 있는 것이 아님은 분명하다.[26]

11.2.2. 회칙의 중요성

요한 바오로 2세의 「사회적 관심」 회칙은 처음부터 두 가지 중요한 목표를 가지고 있다: 한편으로는 바오로 6세의 「민족들의 발전」 회칙과 그 가르침에 대한 경애심의 표현이고, 다른 하나는 전임자들의 뜻을 이어받아

에 의하면, 교황이 칠레를 사목방문할 때인 1987년, 수도인 산티아고에 교황을 보러 모여온 백만 신도들이 장엄미사에 참여하게 되었다. 그런데 이날은 기쁨과 환희의 하루가 아니라 눈물의 하루로 바뀌게 되었는데, 반정부 시위대들이 경찰과 충돌하게 되고, 전례가 진행되는 동안 줄곧 소동이 계속되었으며, 수많은 선량한 사람들이 부상을 입게 되었다. 분향과 축제의 음악 대신, 최루탄 가스와 총포 소리가 대기를 가득 채웠다. 이때 교황은 많은 것을 생각하게 되었으며, 보다 적극적으로 고통받는 이들을 고려하게 되었다고 한다. 참조: Weigel - Royal, *Verso una società libera*, 257-8.

[23] 참조: 257.   [24] G. Colombo, Per lidea della dottrina sociale della chiesa, 237.

[25] 참조: W. Bühlmann, *La chiesa alle soglie del Terzo millennio*, 118.

[26] 참조: J. Dreze, Etica, efficienza e la dottrina sociale della chiesa, 51.

사회교리의 항구한 쇄신을 계속하기 위함이다.[27] 교황은 생명의 문화를 관망할 수 있는 슬기로운 사목적 행위의 실현을 원하였다.[28] 이 회칙을 통하여 교황은 전문가들을 고무시켜 진정한 발전은 기본적으로 이웃과의 합심과 사랑과 봉사와 연관되어 있음을 깨닫기를 희망하고 있다.[29]

회칙에서 강조하는 해결책은 오늘날 세계에서 진정한 발전의 결핍으로 폐쇄된 미궁과 환상에서 벗어나기 위해 제시된 안전하고 유일한 방법이다. 그리스도교의 전통적 원칙의 적응과 교회의 사회적 가르침의 개선과 현대화는 세계 안에 표출된 모든 어려운 점에 대하여 안내 지침을 제공하는 방도가 된다. 문제 해결을 위해 개인들과 정책 결정자들은 지역·나라·국제 관계의 모든 수준에서 서로 협력할 것을 요청받고 있다.[30]

이제는 20년 전에 「민족들의 발전」 회칙이 선포한 내용과 다르게 「사회적 관심」 회칙에서 심화시킨 새로운 것들에 관하여 알아보도록 한다. 여기서는 세 가지 심오한 주제를 발견할 수 있다:[31]

1) 사회 문제에 관한 세계적 차원의 상호 연관성이다. 무엇보다도 인간 존엄성을 위협하는 모든 것과 투쟁하고, 새로운 긍정적 경향의 것을 수용하면서 변화를 선도하고 바르게 정향시키는 일이 긴박하게 요구된다. 현대 세계에는 교황이 명명한 상호 연관된 전망의 긍정적 요소와 부정적 요소가 매우 명확하게 떠오르고 있다. 부정적 요소의 예로 자본사회의 결과인 새로운 빈곤의 탄생은 삶의 질을 떨어뜨려 버린 것을 들 수 있다. 이러한 새로운 빈곤은 제4 세계를 형성하는데, 이는 격리되지 않고 어떤 방법을 통해서든 전 세계에 퍼져 나간다. 그러나 현존의 위기 속에서도 태동되고 있는 긍정적 요소를 발견할 수 있다. 「사회적 관심」 회칙

---

[27] 참조: WEIGEL - ROYAL, *Verso una società libera*, 259.

[28] Giovanni Paolo II, *Discorso all Unesco*, 2 giugno 1980.

[29] 참조: WEIGEL - ROYAL, *Verso una società libera*, 261.

[30] 참조: A. FONSECA, Interdipendenza e liberazione nell'Enciclica *Sollicitudo Rei Socialis*, 26.

[31] 참조: WEIGEL - ROYAL, *Verso una società libera*, 261-2.

이 주장하는 바로서 인간에게 호의적이며 고양되는 새로운 문화의 기본
적인 몇몇 요소를 발견할 수 있다. 긍정적 요소의 본보기로서 인간의 존
엄성과 그 기본적 권리에 대한 인식의 확산을 손꼽을 수 있다. 그것은
국제적 판단의 차원과 우리 시대의 사회적 자각에서 기인된다 하겠다.

2) 발전 개념의 복합성이다. 진정한 인간 발전은 하나의 복합적인 현실
    이다. 역사상 다양한 발전 모델 가운데의 실책은 단순 경제 논리에
    서 벗어나 공동체성의 논리로 변화되는 것이 필요하다고 단언하게
    한다. 그러나 또 한편으로는 경제적 관점에서의 발전 필요성과 그
    중요성을 과소평가할 수 없다는 것이다. 왜냐하면 생활 필수적인 물
    질이 결핍되어, 인간의 기본적 소명을 실현하지 못하는 사람도 있기
    때문이다. 이같은 시각에서 교황은 하느님 말씀과 교회 가르침의 빛
    으로서 인간 발전의 총체적인 사상을 제시한다. 그것은 모든 선의의
    사람들로부터 수용될 수 있는 내용으로서, 가치 체계를 재건할 필요
    성을 강조하고, 교회로 하여금 예언자적 사표師表를 제시할 것을 요
    청하고 있다. 회칙은 문화적 · 윤리적 차원의 발전을 강조하면서, 본
    질 및 초월성을 향한 개방의 중요성을 돋보이게 하고 있다.

3) 사회적 분야에 대한 교회의 참여성이 중요하다. 이것은 의무적인 참여를
    뜻한다. 사회 분야에 있어 지금까지 이뤄진 교회의 참여 결과들은 대단
    히 명료하다. 제3의 길 개념에 대한 극복은 정치, 경제의 조직과 정당과
    계획들에 관한 교회의 양립주의의 종결을 초래한다. 그러므로 회칙에서
    제시하는 지침들은 본보기가 되는 훌륭한 가치들을 보여준다. 예컨대,
    가난한 이들의 우선적 선택과 관련된 도덕적 의무, 개발도상국에 불리한
    국제 무역 체제의 개혁, 국제 조직과 기술의 이전 등이 그러한 것이다.[32]

교황은 제3 세계의 빈궁의 복합적인 원인을 잘 알고 있다. 회칙의 진정한 가
치를 찾기 위해서는 교회의 사회적 가르침의 신학적 · 윤리적 성격을 성찰해

---

[32] 참조: B. SORGE, Sollicitudo rei socialis 613-9.

볼 필요가 있다. 회칙에서 교황은 늘 악순환을 일으키는 죄스런 형태와 구조를 비판하였다. 그는 자신의 사상 중심 주제인 개인적 생각을 피력했는바, 모든 재화는 인간에게 봉사하기 위해서 존재하는 것이지, 인간이 재화에 봉사하기 위함이 아니라는 것이다. 재물의 소유권은 사회를 위해 고찰해 볼 때 절대적인 것이 될 수 없다. 때때로 이러한 권리 개념은 많은 이들에게 넘겨져야 할 재화를 소수가 독점해 버릴 때 침해당한다. 모든 재화는 도덕적 차원을 향유하고 있으며, 발전은 도덕적 차원을 지녀야 함을 모든 이는 기억해야 한다. 회칙 「사회적 관심」이 발표되기 2년 전에 요셉 마르티노는, 사도좌 회칙들이 늘 직면해야 할 어려움을 상기시킨 적이 있다. 그 회칙들은 인류가 수용하고 따라야 할 도덕적 원칙에 관한 가르침으로 시작해야 한다는 것이다.

베를린 장벽이 무너짐을 체험한 뒤 2년 후에 「사회적 관심」 회칙이 선포되면서 이 사도좌 담화는 제3 천년대 그리스도인의 지침서로서 인정받게 되었다. 이 회칙은 단순히 근접해온 제3 천년대의 전망에 국한될 수 없고, 나아가 교황이 바라다보는 가운데 미래의 수평선 위에서 나타나는 신앙의 새로운 탄생을 의미한다 하겠다.[33]

교회는 사회, 경제, 정치 발전의 기본적 프로젝트에 더 많은 관심을 보이고, 다양한 분야의 연구와 활동을 정부와 몇몇 전문가 그룹에만 일임하도록 내맡겨서는 아니 될 것이다. 교회 구성원이, 전문가이거나 학자가 아니라 하여도 인류사회 전반에 대한 올바른 인식과 연구를 회피할 수 없다. 특히 경제 분야는 가난한 시민들의 삶과 그들의 생활 향상, 물질적 진보와 직접적으로 밀접하게 연관되어 있기 때문에, 경제 현상에 대한 연구와 비판은 몇몇 그룹과 전문가들에게만 배타적으로 독점되어서는 아니 될 것이다. 인간 존재의 이같은 필수적인 영역에 있어서 교회가 침묵하고 있어서는 아니 된다. 특히 가장 가난한 이들에게 있어서는 이같은 사안에 상반되는 커다란 결과가 소수에 의하여 좌우될 수 있다. 무익하고 파괴적인 대립

---

[33] 참조: 260.

없이, 경제 발전 계획을 인식할 수 있도록 사람들 사이에 경제 법칙에 대한 인식을 증가시킬 필요가 있다. 비록 경제의 기초적인 법칙에 관한 것이라도, 아울러 어떠한 경제 발전 계획에 관한 것이든지 가장 가난한 이들의 이익을 간과해서는 결코 아니 되며, 물질적 이익보다 오히려 인간 권리에 대한 우선권을 항상 고려하여야 한다.

공산주의의 몰락 이후 현대 세계에 있어 이데올로기 대립과 투쟁은 종식되었다고 단언할 수 있다. 그러나 새로운 도전이 기다리고 있는바, 신자유주의가 그것이다. 세계 전 지역에 있어서 신자유주의의 영향은 제한 없이, 그침 없이 움직이고 있다. 신자유주의란 무엇인가? 그것은 바로 극한 이기주의의 문화를 의미하며, 곧 낙태, 폭력, 살인, 이혼율 증가, 배금주의, 쾌락주의 등등이다. 신자유주의에 의하면 모든 판단의 기준은 개인적인 그리고 때로는 집단적인 이익만이 우선시되는 것이다. 이같은 개념들은 참으로 복음적 가치에 반대되는 것들이다. 그리스도는 우리에게 이같은 가치관을 가르치신 것이 아니다. 죄 많은 삶을 영위하라고 하느님이 우리에게 자유를 선사하신 것이 아니다. 이러한 죄악들은 하느님이 절제하면서 사용하도록 인간에게 주신 지상의 은총들과 인간을 파괴시킨다.

오직 이익만을 추구하는 이러한 개념들은 자본가와 지배자들에게 영향을 끼친다. 그들은 생산의 자동화와 상근 노동자와 임시 노동자보다 임금이 적게 드는 임시직을 선호한다. 임시직에 대한 노동의 정당한 보수를 유지하고 노동환경을 보다 개선하기 위하여, 전 세계 노동자들의 협약을 구성하는 데 직·간접으로 교회가 도와주는 것이 대단히 필요하다. 이같은 협약을 통해서 노동자들은 노동 현장의 부정적 상황을 세계에 알리고 공포할 수 있게 되고, 교회와 세계의 모든 노동자들과 노동자들 자신의 이름으로 노동 조건을 개선하고 증진하도록 자본가와 기업주들에게 호소할 수 있을 것이다. 「새로운 사태」 회칙이 공산주의를 불신하고 자본주의의 모순을 비판하였듯이, 교회는 예언자적 사명을 띠고 보다 강도 높게 신자유주의를 바로잡아야 할 것이다.

11.3. 「교회의 선교 사명」

나는 길이요 진리요 생명입니다. 나를 통하지 않고서는 아무도
아버지께로 갈 수 없습니다(요한 14,6).

11.3.1. 회칙 선포 동기

회칙 「교회의 선교 사명」*Redemptoris missio*은 교회 선교 활동의 현실성과 긴
급성에 관한 많은 요청에 응답하기 위하여 집필되었다. 아울러 외방 선교
에 관련된 새로운 변화와 신학적으로 새로운 개념 확산 등의 애매 모호성
을 제거하기 위하여 선포된 것이다.[34] 바오로 6세의 「현대의 복음 선교」
Evangelii nuntiandi 회칙에 이어 요한 바오로 2세는 복음화 개념과 인간 발전
개념의 중요성을 잘 계승하였다. 그는 교회의 사회교리 가르침에 입각하여
총체적 개념을 전개하였다.[35] 교회의 사회교리 가르침이 "교회의 총아寵兒라
고 가정한다면, 그 가르침은 사회적 의무들과 책임, 임무 등을 보장하여
자신의 형제들을 해방시키고 개선·발전시키는 데 더욱 노력을 경주해야
한다"(요한 바오로 2세의 푸에블라 3차 회의 개회 연설 7). 이러한 회칙은 형제들의 궁극
적 해방을 위하여 당연히 거쳐야 하는 역사적 과정의 순례이면서, 그 해방
의 과정 안에서 회칙의 목적이 이해되어야 할 것이다.[36]

회칙 「교회의 선교 사명」은 가톨릭 선교사들뿐만 아니라 그리스도교계
전체에 커다란 반향을 불러일으켰다. 교황은 교회 선교를 고무시키고 자극

---

[34] 예컨대, 선교에 대한 전망 및 현대적 용어에는 대화, 인간 발전, 복음 선포, 타종교 존
중, 타문화 이해 등이 있다. 참조: T. FEDERICI, Preliminare, 5; J. LOPEZ-GAY, Un rinnovato
impulso nell'attività missionaria della chiesa, 97-105.

[35] 참조: T. FEDERICI, Preliminare, 13-4; Daniel ACHARUPARAMBIL, Il dialogo interreligioso:
Cristo chiesa missione, 313-23.

[36] 참조: ANTONCICH - MUNARRIZ, *La dottrina sociale della chiesa*, 63-4.

하며, 새로운 복음화를 강조하고, 현대 세계와의 만남을 추진하며 그 상황을 분석한다.[37] 회칙은 하느님 백성들, 특히 가장 큰 고통을 당하고 있는 이들의 괴로움에 대하여 언급하는 것을 잊지 않는다. 일찍이 바오로 6세는 애덕의 결핍 현상을 지적한 적이 있다. 그것은 사람들의 내부로부터 결핍이 야기된 것인바, 피로와 좌절, 무관심, 무사안일 특히 기쁨과 희망의 결여에서 기인된다고 하였다.

나아가 회칙「교회의 선교 사명」은 그리스도교와 비그리스도교 사이의 대화 분위기 안에서 제기되는 질문과 문제점들에 대하여 해결의 정확한 교의적 노선을 제시한다: 예컨대, 만일 예수 그리스도가 인류 구원의 유일한 중재자라면, 그리스도교 이외의 비그리스도교의 존재 의미는 무엇이며, 그들에게서 어떤 구원이 가능할 것인가? 역사적 예수와 하느님 말씀을 동일시할 때, 다른 세계 고등종교 안에 나타나는 구원의 표지는 무슨 가치가 있는가? 만일 복음 선포가 예수 그리스도를 선포하는 것이라면, 다른 종교의 신도들과 어떻게 협력이 가능하겠는가? 회칙은 이같은 질문들에 대하여, 신학 이론의 바탕을 분명히 하기 위해 상세하게 답변을 시도하고 있다.[38]

11.3.2. 회칙의 중요성

회칙 안에서 그리스도론적 문제점의 주요 원칙들을 발견할 수 있다. 역사상 그리스도의 행적은 종말론적으로 더 이상 넘어설 수 없는 일로서, 선의의 모든 사람뿐만 아니라 그리스도교 바깥에까지 모든 사람들을 위한 절대적으로 결정적인 사건이다. 비그리스도인들에게 전달되는 은총과 그들의 구원조차도 그리스도로부터 기인되는 것이다.[39] 인류의 유일한 구세주이며

---

[37] 참조: T. Federici, Preliminare, 1.

[38] 참조: A. Amato, Missione cristiana e centralità di Gesù Cristo, 14-5; H. Carrier, *Dottrina sociale*, 5.

[39] 참조: Amato, Missione cristiana e centralità di Gesù Cristo, 24; J. Lopez-Gay, Redemptoris Missio, 416.

중재자인 예수 그리스도에 대한 초세기 교회의 신앙은 스스로 어떤 대상을 세운 것이 아니라, 그리스도의 말씀과 인품의 근원적인 역사적 근거를 확실하게 그 기초로 두고 있다. 또한 그것은 그리스도에 의해 선택된 사도들의 신앙증거를 기초로 가지고 있다. 그리스도는 모든 인류를 위해 총체적 구원을 가져왔고 죄로부터 해방시키셨으며, 그리스도의 사랑에 개방하도록 하였다. 이것은 모든 그리스도인으로 하여금 그리스도를 선포하고 인간 구원의 신비체인 교회를 건립하도록 하는 의무와 권리의 항구한 기초를 제공한다. 복음 선포가 아직 이뤄지지 않은 곳에는, 성령께서 베푸시는 은총의 중재자인 교회와 함께 인간의 신비에 대해서 성찰할 필요가 있으며, 그리스도를 알지 못하는 이들을 위하여 은총의 대리자인 교회에 관하여 언급하여야 한다. 그리하여 그리스도, 교회, 회심, 성령과 진리 안에서의 찬미 등과 같은 완전한 진리를 찾고자 하는 모든 사람들의 양심의 자유에 관해서도 고찰하여야 할 것이다.[40]

세상에는 오직 유일한 구원의 은총이 있는바, 그것은 모든 인류를 위한 구원 열매로서 그리스도 그분이시다. 그리스도와 그분의 구원행업이 없으면 성령의 활동을 깨달을 수 없다. 그리스도론에 입각한 신비 개념에 힘입어 교회의 선교와 구원 역사 안에 역동하시는 성령의 기능을 인식하게 된다.[41] 유일한 구세주란 용어 역시 그리스도 그분만이 모든 인류를 위한 구세주라는 의미를 뜻한다. 그리스도는 그리스도인들뿐만 아니라 땅위의 모든 민족을 위하시는 분이라는 뜻이다. 그러므로 교회 선교의 종국적 귀착지는, 자신들의 문화가 아직 복음의 영향을 받지 않은 이들로서 그리스도를 믿지 않는 모든 사람들이다.

세계의 현재 상황은 세계 복음화에 좋은 기회를 주고 있다. 공산주의 무신론의 붕괴와 국경의 개방, 통신 전달수단의 발달로 인한 국가간의 인접

---

[40] 참조: T. FEDERICI, Preliminare, 3-4; J. LOPEZ-GAY, Redemptoris Missio, 416.

[41] 참조: LOPEZ-GAY, Redemptoris Missio 417; A. AMATO, Missione cristiana e centralità di Gesù Cristo, 14.

거리 형성, 하느님과 인간에 관한 활발한 진리 탐구 등을 예로 들 수 있는
바, 특히 새 천년대를 맞이하면서 세계는 교회에 대하여 더욱 개방하고 있
다. 또한 교황은 인간 문화와 타종교에 대하여 개방적이며, 그들과의 만남
을 시도하려 노력하고 있다. 예컨대, 타종교와의 대화 사무국을 여러 다양
한 활동과 문서 발간을 통해 설립하였으며, 그 가르침의 지침들을 실제 행
하고 있다. 교황은 대화를 위한 교도권의 많은 활동에 직접 참여하였다.
이제 대화는 의사 전달의 한 형태이다: 이를 위해서는 정직해야 하며 신뢰
할 만해야 하고, 옛날의 상황이나 선입견을 극복하고 행해야 한다. 대화는
어떤 조직·구조와의 만남이 아닌 사람들과의 만남을 의미한다. 대화에는
장애를 가져오는 요소들이 있는바, 선입관, 근본주의, 혼합주의, 논쟁 등
이다. 그러므로 쉽지는 않지만 다음과 같은 것들이 고려되어야 한다: 타종
교인에 대한 이해, 종합적인 믿음, 평화로운 분위기, 겸손과 인내심, 특히
초자연적인 것에 대한 접근 노력 등이다. 대화 방법으로는 다음을 들 수
있다: 생활, 활동, 전문 영역, 종교적 경험, 관상과 기도 경험에의 참여 등
에 대하여 대화를 나눌 수 있다. 대화는 이처럼 선교의 중요한 길이며, 선
교의 표현이고 특히 종교적 가치의 발전이 된다.[42] 문화와 종교에 대한 평
가의 기본적 원칙은 그 안에 성령이 현존하는가 아닌가이다(29 참조).

구체적인 선교 영성은 다음과 같은 근본적 요소들을 보존하고 있다: 그
리스도와 이웃에 대한 사랑, 거룩함, 침묵, 관상, 그리스도의 영성으로 살
기, 성령의 목소리에 귀기울이기, 자신을 내주기, 교회에 대한 사랑, 우리
를 사랑하는 그리스도처럼 모든 인류를 사랑하기 등이다.[43] 그러므로 사랑
이야말로 선교의 원천이며 기준이 된다.

"교도권적 상황 안에서 회칙 「교회의 선교 사명」이 서술하는 세 가지 상
황은 다음과 같다:

---

[42] 참조: T. FEDERICI, Preliminare, 13.

[43] J. Dinh Duc-DAO, Spiritualità missionaria, 387-91.

1) 지역교회와 보편교회의 선교에 참여하는 평신도들에 대한 큰 관심

2) 새로운 복음화, 새로운 민족, 새로운 아레오파고, 선교의 새로운 영역

3) 하느님의 이끄심에 내맡기며, 거룩하고 관상적이며 축복받는 사람
   이 되는 내면화와 영성 등이다.

회칙의 저자는 선교 교도권적 입장에서, 복음과 생활의 증거인 선교의 총
체적이며 새로운 민감성을 서술한다."[44]

회칙은 선교의 새로운 차원을 제시하고 있다. 그것은 모든 민족이 그리스도
의 기쁜 소식을 만날 의무가 있으며, 그 소식을 접할 권리가 있다는 것이다.
그 기쁜 소식은 그리스도 안에 계시되고 각 개인의 고유한 소명 안에 충만하게
구현되는 복음인 것이다.

비록 세상은 혼돈을 가져오고, 교회 바깥에 관한 전통적 구원신학이 변
화되었다 하더라도, 복음은 여전히 항상 기쁜 소식인 것이다. 세 가지 전
망의 관점은 다음과 같이 상황을 잘 구분하고 있다:

1) 인간학적 관점: 이것은 복음화를 위한 교회의 "첫째 길"이다. 이러
   한 관점으로 인하여 그 어떤 다른 고찰보다도 앞서 참으로 인간다운
   삶을 사는 것이다. 이로써 복음과 구체적 역사와의 필요 불가결한
   연결이 형성되는 것이다. 「교회의 선교 사명」 회칙은 현실과 문화적
   과정에 특별한 주의를 기울이며, 문화와의 대화를 권장하고, "사랑
   의 문화"를 목적으로 하면서 제반 문화들을 존중하도록 한다.

2) 신학적 관점(세 가지): ㉠ 그리스도론적 차원에서 복음은 문화 안에
   육화되어야 한다. ㉡ 교회론적 차원에서 말씀이 실현된 메시아의 백
   성인 교회는, 모든 사람을 위하여 세상과 교류하는 거룩한 공동체이
   다. 이처럼 선교는 세상의 다양한 문화를 지향한다. 그러나 현대에
   발견된 것은 아니지만, 사도 교회로부터 이어오는 역사상의 커다란
   본보기들을 따라가게 된다.

---

[44] T. FEDERICI, Preliminare, 3. 참조: Adam WOLANIN, Linee attuali della Theologia Missio-nis: *Cristo chiesa missione*, 41-6.

3) 선교학적 또는 신학적 차원에서 인간을 향한 그리스도의 자기 비하
   는 세계 보편적 의미에서 "복음의 상황화"를 제시하고 있다. 복음을
   수용하고 받아들이는 모든 문화도 이처럼 자신의 고유한 상황의 방
   식으로 복음을 다시 드러낼 수 있어야 한다.

4) 실천적 관점에서 토착화를 지향하는 복음화 활동은 문화의 새로운
   형태를 향한 새로운 길을 발견하게 한다: 이것은 무엇보다도, 멀리
   거시적으로 많은 시간과 많은 인내심을 요구하는 심오하고 기나긴,
   인식의 성숙을 향한 도정을 의미한다.[45]

"「교회의 선교 사명」 회칙은 두 가지 정확한 전제에서 출발한다. 첫째는 비그
리스도인 현실에 대한 개방성과 이해심과 긍정적 평가이며, 둘째는 첫째 자세
와 동시에 다른 전통 종교들에 대한 그리스도 행적과 그리스도교적 구원의 절
대적 진리와 그리스도교적 정체성에 대한 신뢰심이라 하겠다."[46] 실제로 그리스
도 강생 제3 천년대의 여명과 새로운 희망을 감지하면서 요한 바오로 2세는 회
칙「교회의 선교 사명」을 결론지으며 현대 세계의 선교 상황을 새로운 세계 선
교의 특별한 가능성을 제공하는 역사적 시대로 이해한다고 피력하면서 다음과
같이 대단히 낙관적으로 조명하고 있다: "만일 모든 신자들과 선교사들과 특히
젊은 교회들이 아량과 성덕으로 우리 시대의 소명과 도전에 응답한다면, 우리
는 결실 풍부하고 찬란한 새롭고 빛나는 선교 시대를 볼 것이다"(92).

새로운 복음화를 고려할 때 사제와 수도자 성소 증가는 대단히 중요하
다. 그리스도의 사제와 수도자는 영신적인 측면에서 세계 인류 속의 얼마
안 되는 군계일학이며, "그리스도의 향기"(2고린 2,15)를 품은 인류 공동체의
꽃이 되고, 인류사事 안에 빛을 밝히는 그리스도의 횃불인 것이다. 그러나
성소가 부족한 것이 거부할 수 없는 현실이다. 이런 점에서 전통적으로 오
랜 그리스도교 국가에서도 성소를 발굴하고 이에 보다 적극적으로 대처하

---

[45] 참조: T. Federici, Preliminare, 12; Crollius Arij - A. Roest, Missione e inculturazione. Incarnare l'Évangelo nelle culture dei popoli: *Cristo chiesa missione*, 299-304.

[46] A. Amato, Missione cristiana e centralità di Gesù Cristo, 16.

는 것이 필요하다. 그리스도께서 사도들에게 "청하시오, 주실 것입니다. 찾으시오, 얻을 것입니다"(루가 11,9-10; 마태 7,7)라고 가르치셨듯이, 그리스도께서 기도하신 것처럼 기도하면서, "잃어버린" 성소를 찾아 나서야 할 것이다(마태 18,13 참조). 바로 이 일을 위하여 젊은이들이 다가오도록 소극적으로 기다리고만 있어서는 아니 된다. 오히려 하느님 말씀을 알고 받아들이도록 그들을 찾아 나서고 다가가서 만나야 하는 것이다.

오랜 전통의 서방 그리스도교 국가에서는 대형 교회 건물이 남아 있고 재정 사정도 튼튼한 편이지만, 사제들이 부족한 까닭으로 신도들이 신앙을 유지하고 강화하기 위하여 항상 미사와 성사생활에 참여할 수 있는 것은 아니다. 사목자들의 수가 증가한다면, 그들의 일은 더욱 강화될 것이고 신도들의 신앙은 더욱 굳세게 지탱되고 성숙될 것이다. 그러므로 오래된 전통적 그리스도교 국가이든 선교 지역 국가이든 관계없이 만일 사제가 있다면, 교회는 그 자신의 모든 의미와 그 가치를 회복할 수 있을 것이고, 그렇지 않고 사제가 없으면 아무리 부수적인 자원과 전통과 재정적 뒷받침까지 있다고 하여도 교회는 그 모든 것과 자신의 존재 의미raison d'etre를 잃어가고 있는 것이라 할 것이다.

흔히들 선교 지역에는 성소가 많다고 말한다. 사실 어린 교회라 하여도, 보편교회로부터 재정적 도움을 받으면서 사제직을 갈망하는 젊은이들을 양성할 신학교를 건립하는 것은 참으로 필요한 일이다. 이같은 동기로 성소는 부족하지만 재정적 여유가 있는 전통적 그리스도교 국가와 교육 예산은 부족하지만 성소가 넉넉한 선교 지역 국가의 교구들이 상호 보완하면서 직접적 교환을 강화할 필요가 있다. 그렇게 함으로써 상호 형제적 도움이 굳건하게 되고 보편교회의 결속력도 강화되고 전체적으로는 사제직에 대한 성소가 증가할 것이다.

11.4. 「백주년」

나는 평화를 남겨 두고 갑니다. 내 평화를 줍니다.
내가 주는 것은 세상이 주는 것과 같지 않습니다(요한 14,27).

11.4.1. 회칙 선포 동기

우리 시대의 문화적 상황은 현대적 억압의 새로운 형태가 되어 참을 수 없는 억압의 상황으로 우리를 내몰고 있다. 이같은 억압 가운데는 인간 실존의 윤리적·종교적 차원을 무시하고, 제반 가치들을 본능에 종속시키게 하는 바의 선전 광고를 통한 감각의 조작도 있다. 이같은 탈선 현상은 마약 사용과 폭력 그리고 부자와 가난한 이들 사이의 심각하게 불균등한 기회를 가져오는 반사회적 행위의 기초를 제공하고 있다.[47]

1991년 5월 요한 바오로 2세는 회칙 「새로운 사태」*Rerum novarum*[48] 반포 백 주년을 기념하면서 새로운 사회 회칙, 「백주년」*Centesimus annus*을 선포하였다. 「백주년」 회칙은 「새로운 사태」 회칙에 대하여 몇 가지 논평을 하였는바, 레오 13세 교황의 현대 사회와 그 제반 문제들에 대한 훌륭한 선견지명을 높이 평가하는 데 인색하지 않았다. 요한 바오로 2세는 레오 13세가 오늘날 우리가 가톨릭 사회교리라고 일컫는 기본적 원리와 방향을 선포

---

[47] 참조: WEIGEL - ROYAL, *Verso una società libera*, 245.

[48] "가톨릭 사회교리 창시자"로 이따금씩 거론되는 사람은 Wilhelm Emmanuel von Ketteler(1811~1877) 주교이다. 레오 13세 교황은 그를 "자신의 위대한 전임자로서 그에게서 내가 배운 바 있다"고 말한 적이 있다. 케텔러 주교는 종교적이며 지적인 분석에 이르도록 하기 위하여 도덕적 관심과 확신을 넘어서도록 요구하였는바, 이것이 레오 교황의 「새로운 사태」 회칙의 기초를 제공하였다. 당시의 무신론자 부류의 식자(識者)들을 단호히 반대하면서, 케텔러 주교는 단순히 비판하기에만 머물지 않고 프랑크푸르트 교수들의 지적인 유약성을 명확하게 지적하였으며, 정치와 사회의 제반 문제들에 대한 대안을 제시할 수 있었다(같은 책 34).

하고, 나라 사이의 경제, 정치, 사회생활의 주요 문제점들에 대한 교회의
권리를 주장하면서 교회의 항구한 새 모형을 굳건하게 다졌다고 평가하였
다. 바로 1891년 당시처럼, 금세기(20세기) 말의 사회 제반 문제들도 정의를
바탕으로 하는 평화를 건설할 때만이 해결될 수 있는 것이다.[49]

회칙은 교회가 1세기 동안 세계와 사회윤리 문제에 관한 대화를 추진해
왔음을 밝히면서, 사회교리의 전통을 확장시키고자 한다. 곧, 예견될 수
있는 미래에 대하여 문화, 경제, 정치의 올바른 방향에 대한 가톨릭 교회
의 가르침을 새롭게 기술하고 있다.[50] 교황은 20세기 말의 인간자유를 밝혀
내는 "시대의 징표"를 제시하고 있다. 회칙 「백주년」을 통해서 "자유의 교
황"인 요한 바오로 2세는 일반 공공의 삶 안에 우리를 자유롭게 하는 진리
를 육화시키기 위하여 다가오는 미래의 시대에 있을 인간 자유 논쟁을 미
리 예견하고 있다.[51]

경제문제에 대하여 피력한 후 회칙은 소비주의 경향에 대하여 비판하고
이어서 환경 문제와 함께 윤리적 가치의 결여된 관심, 가정의 붕괴, 낙태
의 자행 등을 거론한다. 회칙은 길고 구체적인 서술 끝에 다음과 같은 질
문으로 결론을 짓는다: 공산주의 몰락 후 승리한 사회체제는 과연 자본주
의인가, 또한 경제와 사회를 재건하기 위하여 노력하는 개발도상국들이 지
향하는 바가 자본주의이어야만 하는가 등이다. 그 대답은 분명히 복합적이
다. 만약 "자본주의"와 함께 경제 영역에서 기업의 기본적이며 긍정적 역
할을 인정하는 경제체제로 지향한다면, 마치 "시장경제" 혹은 단순히 "자
유경제"라고 말하는 것이 보다 적절하게 보이는 것처럼, 그 해답은 확실하
게 긍정적이라 하겠다.

그러나 만일 "자본주의"와 함께, 그 중심인 윤리적이며 종교적인 총체적
인간 자유에 내맡기는 엄격한 합법적 상황 안에 경제 영역의 자유가 진정

---

[49] 참조: WEIGEL - ROYAL, *Verso una società libera*, 51-2.

[50] 참조: 279.

[51] 참조: 297.

으로 구체화되지 않는 체제라면, 그 해답은 결정적으로 부정적이라 하겠다.[52] 교황은 1989년 일어난 공산주의 몰락의 원인 분석을 피력하면서, 공산주의는 "인간 자유"를 부정하였기에 실책을 저질렀다고 하였다. 공산주의의 실패는 무엇보다도 특별히 인간의 도덕적 행위가 그 원인을 제공하였다 할 것이다.[53] 요한 바오로 2세는 인간이 하느님의 모상으로서 자유롭고 합당한 삶을 영위하기 위해서는 물질적 재화가 필요하다는 것을 잘 알고 있었다.

교황의 집권으로 교회는 사회·정치적 문제들을 보다 직접적으로 대면하게 되었는데, 이들로부터 종교적 자유를 보호하고 방어해야 하였다. 물질에 대한 교회의 실제적 관점에 의하면 권리에 관한 단순한 확인만으로는 충분하지 않다. 교회는 선언된 권리를 보다 잘 보호할 수 있는 정치적 사회체제를 수호해야 하는 책임을 가지고 있다. 교황은 세계를 발전시키는 "원동력"과 각 정부의 민주적 참여 방식에 의탁하면서 "지상의 평화"에 관한 새로운 주제를 발전시켰는바, 사회적 변화를 위한 비폭력적 수단을 우선적으로 사용하도록 하였다.[54]

"인간의 진리"가 정치 문제와 조우하는 첫째 자리는 노동자들의 권리 문제이었고, 교황은 상황의 아이러니한 문제들을 분명하게 결정하는 데에 주저하지 않았다. 노동 착취와 억압을 체험하는 괴로운 경험에서 시작하여, 교회의 사회교리의 표현과 원칙들을 찾아내고 재발견한 사람들은 노동자들의 집단이었다(23 참조).[55]

---

[52] 참조: R. SPIAZZI 편 *Enciclopedia del pensiero sociale cristiano*, 778.

[53] 참조: WEIGEL - ROYAL, *Verso una società libera*, 285.

[54] 참조: 121-2. 교황은 "민주주의에 대하여 평가하면서, 보다 진정한 체제가 되기 위해서는 인간성에 대한 올바른 개념과 인간 권리에 대한 인정이 필요하다고 본다. 교회는, 과학적이고 종교적인 것처럼 보이는 이념과 근본주의 혹은 열광주의 등의 위험 앞에 눈을 감아서는 아니 된다. 진리와 선(善)에 대한 올바른 입장을 확고히 할 필요가 있다. 마찬가지로 민주주의에 대한 확고한 기초를 심기 위해서는, 민주주의 국가에서조차 존중되지 않는 일련의 모든 권리들에 대한 보호장치가 필요하다"라고 주장한다: R. SPIAZZI 편 *Enciclopedia del pensiero sociale cristiano*, 778.

"이러한 관점에서 개인 소유 재화의 사용 방향이 새롭게 되었는바 … 지상의 재화는 바로 모두의 것이며, 누구든지 적절한 분량으로 공의公義롭게 소유하게 되어야 정의가 세워지는 것이다. 사유 재산은 모든 인류의 동등한 가치의 인격 위에 기초하여 지상의 재화를 보편적으로 사용하도록 하는 도덕적 원칙에 입각하여 집행되어야 하는 것이다."[56]

교황은 노동을 단순 노동으로 취급하는 것을 막고자 하며, 그 권리를 개인의 소유 재산과 창의성, 지성과 연계하고자 한다. 그는 요한 23세가 회칙「어머니와 교사」에서 생각하지 못했던 바의 자유 노동과 강제적 노동사이의 차이점을 인식하고 있었으며, 소위 "기업정신과 기업성"은 긍정적으로 고찰되어야 한다고 보았는바, 그 이유는 인간의 주요한 자산은 바로 인간 자신이기 때문인 것이다.[57]

"요한 바오로 2세의 최근 가르침에 의하면, 개인의 자유로운 시장 활동은 합법적인 것으로 보고 있다. 이것은 사람이 사회가 필요로 하는 모든 것을 제공할 수 있다는 것도 아니며, 또한 많은 필요한 부를 시장이 다 보급할 수 있다는 것도 아니다. 시장 경제는 이같은 한계를 주의해야 한다"(산토 도밍고 문헌 195). 그러므로 시장을 홀로 그대로 내버려 둘 수는 없는 것이다. 재화를 창출하는 시장의 뛰어난 기능은 인간의 진리가 단순한 경제적 진리가 아니라는 적절한 목적을 향해 전개되어야 하는 것이다.

윤리적 성찰과 현실에 대한 자연스런 성찰은, 귀중한 인류학적인 심오함을 인식하면서 시대의 징표가 제시하는 신학적 범주에 의존하게 한다. 하

---

[55] 참조: 287. "교황은 레오 교황의 가르침을 직접 받들고, '연대의식'이라는 개념에 관심을 모은다. 이 개념은 역시 레오 교황이 제안한 '우애' 개념에 상응한다. 이러한 개념은 노동자들의 기구 조직에 힘있는 영향력을 끼쳤다. '연대의식' 개념은 사회적·정치적 이탈주의를 배격하고, 전 세계적 전망과 사회, 경제, 정치의 책임에 대한 일치된 감각을 고무시켜 준다. '연대의식'은 집단들, 특히 가난한 이들의 현실적 환경을 평가하고, 모든 사람들과 집단을 한 묶음으로 하여 사회적으로 적극적인 관계 안에 하나씩 결속시켜야 할 것이다. '연대의식'은 국가의 역할을 잘 이해해야 하고, 모든 이에게 나눠져야 할 재화에 대한 최종 책임을 국가에만 떠넘기려는 전체주의의 유혹에 빠지는 실책을 피해야 한다"(56-7).

[56] 참조: P. CARLOTTI, *Teologia morale e magistero*, 34.

[57] 참조: WEIGEL - ROYAL, *Verso una società libera*, 235.

느님의 관점과 인간의 요구에 따라서 역사적으로 새로운 순간이 형성된다는 것은, 하느님과 인간 사이의 대화가 이뤄지는 신학적 장소로서 인류 역사가 계속되어야 한다는 것을 의미한다.[58] 사실 교회는 시장이 스스로 조율할 수 없는, 도덕과 문화 체제의 무능함 때문에 이념으로서의 소비주의는 비난받아야 한다고 확신하고 있다. 소비주의에 대한 이같은 비난은 경제 체제의 문제라기보다 윤리와 문화 체제에 의한 문제로 드러난다.

11.4.2. 회칙의 중요성

전 지구적으로 제반 문제들과 그 가능한 해결책들이 상호 연관되는 것은 인류 공동의 사고와 행위에 대한 현금의 시대적 징표이다. 인간 존엄성과 사회의 정체성에 관한 이해의 일치를 위하여, 개인적 · 사회적 · 문화적 · 종교적 특수성의 가치 판단에 대한 공동의 인식으로써 오늘날의 세계를 어떻게 건립하고 조망해 볼 것인가 하는 문제가 대두되고 있다.[59]

교황은 인간의 자유에 대한 그리스도교적 인류학이 경제적 영역을 함축하고 있음을 명확하게 하는 데 주저하지 않는다. 회칙 「백주년」은 자유 경제에 관한 가장 절박한 질문에 대한 하나의 명쾌한 응답이다.[60] 교황은 "인간은 교회의 길"이란 개념을 강조하였다. 오늘날은 그 어느 때보다 교회가, 교황의 이같은 사회적 가르침이 활동의 증거 안에서 더욱 신뢰할 만하다는 사실을 잘 깨닫고 있다. 이러한 개념에서 예컨대, "가난한 이들을 위한 우선적 선택" 개념이 도출되었다.

회칙 「백주년」에서 교황은 혁명적 사회 변화에 대한 보다 포괄적인 진리를 전파하기 원했다. 그것은 인간 진리에 관한 확고한 근거를 정립하고자 하는 혁명적인 정신의 내용이었다. 이것은 인간의 도덕적이며 문화적 · 역사적 정체성을 주장하는 혁명적 사고로서 개인과 국가의 문화적이며 역사

---

[58] 참조: P. CARLOTTI, *Teologia morale e magistero*, 27

[59] 참조: 18-9.

[60] 참조: WEIGEL - ROYAL, *Verso una società libera*, 290.

적 인식을 뜻한다.[61] "회칙 「백주년」은 인간 마음의 가장 깊은 열망을 채워 주는 자유에의 탐구와 인간성에 대한 심오한 묵상이며, 요한 바오로 2세는 진정한 자유에 대한 이러한 탐구를 특별히 일탈된 어떤 것으로 이해하지 않는다. 반대로 자유에 대한 욕구는 인간 존재 양식의 기본 특성 안에 있는 것으로서 또한 우리가 자유롭게 찾고 찬미를 드려야 하는 하느님과 '맺어진' 어떤 것이라 하겠다."[62]

또한 회칙은 경제, 시장 구조, 자본의 이동과 사용, 경제 문제에 대한 올바른 국가의 역할, 기업의 올바른 정립을 가져올 정치 윤리의 지침, 그리고 사람들의 참여 등에 대한 매우 중요한 주제들이 서술되어 있다.[63] 회칙 「백주년」에서 추천하는 시장의 "합법적인 조치"는 공동선의 유효한 양식에 따라서 시민 경제 혹은 시민 사회를 지향하는 데 있어 민주 국가에서 사용해야 할 방도를 보여준다. 이것은 시장 경제의 미래에 대하여 오늘날 논란되고 있는 사안에 관하여 아마 가장 중요하고 커다란 공헌을 하는 것이 된다.[64] 그러나 교황은 총체적 인간 발전을 위하여 정치·경제 관점보다 문화적 관점에 더욱 관심을 보이고 있다.

이제 회칙 「노동하는 인간」과 「백주년」을 비교해 보자. 회칙 「백주년」은 광범위한 사회 윤리적 "생태 문제" 안에서 회칙 「노동하는 인간」에서 서술한 사회적 의무와 인간의 권리 사이의 관계를 다루고 있다.[65] 「노동하는 인간」과 「백주년」은 오늘날 모두에게 명백하게 드러나며, 관세 및 무역에 관한 일반 협정GATT의 조약에 반대되는 몇 가지 주요 쟁점들이 되는, 경제와 사회 구조 안에서의 현대적 경향을 해석하고 있다.[66] 물론 새로운 천년대의 오늘날에는 GATT를 이어서 발족된 세계무역기구WTO가 세계무역질서를 총괄하고 장벽 없는 자유무역을 촉구하고 있음은 주지의 사실이다.[67]▶

---

[61] 참조: 289.　　　　　　　[62] 281.

[63] 참조: R. Spiazzi 편 *Enciclopedia del pensiero sociale cristiano*, 774.

[64] 참조: D. Hollenbach, Il mercato e la dottrina sociale cattolica, 126.

[65] 참조: Weigel - Royal, *Verso una società libera*, 228.　　　　　　　[66] 239.

「노동하는 인간」과 「백주년」에서 교황은 자유 경제 상황에서 굳건한 협력을 강조하였다. 사회적 관계는 자유로운 노동과 기업 활동, 그리고 사회 참여에서 구현되어야 한다. 「노동하는 인간」에서 노동의 사회적 성격이 강조되고, 사람의 가시적인 자원, 곧 교육과 양심은 사람의 창의성이 의존하는 기초가 된다는 사실을 주장한다. 한편 「백주년」에서는 노동의 중요성이 사회를 위한 인간 활동으로 받아들여진다. 모든 것은 우리 현 시대와 함께 앞서 우리가 가졌던 과거 역사의 관계 안에서 상호 연관을 맺고 있다. 「노동하는 인간」과 「백주년」 두 회칙은 도덕적 관점에 관한 한, 동일한 사상을 드러내고 있다: 곧, 물질주의는 자본주의보다 더욱 나쁜 것이다. 「노동하는 인간」이 사회 진전에 있어서 그 답을 넓힌 하나의 "현대화"된 모습이라면, 한편 「백주년」은 새로운 시대로 들어가는 세계를 대면하면서 가지는 도덕 문제의 성찰에 관한 내용이라 하겠다.[68]

사회 문제에 관한 신학적 이론과 교회 선교와의 관계가 회칙 「백주년」에서 더 분명하게 언급된다. 교회의 세계적 보편성은, 동시대에 관한 윤리적 고찰이 세계 복음화에 긍정적으로 영향을 끼친다는 사실을 보여주고 있다. 비록 「노동하는 인간」이 교회의 세계 선교 차원에 대하여 언급하기를 중지하지 않고, 동방을 향하여 메시지를 집중한다 하여도, 여전히 서방에 대하여 다양한 측면에서 언급하고 있다. 한편 「백주년」은 다음과 같은 측면을 견지하고 있다: 교회는 자본가들을 복음화시킬 사명을 지니고 있다. 세계 경제의 복음화는 「백주년」 회칙의 제일 중요한 주안점이 된다. 이 회칙에서 교회가 참을 수 없는 사회 상황에 대하여 별도의 단순한 관찰자로만 머물러서는 안 되며 시민권의 지위를 가지고서 공동선의 차원에서 도덕적 기준을 가지고 사회에 참여할 의무와 권리가 있음을 분명히 하고 있다.[69]

---

[67] 아울러 세계 경제 포럼, 경제 정상회의, 국제 경제회의 등 세계 재화와 관련된 각종 회의에서 거론되는 당론 의안과 향후 의제에 관해서도 주시할 필요가 있다. 국제 경제 기관에서 주요한 정책이 선정되기 전 교회는 빈국들을 대신하여 그들의 절망과 희망을 분명하게 전달할 사명을 띠고 있는 것이다.

[68] 228-30.   [69] 238.

회칙 39항 등에서 "경제는 다양한 인간 활동의 하나의 양상이요 하나의 차원"이라고 진술하면서, 교황은 가난한 이들의 나라가 경제적 결핍으로 인하여 인간의 존엄성과 품위가 위협받는 것을 교회가 방관해서는 아니 된다고 일깨우고 있다. 가난한 이들을 우선적으로 발전시킴으로써 전 세계민의 윤리적·문화적 삶의 질과 양의 두 측면이 고루 향상되어 모두가 함께 공생하며 번영할 수 있는 세계 평화와 정의가 이룩될 수 있는 것이다. 이를 위해서는 무엇보다도 가진 자와 선진국의 관심과 협력을 촉구해야 하며 근본적으로 세계민의 공동 선익을 위한 의식 발상의 전환이 선행되어야 할 것이다. 그러므로 사회 교도권의 신학적·도덕적 차원을 극복한 이후 보다 훨씬 고양된 차원의 추가적 참여가 필요한 것으로 요청된다. 때로는 도전이 되는 새로운 문제들에 대하여 적합하게 대답해 주어야 하는 영역들이 추가될 수도 있겠다. 제3 천년대의 문턱에서 어머니이며 교사인 성 교회는 이상과 같은 인간사회 전반에 관하여 도덕적이며 신학적인 전망을 성찰해 보아야 할 것이다.[70]

아울러 경제적·사회적 어려움에 처한 국가와 민족의 정당한 발전을 위하여 보편교회의 위원회 혹은 그러한 기구를 조직 강화하는 것이 요구된다. 제2차 세계대전 이후 유럽의 재건에 있어서 대단한 도움이 되었던, 예컨대, 미국의 "마셜 플랜"[71] 또는 "유럽 부흥 계획"European Recovery Program처럼 제반 선진국들의 협력을 고려해 볼 필요가 있다. 어려움에 처한 국가들의 가난이라는 운명을 변화시키는 과업을 돕는 일에 다양한 방법과 수단으로 모든 선진국과 산업화된 나라들은, 궁극적인 세계 평화 건설을 위하여 적극적으로 참여해야 할 것이다.

흔히들 인간은 만물의 영장靈長이라고 한다. 그러나 몇몇 사람들은 너무 사치스럽게 살고 있는가 하면, 다른 이들은 매일 먹을 음식이 없어 아사지

---

[70] 참조: P. CARLOTTI, *Teologia morale e magistero*, 36.

[71] 참조: W. BÜHLMANN, *La chiesa alle soglie del Terzo millennio*, 126.

경에 있는 상황에서 만물의 영장이 뜻하는 바는 과연 무엇인가? 이같은 인류 공동체의 상황에서 인간은 존엄하다든지 또는 하느님의 모상이라고 어떻게 말할 수 있는가? 이러한 비극적 모순을 해결하기 위하여 인류 공동체는, 곧 인간 가족은 복음의 요청에 응답하여 긴급하게 또한 항구하게 행동을 취해야 할 것이다. 그리스도는 사람들의 굶주림을 어떻게 해결하셨던가? 그리스도는 사람들이 굶주린 것을 보았을 때, 측은지심을 느끼시고(마르 6,34 참조), "그대들이 먹을 것을 주시오"(루가 9,13)라고 말씀하셨다. 오늘날에도 마찬가지로 가진 자, 곧 부유한 자들은 가난한 이들에게 빈곤의 문제를 해결하기 위하여 가진 것을 줄 수 있어야 한다. 그러면 무엇을 우리는 줄 수 있는가? 그것은 물질적으로뿐만 아니라 우리의 관심과 애정, 시간, 에너지, 지식, 자유, 무엇보다도 진정한 형제적 인류애를 나눌 수 있어야 하겠다. 여기서 우리는 단편적인 물질의 분배에 그치는 것이 아니라, 빈국들로 하여금 빈곤의 악순환에서 벗어나는 방책을 전수해 줄 수 있어야 할 것이다.

1995년의 1인당 국민소득을 비교해 보면, 독일은 27,510$, 프랑스 24,990$, 캐나다 19,380$, 일본 39,640$, 미국 26,980$, 영국 18,700$, 스위스 40,630$, 노르웨이 31,250$, 스웨덴 23,750$이지만, 그러나 200$도 안 되는 나라들도 있다. 예컨대, 말라위 170$, 탄자니아 120$ 등이다.[72] 만일 제3, 제4 세계를 구제하기 위하여 향후 100년 동안 1인당 국민소득이 20,000$ 이상 되는 스위스와 선진 7개국 같은 국가들이 국가 예산의 1/10

---

[72] 참조: P. BOROLI, *Anno 95*. 2005년 5월 9일 한국은행에 따르면 세계은행은 '세계개발지수 2005'에서 2003년 기준으로 한국의 경제 규모를 다음과 같이 평가했다. 2003년 빈부국간 소득 그룹별로 세계경제(GNI)에서 차지하는 비중을 보면 고소득 국가군(인구 비중 15.5%)이 전체 소득의 80.4%를 차지했다. 1인당 GNI(평균)는 저소득 국가군은 440달러로 전년보다 2.3% 증가한 데 비해 고소득 국가군은 2만 8,600달러로 전년보다 7.9% 증가했다. 이에 따라 선진국과 후진국 간 소득격차는 전년의 62배에서 65배로 확대됐다. 이러한 격차의 추이는 10년 전보다 더 심화되었으며, 향후 10년 동안도 별 변화가 없을 것으로 예상된다. 참고로 주요 국가별 국민소득 통계를 보면 다음과 같다. 여기서 ppp는 자국 통화의 실질 구매력 국민소득을 뜻한다.

주요국의 1인당 국민소득(2003년 기준)

단위 : 달러

국 가 명	시 장 환 율		PPP환율	
	순위	금 액	순위	금 액
룩 셈 부 르 크	1	45,740	1	55,500
버 뮤 다	2		2	
노 르 웨 이	3	43,400	3	37,910
스 위 스	4	40,680	7	32,220
미 국	5	37,870	4	37,750
일 본	7	34,180	19	28,450
덴 마 크	8	33,570	8	31,050
스 웨 덴	11	28,910	26	26,710
영 국	12	28,320	21	27,690
핀 란 드	13	27,060	24	27,460
아 일 랜 드	14	27,010	9	30,910
오 스 트 리 아	16	26,810	12	29,740
네 델 란 드	18	26,230	18	28,560
홍 콩	19	25,860	16	28,680
벨 기 에	20	25,760	14	28,920
독 일	22	25,270	23	27,610
프 랑 스	23	24,730	22	27,640
캐 나 다	24	24,470	11	30,040
호 주	27	21,950	15	28,780
이 탈 리 아	28	21,570	25	26,830
싱 가 포 르	29	21,230	30	24,180
스 페 인	36	17,040	34	22,150
이 스 라 엘	38	16,240	44	19,440
뉴 질 랜 드	40	15,530	36	21,350
그 리 스	45	13,230	40	19,900
한 국	49	12,030	47	18,000
슬 로 베 니 아	50	11,920	45	19,100
포 르 투 칼	51	11,800	50	17,710
사 우 디 아 라 비 아	56	9,240	61	13,230

씩, 또한 국민소득이 10,000$ 이상 되는 모든 국가들이 국가 예산의 1/20
씩 헌납한다면, 또한 무기 개발 축적과 핵실험 비용 총액을 의식주 개발
공장 건설과 경작지 생산성 향상 연구 등등을 위하여 전환한다면, 빈국들
이 끝없이 괴로운 운명의 사슬에서 분명하게 벗어날 수 있을 것이라 고려
된다. 가난한 이들과 함께 형제애를 가지고 어려움을 나누고 재물을 절약
하고 소박한 삶을 영위하려는 정신이 있다면, 제3, 제4 세계 국가들을 위한
이같은 프로젝트를 실현하는 것이 불가능한 일만은 아니다. 이것은 제3,
제4 세계의 복음화에 기여할 것이고 교회 선교 활동을 용이하게 할 것이
다. 한 가지 유의할 사항은 이러한 협력 프로젝트 가운데서도 지역교회와
각 민족의 자치와 독립 성격을 더욱 존중하고, 지역 신도들의 적극적 참여
를 이끌어 내는 일이다.

　이와 관련하여 한 가지 사실을 더 언급한다면, 선진 7개국이 1997년 러
시아를 옵서버 자격으로 선진 7개국(G7)에 가입시켰듯이, 선진 7개국은 중
국을 또한 가입시킴으로써, 전 세계의 64억 인류 가운데 1/5인 13억 인구
가 살고 있는 중국에 인간의 기본적 존엄성 향상과 종교 자유와 보다 성숙
한 민주주의를 호소할 수 있고 요청할 수 있을 것이다. 그러므로 보편교회
의 대표들이 선진 7개국과 유엔 등의 국제회의에 적극적으로 참여하여, 온
인류의 "어머니와 교사"Mater et Magistra로서 복음의 가치와 복음적 사고를 선
포하는 것은 대단히 긴요한 일이라 하겠다.

12

현대 복음화를 위한 교회의 사명

12.1. 인간학적 측면

사람이 온 세상을 벌어들인들 목숨을 해치게 된다면 무슨 소용
이 있겠습니까? 무엇을 목숨의 값으로 내놓을 수 있겠습니
까?(마태 16,26).

12.1.1. 인간의 존엄성

성서는 인간이 하느님의 모상에 따라 창조되었고, 창조주를 이해하고 사
랑할 수 있으며, 하느님의 영광에 기여하도록 지상의 모든 피조물 위에 하
느님으로부터 창조되었음을 가르친다. 최근 100년 동안 교회는 인간 존엄
성을 방어하기 위하여 보편적인 여론의 목소리를 대표하였으며, 일반인들
에게 인간적 형제애를 옹호하기 위하여 행동하는 기관으로 인식되었다. 현
대의 교황들과 주교들은 인간 존엄성의 유력한 보호자로서 이해되었다.[1]

회칙 「새로운 사태」*Rerum novarum*는 그리스도교적 인류학에 근거를 둔 교
회의 사회학적 가르침의 시초를 나타낸다. 모든 인간에 대한 존엄성은 교
회가 지향하는 가치의 기초가 된다. 인간을 위한 활동과 인간에 대한 열망
은 각 인간의 근본적인 존엄성을 고양시킨다.[2] 모든 사람의 기본적인 인권
은 그들 권리의 기본적인 평등성을 요구한다. 하느님의 모상으로 창조된
인간에 대한 그리스도교의 가르침은 사상과 종교의 자유에 대한 제한과 인
종주의, 고문 등을 거슬러 인격의 존엄성과 불가침성을 주창主唱한다.[3]

교회는 그리스도 안에서 새롭게 되어야 하는 인간사회의 누룩이며 영혼
과 같은 것이다. 교회는 인류 구원 목표를 추구하면서, 인격의 존엄성을

---

[1] 참조: H. CARRIER, *Dottrina sociale*, 41.

[2] 참조: WEIGEL - ROYAL, *Verso una società libera*, 57.

[3] K. MÜLLER, *Teologia della missione*, 168.

고양시키며 새롭게 하고, 인간사회의 결속을 공고히 하기 위하여, 온 세계에 자신의 빛을 발산한다. 이처럼 교회는 자신의 각 구성원과 전체 공동체와 함께 인류 가족이 더욱 인간답게 되도록 많은 헌신을 쏟는다.[4] 또한 "인류는 하느님의 형상에 따라 창조된 가족으로, 이 가족은 하느님에 의해서 인성과 초월적 영감에 의해 결정된다고 하겠다. 인류의 이러한 모습 안에 하느님의 영감과 전 인류의 구원 가능성이 내재한다".[5]

교회 앞에는 전 인류의 문제로서 관심을 유발시키는 관건들이 많이 있다. 그 가운데 한 예는 사회주의 문제다. 사회주의의 근본적인 오류는 인간학적 측면에 있다. 사회주의는 인간 개인을 사회기관의 한 단순 요소, 하나의 분자로서 이해하며, 그리고 재물 획득은 자립적 선택으로부터 또한 선과 악에 대한 책임 수용으로부터 구별되어 실현될 수 있다고 주장한다. 인간이 사회관계의 한 부류로만 인식되기 때문에, 자신의 결정으로 사회질서를 세울 수 있는 주관적 자립체로서의 인간 개념을 사라지게 한다.[6]

주관적 자립체 개념은 인격의 근본을 정립하며, 인간을 위한 문제 해결을 정교화한다. 인격체인 인간은 자신의 세계를 통제하는 활력 및 양심, 하느님과 대화하고 통교할 능력을 갖춘 존재로서 불가침의 존엄성을 보유한다. 모든 이가 하느님의 자녀이고 그리스도의 형제라고 하는 계시로부터 인간 존엄성 개념은 풍요로워졌다. 비록 인간이 사회적·정치적 등의 요소에 의해서 조건지어진다 하여도, "그 본래의 존엄성 안에서 하느님의 모상으로 창조된 피조물로서 각 개인 인간들 사이의 평등성은 그리스도 안에서 더욱 견고해지고 완벽해진다. 우리 인성을 취하시고 십자가상 구원사업을 통해서 육화를 이루신 때부터, 말씀께서는 모든 인간의 존엄성을 드러내주신다. 이같은 까닭으로 하느님이시며 인간이신 그리스도께서는 인간 존엄성과 그 권리를 보장하는 가장 심오한 원천이시다"(산토 도밍고 문헌 164). 그

---

[4] 참조: R. SPIAZZI, *Codice sociale della chiesa*, 164.

[5] S. KAROTEMPREL 편 *Seguire Cristo nella missione*, 62.

[6] 참조: WEIGEL - ROYAL, *Verso una società libera*, 284.

리스도를 통해서 성취되는 교회의 목표가 바로 인간이 더욱 충만한 인간이
되게 하는 일이다.

교회는 "인간에 대한 전문가"(민족들의 발전 13,1)다. 이것은 사람들이 인간
존엄성의 개념을 간직한 채, 그들의 행위를 표명하고 있는 다양한 공간으
로 교회의 선교를 확장하도록 자극한다.[7] 선교 행위의 구체적 목적 중 하나
는 사람들로 하여금 결국 종말론적 결정적 완성의 윤곽 아래 예수를 모델
로 하여, 그리스도의 몸과 하느님의 백성이 되는 인간성의 이상적인 전망
으로, 그리하여 새로운 인간으로 성장하고 성숙해 가도록 하는 것이다.[8]

12.1.2. 인간의 자유 해방

하느님의 커다란 선물이며 축복으로 정의되는 자유란 무엇인가? 어떻게
인간은 공동선을 발전시키면서 자유 사회 안에서 자유를 진보시킬 수 있는
가? "자유 문제에 대한 가톨릭 교회의 가르침은 레오 13세부터, 피조물에
게 지능과 의지를 부여해 주어 하느님의 모상이 된 점에 연관하면서 인간
에 대한 윤리적 성찰과 각 개인 한 사람 한 사람의 존엄성과 품위를 주장
하며 시작한다."[9] 바티칸 공의회 이후 신학의 역사적이며 인간학적 정향定向
은, 하느님이 인간을 빈곤과 무지와 억압과 죽음으로부터 구원하기 원한다
는 사실을 이해하도록 도와준다. 이같은 악을 제거하는 일은 인간을 총체
적 해방으로 향상시키려는 교회의 세계 복음화 활동의 중요한 한 부분을
이룬다. 이러한 해방은 전체의 한 부분인 시간적·역사적 해방으로만 구성
되어 있지 않고, 죄의 사회적·개인적 차원에 있어서 영성적 차원의 해방
도 포함하고 있다. 이러한 사회적 죄악은 개인적 죄의 축적이고 결집이며,
구조악을 유발하면서 억압과 부정의 상황을 유지시킨다. 이것은 인간에 대
한 창조주의 계획에 반대되며, 극복해야 될 문제이다.[10]

---

[7] 참조: R. SPIAZZI 편 *Enciclopedia del pensiero sociale cristiano*, 753-4.

[8] 참조: E. Nunnenmacher, La natura missionaria della chiesa, 113.

[9] 참조: WEIGEL - ROYAL, *Verso una società libera*, 282.

인간 양심의 자유는 물론 여러 위험 요소를 소유할 수 있다. 또한 인간 심성은 맹목적 순종에 의한 커다란 책임감의 위험을 간직하고 있다. 그러나 양심의 자유는 복음과 교회의 규범적 가르침을 심사숙고하게 하며, 구체적 현실 사안과 대면하여 궁극적으로 무엇을 해야 하는지 결정하게 만든다.[11] 인간은 인격을 지니고 있다는 사실을 심오하고 새롭게 평가하며 인식하고 있다. 사람은 이념적 정교화와 결정적 과정에 능동적으로 참여해 가는 하나의 인격체이다. 인간 품위는 다른 권위로부터 부여받은 명령을 단순히 실시하는 데 그치지 않고, 그 행위 안에서 스스로의 고유한 판단과 책임성있는 자유 해방을 보유하고 그것을 실행하도록 요구한다.[12]

오늘날 인간은 문화적·정치적·인종적·사회적·경제적·심리적·종교적 압박과 창조주의 명예를 심히 실추시키는 다양한 것들로부터의 위협 아래 있다. 사람들은 하느님의 자녀임을 느끼는 것보다 이같은 모순을 더 많이 체험하고 있다.[13] "'결국 인간은 죽음과 질병과 쇠망함의 결과로서 압도적으로 비참한 상황을 수동적으로 참고 있기만을 바라지 않는다' 라고 랏칭어 추기경은 피력하면서, 계속하기를 '인구과밀 지역의 문맹 계층 사이에서 꾸준한 인구 증가에도 불구하고, 과학 기술의 기적 같은 발전에 힘입어 인간 품위에서 요구하는 최소한의 복지를 모두에게 확보해 줄 단계에 들 수 있을 것이라는 사실은 아무도 부인하지 못할 것이다' 라고 언급하였다."[14]

구체적이며 철학적이고 이상향적인 차원의 해방은 사람이 자기 운명에 책임지는 역사적 해석의 해방이다. 한편 신학적 차원의 해방은 죄로부터의 해방이며, 모든 인간 결속의 기초를 이루는 통교 안에 살게 하고, 참으로

---

[10] 참조: Ramon Macias ALATORRE, *Liberazione e promozione umana*: S. KAROTEMPREL 편 *Seguire Cristo nella missione*, 142. "문제의 핵심 사항은 오늘날 억압받는 자들의 해방이 실제로 가장 긴박한 구원의 형태이다. 피억압자들의 해방은 그들에게 자신들 삶의 종교적·영성적 측면에서뿐만 아니라 그들의 정치적·경제적·문화적 측면도 함께 고려하여 개인적인 도움을 제공하도록 요청하고 있다": P. BIGO, *The church and third world revolution*, 131.

[11] 참조: W. BÜHLMANN, *La chiesa alle soglie del Terzo millennio*, 260.　　[12] 참조: 259-60.

[13] 참조: K. MÜLLER, *Teologia della missione*, 171.

[14] 같은 곳.

자유롭게 만드는 그리스도 안에서 새로운 삶을 수용하는 것이다. 해방의 맥락에서 신학적 반성 혹은 내재적이든 역사적 실천이든 그 비판적 반성은 주님의 말씀을 대면하면서 실제로 신앙 안에서 삶에 실행되어야 한다.[15]

일반적으로 해방을 향한 문제 해결은 다음과 같은 3단계 과정에 의해 전개된다: 고유한 특수 상황을 만나게 되고 ― 적합한 판단을 내려야 하며 ― 마침내 양심이 명하는 순수한 결정을 얻는 과정의 순서이다.[16] 여기서 "하나의 유혹은, 인간 발전의 역사적·사회적 과정을 의도하는 바의 '해방'이란 용어 안에서만 단순하게 복음화를 해결하려 하는 것이다. 이러한 유혹을 거슬러 집합적 교회론의 구체적 그리스도교 관점들이 분석적으로 실현되어야 하는 것이다".[17]

복음적 해방은 하느님을 향한 모든 차원에서 전인적 인간을 지향하며, 결코 단순히 경제·정치·사회·문화적 차원에 국한될 수 없는 것이다.[18] 하느님은 보조 기금 창고 같은 공간 안에서 단지 대기하고 있는 것이 아니라, 당신 백성들을 해방하기 위하여 백성들 안에 찾아오고 계속하여 현존하심을 인식하게 할 필요가 있다:

1) 종교적 해방: 이것은 영혼의 구원을 위하여 죄로부터의 해방으로 이해된다. 유일하게 인간의 영성적 현실에 정향된 하나의 해방이다.

2) 종말론적 해방: 이 세계에 속하지 않은 하느님 나라의 선포로 구성

---

[15] 참조: Ramon Macias ALATORRE, Liberazione e promozione umana, 146.

[16] 참조: W. BÜHLMANN, *La chiesa alle soglie del Terzo millennio*, 260-1.

[17] G. ANGELINI, La dottrina sociale della chiesa, 37. "해방은 우리로 하여금 모든 사람을 형제 자매로, 하느님의 자비하심으로 그들 마음이 변형될 수 있는 사람들로 인정할 수 있게 해 준다. 해방은 또한 사랑의 힘을 통하여 친교의 빛으로 나아가게 하며, 우리는 그리스도 안에서 친교의 충만함과 극치를 발견한다. 해방은 새로운 인간 존재의 성숙과 만개(滿開)로서, 내면에 형성되었던 우상과 굴레를 효과적으로 정복하는 것이다": JOHN PAUL II, Opening address at the Puebla conference: EAGLESON - SCHARPER, *Puebla and beyond*, 68.

[18] 참조: ANTONCICH - MUNARRIZ, *La dottrina sociale della chiesa*, 270. "어떤 사안이 가난하고 억압받는 이들을 경제·사회·문화·정치적 해방을 경험하게 한다면, 그것은 하느님 정의의 표지임을 우리는 알고 있다. 해방은, 그것이 남녀노소 사람들 사이의 차별, 인간과 자연 사이의 분열, 또한 사랑과 자유와 복지 대신 증오·적대심·원한을 조장하는 분열을 고착시키는 구조악을 분쇄할 때, 복음적이라 하겠다": O.E. COSTAS, *Christ outside the Gate*, 30.

되어 있다. 복음은 이 세계에 와서 우리와 함께 동고동락하셨으며, 또한 모든 인간적·지상적 현실을 해방시키려는 목적으로 항상 분주하셨던 그리스도를 우리에게 보여준다.

3) 메시아적 해방: 약속의 땅으로 옮겨가는 하느님 백성이 증거를 남기는 여정처럼 이집트로부터의 해방을 포함하는 도정이며 구원이다.[19]

교회는 신앙을 받아들일 때에 인간의 자유를 역설하고, 그 자유를 존중하며 수호한다.[20] 교회의 책무는 총체적이며 전적인 해방이다. 인간 해방은 상호 연관되는 세 가지 측면 때문에 복음화에서 벗어날 수 없는 것이다:

1) 인간학적 측면: 구체적으로 인간은 사회·정신·문화·역사·신체·경제 등의 문제로부터 규정되며 공동체를 형성하는 존재다.

2) 신학적 측면: 이것은 하느님의 창조계획을 구원계획으로부터 분리시키지 않는바, 하느님의 구원계획은 퇴치해야 하는 부정不正의 상황과 이룩해야 하는 정의의 상황에까지 구체적으로 다다르는 것이다.

3) 애덕적 측면: 정의와 평화 안에서 참으로 진정한 인간 성숙을 도모함이 없이 어떻게 새로운 계명을 선포할 수 있겠는가?[21]

사회적 가르침의 주된 목적은 하느님 모상인 인간의 인격적 존엄성과 그의 양도할 수 없는 모든 권리의 수호이다. 인간에 대한 관점을 제시하는 그리스도교 사회교리의 목표는 지상적인 것의 발달과 그리스도 왕국의 성장 사이에 대치됨이 없이, 궁극적인 하느님 나라 건설에 기여하도록 하기 위하여 현세적 차원으로부터 인간을 총체적으로 해방시키는 것이다(푸에블라 문헌 475 참조).

---

[19] 참조: Fulgenzio CORTESI, Mondo del lavoro: prospettive di intervento e di azione pastorale: P.G. NESTI - P.G. PESCE 편 *Missioni al popolo per gli anni 80, Atti del 1° convegno nazionale*, Antonianum, Roma 1981, 449-50.

[20] "교회는 회개로 초대하면서 그리스도의 모든 복음과 그 가르침을 선포할 '권리와 의무'가 있다": J. LOPEZ-GAY, La missiologia contemporanea, 17.

[21] 참조: ANTONCICH - MUNARRIZ, *La dottrina sociale della chiesa*, 269-70; "참된 자유는 원하는 바를 행하는 데 있지 않고, 해야 할 바를 행하고 유지해야 할 바를 유지하는 능력에 있다. 우리는 모든 구속으로부터 자유롭지는 않으나, 진리와 애덕의 봉사를 위해서는 자유롭다": J. LOPEZ-Gay, La missiologia contemporanea, 17.

12.1.3. 인간 발전

"마음으로 가난한 이는 복되다." 그러나 그것만으로는 충분하지 않다. 선교는 가난한 이들의 발전을 위하여 그들에게 봉사해야 하는 것이다. 선교는 가난한 이들이 빈곤에서 보다 잘 벗어날 수 있도록 그들의 가난을 함께 나누는 것이다. 이것은 캐나다의 한 간호사가 인도에서 서신을 기록한 내용과 같다: 가난한 그들의 운명을 함께 서로 나누는 것은 대단히 이상적인 것이다. 그러나 이것이 그들로 하여금 자신들의 가난한 오두막집에서 나오도록 도울 수 있는 것은 아니다. 그러므로 선교사는 인간 발전을 위한 활동 중에서 가능한 더욱 넓고 적극적인 의식으로 봉사할 필요가 있다.[22]

그리스도교 구원의 초월적 성격은 사회를 변화시키도록 요구한다는 사실을 이해하면서, 성령에 의해 인도되는 교회는 참으로 성숙해 간다 하겠다.[23] "현대 세계의 복음화에 대한 1974년의 세계 주교회의는 하느님 구원 요소로서 두 가지 구원 차원을 확정지었는데, 역사 내재적 차원과 종말론적 초월 차원이다."[24] 바오로 6세는 이 회의의 결과로서 「현대의 복음 선교」를 발표했는데, 이 문헌은 교회의 기본 직무인 복음화와 교회 책무 중의 하나인 인간 발전 사이의 관계에 대한 고찰을 기술하고 있다. 여기의 둘째 표현은 이웃에 대한 그리스도인의 사랑을 실제로 추구하는 인간의 안녕에 관한 인간 발전을 뜻하는 것이다.[25]

"사실 복음화와 인간 발전 사이에는 심오한 연관성이 내재하고 있다. 1985년에 개최된 세계 주교 대의원회의는 다음과 같이 복음화와 인간 발전에 대하여 피력하였다: 복음화와 인간 발전의 두 차원은 상호간에 대결 구도의 차원이 되어서는 아니 된다. 교회는 복음화와 세상을 위한 봉사 사이의 불필요하며 그릇되고 상반된 개념을 극복하는 것이 필요하다."[26] 곧,

---

[22] 참조: J. Masson, *La missione continua,* 131.

[23] 참조: Ramon Macias Alatorre, Liberazione e promozione umana, 141.

[24] W. Bühlmann, *Anno 2001,* 115-6.

[25] 참조: G. Angelini, La dottrina sociale della chiesa, 36-7.

복음화와 인간 세상을 위한 봉사가 반대되거나 서로 대조되는 관계 개념을 초극하고, 동일한 목표인 "하느님 나라 건설과 인간 발전"을 위하여 상호 협력하는 것이 요청된다.

인간 발전은 정확하게 인간 복지 조건의 개선으로서, 개인과 사회를 모두 포함하여, 인간의 총체적인 발전 안에서 복음화에 결합된다. 인간은 모든 발전의 중심에 위치해야 한다. 즉, 총체적 발전의 전망 안에서 어떠한 것도 인간을 최우선 순위에 두는 것과, 가능한 측도測度 안에서 기술적 발전과 가까이하면서 인간을 하나의 인격으로서 그 품위를 발견하는 것만큼 근본적인 요소는 없는 것이다.[27] "그리스도인은 자신의 목숨을 희생하기까지 인간의 심오한 의미를 옹호하면서, 또한 그리스도의 복음이 모든 사람들을 위하여 서술되었다는 것을 만민에게 밝히도록 보내어졌음을 스스로 깨닫는다."[28]

「사목 헌장」은 66항의 마지막 부분에서 격변하는 현대 사회 안에서 각 개인이 누구든지 낙오되지 않고 새로운 직업 세계에 적응할 수 있도록, 또한 인간의 기본적 생활이 유지될 수 있도록 구체적으로 다음과 같이 천명하고 있다: "이를테면 자동화가 이루어지는 새로운 형태의 산업 사회에서 모든 사람에게 충분하고 적합한 일자리를 마련해 주고 적절한 직업 기술의 교육 기회를 제공하도록 배려하여야 한다. 또한 특히 질병과 노령으로 커다란 어려움을 겪고 있는 사람들의 생계와 인간 존엄을 안전하게 보장하여야 한다."

그리스도인의 복음 정신에 입각한 사회적 행위는 그리스도를 따르는 데 핵심적 차원이기 때문에(푸에블라 문헌 476 참조), 그리스도 메시지의 핵심 사안에 의하면서 또한 모든 이의 발전과 존경을 추구하는 그리스도교 가치에 의지할 때에는 변화 가능한 요소에 아울러서 불변의 요소를 발견할 수 있

---

[26] P. Giglioni, Il vocabolario missionario: *Euntes Docete*, XLIV, 275-6.

[27] 참조: Antoncich - Munarriz, *La dottrina sociale della chiesa*, 98.

[28] C. Stanzione, Perché oggi la missione non può che essere radicale, 6.

다. 교회는 수세기를 통하여 항상 인간 발전을 신장하도록 일관성있게 노력해 왔다.

선교 행위는 하느님의 모상으로 창조된 모든 사람들에 대한 존경심을 진보시켜 왔는바, 협력사업, 병원, 예방 의약, 언어 상습, 원주민 예술과 음악 발전, 전통 종족의 문화 보존, 농업 기술, 장애자와 거동 불편자의 치료 등 모든 분야에 있어서의 교육 제도 개선을 통해서 생활 수준을 질적으로 향상시킨다. 최근의 역사에서 교회는 발전의 인간적 차원을 선교의 핵심적한 부분으로 이해한다. 교회는 "예수께서 완전한 구원, 즉 인간 전체와 모든 인간에게 … 구원을 가져다주러 오셨다"(교회의 선교 사명 11)는 사실을 선포하지 않을 수 없는 것이다.[29]

12.1.4. 가정 공동체

하느님은 수많은 가치와 결실이 선사된 결혼의 창시자이시다. 이것은, 가정과 모든 인류사회의 안정과 번영을 위하여 또한 가족 모두와 인류 전체의 연속성을 위하여 최고의 중요성을 담고 있다는 뜻이다. 그리스도인 부부는 그들의 품위와 의무를 위하여 특별한 성사로써 축성되고 강화된다. 가톨릭의 가르침은 가족이란 사회를 구성하는 핵심적 단위로서 이해하며, 형제들과 부모들에게 서로 상호간에 희생하도록 고무시키고 있다. 가톨릭적 용어에는 가족적 은유법이 많이 사용되는바, 예컨대, "거룩하신 아버지", "공경하올 어머니", "그리스도의 정배" 등이다. 이들은 사회를 아래로부터 위로 재정립시킨다.[30] "인간의 근원적 공동체인 가정은 항상 교회로 가는 도정으로 머무른다. 그래서 교회는 가정에 대한 봉사를 자신의 핵심적인 책무 중의 하나로서 인식하고 있다. 교회는 이러한 요소들이 근원적이며 타고난 권리로 인식되기를 지칠 줄 모르고 요구하고 있다."[31] 개인과

---

[29] 참조: George KOTTUPPALLIL, *Storia delle missioni: Conclusioni generali*: S. KAROTEMPREL 편 *Seguire Cristo nella missione*, 280-1.

[30] 참조: WEIGEL - ROYAL, *Verso una società libera*, 269.

가정의 발전과 그 보호를 포함하는 공동선에 관한 봉사 의식意識의 우선권과 중요성을 보존하면서, 가정이 사회 안으로 확장될 하나의 주요한 인간 공동체인 사실에 있어서, 가정 윤리는 교회 내 사회 윤리의 범주 안으로 포함되기에 이른다.[32]

부부들은 인간 생명을 전수하고 교육할 과업에서 창조주 하느님 사랑의 협조자임을 깨닫는다. 그러나 한편 가정은 물질적 낭비와 사치의 위협을 받을 수 있는바, 그것은 전통적 덕망을 위태롭게 하고 자녀들의 올바른 교육을 어렵게 하며, 가족간의 일치의 안정성을 위험하게 만든다. 사회·문화·도덕·경제 등에서 야기되는, 현대 가정의 어려운 상황 가운데 교회 교도권에서 확인된 원칙들은, 사회생활의 책임자들을 불러모아 가족의 의무와 함께 그리스도교가 회복시키고 재확정지은, 자연법에서 유래된 기본적 요구사항들에 준하여 가정의 의미를 재확립하는 데 기여하도록 한다.[33]

그리스도인 가정은 생명과 사랑의 친밀한 공동체로서 자신의 존재와 행적으로 사회에 봉사하며, 근원적인 방법으로 교회 선교에 활기차고 책임감 있게 참여하도록 불림받고 있다. 가정은 인류 역사 안에 하느님 나라를 건설하며, 스스로 신앙과 복음 선포자의 공동체로, 하느님과 대화하고 인간에게 봉사하는 공동체로 드러난다. 가정 공동체는 예수 그리스도의 예언직, 사제직, 왕직의 사명을 표현하고 실천하는, 풍요로운 가치의 총체성, 유일성, 신뢰성 안에서 살아오는 부부와 가족의 사랑 안에서 떠오른다(사도적 권고 「가정 공동체」 50 참조). 창조주이시며 구세주이신 하느님의 계획 안에서 가정은 자신의 정체성뿐 아니라 그 사명까지 깨닫는바, 곧 네 가지 기본 과업을 통해서 사랑과 생명을 옹호하고 밝히고 전달하는 일이다:

1) 가정의 임무는 부부 상호간의 일치와 불가해소성으로 특징짓게 되는 인격적 공동체로서 살아가고, 성숙하고, 완성에 이르는 것이다.

---

[31] G. MARCHESI, *Il secondo incontro mondiale del Papa con le famiglie a Rio de Janeiro*, 276. 참조: *La civiltà cattolica* 1997, 177.

[32] R. SPIAZZI, *Codice sociale della chiesa*, 90.   [33] 같은 곳.

2) 생명에 대한 권리는 인간의 모든 권리의 기본이기 때문에, 가정은 생명에 봉사하는 한 "생명의 성역"(백주년 39)과 같은 곳이다. 이러한 봉사는 단순히 생명 출산에 국한되지 않고 인간과 그리스도인의 참된 가치를 가르치고 선수하는 네 필수적인 협력을 제공한나.

3) 가정은 사회를 구성하는 생동감있는 근원적 세포이다(가정 공동체 42 참조). 그 특성과 소명을 통해서 가정은 참된 가정 정책의 주역이 되고 그 발전의 진흥자가 되어야 한다.

4) 가정은 하느님 말씀을 수용하고, 살고, 거행하고, 선포하는 "가정 교회"이며 그로부터 교회와 세계를 거룩하게 할 수 있는 곳으로서, 곧 거룩함의 성역이다(가정 공동체 55; 산토 도밍고 문헌 214 참조). 의학과 사회학, 심리학, 생물학 등의 전문가들은 그들의 공동 연구를 통해서 가정의 선익에 커다란 공헌을 하고, 성숙하고 정직하며 균형 잡힌 인류 가족에게 적합한 다양한 조건들을 보다 명확하고 심오하게 탐구하여 제시하고 있다(사목 52 참조).

12.2. 사회학적 측면

신도들은 모두 함께 지내며 모든 것을 공동으로 소유하고
재산과 재물을 팔아서 각자에게 필요한 만큼 나누어 주었다
(사도 2,44-45).

12.2.1. 정의 구현

구약성서에서 정의란 계약의 백성에게 있어 하느님에 대한 신앙, 곧 하느님의 자비하심 안에서 그 기초를 발견하는 신앙을 의미한다(시편 103; 119; 바룩 5,9 참조). 하느님 편에 있어서 소외된 이들에 대한 우선적 선택은 구약성서에서 발견할 수 있고, 또한 예수의 가르침 안에서도 특별히 분명하게 드러난다. 예수는 당신이 우선적으로 소외된 이들과 갇힌 이들, 억압받는 이들을 위하여 파견되었다는 사실을 강조한다(루가 4,18-19 참조).[34] 교황 요한 바오로 2세와 많은 나라의 주교회의와 교회일치위원회는 정의 문제를 향상시키기 위하여 그들의 목소리를 드높인다. 또한 오늘날의 수도회 기관들도 더 이상 세계로부터의 도피, 세계의 거부, 세계의 부정否定이 아니라, 오히려 세계 앞으로·안으로 함께 달려나가는 것을 강조한다.[35]

사실 교회 가르침에 속하는 그리스도교 사회교리는 스스로의 사회적 의무를 다음과 같이 분류하여 인식한다. 곧, 공권력에 대한 시민들의 합법적인 정의를 지키는 일, 시민들에 대한 공권력의 분산적인 정의를 유지시키는 일, 그리고 이같은 상호 관계에서 개인과 공동체 쌍방 모두를 위하여 조정하는 가환적可換的 정의를 판별하고 실행하는 일 등의 다양한 관점에서

---

[34] 참조: K. MÜLLER, *Teologia della missione*, 165.

[35] 참조: W. BÜHLMANN, *Anno 2001*, 116.

정의 덕목을 실천해야 하는 것으로 이해한다.[36]

세계의 부정不正에 대하여 무관심하면서 성체성사를 거행하는 것은 하느님이 허락하지 않으신다. 세계의 다른 한편에서 고통받는 수백만의 사람들이 자신의 운명에 버림받아 있을 때, 이에 무관심한 성체성사는 이미 그 의미와 가치를 상실하는 것이다. 오늘날 세계 안의 형제, 자매들의 고난에 동참하지 않는다면, 교회 안에서 그리스도의 수난을 기억할 수 없는 것이다. 세계 남반구의 주교들과 주교회의는 모든 형태의 인간 착취에 대면하여 항거하면서, 정의를 위하여 종교적 실험의 차원이 아닌 실제 임무로서 권고하고 호소하고 있다. 특히 미국 주교단의 경제 구조에 대한 교서가 두드러지는데, 여기서 그들은 자본주의 국가들에게 빈국의 국민들을 위하여 정의를 실천할 것을 요구하고 있다.[37]

지상에서의 하느님 나라의 실현이 항상 불완전함을 알고 있다 하여도, 교회는 자신의 온 힘을 다하여 그 실현을 위해 전진해 가야 한다. 이것은 우리의 구체적 실제 상황 안에서 정의를 촉구하고, 진리를 인식하고, 하느님 계획에 일치하는 지침을 실천하는 것을 의미한다. 교회는 우리 사회가 더욱 인간적이고 정의롭게 되도록 일해야 한다. 매우 구체적으로 부정이 발생하는 것처럼 정의의 발전 역시 구체적으로 성취되어야 한다.[38]

한편 신약성서의 새로운 요소는 애덕으로써 정의의 문제를 극복한다는 것을 표현하는 점이다. 사랑은 친구 관계의 한계선을 원수에게까지 확장하도록 하며, 마침내 생명을 바치기까지 초극해 간다. 애덕과 정의는 예수를 따르는 이들에게 있어 영감을 불러일으키는 두 가지 힘으로서, 인류사회로 하여금 온갖 착취와 소외된 이들에 대한 무관심을 치유할 수 있도록 도와준다.[39] "아씨시의 성 프란치스코는 청빈과 자연에 대한 사랑으로써 모든

---

[36] 참조: Antonio LIVI, Presentazione, VI.

[37] 참조: W. BÜHLMANN, *La chiesa alle soglie del Terzo millennio*, 117-8.

[38] 참조: ANTONCICH - MUNARRIZ, *La dottrina sociale della chiesa*, 42-3; G. ANGELINI, La dottrina sociale della chiesa, 93.

피조물과 인류의 상호간에 화해의 길, 곧 정의와 평화의 길을 불러일으킬
수 있었다"(산토 도밍고 문헌 170). 애덕은 사회 관계에서 규범이 된다. 사랑은
인종과 성과 사회적 조건의 한계를 알지 못한다. 하느님이 우리를 사랑하
시고, 예수께서 가르치셨듯이, 하느님 그분이 바로 형제애의 기준이 된
다.[40] "교회는 정의와 애덕의 중심 가치를 발전시키면서, 몇 세기를 통해
공동체적 정서와 사회적 행동을 심오하게 형성시켜 왔다. 사실 사회에 대
한 교회 영향력의 원천은, 그리스도인들의 사회에 대한 임무와 정의와 애
덕의 활동으로부터 기인한다."[41]

　"생활과 교의敎義 사이의 해석학적 순환은 두드러진다. 특별히 정의를 위
한 사명은 이론적으로만 남아 있어서는 안 되며, 실제로 그러한 삶을 살아
야 하는 것이다."[42] 정의는 개인적·사회적 인간 삶과 복음 사이의 핵심적
내용의 하나이므로 결코 복음에서 벗어날 수 없다. 정의는 인류학적 연대
의 힘 안에서 결코 분리될 수 없는바, 복음을 받아들이는 사람은 정의 안
에서 살기를 원한다. 정의의 발전 없이 진정한 사랑을 선포할 수 없다. 인
간사회 안에서 정의를 실현하기 위하여 쏟는 모든 노력은, 절대적인 의미
를 허락하시면서 인간의 작업과 그 방법과 영감 등을 완전하게 하고 초극
해 가도록 하는, 하느님의 공의公義로우신 섭리 안에 포함된다. 이러한 정
의 개념은 복음에 기초하는 신앙의 관점에서 태어나는 것으로서 결코 복음
화와 무관한 것이 아니다.[43]

12.2.2. 정치 혁신

　성서의 하느님은 정치에 관하여 많은 일을 하시는데 피압박자의 편에 머
무르시며, 당신 백성의 부르짖음에 귀기울이시고, 그들을 이집트로부터 이
끌어 내신다. 예언자들을 통하여, 하느님은 희생과 제물 대신에 백성들을

---

[39] 참조: ANTONCICH - MUNARRIZ, *La dottrina sociale della chiesa*, 25-8.

[40] 참조: H. CARRIER, *Dottrina sociale*, 15.　　　　[41] 14.

[42] ANTONCICH - MUNARRIZ, *La dottrina sociale della chiesa*, 69.　　　　[43] 참조: 270.

위하여 개입하기를 요구하신다.[44] 정치라는 용어는 매우 제한된 의미를 가지고 있는바, 정치의 광의의 개념은 국가적·국제적 공동선에 관계되는 모든 것을 나타내며, 정치의 협의의 개념은 정당에 의하여 권력을 실행하고 집행하는 것과 관련된 모든 것을 뜻하고 있다. 징치 징딩은 그들의 사회·역사적 계획을 실현하기 위하여 여정旅程을 가는 것인바, 결국 권력의 성취를 추구해 간다. 이러한 목적에 맞추어서 그들 활동의 대부분이 지향되어 있다.[45]

인간의 기본적 권리와 영혼의 구원을 위하여 요청받을 때에는, 언제 어디서나 교회는 정치 질서에 관한 것에 대해서도 신앙을 선포하고 사회교리를 가르치며, 사람들 사이에서 선교할 수 있는 권리와 그 의무가 있다. 이것은 복음에 일치하는 모든 수단을 이용하면서, 모든 이에게 유익하게 시대와 상황의 다양성에 따라 이루어진다.[46] 비록 레오 13세 때까지 양질의 적절한 표현이 아직 현실화되지 않았으나, 그리스도인의 양심은 바로 "하느님 백성"의 양심인 것이다: 이 양심은 그리스도인의 양심을 올바른 방식으로 해석하는 데 있어 교황 교도권의 권위를 인정함으로써 도출되는 한에 있어서, 반드시 복합적이고 다양한 모습을 띠게 된다. 이러한 인식을 굳힌 레오 13세는 정치·사회 문제에 대한 그리스도교 입장을 확실하게 천명한다. 교황은 이렇게 대사회 회칙의 전통을 세웠는데, 일반적으로는 대부분의 정치·사회 문제에 대한 교황의 가르침이 근간에 와서 많아졌다.[47]

교회는 정치 윤리를 옹호하기 위하여 침묵해서는 안 된다. 위험에 처한 것은 교회가 아니라, 정치와 민주주의의 성격이다. 다음의 여러 관점들은

---

[44] 참조: W. BÜHLMANN, *La chiesa alle soglie del Terzo millennio*, 115.

[45] 참조: L.A. GALLO, *Evangelizzare i poveri*, 119-20; "정치적 차원은 인간 존재를 구성하는 본질적인 차원이요 인간의 사회생활과 직결되는 영역이다. 정치는 사회의 공공 복리를 목표로 하는 만큼 모든 것을 포괄하는 측면이 있다. 그렇다고 그것이 사회적 관계 전부를 총괄한다는 뜻은 아니다. 그리스도교 신앙은 정치활동을 경멸하기는커녕 소중히 여기며 깊이 존중한다": 푸에블라 문헌 513-4.

[46] 참조: R. SPIAZZI, *Codice sociale della chiesa*, 126.

[47] 참조: G. COLOMBO, Per lidea della dottrina sociale della chiesa, 223.

특별히 오늘날 교회가 겸손하게 또한 진리와 효용성을 견지한 모습으로 자신의 책무를 전개하려 할 때 필요한 사항들이다:

1) 교회는 정치 과정에 대한 유약성과 불명확성을 인식하면서, 무엇보다도 현 시대와 이후의 사태를 각성하고 비판적인 안목으로 조망할 수 있어야 한다.

2) 정치에 대한 교회 측으로부터의 새로워진 담론은, 하느님의 명령과 복음에 매우 긍정적이며 예언적인 복음적 선택에서부터 출발해야 한다는 것이다. 살아 계신 하느님의 모상으로 창조되었기에 모든 남녀는 그들의 정치적 선택을 초월하여 근본적으로 존경받고 사랑받아야 한다.

3) 새로운 정치적 담론의 출발에 있어 중요한 관점은 그리스도교 공동체와 사회 속 "누룩과 소금"의 힘으로부터 나오는 사회적이고 애덕적인 유산을 인식하고 자각하는 일이다.

4) 그 사회적·시민적 덕망의 종합적 동기는 애덕을 요구하는 정치적 동기의 유효성과 그 필요성에 대하여 명확하게 인식하고, 또한 정치에 있어서 사회적·애덕적 동기가 충분한지를 분별하는 일이 필요하다.

5) 두 가지 극한적 요소는 회피할 필요가 있는바, 하나는 그리스도교의 가치를 즉각적이고 조급한 해석으로 정치에 적용하는 실책과, 다른 하나는 어떤 일시적 이익 때문에 타협의 모든 형태를 수용하는 것으로서, 그리스도교 가치를 사실상 망각함으로써 범하는 실책이다.

6) 신앙의 유산으로 전해 내려오는 가치들을 정치적 관점에서 정교하게 할 줄 아는 능력이 발휘될 수 있어야 한다.

7) 그리스도인이 자신의 정치적 선택을 토론할 수 있고 까닭을 밝힐 수 있는 대화의 시간을 제공하는 것이 필요하다. 루이니 추기경은 "이제 정치적 식별을 더욱 세부적이고 구체적으로 할 수 있는 시간과 장소의 필요성이 증가하고 있다"라고 단언한 바 있다.

8) 이같은 만남과 대화는 모든 올바른 정치적 식별에 대하여 보다 구체
   적인 근거 기준을 제시할 수 있다.

9) 교회론적인 관점에서 이같은 대화는 계시의 순수한 원천에서 힘을
   얻고, 복음에 의해 형성되는 공동체를 지향하고 있나.

10) 마지막으로 사회 안에서의 교회 현존을 통한 정치적 혁신 과정에 있
    어서 평신도들의 결정적 역할과 그들에 대한 특별한 중요성이 강조
    되어야 한다. 교회는 그 어느 때보다도 모든 연령과 사회적 계층의
    신도들이 성공적으로 제공한 중요하고, 성의 깊은 헌신을 보여주는,
    곧 평신도의 성숙도와 책임감 정신에 깊이 의탁하고 있다.[48]

교황과 공의회와 주교들의 모든 문서들은, 교회가 정치적 사안의 구체적 상황
을 위한 해결책도 실제적 처방법도 보유하고 있지 못하다고 분명하게 언급하였
다. 단지 신앙에 의해 마음이 움직이게 되어, 그리스도인은 자신의 조국 정치
문제를 연구하게 된다는 것이다. 자신의 판단은 정치적일지라도, 그렇게 요청
하는 존재론적 원동력은 종교적 믿음이다. 교회는 정치를 계몽시키지만, 정치
를 행하지는 않는다. 광의의 의미의 정치에서 인간 존엄성과 권리는 개인적이
든 사회적이든 대다수의 진보를 위한 관점에서 자극되고 보호되어야 한다.[49]
「사목 헌장」에서는 현대 세계의 발전 원칙을 언급하고 있는바, 다음과 같은 사
실을 함축적으로 인정하고 있다:

1) 인격에 대한 책임의 표현으로서, 정치가에게는, 공동체적 삶에 관한
   커다란 열망과 애착이 있어야 한다.

2) 인간은 정치구조의 목적으로서 성립되어야 한다. 공동체적 삶 안의
   참여로써 그 주안점을 두는 사회 보조성의 원리에 관여하며, 동시에
   반反전체주의, 곧 자유를 구가하는 민주주의에서는 무엇보다도 가장
   가까운 이웃 공동체를 위한 봉사에 우선적으로 참여하여야 한다.

---

[48] 참조: C.M. MARTINI, *Cè un tempo per tacere e un tempo per parlare*, 61-6.

[49] 참조: ANTONCICH - MUNARRIZ, *La dottrina sociale della chiesa*, 44-5.

3) 현대 사회의 정치적 복합성 문제인데, 인격의 품위, 인간의 가치를 존중하는 상황에 대한 열망이 있다. 이 복합성은 조국에 대한 애국주의의 가치 인정과 동시에 소수 국민의 권리를 존중해야 하는 데에서 두드러지게 드러난다.

4) 자주적인 독립성은 교회와 정치적 공동체 사이의 협력과 관계를 정례화하는 데 있어 기본 원칙이 된다.[50]

정치적 공동체는 존재적 권리의 근원적 기초를 정립하는 데 중요한, 모든 구성원을 위한 공동선의 기능 위에 성립된다. 공동선은 대부분의 구성원이 동의하는 사회생활의 조건 안에서 구체화된다. 교회는 정치적 체제와 연관되어 있는 것은 아니지만, 인간의 초월적 성향의 표징이며 구원자 역할을 한다. 교회와 정치 공동체는 자신의 영역 안에서 각각 독립적이며 자치적이지만, 각각은 동일한 인류를 위하여 사회적·인격적 봉사의 소명을 간직하고 있다.

그리스도인들은 용기를 가지고 다음과 같은 질문과 대면할 수 있어야 한다: 민주주의는 교회에 위해스러운 것인가? 이 둘은 독립의 한계와 또한 자치를 결정지어 주는 공조共助를 분명히 해야 한다. 교회의 영향력은 진리의 힘과 그 양성의 과정을 통해서 전달된다. 교회와 다양한 민주 질서 사이의 긴장은 극복되어야 하는바, 고유한 민주주의 체제를 건설하기 시작하는 사회에서 교회와 민주주의 사이의 긴장을 해소하기 위하여 근본가치Grundwerte와 유사한 것, 곧 그리스도교의 가르침에 기초한 가치에 의하여 사회적 공감대를 가늠하고 표현하는 체제를 구체화하는 것은 매우 중요한 일이다.[51]

정치와 영성은 서로를 요청하고 있는데, 왜냐하면 정치 없는 영성은 자기 만족에 머물면서, 하느님의 계획과 완전히 일치할 수 없는 것이 되고, 한편 영성이 없는 정치는 의미없는 경력經歷의 질주에 불과하여, 가난한 이를 더욱 착취하게 되고 권력의 힘으로 심각하고 혐오스런 상황을 전개시킬

---

[50] 참조: T. Mazowiecki, Valori fondamentali universali, 218.　　　　[51] 참조: 221.

위험이 다분하다.[52] "출레너는 이러한 사실을 자신의 공식화된 언어로 우리에게 상기시키고 있다. 영성적인 요소가 있으면 정치적·현실적일 수 있다. 보다 영성적이면 그만큼 더욱 정치적·현실적이 된다."[53]

사회 발전을 위한 정치 토론에서는 발전과 정치 상호간의 의존성에 강조점이 모아졌는데, 발전을 위한 정치는 첨가할 수 있거나 자유로이 할 수도 아니할 수도 있는 어떤 것이 아니라 사회의 기본 요건이며 정치 상황에서 절대적으로 부여되는 관건이기 때문이다.[54] 사회 발전 문제에서 어떤 해결책을 제공할 수 없다면 정치는 상황 관리 차원에 국한될 수밖에 없는 것에 불과하다.

12.2.3. 노동의 권리

"「노동하는 인간」의 권리는, 창조주로부터 부여된 노동의 기본적 의무와 당위성에 순응하여 또한 개인과 가족과 사회생활의 구체적 요청에 의하여, 인권의 거대한 지평 위에서 교황에 의하여 집대성되었다."[55] 역사의 유형학을 통해서, 「새로운 사태」 회칙에 의해 열려진 노동 권리의 도정은 계속하여 펼쳐져 왔다. 첫째 가톨릭 사회교리의 주제는 산업혁명으로 인하여, 노동자들의 권익에 미치는 산업화의 충격이었다.[56] 「새로운 사태」 회칙은 교회의 메시지를 사회 실제 속에 주입시켰다. 노동의 권리에 대한 가르침은 의심 없이 「새로운 사태」 회칙에 뒤따르는 가장 큰 성공적 결과 중의 하나였다. 회칙 「어머니와 교사」 제10항에서 기술한 것처럼, 노동은 상품적 판단으로서가 아니라 인격의 표현으로서 평가되거나 다루어져야 한다. 이 회칙의 중요성은 인간 삶의 다양한 측면을 다루는 오늘날의 학문으로부터 인정받고 있는데, 독특하게 인간학적인 내용이라는 점이다. 만일 이러한 인

---

[52] 참조: W. Bühlmann, *La chiesa alle soglie del Terzo millennio*, 222.　　　[53] 223.

[54] 참조: K. Müller, *Teologia della missione*, 243.

[55] R. Spiazzi 편 *Enciclopedia del pensiero sociale cristiano*, 760.

[56] 참조: Weigel - Royal, *Verso una società libera*, 229.

간학이 지적인 확신을 포함한다면, 소위 평신도들의 토양 위에 받아들여져야 할 것인바, 교회는 "노동의 복음"인 「새로운 사태」 회칙에 기초하여 신앙적 확신의 특성을 내보일 것이다.

만일 노동자들의 여러 입장을 — 특히 가장 기본적인 것은 종교적인 것이라 하겠는데 — 충분히 고려하고 이해한다면, 진정한 휴머니즘은 가능하다 할 것이다. 실제로는 인격의 죽음으로 몰고 가는 무신론의 개척자 칼 마르크스의 비인격적·구조주의적 인간중심주의와 달리 휴머니즘은, 노동자들의 권리, 곧 단순한 경제의 대상도 아니고 노동의 수단도 아니며 전체 인간사회의 관계에서 그 존엄성과 자유와 인격적 창의성의 요청에 따라 노동의 주체로서 부여받는 권리의, 논박할 수 없는 확고한 근거와 정당성을 보유하고 있다.[57]

"그리스도 메시지의 보고寶庫이며 봉사자인 교회는, 인간은 창조주를 찬미하고 형제들에게 봉사하기 위하여 자신을 실현하고 하느님 사업을 완성해 가면서, 노동에 품위를 부여하는 주체라고 이해하고 있다"(산토 도밍고 문헌 182). 우리가 하느님의 모상으로서 작업하고 노동할 때, 노동은 급여를 위해서만 아니라 인간에게 좋은 어떤 것이라는 전제에서 출발해야 한다. 노동은 인간의 권리이며 의무이다.[58] 교회는 다비드 메아킨 처럼 원래의 인간이 도구의 제조자로 불렸던 이유를 제시한 사람들과 일치하고 있는바, 인간은 단순히 자신의 필요성만을 만족시키기 위해서가 아니라, 만드는 것에 흥미를 가지기 때문에 일하고 만든다는 것이다.[59] 교회는 개인적·국가적 복지의 증가를 위하여, 또한 복음적 계율에 대한 순명과 의무감에 깊이 근거하여 노동자와 사용자 상호간의 관계를 조정하기 위하여 힘쓰고 노력한다. 복음적 계율은 인간과 사물의 대단히 폭넓은 다양성 사이에서 온건함으로 이끌며, 시민사회에서 조화를 이루도록 돕는다.[60]

---

[57] 참조: R. SPIAZZI 편 *Enciclopedia del pensiero sociale cristiano*, 757-8.

[58] 참조: WEIGEL - ROYAL, *Verso una società libera*, 227.　　　　　[59] 226.

[60] 참조: H. CARRIER, *Dottrina sociale*, 86; WEIGEL - ROYAL, *Verso una società libera*, 227.

교회는 필연적인 지향으로서 자신의 고유한 사회교리를 제시한다. 이것은 상업과 기업 활동의 긍정적인 면은 인정하지만, 아울러 공동선을 지향해야 할 필요성을 가르친다. 다른 이들과 함께 또는 그들의 지시 아래 일한다 할지라도, 노동자들 자신의 지능을 사용하면서, 개개인 노동을 할 수 있는 방식으로 회사생활에 참여할 수 있는 것과 자신들의 품위를 최대한 드높이기 위해 노동자들이 노력하는 것은 적합한 것이라고 교회는 인정하고 있다.[61]

노동자들 운동의 성격에 대한 범지구적universale 차원에 의하면 노동 세계에 있어 현존하는 그리스도교적인 가치에 대하여 몇 가지 특별한 가치 판단을 추출해 낼 수 있는바:

1) 인간에 대한 품위와 인권 우선권에 대한 긍정
2) 노동의 보편적인 동질성과 노동계 안에서의 형제애 존중
3) 노동자들의 지위를 향상하기 위한 효과적인 공헌의 줄기찬 노력
4) 재화의 공정한 분배와 민주주의를 현실화하는 권위있는 참여 요청
5) 우리 시대의 경제적 · 기술적 · 문화적으로 광대한 가능성에 대하여 개방된 사회 질서의 실행 등이다.[62]

노동시장의 관리는 노동자 보호를 명확하게 해야 하고, 정부의 정책은 만일 일반적인 고위 노동자 임금이 중간 수준 임금과 너무 근접하게 저평가되면, 오히려 분명한 실업을 야기시킬 수 있는, 그 최저임금을 적절하게 조정하면서 모든 이에게 정당한 보상을 마련해 주어야 한다.[63] 노동은 인간성의 총체적인 하나의 표현이다. 그것은 우리와 자연과 상황과의 관계뿐 아니라 그 기능과 인식도 결

---

[61] 참조: H. CARRIER, *Dottrina sociale*, 195. 여기에 덧붙인다면, "원칙적으로 사람들은 자신들의 직업을 선택하는 데 자유롭지만, … 노동자들은 이따금씩 자신들에게 주어진 직업과 노동 조건을 단순히 수용해야만 되도록 강요받는다. 또한 속박의 하나로서 이주를 금지시키고 있다": P. BIGO, *The church and third world revolution*, 256.

[62] 참조: Fulgenzio CORTESI , Mondo del lavoro: prospettive di intervento e di azione pastorale, 444. "우리는 노동의 성화 및 병자와 불구자의 기도를 촉진하는 사업을 추진해야 한다": 푸에블라 문헌 956.

[63] 참조: E. MALINVAUD, Sulla dottrina sociale della chiesa, 95.

정짓는다. 왜냐하면 우리의 인식은 자연과의 적극적 대면으로부터 시작되기 때문이다.[64] "인간이 자연을 변화시킬 수 있는 과정으로서의 노동은, 동시에 또한 인간이 자기를 새롭게 창조하고 고유한 인격을 개발할 수 있는 과정이 된다."[65]

일반적으로 오늘날의 노동자들은 사회의 경제적·문화적인 유익함에 참여하기를 원하고 있다. 그러나 노동조합의 과제가 오늘날 공통적인 의미의 "정치를 행하는 것"을 뜻하지 않는다. 만일 노동 정당을 운영하게 된다면, 공동선을 위한 구도에서 노동자의 올바른 권리를 확실하게 보장하고자 하는 노동조합의 목적을 쉽게 상실할 것이다.[66] 교회는 노동자들의 권리와 합법적 이익을 방어하기 위하여 싸워야 하는 노동조합 같은 협의회의 창출과 활동을 고무시킨다. 교회가 추천하는 행위는 적을 제거하기 위하여 다른 계급과 투쟁하는 것이 아니고, 노동자들의 합법적 권리를 위하여 고상하고 이성적인 투쟁을 하는 것이다. 물론 투쟁의 가능성이 많다고 하여도, 투쟁 그 자체를 우선시해서는 안 될 것이다.[67] 인간 노동의 구조는 사랑의 힘 위에 건설되어야 하는 것이다. 그러므로 노동자들은 인간 노동의 세계 안에서 발달한 모든 차원의 지평에 예민하게 머물러 있어야 하며, 애덕적인 차원을 전제로 하여 인간의 참된 선善과 나아가 국가와 모든 인류의 권리를 위하여 합리적으로 고상하게 투쟁할 수 있어야 할 것이다.

12.2.4. 가난 극복

올바른 신학 방법론은 교회의 실천 태도에 유의하고 있는바, 이것은 신앙과 삶으로부터 기원되는 교점에 있어 기본 사항 중의 하나이다.[68] 교회의 사회적 가르침을 통하여 사회의 반성에 기여하는 신학자들의 공헌은, 오늘

---

[64] 참조: WEIGEL - ROYAL, *Verso una società libera*, 226-7.

[65] R. BUTTIGIONE, Le missioni e la cultura emergente, 291.

[66] 참조: WEIGEL - ROYAL, *Verso una società libera*, 232.

[67] 참조: J.-Y. CALVEZ, *Economia uomo e società*, 253.

[68] 참조: Sacra Congregazione per la Dottrina della Fede; istruzione su alcuni aspetti della Teologia della Liberazione, Libertatis nuntius (LN), X, 3.

날 필연적이며 불가결의 사안이다. 가난한 이들의 발전과 억압자들의 복음
화를 위해 일하는 이들의 경험은 교회의 교의적·사목적 반성을 위하여 필
수적인 것이다. 가난에 대한 복음적 영감의 사목적 실천과 사회적 실천을
고려해 볼 때, 그 구체적 실천으로부터 출발하여 비로소 복음 진리의 분명
한 요소들을 인식하게 되는 것이다.[69] 예수는 주요한 두 양식 안에 현현하
신다. 그것은 성체성사와 가난한 이들 안에서이다. 예수는 가난한 이들과
유대를 맺었을 뿐 아니라 전적으로 그들과 동일시하였다(마태 25,40.45 참조).[70]

"가난의 개념은 대부분의 사람들을 결합시키는 뚜렷한 동질성을 파괴하
면서, 다양한 사회계층의 경제적 가용성可用性에 의한 변화를 인정하고 수용
하게 한다."[71] 모든 시대를 거치면서 교회는 항상 가난의 문제를 해결하려
노력해 왔다.[72] 교회는 이 노력을, 인간에 대한 하느님의 계획을 증거해야
하는 자신의 임무 중 한 부분으로 이해하였다. 왜냐하면 교회에게 있어서,
모든 사람들은 하느님이 창조하신 재화를 정의롭게 함께 나누면서 새로운
가족의 형제애 안에 결합된 형제·자매들이기 때문이다. 교회의 주요한 공
헌은 가난한 이들의 상황에 눈뜨게 하면서 인간 양심을 교육해 왔던 일이
다. 예언자적인 예지로써 교회의 교부들은 부자들의 남아도는 재화는 바로
가난한 이들의 기본적 필수 재화이고, 인간은 소유물의 주인이 아니라 그
관리자에 불과하다는 사실을 강조하고 있다.

공의회 문헌에 서술된 「사목 헌장」의 지평이 그리스도 삶의 빛에 따라
해석된다면, 참으로 가난한 이들을 위하여 봉사하는 데에서, 복음 메시지
의 구체적인 실천을 묘사하는 것을 발견할 수 있다. 곧, 착취당하고 잊혀

---

[69] 참조: XI, 12-3.

[70] 참조: W. BÜHLMANN, *La chiesa alle soglie del Terzo millennio*, 120.

[71] Fabiano GIORGINI, Il ruolo delle missioni itineranti nella storia della chiesa: *Missioni al po-
polo per gli anni 80*, 48.

[72] "교황 바오로 6세는, 「사목 헌장」에서 분명하게 지적했듯이, 한 민족과 국제적 차원에
서 가난 문제는 우리 시대 최고의 문젯거리(스캔들)로 인식하고, 인류의 성공적 발전이 이
문제를 단호하게 대처해 줄 것을 동의하도록 기대했으나, 안타깝게도 아직 성취되지 않고
있다": G. SALVINI, A 30 anni della *Gaudium et Spes* 374-5.

진 노동자, 여성, 어린이들의 가난과, 모든 측면에 있어서 생명을 거스르는 도덕과 영성의 빈곤 등이다. 가난한 이들에 대한 봉사는 주님께 대한 신앙의 판단 기준이며 사랑의 계명에 순복順服하는 그 시험대이다.[73] 이러한 것은 오늘날의 교회 안에서 일어나는 사회와 선교에 대한 새로운 인식이다. 가난한 이들을 위한 우선적 선택은 선교에 대한 새로운 차원을 제시하지만 결코 자선 행위의 동의어가 아니다. 현실에 대하여 비판적으로 조망하면서, 1985년의 세계 주교 대의원회의의 제2차 특별 총회의 시노드 교부들이 선언한 바처럼, "교회는 가난한 이들과 억압받는 이들과 소외된 이들을 위한 봉사에 자신의 사명을 더욱 깊이 인식하게 되었다".[74]

실제로 교회를 구성하는 이들은 가난한 이들이며, 그들은 복음화의 주역들이 되어야 한다. 더 이상 교회는 가난한 이들과 함께하거나 가난한 이들을 위한 것이 아니라, 가난한 이들의 교회가 되어야 한다. 가난한 이들을 위한 복음화는 복음화 활동과 그 선포라는 두 가지 노선 안에서 실현되어야 함을 강조할 필요가 있다:[75]

1) 복음화 활동의 노선에서는 정당하고 합당한 인류 공생을 확립하고자 하는 관점에서 가난의 결과뿐 아니라 그 원인까지 제거하면서, 불의한 가난의 상황으로부터 가난한 이들의 총체적 해방을 성취하기 위해 일하는 것이 필요하다.

2) 복음화 선포의 노선에서는 가난한 이들로 하여금 하느님 아버지와 형제들과의 통교를 추구하도록 하는, 인간의 고유한 품위를 특별히 강조하여 계몽할 필요가 있다.

---

[73] 참조: N.V. LOPEZ, L'ermeneutica teologica della *Gaudium et Spes*, 75.

[74] Ramon Macias ALATORRE, Liberazione e promozione umana, 140-1. 또한 다음과 같이 첨가할 수도 있다. "기아로 대표되는 세계적 가난 문제의 근원은 남성과 여성 사이의 깊은 소외에서 비롯된다. 우리는 복음 안에서 정의로운 사회가 어떠한지 그 비전과 꿈을 가지고 있다. 그곳에는 부당한 경제 체제로 인하여 남녀가 고통받는 일은 없을 것이다. 상호간의 존경과 협력으로 특성지어진 남녀간의 올바른 관계가 있을 것이다": Chae Ok CHUN, The Faces of Global Poverty, 95.

[75] 참조: L.A. GALLO, *Evangelizzare i poveri*, 109-10.

메델린에서 열린 "가난한 이들을 위한 선택" 회의는, 교회로 하여금 가난한 이들의 관점에서[76] 사목을 구현하고, 그들 편에 서서, 그들을 위하여 주도권을 행사하도록 해야 한다고 역점을 밝혔다. 한 점 의심할 나위조차 없이, 가난한 이들의 문제는 부자들의 협력 없이 결코 해결될 수 없다.[77] 교회는 가난한 이들을 위한 우선적 선택opzione preferenziale per i poveri에 더욱 신뢰심을 두도록 요청받고 있다. 그래서 가난한 이들을 위하여 이미 개방된 그 길을, 함께 가야 하는 훨씬 더 많은 이들이 동행할 수 있도록, 더욱 확장할 필요가 있다(산토 도밍고 문헌 179 참조). 실제로 남반구 지역에서는 가난한 이들을 위한 활동이 미진하게 진전되었을 뿐이다.

이같은 상황을 고려해 볼 때, 가난의 구조를 변화시키고 가난의 뿌리를 근절시키기 위하여, 우리는 우리의 지능과 힘, 우리의 예언자적인 언행 등을 통하여 우리 자신을 투신하도록 고무받는다. 누구도 가난을 정당화할 수 없다. 그러나 가난을 말하지 않는 자는 그에 동의하고 묵인하는 것과 같다. 인류 한편의 사치스러움과 다른 한편의 빈궁은 분명히 이 시대 하나의 커다란 스캔들이다.[78] "이같은 예언자적 선언은 가난한 이들 외침의 반향이다. 많은 경우 사목자들은 제 목소리를 내지 못하는 이들의 대변인이 되기를 원한다. 예언자적 특성의 기원은 가난한 이들을 향한 회심이며, 그들의 운명과 그 원인을 함께 등짐지는 것을 전제로 한다."[79]

---

[76] "우리가 가난한 사람을 우선적으로 선택하는 목적은 구세주 그리스도를 선포하는 데 있다. 이 선택은 가난한 사람에게 그들의 존엄성을 일깨워 주고, 온갖 결핍에서 스스로를 해방하려는 그들의 노력을 지원하며, 그들이 복음적 가난 속에 사는 삶을 통하여 아버지 및 동료 인간과 친교를 맺도록 이끌어 준다": 「푸에블라 문헌」 1153.

[77] 참조: W. BÜHLMANN, *La chiesa alle soglie del Terzo millennio*, 121; J. DREZE, Etica, efficienza e la dottrina sociale della chiesa, 52.

[78] 참조: W. BÜHLMANN, *La chiesa alle soglie del Terzo millennio*, 128.

[79] ANTONCICH - MUNARRIZ, *La dottrina sociale della chiesa*, 46. "성령의 되살리시는 힘의 새로운 희망을 가지고, 가난한 이들과 우선적 유대를 표현하는 명확한 예언자적 선택을 한 메델린 회의의 의제를 다시 한 번 고찰하려 한다. … 우리는 교회 전체가 가난한 이들을 위한 우선적 선택, 그들의 총체적 해방에 목적을 둔 선택으로 되돌아갈 필요가 있음을 천명한다": O.E. COSTAS, *Christ outside the Gate*, 126.

우리는 가난한 이들의 외침을 사회적 교리의 새로운 해석학적 판단 기준으로 이해할 수 있다. 실천적 운동과 유토피아 사이의 긴장은, 우리가 역사적 맥락을 고려하게 될 때 발생할 것이다.[80] "사르트르는 이렇게 기술하였다. '내가 잊을 수 없었던 것은, … 현실에 대한 감각이었다. … 나는 천천히 현실에 대하여 인식하게 되었다. … 나는 굶주림으로 죽어 가는 아이들을 보았다. 죽어 가는 어린애 앞에 혐오스러움은 더 이상 없었고 …' 그는 계속 언급하였다. '나는 인간의 착취와 무시, 영양실조 등이 사치스런 형이상학적 죄악을 2급 분류로 밀어내는 것을 발견했다.' 오늘날 인류 사이의 경제적 상황의 불평등은 의심없이 스캔들적인 사실이다."[81]

생활을 인간 이하의 수준으로 떨어뜨리는, 기초적인 재화가 대단히 결핍된 삶이 실재하는바, 자유로운 사회에 대한 기본적인 권리가 폭력으로 거절당함으로써 야기된 가난한 삶, 곧 물질적 결핍으로부터의 큰 고통에서 야기된 가난한 삶이 실재하고 있다. 가난은 제3 세계 국가뿐 아니라 육신적으로, 정신적으로, 특히 물질적으로 남녀가 핍박받는 모든 나라에 해당되는 문제이다. 비록 가난한 이들을 위한 우선적 선택과 그 사랑이 제3 세계를 주로 고려한다고 하여도, 세계 도처에서 경제적 박탈로 인한 개인의 수많은 피압박과 곤궁을 무시하거나 과소평가해서는 안 된다. 부자는 가난한 이들이 세계에 많이 있음을 기억해야 한다.[82]

---

[80] 참조: ANTONCICH - MUNARRIZ, *La dottrina sociale della chiesa*, 56.

[81] Joseph MASSON, *La missione continua*, 131. "1950년에 비하여 지구상의 거주민 수는 거의 두 배가 되었다. 2035년에는 세계 인구가 82억에 이르고, 21세기 말에는 100억에서 120억에 다다를 것으로 전망된다. 남반구는 가난과 인구 폭발로 위협받고 있다. 이미 오늘날 기근은 매년 그 숫자가 제2차 세계대전의 6년간 사망한 숫자에 육박하고 있다. 유엔은 매년 기근으로 사망하는 자의 숫자가 4,000만에 이르는 것으로 평가하고 있다": K. MÜLLER, *Teologia della missione*, 254-5.

[82] 참조: H. CARRIER, *Dottrina sociale*, 36. "대부분의 논평은 근본적으로 이와 같은 내용을 담고 있다: 예수가 언급하는 가난한 이들은 물질적 결핍으로부터 벗어나고 정신적으로 갈망하는 이들이 그에게 다가온다는 것이라 하지만, 이것은 작가들이 예수를 정치적 지도자가 되는 것을 방지하기 위함이었다. 구티에레즈는 성서를 이처럼 단순히 영성화하는 것을 대단히 강하게 반대하는데, 왜냐하면 영성으로 나아가는 유일한 길은 하느님의 물질적 창조이기 때문이다": C. BANANA, Good News to the poor, 109.

교황의 사회 참여는 "민중 대중에게 물의를 일으키는 가난에 자극받아 이루어졌다. 교회의 사회교리는 인간의 빈곤함과 사회의 극적인 변천에 대한 그리스도교적인 응답을 나타낸다".[83] 오늘날 이같은 사회교리는 지금까지의 교리지침, 특히 가난한 이들을 위한 선택과 사랑을 유지하면서 항상 국제적 전망 위에서 펼쳐진다. 사회교리의 직접적 기능은, 재화의 용도 결정에 있어서 모든 이를 위한 보편적인 공동선을 지향하는 기본적인 원칙과 관계 맺고 있다. 재화에 대한 개인의 사적 소유권은 필요하지만, 그 사회적 기능은 공적인 근본 원칙에 근거한 본질적 특성이 되어야 한다.[84] 결국 부유한 이들에 의해서 새롭게 각성된 삶의 방식에서 우러나오는 진정한 공생 의지와 참된 행위에 의해서 비로소 가난이 극복되고 새로운 인류사회로 진입할 수 있게 될 것이다.

---

[83] Hervè CARRIE, *Dottrina sociale*, 77.

[84] 참조: R. SPIAZZI 편 *Enciclopedia del pensiero sociale cristiano*, 768-9.

12.3. 문화적 측면

형제 여러분, 참되고 고상하며 의롭고 순결하며 사랑스럽고 영
예로운 것은 무엇이든지, 그리고 덕성스럽고 칭송받을 만한 것
이면 무엇이든지 마음에 간직하시오(필립 4,8).

12.3.1. 문화의 복음화

문화는 제2의 자연으로서 인간 삶의 다양한 영역에서 사회적으로 행동하
고 살아가며 사물을 평가하는 집단적 능력 안의 특별하고 독특한 양식을
구성한다.[85] "문화"라는 일반적 용어로써 우리는 사람의 몸과 마음의 다양
한 능력을 정련精練하고 발전시키는 모든 수단과 매개체를 가리킨다. 시간
의 흐름과 함께 관습과 제도의 발달을 통해서 인간은 모든 인류의 발전에
봉사할 수 있도록 정신의 영감을 표현하고 전달하고 보전하게 된다. 오늘
날의 문화는 다양한 방면에 관심을 가지게 하는바, 다른 문화를 인정하기
위해서는 무엇보다 다른 사람을 인정할 필요가 있다. 이것은 공동선과 보
편적 가치를 구현하기 위해, 보편적이면서 단순한 정서와 감수성의 인간으
로 회복할 것을 전제하고 있다.[86] 문화는 물질적·이념적 환경에 적응하는
데 있어서의 그 필요성에 응답하기를 원하며, 필요한 것에 대한 응답의 정
직한 시도인 한 문화는 매우 적법한 것이다.[87]

문화는 인간의 작품이며 또한 인간의 권리이다. 문화를 형성하는 것은
인간이며 또한 인간은 문화를 통해서 형성된다. 사회의 정신적 양식으로서

---

[85] 참조: A. Seumois, *Teologia Missionaria*, 204 213.

[86] 참조: A. Bausola, Il vero progresso della cultura, 145-6.

[87] 참조: Seumois, *Teologia Missionaria*, 205.

의 문화에 관한 한 인간이 주된 창시자이다. 문화가 그 기본적인 과업을 성취할 수 있는 관점에서 건전한 문화는 문명의 한 요소인데, 그 과업은 더욱 진전된 인간화, 인격의 실현, 시민들 간의 평화적 공생의 발전 및 사회의 정신적 복지의 증가 등이다.[88] 문화는 다음과 같은 사고의 형태들을 구별할 수가 있다: 이념과 역사적 운동과 과학과 철학 등이다.[89] 이 가운데 문화가 당연히 선택해야 하는 요소와 복음에 가까운 문화 또는 복음과 조화를 이루는 문화 안에서 특히 객관적으로 핵심을 이루는 요소들을 통하여, 선택되고 결정되는 것이 인간사회 안에 뚜렷이 드러나게 된다.[90]

문화가 인간의 한 현실이라면, 복음에서 벗어나 머물 수 없다. 문화는 복음화가 담기는 용기容器로서 대단한 중요성을 띠고 있다. 문화가 복음화의 진정한 도구이며 용기가 되도록 문화의 복음화가 필요한 것이다.[91] 오늘날 문화의 복음화를 위하여 상황은 복음에 유리하게 전개된다고 할 수 있다. 교회와 선교사를 위하여 참여의 영역은 더욱 개방되어 있으며, 이는 육화의 형태이며 역사 안에서의 구원의 계시이다. 이같은 참여의 과정은 전문화를 상기시키지만, 선교사가 백과사전이 될 수 없는 것이며, 적어도 자신의 앞에 전개된 과업과 문제들을 간파할 수 있어야 하는 것이다. 또한 선교사들은 복음과 문화 사이에서 분석적·종합적 수준의 매개를 정교하게 해 주는 문화적 핵심 사안들과 항구하게 접촉을 유지해야 한다.[92]

"한편 내일의 세계는 결과적으로 인종 혼합의 세계가 나타날 것인바, 이 때문에 특별히 교회와 문화 사이에 평화의 전달자로서 봉사할 선교사들이 항상 필요하게 된다."[93] 그리스도교는 그 기초와 원칙에 있어서 결코 문화

---

[88] 참조: B. MONDIN, "Cultura": PUU 편 *Dizionario di missiologia*, 172.

[89] 참조: ANTONCICH - MUNARRIZ, *La dottrina sociale della chiesa*, 33.

[90] 참조: A. SEUMOIS, *Teologia Missionaria*, 222.

[91] L.A. GALLO, *Evangelizzare i poveri*, 131-2.

[92] 참조: Santino RAPONI, Gli operatori della missione popolare: *Missioni al popolo per gli anni 80*, 176.

[93] W. BÜHLMANN, *Anno 2001*, 137-8.

의 한 종류가 아니다. 오히려 문화의 영감을 불러일으키는 그 기본이며 원리이다. 문화의 영감적 원리인 한에서 그리스도교는 다양한 문화적 맥락 안에 양분을 공급하고 풍요롭게 하고 어떤 점에서는 변화시키기 위하여 문화에 참여하고 개입한다. 어떤 사람도 자신의 문화에서 벗어나 존재할 수 없기 때문에, 문화를 복음화하는 일 없이 사람들에게 복음화 작업을 완수할 수는 없는 것이다.[94] 교회의 참여는, 그리스도교가 신앙과 인간 문화 사이의 관계를 가치있게 완성해 가는 협조자이며 은인으로서의 행동을 보다 분명하게 증거하는 바의 복음화와 사목의 깊은 의미를 구현하는 것이다.[95]

"문화의 복음화와 아울러 더욱 인간적인 사회를 건립하기 위한 결정적 역할을 교회는 펼칠 수 있다. 교회는 사람들의 양심과 각 개별 사회의 문화에 이르기까지 이같은 영향을 미칠 수 있다. 이것은 오늘날 보편적으로 인정받는 교회의 가장 중요한 역할 중의 하나이다."[96]

"교회는 하느님과 인간의 신비로움을 선포하면서 전인적全人的 인간을 주장하며, 사회교리와 연관하여 그리스도교 공동체의 적극적 기능을 더욱 두드러지게 강조하는 경향이 있다. 바오로 6세는 '자신의 조국 상황을 객관적으로 분석하고, 복음의 불변하는 말씀의 빛을 더욱 밝게 비추면서, 반성의 원칙과 판단과 행동지침의 기준을 이끌어 내는 것은 공동체에 달려 있다'고 언급하였다."[97] "이같은 목표에 이르기 위하여「선교 교령」은 중요한 판단 기준을 제시한다. 거룩한 계시와 보편교회의 전승에 비추어, 공동체

---

[94] 참조: A. BAUSOLA, Il vero progresso della cultura, 147. "문화들은 진정한 가치가 결여된 진공 상태가 아니며, 교회의 복음화 활동은 파괴의 과정이 아니다. 오히려 그것은 제반 가치들을 굳게 하고 강화시키는 과정으로서, 문화 안에 내재된 '말씀의 씨앗'의 성장에 기여하는 것이다"(산토 도밍고 문헌 401). "교회가 기쁜 소식을 선포할 때, 문화 안에서의 죄스러운 요소는 교정하고 버리게 한다. 그것은 가치를 정화시키며 문화 비판을 정립한다. 하느님 나라를 선포함에 있어, 다른 측면으로는 우상, 곧 실제로는 그렇지 않은데도 절대적인 요소를 문화가 보유하고 있다고 우상화할 때의 그 가치들, 그 다양한 우상들을 비판적으로 파괴시키는 것이다. 교회의 선교는 '참된 하느님과 한 분이신 주님'을 증거하는 일이다"(405).

[95] 참조: R. SPIAZZI, Codice sociale della chiesa, 13.

[96] H. CARRIER, Dottrina sociale, 40.

[97] ANTONCICH - MUNARRIZ, La dottrina sociale della chiesa, 8.

의 생명에 대한 개념 및 사회 구조와 연관되는 가운데 이뤄지는 신학 연구가 계발되어야 하는 것이다."[98]

사람들 개인에게 복음화하는 것으로는 충분하지 않고, 사람들로부터 출발하여 집단적 의식이라 할 수 있는 문화도 역시 복음화할 필요가 있다. 곧, 어둠의 문화를 빛의 문화로, 죽음의 문화를 생명의 문화로 변화시켜야 하는 것이다. 이 가운데 "현대 문화를 고민하게 만드는 문제들, 곧 죄악, 죽음, 사랑의 결핍 등에 대한 해답으로서 또한 사회적·개인적 모든 태도의 패러다임으로서 예수 그리스도를 드러내어야 하는 것이다"(산토 도밍고 문헌 254). 그리스도인들은 복음이 선사하는 생명의 빛이 사회 발전에 영향을 미치고 세계 안에서 인간의 미래를 위협하는 지배적 문화를 변형시킨다는 것을 확신하고 있다. 우리는 소비주의 의식구조를 제거해야 하고, 민중의 고통에 대하여 체념하는 것을 피해야 한다.

모든 인류에게 유익하게 봉사하기 위하여 효과적인 소임을 창출하는 문화를 건설하도록 우리는 요청받는다. 정의와 평화를 이룩하는 데 기여하는 이들은 복음의 문화를 의식 속에 보존하고 있다. 이같은 요소들이, 물질적·정신적으로 억압하는 어떠한 형태로부터도 벗어나기 위한 근본적 조건들이 된다.[99] 분명한 목표는 문화에 대한 새로운 감수성을 가지고 복음화 내용을 재음미하는 일이며, 문화적 차원에서 세속적인 위협을 극복하고 생명의 은총으로 진입하는 일이다. 이렇게 함으로써 신앙의 새로운 토착화를 창시할 수 있게 되고, 그것은 초월성과 근원을 상실함이 없이 역사적 과정이 문화적 상황 가운데서 생성하고 있는 요소들을 수용할 수 있게 한다.[100]

문화는 그 기초적 양식, 곧 그 핵심 요소와의 계속성과 동질성 안에서 실현되어야 하는 발전을 지향한다. 사실 생활의 리듬에 따라 문화는 정상적으로 발전하는바, 사회적 생활이 성숙과 발전을 향해 개방된 정도에 따라 그

---

[98] P. GIGLIONI, Cultura e liturgia: *Euntes Docete*, XLIX 1 (1996) 107.

[99] 참조: H. CARRIER, *Dottrina sociale*, 37.

[100] 참조: L.A. GALLO, *Evangelizzare i poveri*, 133.

만큼 역동적이 된다.[101] 60년대 대부분의 경우, 핵심적 요소이고 그 동기가 되는 문화적 요소에는 충분한 관심을 두지 않고, 사회 경제적 재원만을 특별히 고려하였던, 이른바 발전에 대한 매우 협소한 문화 개념이 지배적이었던 때가 있었다. 모든 사람의 존엄성을 위하여 문화는 사람들 사이의 관계 속에서 결정적으로 발전하고 적용되어야 한다. 문화의 발전은 참으로 필요하다. 특히 영성적 측면의 발전이 그러하다. 영성적 발전 없이는 다른 세속적 현상 가운데에서 단지 이기주의만을 강화하는 일이 있을 뿐이다. 영성적 진보를 통해 문화는 생명의 지평으로 나아가게 되는 것이다.

교도권을 가지고 교회는 복음과 그리스도교의 총체적 논거를 추구하며, 동시에 제반 문제 해결의 중요한 측면을 제시하는 데 도움이 되는 긍정적 또는 부정적 상황 판단, 원칙, 방향 등을 확립하기 위하여 인간의 요구를 해석한다.[102] 그러므로 사회 안의 모든 계층이 교회 가르침의 보다 넓은 선포에 따라 지적知的인 문화의 다양한 수준에 상응하는, 보다 힘있는 사회를 형성하여 발전시키는 것이 필요하다.[103]

복음 선포의 전개는 영혼 안에 생동감 있게 주입하는 방식으로 문화적인 관점을 이용하여, 새로움에 대한 확실하고 총체적인 해석을 통해서, 고유한 문화로부터의 복음적 예표豫表를 발견하여 찾아내는 것도 필요하다. 물론 이 과정은 그리스도교 관점에 어긋나는 문화적 요소와 모든 종교 혼합주의를 회피하고 거부하도록 요구하고 있다.[104] 문화는 발전을 향한 여정의 양식樣式을 가지고서 구체적인 어느 사회 공동체에서 특별하게 익숙해진 사회적 유산의 결정체이다.[105] 문화에 대한 이러한 관점은 문화적 동질성과 함께 복음 선포의 참된 권위를 보존하고 확실하게 한다.

인간영성은 문화적 가치의 식별에 대한 원칙적이며 기초적인 판단 기준

---

[101] 참조: A. SEUMOIS, *Teologia Missionaria*, 206.

[102] 참조: R. SPIAZZI 편 *Enciclopedia del pensiero sociale cristiano*, 764-5.

[103] 참조: H. CARRIER, *Dottrina sociale*, 102.

[104] 참조: A. SEUMOIS, *Teologia Missionaria*, 222.　　　　　[105] 참조: 206-7.

이 된다. 인간 문화의 품위를 위한 교회의 옹호는 그 영적인 임무에 연관되어 있다. 문화적 영역에 있어서 교회의 과업은 그 종교적 사명과 전적으로 일치하고 있다.[106] "모든 문화의 중심에는 거대한 신비, 곧 하느님의 신비 앞에 인간이 가지는 태도가 자리하고 있다. 다양한 나라들의 각 문화는 인간 존재의 의미에 대한 요구에 나름대로 심오하게 대응하는 제각기 다른 양식이다."[107] 이런 관점에서 우리는 사회교리를 항상 변화하는 문화의 계몽을 위한 항구한 과정으로 이해할 수 있어야 한다. 사회교리는 역동적 성격을 가지고 있는바, 단순한 어떤 것도 아니고 모든 상황에 한 목소리만 가지고 있는 것도 아니며, 특별한 사안들에 직면하여 행해야 하는 올바른 식별과 판단을 그리스도교 공동체의 과업으로 고려하고 있다.[108]

문화에 관한 한 전통적인 종교적 양식과 유형에는 가치에 대한 위계상의 예식 규범 안에서 인간 존엄성과 인간 생명에 관한 인식과 존경의 의미를 향상시키면서 정화淨化하는 것이 요청되고, 한편 교회 편에서는 문화의 다양성 안에서 만나는 문화적 여러 조건들과 영적인 현상에 관한 각종의 여러 제도 및 관습적인 것에 대하여 항구하게 개방하도록 하며 또한 시대의 징표에 따라 교회 스스로 현대화하도록 요청받고 있다.[109]

12.3.2. 육화의 원리

"문화의 복음화"를 위해서는 무엇보다도 "육화의 원리"principio dell'incarnazione에 대한 인식이 필요하다. 교회는 육화의 연장이며 말씀은 모든 문화 속에 육화되어야 한다. 복음 그 자체가, 한 알의 밀알처럼 그리스도께서 자신을 비우시고 죽으셨던 것처럼, 인류의 제반 문화 안에 스며들어 죽음으로써 문화가 복음적 가치로 변모된다는 것이다. 이러한 육화의 원리는 교회의 여러 문헌에서 진술되고 있음을 쉽게 발견할 수 있다.

---

[106] 참조: H. CARRIER, *Dottrina sociale*, 43.　　　　　　　　[107] 193-4.

[108] 참조: ANTONCICH - MUNARRIZ, *La dottrina sociale della chiesa*, 19.

[109] 참조: A. SEUMOIS, *Teologia Missionaria*, 213.

「사목 헌장」은 44항에서 교회가 초기부터 그리스도의 구원 진리를 복음 선포가 이루어지는 지역의 문화적 환경에 적응시키기 위해 힘써 왔음을 밝히고 있다: "교회는 그 역사의 시초부터 여러 민족들의 언어와 개념의 힘으로 그리스도의 메시지를 표현하는 법을 익혔으며 또한 철학자들의 예지로 그 메시지를 설명하려고 노력하였다."「선교 교령」22항은 계시된 진리가 여러 문화 속에서 새롭게 사유되고 진술되고 생활화되어야 한다고 기술하고 있다: "이렇게 하여 어떠한 방법으로 신앙이, 민족들의 철학이나 예지를 고려하여 이해를 추구할 수 있는지, 또 어떠한 방식으로 그들의 풍습과 인생관과 사회 질서가 하느님의 계시로 밝혀진 도덕과 합치할 수 있는지 더욱 분명하게 파악될 것이다. 여기서 그리스도인 생활의 모든 영역에 걸쳐 더 근본적인 적응의 길이 열릴 것이다."

한편「현대의 복음 선교」는 19항에서 문화를 복음의 정신으로 변화시키고 그 정신을 문화 안에서 풍부하게 하는 "문화의 복음화"를 언급하면서, 복음화의 목적을 그리스도와 함께 도래한 하느님 나라에 관한 복음의 힘으로써 모든 신자와 집단의 사고 방식, 그들이 관계하고 있는 활동, 그들의 생활과 구체적 환경을 내적으로부터 변화시키는 것으로 정립하고 있다: "교회로서 복음 선교를 한다는 것은 단순히 보다 넓은 지역에서 혹은 보다 많은 사람들에게 선교하는 것만이 아니고, 하느님의 말씀과 구원계획에 배반되는 인간의 판단 기준, 가치관, 생활 양식 등에 복음의 힘으로 영향을 미쳐 그것들을 역전시키고 바로잡는 데 있다고 하겠다."

요한 바오로 2세의 사도적 권고「현대의 교리교육」에서는 복음화의 목적을 달성하기 위해 그 문화의 근본요소들을 인식하고 그 가장 함축적인 표현양식들을 숙지하며 그 특유한 가치들과 재산을 존중해야 한다고 가르치고 있다: "그렇게 함으로써 오랜 세월 감추어 두었던 신비에 관한 지식을 이들 문화에 전달할 수 있을 것이며, 그 문화의 고유한 생활 전통으로부터 그리스도교적 생활과 축전과 사상의 표현 양식들을 이끌어내도록 도울 수 있을 것입니다. … 이미 여러 세기 동안 그 메시지를 표현해 온 문화들로부터 복음 메시지를 유리시키려 할 때 심각한 손실이 초래됩니다"(53).

또한 지난 70년도에 마닐라에서 개최된 아시아 주교회의에서 주교들은 토착화의 본질적 수단으로 대화를 강조하며 육화의 원리를 깊이 있게 받아들였다: "아시아에서 복음적 삶과 복음 메시지의 토착화에 있어서, 과거에는 망설임과 잘못이 있어 왔다. 그러나 우리와 다른 믿음을 가지고 있는 사람들과의 대화가 점점 중요하다는 확신을 가지게 된다. 따라서 우리는 아시아 각 민족들의 문화와 전통에 대한 깊은 이해를 강조하며 보편적인 교회는 아시아인들로 하여금 진정 아시아인이 되게 도와주며, 현대 세계와 인류 가족의 하나로서 완전히 자리잡을 수 있도록 도와주어야 함을 희망한다."[110] 아시아의 주교들이 다시 "현대 아시아의 복음화"라는 주제 아래 모였을 때, 그들은 기존 문화와 종교, 살아 있는 전통과 대화를 나누어야만 하고, 대중의 생활과 역사에 뿌리를 내려야 하며 진정으로 그 민족에 속한 것이라면, 그것이 그들의 사상, 취지, 가치, 포부, 무엇이든지 서로 나누도록 찾아내야만 함을 강조하였다.[111]

육화의 원리는 파스카의 신비를 포함하기 때문에 교회는 결국 문화의 복음화 과정에 있어서 다양한 방법으로 죽음과 부활의 과정을 통해서 성취되는 것이다. 육화의 원리와 관련하여 교회가 문화의 복음화를 위해 가져야 할 정신적 자세 6가지를 꼽으면 다음과 같다:[112]

1) 대화 정신이 필요하다. 즉, 구체적 상황에서 각 민족에 대한 깊은 사랑과 존경을 가지고 개방성과 겸허한 마음 자세를 갖추어야 한다.

2) 인내가 필요하다. 문화의 복음화는 부지불식간에 오랜 세월이 흐르는 가운데 서서히 조용하게 이루어질 성격의 것이다.

3) 하느님께 대한 깊은 신뢰가 요구된다. 많은 인간적 나약함에도 불구

---

[110] "Message of the Asian Bishops' Meeting", 1970.11.23-29, Manila, n.24.

[111] 참조: "Statement of FABC I", 1973.8.26-31, Taipei, n.12.

[112] 참조: You-Chul KIM, "Inculturation in the Process of Evangelization", Pontificia Universitas Lateranensis, Rome 1986, 18-26.

하고 무수한 문화와 종교적 전통을 통하여, 하느님의 구원계획은 반드시 성취된다는 믿음을 간직해야 한다.

4) 겸손한 배움의 자세이다. 복음화는 가르침뿐 아니라 배움의 과정이다. 우리는 여기서 배운다는 것이 문화의 그것뿐 아니라 무엇보다도 먼저 복음적 가치와 교도권의 가르침을 배워야 한다.

5) 단순한 혼합이나 양보가 아니라 복음의 근본적인 진리를 대담하게 선포해야 한다. 문화 안에 있는 모든 긍정적인 가치를 포용하고 인정하되, 이것이 의심스러운 혼합주의라든지 단순한 표면적 적응에 그쳐서는 아니 된다. 결국 그 문화 안에서 복음정신에 입각하여 믿을 만한 문화적 가치에로의 변화를 뜻하는 것이다.

6) 끝으로 문화의 복음화 작업 동안 기도와 관상을 계속해 나가야 한다. 그때 비로소 하느님의 뜻을 들을 수 있고, 하느님 앞에서 복음화를 위한 활동을 계속적으로 반성하고 성찰해 나갈 수 있다.

12.3.3. 도덕 정화

고전적 도덕은 초월적 도덕의 몇몇 경우에 대해 응답하도록 요청받았고 간청되었다. 특별히 도덕적 행위 상황에 대한 새로운 도덕의 끈기있는 주장은 인간과 그 선택의 관계에서 가장 엄밀한 시험을 야기시켰다. 이것은 익숙한 현실을 스스로 깨닫도록 하면서 도덕적 행위에 대한 명확한 표현이 쏟아져 나오도록 기여하였다. 이같은 도덕 자각행위는 도덕적 질서에 대면하여 개인적 양심의 실천적 이성의 증진이라기보다, 성령의 감도로 생성된 자연법을 통한 자연적 기원 혹은 모든 사람이 얻을 수 있는 그 신앙의 조명을 통한, 초자연적 기원의 핵심을 의미하는 것이다.[113] 이같은 자각으로써 그리스도인이 무시할 수 없는 도덕적 진리와 하느님의 현존에 대한 확신으로 이르게 되며 도덕적 진리의 실천적 성격으로 진보하게 된다.[114]

---

[113] 참조: D. Composta, Le tendenze della teologia morale, 393.

[114] 참조: A. Rizzi, Alla ricerca del fondamento etico, 85.

"인간"에 대한 계획을 실현하기 위하여 도덕은 두 가지 사안, 곧 법과 덕德을 제시한다. 하느님의 모상으로 창조된 인간으로서 하느님의 계획에 따라 충만한 인간성의 목표에 이르기 위하여, 법을 통해서 규율이 제공되고 덕을 통해서 나아가야 할 길과 수용해야 할 관습을 가르쳐 준다. 진리의 빛을 받아들이면서 인간 양심은 도덕적 태도로 인간을 이끌어 선과 악, 행할 것과 피할 것을 가르쳐 준다. 도덕적 행동이란 양심에 따라, 곧 올바른 양심의 명령에 순응하며 행동하는 것을 의미한다. 도덕은 자유 행위를 바탕으로 한다. 참으로 자유롭다는 것은 이성과 양심으로부터 조명받고 이끌어지는 것이다. 행위의 도덕성에 대해서 옳고 그름을 말하는 판단의 선포는 양심이 하는 일이다.[115]

도덕적 양심의 증거는, 중심中心을 공유하는 세 가지 범주 안에서 설명될 수 있는바, 곧 개인, 현존하는 구체적 공동체, 인간 공동체의 역사이다. 첫째 범주로서 개인은 양심의 추진자이며 도덕적 경험의 주체이다. 그다음으로 공동체는 도덕적 인식에서 나오는 행동의 결집체의 장소이며 또한 규범적 장소가 될 수 있다. 도덕적 증거의 셋째 범주는 문화들 간의 도덕적 합의인데, 이 합의는 타인과의 관계에 대한 도덕적 의지에 이르는 것을 의미한다.[116] "도덕적 상황에 있어서 진리를 향한 도덕적 자유의 교육은 기본적인 것이다. 왜냐하면 오직 진리만이 인간을 자유롭게 하기 때문이다. 진리와 양심 사이에는 심오한 연관성이 내재하는바, 올바른 양심은 진리를 깨닫고 인정하면서 오직 진리에 상응하는 것이고, 자유를 이끄는 진리는 바로 선善의 진리인 것이다."[117]

사회교리 역시 도덕의 중심 주제를 더 잘 이해하게 하는 많은 사안을 대면하고 있다. 풍요한 문서 자료들을 더 잘 이해하기 위하여, 또는 많은 관점들 가운데서 도덕적 동기와 복음 정신들을 보다 잘 파악하기 위하여 면

---

115 참조: B. MONDIN, Cultura e morale, 402.

116 참조: A. RIZZI, Alla ricerca del fondamento etico, 83-4.

117 MONDIN, Cultura e morale, 404.

밀하게 사회교리 문서들을 검토할 필요가 있다.[118] "공의회 후속 분위기는 사회윤리적 영역에서 교도권의 풍요로움 위에, 사회에 참여하는 교도권 형태의 새로운 다양성을 잘 보여주고 있다."[119] 스힐레벡스가 언급하였듯이, "과거에는 교회가 공적으로 사회 문제를 분석하기 훨씬 이전에, 자신의 소임과 세계와의 분석적인 대담을 통해서, 기본적인 변화를 세계에 제시할 수 있는 도덕적 결단에 이미 다다른 사람들이 교회 안에 있었다".[120]

다른 관점으로는 도덕적 판단이 있는바, 심리학적·종교적·전통적 가치 판단과 함께 논쟁에 휘말리게 한다. 조상들로부터 물려받은 제도, 법, 사고방식, 이해관 등이 항상 현실 상황에 잘 적응되는 것은 아니며, 행동 규범에 있어서 심각한 폐단을 야기할 수도 있는 것이다. 지난 시대와 달리 하느님과 종교를 부정하고 혹은 그 가르침을 덜 실천하는 것은 더 이상 보기 드문 일이 아니다. 사실 오늘날 드물지 않게 이런 현상이 과학 발전과 새로운 인본주의의 결과로서 제시된다.

교회는 왜 도덕적 주제를 언급해야 하는가? 사회 제반 문제는 사회·경제·정치 영역의 기술적 관점에만 유일하게 한정되는 것이 아니라, 인간 문제에 있어서 필히 도덕적 차원을 공유한다.[121] 그리스도의 복음은 타락한 인간의 생명을 새롭게 하고, 죄의 위협적인 유혹으로부터의 과실과 악을 대항하여 싸우고 제거하며, 항구하게 사람들의 도덕성을 정화시킨다. 그러므로 비록 오늘날의 세계에 수많은 문제점들이 도전해 온다 하여도, 사람들로 하여금 복음적 메시지와 도덕적 기반 위에서 머물도록 한다. "세월이 흐르고 현안들은 숙성해 감에 따라, 지상의 시민에게 생명을 불어넣을 수 있고 또한 넣어야 하는 도덕적·사회적 원칙과의 관계 안에서, 교회를 품

---

[118] 참조: R. Spiazzi 편 *Enciclopedia del pensiero sociale cristiano*, 765.

[119] A. Gianni, Dottrina sociale e pubblica opinione, 186.

[120] E. Schillebeeckx, *Dios*, 166.

[121] 참조: Antoncich - Munarriz, *La dottrina sociale della chiesa*, 15. 교회는 우리 시대를 상호 구분짓는 세 가지 특성에 관심을 기울인다: 노동 계급의 새로운 영향, 여성들의 새로운 사회적 역할, 독립 국가의 일반적 열망: 참조: H. Carrier, *Dottrina sociale*, 123.

고 계시는 '주님'의 위치를 항상 더욱 분명하게 만든다."[122]

도덕은 인간의 삶이 진리를 향해서 나아가도록 하는 근원적인 요소이다. 사회적 체계가 올바르기 위하여 모든 발전의 기초로서 도덕적 문화의 발전을 가능하게 하는 것이 긴요하다. 그래서 국제적인 시대상황 안에서 도덕적 원칙, 정의의 요구, 사랑의 문화인 첫 계명 등에 호소할 필요가 있다. 인간을 넘어선 "충만한 진리"로부터 태동되는 도덕과 영성에 최고의 우선권을 부여하는 것이 요청된다.[123]

한편 도덕에 관하여 고찰하면서 윤리에 대해 언급하지 않을 수 없는바, 윤리는 죄를 율법에 대한 불순종이 아니라 하느님 그리고 사랑에 대한 거부로 설명한다. 순명이란 외적인 요구와 보편적 규범에 따르는 예의에 의해서 장상의 명령을 실행하는 데 있는 것이 아니라, 명령하는 이의 개인적 선의善意를 존경함에 의해서 실천되는 것이다. 그리고 존재론적 도덕성은 교도권과 사목권을 구분짓는다. 교도권은 추상적이며 보편적이고, 사목권은 실천적이며 개인의 인품에 호소한다. 여기서 행정적 교회와 영능적caris-matica 교회 사이의 구별을 발견하게 되는바, 전자는 보편적 도덕 규범의 올바른 적용을 통제하고, 후자는 하느님으로부터 영감을 받은 개인적인 충동에 관심을 둔다. 이같은 존재론적 도덕성은 교회론적인 업무와 업종을 선택하는 데 기준이 되며, 이것은 행정적 요구의 외적인 기준에 의해서가 아니라 내적인 부르심의 식별에 의해서 이끌어져야 한다. 이같은 도덕성은 하느님의 의지를 존재론적으로 수용함으로써, 그리스도교적이며 종교적인 완성을 실현해야 하는 것으로 설명하고 있다.[124]

---

[122] R. SPIAZZI, *Codice sociale della chiesa*, 23-4. "선교의 주요한 단면은 '이론(talk)에서 활동(walk)'이다. 우리 공동체와 문화에 속하지 않는 이들의 목소리에 주의깊게 경청하면서, 우리가 함께 살고 있는 사람들의 상황 안에 우리의 선교 성소를 육화시킬 때까지, 우리는 이 사람들이 필요로 하는 것에 응답할 수 없고, 그래서 복음의 해석학적 도전에 대하여 우리 자신의 변혁과 응답을 회피하게 된다": G. RUPPELL, People in Mission, 67.

[123] L. de PATRICK, *Il pensiero sociale della chiesa cattolica*, 165-6.

[124] 참조: D. COMPOSTA, Le tendenze della teologia morale, 368-9.

외적 발전은 이같은 도덕적 · 윤리적 판단 기준에 종속되어야 한다. 참된 윤리는 극단적인 공리주의와 개인주의의 관점을 포기하는 것을 의미하며, 땅의 창조주로부터 오는 공동선의 보편적 원칙과 필수불가결한 가치의 향상을 요청한다(산토 도밍고 문헌 160 참조) : "요한 바오로 2세는 행위의 목적을 절대화하는 목적론teleologismo과 행위의 비용과 그 결과 사이에 내재하는 비례론proporzionalismo과 행동의 결과를 진리의 판단 기준으로 수용하는 결과 관련론conseguenzialismo의 오류들을 특별히 비판한다. 이러한 조류들에 맞서서 교황은 진리의 보장과 도덕적 규범의 보편성을 주장한다."[125]

교회의 가르침은 역사적 상황 안에서 세계와 함께 공유共有의 책임 가치와 도덕적 질서에 속하여 있다 : "사회적 가르침은 양심의 윤리적 요구를 통하여, 변형되어야 하는 현실로서 역사를 이해하고 있다."[126] 윤리적 관점에서부터 교회는 충분히 합법적 문제들에 참여하기를 고려하면서 사회적 현실을 판단하기 위하여 능력을 모으고 있다.[127] 교회는 하느님이 인간 양심 안에 심어준 도덕을 일깨워야 하며 시대의 흐름과 함께 인간 윤리의식의 발전을 관리하고 이끌어야 한다.

12.3.4. 삶의 고양

해석학의 적용은 다양하지만, 일상생활 가운데의 해석학적 기준들 역시 관심을 모은다. 교회는 사회와 국제적 상황 안에서 인간의 복잡한 현실에 대하여 신앙의 빛으로 조명한다. 그 주요한 목적은 인간으로 하여금 그리스도인다운 행실을 정향하도록 복음적 가르침의 노선에 순응하면서 현실을 해석하는 데 있다 하겠다.[128] 장래 전망이 밝은 현실은, 복음과 생활 사이의

---

[125] B. MONDIN, Cultura e morale, 404-5.

[126] ANTONCICH - MUNARRIZ, *La dottrina sociale della chiesa*, 52.　　　　[127] 15.

[128] 참조: R. SPIAZZI, *Codice sociale della chiesa*, 18. "다른 한편으로 교회가 사회를 '가르치는' 것만 행하는 것이 아니라 사회로부터 어떤 것을 '깨닫는' 것도 있음을 인정할 필요가 있다. 실제로 교회와 사회의 관계는 상호 영향을 미치며 서로 작용하는 과정의 성찰인 것이다" : H. CARRIER, *Dottrina sociale*, 13.

창조적인 융합을 제시하는 것으로써, 또한 현대 사회에 영성을 부여하는 교회 역사의 진보적인 도전으로써 빛나게 되는 것이다.[129]

그리스도는 당신 교회에 인류를 이끌고 가르치는 의무를 부여하셨다. 교회는 하느님이 생명의 유일한 주인이고, 인간은 사람의 생명에 대한 결정자이거나 주인이 아님을 선포하고 있다. 교회는 자신의 애덕과 사회적 활동을 통하여 사회에 대하여 큰 영향력을 행사한다. 이러한 행위를 떠맡는 양식은 매우 다양하다. 곧, 비천한 이를 돕는 일, 가난한 이들을 위한 학교, 병원, 고아원이나 공동계획으로 교회에서 설립한 기관들에서의 애덕 활동 등이 있다.[130] 이같은 사회적 역할은 사회를 변화시키면서 발전해 온 것으로 고려되는바, 그리스도교의 개념과 가르침이 얼마나 넓게 사회 현실에 영향을 미쳤는지 시사하고 있다.[131]

변화하는 사회 안에서의 교회 역할은, 훌륭한 그리스도인들이 자신들의 임무를 위하여 행하는 사회적 참여와 문화적 진보와 발전과 특별하게 관련하여 연구되고 있다.[132] 교회는 자신의 목소리를 듣게 할 의무를 지니고 있다. 교회 없이 사회 문제의 궁극적 해결은 불가능하다. 오직 복음만이 현실적 문제들의 해결책을 제공할 수 있다. 교사magistra인 교회는 그리스도 구원의 빛에서 힘을 얻어, 인간 삶의 더 나은 조건을 위하여 활약한다. 사회교리는 인간 이성이 삶과 그 제반 문제들을 이해하는 바의 다양한 양식에 주의를 기울인다.[133] "교회는 문제의 해결책만 제시하는 것이 아니라, 교의를 수호하고 정신과 마음을 변화시키면서 인간 삶 안에 적용시킨다."[134] 교회는 부정적 상황을 극복하기 위하여 역사적 문제들과 대면한다. "실제로

---

[129] 참조: J.E. BIFET, *Orme del Verbo Incarnato*, 60-1.

[130] 참조: H. CARRIER , *Dottrina sociale*, 50-1.　　　　[131] 참조: 14.

[132] 참조: 48. "오늘날 교회가 행하도록 요청받는 그 역할과 사회교리를 고찰해 보면, 가톨릭 교회의 사회적 이념의 실제적 영향은 역사의 과정에서 교회와 사회 사이의 관계에서 형성된 오랜 경험의 결과이다"(6).

[133] 참조: ANTONCICH - MUNARRIZ, *La dottrina sociale della chiesa*, 33.

[134] H. CARRIER, *Dottrina sociale*, 80.

새로운 언어, 곧 구체적으로 교회의 사회적 가르침은 복음 진리의 체계적인 발전 이외의 것이 아니다. 그것은 우리 시대의 사회적 복음이다. 이것은 마치 사도들의 역사적 시대가 초기 교회의 사회적 복음을 향유했었고, 성 토마스 아퀴나스와 중세기의 위대한 학자들이 뒤를 이었던 교부들의 시대도 당대의 사회적 복음을 소유한 것과 같은 이치이다.[135]

"사회 역사적 상황이 특히 제2차 바티칸 공의회의 실행으로 더욱 가속화된, 교회와 현대 사회 사이의 관계에 대한 진보적 변화는, 교회의 '사회교리'에 대한 지배적이었던 근심 걱정들에 대하여 올바르게 균형잡힌 교정矯正을 이끌어내고 있다."[136] 사회교리는 신학과 인문 과학의 발달로 풍요로워졌다. 오늘날 사회교리는 신학과 성서학의 보다 최근 연구를 활용하면서 사회학과 인류학 등에서 제공된 좋은 자료들도 함께 포용하고 있다. 실제 삶 안에서 야기된 새로운 문제들과 실제 상황을 이해하기 위하여, 교회는 어느 분야도 예외 없이 현대의 모든 학문을 수렴한다.[137]

교회는 일상생활의 현실적 복합성과 만나서 고민하고 복음적 관점에서 이해하려 노력한다. 교의의 과학적 발달과 확고함을 위하여, 교회는 자신의 경험과 사회학적 자료를 가지고 시대와 장소의 변동에 따라 응답하도록 실제적으로 적용하면서 인류사회를 대면하고 있다.[138] 사회교리는 인간사회 유산의 필수불가결한 부분이며, 모든 인간이 모든 것의 주체요 목적이라는 근본 원칙 안에 늘 상존하고 있다.[139] 또한 그리스도의 복음은 형제애의 원칙 위에 항구히 인류사회를 재건해야 하는 권능의 근거가 된다.[140] 교회가

---

[135] Giovanni Paolo II, Leone XIII ha dato vita ad un nuovo insegnamento della chiesa: il Vangelo sociale dei nostri tempi: *L'Osservatore Romano*, 1991.5.20-21, 5. 참조: H. CARRIER, *Dottrina sociale*, 204; ANTONCICH - MUNARRIZ, *La dottrina sociale della chiesa*, 21.

[136] G. ANGELINI, La dottrina sociale della chiesa, 78.

[137] 참조: H. CARRIER, *Dottrina sociale*, 205.

[138] 참조: R. SPIAZZI, *Codice sociale della chiesa*, 30-1.

[139] 참조: CARRIER, *Dottrina sociale*, 94, 120; ANTONCICH - MUNARRIZ, *La dottrina sociale della chiesa*, 43.

[140] 참조: CARRIER, *Dottrina sociale*, 208.

만나는 사회 문제는 실제로 모든 인류의 문제이다.

"복음의 빛으로 교회는 인간 삶의 현실을 조명하려 하고, 구체적 현실의 그리스도교적 분석과 판단에 기여한다."[141] 모든 사람들에 대한 사랑 위에 복음의 가르침에서 유래된 요소들이 있는바, 곧 피억압자 방어, 탐욕 거부, 인간의 정신적 유대와 보편적 형제애, 모든 형제 자매에 대한 무상의 봉사 등이다.[142] 교회는 인간 삶에 그리스도교적 개념을 제시할 의무와 또한 인간 삶이 그리스도의 가르침에 귀기울이도록 할 의무를 가지고 있으며, 복음화의 핵심 요소 역시 복음과 삶 사이의 연관성을 포함하고 있다.[143]

"비록 항구한 신학적 정교함이 때로는 결핍되어 있다 하여도, 교도권은 그 실천적 특성의 긴급성 때문에 사회적 사안에 대하여 참여하도록 요청받고 있다."[144] 사실 교회의 제반 교의를 실제 삶의 모든 영역에 적용하는 그 방식을 심오하게 탐색하는 것이 긴급하게 요청된다. 우리 시대에 대면해야 하는 긴급한 문제들은 그리스도인들에게 보다 세밀한 시험과 수고를 요구한다. 왜냐하면 오늘날 세계에는 부정과 고통과 다방면에 있어서 폭력의 다양성과 테러가 증가하기 때문이다. 이것은 복음의 빛에 따라 시대의 징표를 해석하기 위하여 심오한 신학적 반성을 하도록 강요하고 있다 하겠다.[145] 사회의 제반 문제들은 인간의 죄와 사회의 비그리스도교화, 정신적 가치의 망각 등에 뿌리를 두고 있다.[146] 이런 문제들을 해결하기 위하여 사회교리는 변화하는 현실조건에서 기인하는 새로운 문제들을 복음적 가치기준에 의해서 해결할 수 있도록 기여해야 할 것이다.

---

[141] ANTONCICH - MUNARRIZ, *La dottrina sociale della chiesa*, 44.

[142] 참조: H. CARRIER, *Dottrina sociale*, 58; ANTONCICH - MUNARRIZ, *La dottrina sociale della chiesa*, 21.

[143] 참조: 16; A. GIANNI, Dottrina sociale e pubblica opinione, 186-7.

[144] G. ANGELINI , La dottrina sociale della chiesa, 76. 참조: H. CARRIER, *Dottrina sociale*, 52.

[145] 참조: 12.

[146] 참조: ANTONCICH - MUNARRIZ, *La dottrina sociale della chiesa*, 15-6.

그리스도는 시한적 삶과 영원한 삶에 걸쳐 다른 이들과 함께 공존하는 가운데 인격체로서 모든 인류에게 빛을 선사하고 있다.[147] "교회는 국법의 신성함을 구제하고 사적·공적 삶 안에 그리스도의 정신과 평화를 가져올 수 있도록 하는 유일한 기관이다. 요한 바오로 2세는 그리스도 왕국이 삶의 모든 영역에 영향을 끼칠 수 있음을 설명한다."[148] 하느님으로부터 계시된 복음의 빛은 모든 시한적 현실을 조명하고 예수 그리스도로부터 전해진 영원한 생명의 메시지에서 영감을 받는다.[149] 교회는 모든 일상적 삶 안의 복음적 가치들을 심화시키고 만개시키고 밝혀내어야 한다. 그러므로 모든 그리스도인은 자신의 고유한 삶 전체를 통해서 세상의 빛, 소금, 누룩으로서의 그리스도인다운 삶을 증거할 수 있어야 하는 것이다.

---

[147] 참조: 20-22; R. SPIAZZI 편 *Enciclopedia del pensiero sociale cristiano*, 773. "하느님과 인간 만남의 그 충만함은 예수 그리스도 안에서 현실화된다. 이때문에 말씀의 충만한 의미는 … 역사 안에서 하느님 나라의 실현으로서 형제적 친교의 필요성을 드러낸다. 형제 특히 어려운 처지에 있는 형제와의 만남과, 함께 나눔의 봉사에 있어 물질적 부요로부터의 격리를 인식하는 것과, 하느님과의 진정한 사랑의 관계 등의 모든 것은 그리스도인의 하느님 체험 안에서 하나가 된다": ANTONCICH - MUNARRIZ, *La dottrina sociale della chiesa*, 24.

[148] H. CARRIER, *Dottrina sociale*, 90. 참조: 205.

[149] 참조: ANTONCICH - MUNARRIZ, *La dottrina sociale della chiesa*, 21; R. SPIAZZI, *Codice sociale della chiesa*, 14.

12.4. 범세계적 측면

그리하여 예수의 이름 앞에

천상 지상 지하의 모든 것이 무릎을 꿇고

입을 모아 주님은 예수 그리스도시라 고백하며

하느님 아버지께 영광을 드리게 하셨도다(필립 2,10-11).

12.4.1. 평화 정착

그리스와 로마 사람들은 평화를 "질서에 의한(의) 안정"tranquillitas ordinis이라고 정의하였으며 무력을 통해서 신들의 도움으로 얻어내는 것으로 믿었다. 이스라엘 사람들은 야훼 하느님과의 계약에 대한 열매로서 평화를 기다리며 하느님의 선물 그 이상의 것으로 평화를 갈망하였다. 평화는 메시아에 대한 구원론적 기대 안에서 예언자적 선포의 중심 개념이며 핵심 용어가 된다.[150] "너희에게 평화가 있기를! 이것은 예수의 죽음, 부활과 함께 메시아적 구원 성취의 새로운 특성을 간직한 샬롬 알레켐이다. 이것은 하나의 염원이 아니고 실현된 실제적·종말론적 사실의 확언이다."[151] 샬롬은 예수께서 하느님 나라 도래에 대해서 언급할 때와 바울로 사도가 구원 개념을 통해서 언급하였던 것과 내용 중심으로 볼 때 일치한다고 하겠으며, 인류에게 내리신 예수의 특별한 선물을 보여준다고 하겠다.[152] 평화란 대단히 자극적인 용어 중의 하나이다. 구약 용어인 샬롬은 비록 기본적으로 구원을 의미하지만 다양한 의미를 풍요롭게 함축하고 있다.[153]

---

[150] 참조: W. BÜHLMANN, *Anno 2001*, 109. Unde manifestum est quod pax universalis est optimum eorum quae ad nostram beatitudinem ordinantur [D. ALIGHIERI, *Monarchia*, I, 4: I. SORDI 편 *Dizionario delle citazioni*, 374].

[151] G. SEGALLA, *Giovanni*, 468.　　　　[152] 참조: W. BÜHLMANN, *Anno 2001*, 111.

[153] 참조: K. MÜLLER, *Teologia della missione*, 166.

“예언자들은 이 용어로 백성들의 종말론적 구원과 보편적 평화에 대한 약속을 가리켰다. 예언은 백성들 사이에서 하느님 평화의 원초 성사인 예수 그리스도에 의하여 성취된다.”[154] 나자렛 예수 안에서 평화의 약속은 마침내 이뤄지며, 그의 탄생 때에 하느님이 사랑하시는 모든 사람을 위하여 평화가 선포된다. 평화의 인사와 함께 예수는 환자를 치유하고 죄를 사해주며, 평화를 위해 일하는 사람들을 하느님의 자녀로 불릴 것이기에 진복자眞福者라고 선언한다. 부활 후 낙심한 제자들을 평화의 인사로 위로하고, 모든 사람들에게 하느님 나라 선포와 평화가 도래하게 하는 데 항구하도록 하는, 위대한 평화의 사명을 맡겨 그들을 파견한다(집회 43,31-32 참조).[155]

오늘날 어리석은 무기 경쟁과 세계의 표현할 수 없이 심각한 기아 사이의 연관성을 쉽게 발견할 수 있고, 그 “조직적 우둔함”은 아사餓死로부터 사람을 구제할 수 있을 막대한 양의 돈을 요구하는 살인 기계의 계속적인 축적이라고 정의 내릴 수 있다. 매일 3,500명에 해당하는 바의 매년 130만~180만 명이 아사하고 있다. 이 사실에 대해 바이츠제커는 다음과 같이 덧붙인다: 지나간 모든 시대에 비해 오늘날만큼 많은 사람들이 물질적인 관점에서 이처럼 편리하게 살아가는 때도 없었지만, 또한 오늘날처럼 많은 사람들이 가난과 기아에 허덕이는 때도 없었다. 기아로 죽어가는 인명 수가 금세기 모든 전쟁으로 죽어간 수를 넘어선다. 세계 재화 분배가 정의롭지 못하다는 인식이 오늘날 널리 확산되어 있다.[156]

성찬례의 빵을 나눈다면, 매일의 빵도 또한 나누어져야 한다. 이것은 가난의 상태를 인식하고 가난의 상황에서 벗어나 하느님의 뜻에 순응하는 품위 있는 생활을 영위하기 위하여, 필요한 일을 성취해 내는 용기를 심어 주게 되는 일에 착수하는 것이다. 종교는 공동의 노력으로 이같이 보다 나은 정의로운 생활을 창출하도록 하는 자극을 제공한다.[157]

---

[154] 166-7.

[155] 참조: W. BÜHLMANN, *Anno 2001*, 109-10.

[156] 참조: W. BÜHLMANN, *La chiesa alle soglie del Terzo millennio*, 114-5.

[157] 참조: W. BÜHLMANN, *Anno 2001*, 114-5.

국가 간의 협약을 통해서 전쟁의 모든 수단을 금지할 수 있도록 하기 위하여 온갖 방편을 이용하여 노력해야 함은 마땅한 일이다. 이것은 모든 민족의 안전을 보장할 수 있는 바의, 유력한 권한이 부여된 보편적이며 대다수 국가의 공적인 인정과 지원을 받는 권위체를 설립하도록 요구하고 있다. 우리는 평화의 길을 찾을 뿐 아니라 그 내용도 충만하게 발견해야 한다. 샬롬은 바로 축복을 가리키며, 사람으로서 공동체로서 구체적으로 존중받고 구원을 느끼는바, 안녕과 물질적 복락, 곧 낙원에서의 축복을 회복하는 것이라 하겠다.[158] 평화의 하느님인 성부와 그분의 성자 예수 그리스도를 증거하면서, 교회 모든 구성원과 함께 세계를 "샬롬화"하도록 교회는 분명하게 힘써야 할 것이다.[159]

12.4.2. 경제 분배

"하느님은 경제에 반대되시는 분이신가? 곧, 하느님은 경제에 반대되는가?" 이것은 두 프랑스 작가들이 공동 집필한 책명으로서 퓌올라에 의해 인용되었는바, 경제에 대한 교회의 교도권적 개입에 관하여 많은 경제 환경에 상존하는 대표적인 질문의 표현이다.[160]

인류 역사 안에서 특히 근세기에 와서 복음의 빛에 따라 교회는 개인적·사회적 생활이든 국제적 관계에서든 올바른 이성이 요구하는 형평의 원리를 보여주었다. 현시대의 특성에 따라 거룩한 공의회는 특별히 경제 발전의 전망 안에서 이같은 원리를 재확증할 의도를 가졌다.[161] 교회는 인디오와 농민들과 소외 계층을 위하여 이따금씩 개입할 것을 약속하였지만, 그러나 동시에 과거와 같은 체제도 받아들였다. 그래서 정의롭지 못함과 우유부단함이 가끔 황금으로 빛나는 화려한 건물 기둥과 함께 교회 내부로

---

[158] 참조: 113-4.　　　　[159] 참조: 139.

[160] 참조: S. Mosso, *Etica, economia e sviluppo nell'insegnamento episcopale*, 472-3.

[161] 참조: Pio XII, Messaggio del 23 marzo 1952: *Acta Apostolice Sedis* 44 (1952) 273; Giovanni XXIII, Allocuzione all'Associazione Cristiana Lavoratori Italiani del 1 maggio 1959: *Acta Apostolice Sedis* 51 (1959) 358.

깊이 침투해 들어왔던 것이다.[162]

경제 물질주의는 폭력의 조직체와 다른 것이 아니라고 할 수 있겠다. 많은 사람들이 특히 경제적으로 발전한 지역에서 경제의 요구에 거의 일방적으로 주목하고 커다란 관심을 두고 있으며, 이런 경향은 집단 경제의 국가와 다른 나라들에서도 확산되고 있다. 경제는 복합적인 여러 인간 행위 중 하나의 차원에 불과하다. 만일 상품의 생산과 소비가 사회생활의 중심을 이뤄 인간사회의 유일한 가치로 변모된다면, 노동자들은 하느님 중심의 인간 공동체에 헌신하는 삶 대신에, 모든 것들을 만들어 내기 위한 압력 아래 처하게 되는 것은 너무나 자명한 일이다.[163] 경제적 형평 이론은 국제적 사회 윤리 선상의 상위 분야로 자리매김되면서, 애덕에 기초한 복음적 선善과 메시지의 보편적 원리에서 유래하는 상호 교환과 협력의 요청에 응하여, 국제적·공동체적 수준으로 부자와 빈자를 공영共榮케 하는 교회의 교리 노선에 일치하고 있다.[164]

경제 분야에서 "자본주의"가 기업과 시장, 개인 재산과 인간의 자유로운 창의성의 긍정적 역할을 인정하는 경제 체제를 가리킨다고 한다면, 자본주의의 특성으로는 기업 경제, 시장 경제, 혹은 단순히 자유 경제 등을 지적하는 것이 더욱 적절할 것이다. 그러나 경쟁사회인 자본주의와 함께 경제 분야에서의 인간 자유가, 그 중심이 영적이고 종교적인 전인적 인간의 봉사 의무와 매우 엄밀한 의미에서 적절하게 어울리지는 않는 것이다.[165] 교회로부터는 기술 발전의 기여가 예상되는 것이 아니다. 또한 사업을 일으킬 자본도 없다. 그러나 이기주의적 국가의 악순환 고리를 단절시킬 동기와 양심의 과업이 교회에 부과되어 있다. 보다 높은 동기 없이 성공은 이룰 수 없다. 교회는 불평등의 상황을 깨달아야 하고 예언자다운 목소리로

---

[162] 참조: W. BÜHLMANN, *La chiesa alle soglie del Terzo millennio*, 120.

[163] 참조: WEIGEL - ROYAL, *Verso una società libera*, 245.

[164] 참조: R. SPIAZZI 편 *Enciclopedia del pensiero sociale cristiano*, 771.

[165] 참조: WEIGEL - ROYAL, *Verso una società libera*, 290.

선포해야 한다: 이웃이 기아로 죽어갈 때에 너의 재화를 네가 즐길 권리는 없는 것이다.[166] 이런 관점에서 「어머니와 교사」 회칙은, 경제 선진국과 후진국 및 개발도상국 사이의 경제 협력은 보다 광범위한 진전을 요구받고 있다고 단언함으로써, 국제 경제에 대한 교회 입장을 잘 표현하고 있다.[167]

"해결책은 국제 경제의 새로운 질서 안에서 관찰된다. 그것은 세계 경제의 구조적 변동 혹은 제3 세계의 자립을 강화하는 임무를 요청하고 있다. 문제의 핵심은 세계의 새로운 질서에 달려 있다."[168] 브란트(전 서독 수상)의 1980년 보고서가 언급하였듯이, 이같이 함으로써 빈국貧國이 살아남을 수 있는 보장을 할 수 있게 되는바, 곧 국제 경제의 새로운 질서를 위한 길을 제시하며 또한 특히 국제 경제 관계에 있어 심오한 변화 필요성에 대한 공공 여론과 의견을 확신시켜야 할 목표가 달성되는 것이다.[169]

교회는 "사회 상호성의 조건 안에서 기술 이전을 용이하게 하는 국제 경제 관계를 제안하고 증진"(산토 도밍고 문헌 202)시켜야 한다. 국제적 빈곤의 주요 책임은 물론 남반구 국가에 있지만, 그러나 어떤 점에 있어서는 서방 경제의 탓이 면제되지는 않는다. 북반구의 세계는 "남반구 세계를 위한 또 하나의 새로운 마셜 플랜"에 서명해야 한다.[170] 많은 경우에 재화의 분배와 공유共有의 필요성은 애덕의 이름으로 개인뿐 아니라 민족과 그 지역민들에게도 제기되었다. 수없이 많은 사람들이 비천한 상황에 있으며 기근으로 고통받고 있다는 사실은 주의를 환기시키며 관심을 끌고 있다. 굶주린 자를 구제하고 인간의 죄악과 하느님에게 부르짖는 "악의 구조"를 치유할, 그리스도교적이며 성서적인 개념을 터득시키기 위하여 가난한 라자로와 대

---

[166] 참조: W. BÜHLMANN, *La chiesa alle soglie del Terzo millennio*, 116-7.

[167] 참조: E. MALINVAUD, Sulla dottrina sociale della chiesa, 98.

[168] K. MÜLLER, *Teologia della missione*, 244.

[169] 참조: Der Brandt-Report: Bericht der Nord-Süd-Kommission, *Das Überleben sichern. Gemeinsame Interesse der Industrie- und Entwicklungsländer*, Frankfurt - Berlin - Wien 1981, 369 [K. MÜLLER, *Teologia della missione*, 243 재인용].

[170] 참조: W. BÜHLMANN, *La chiesa alle soglie del Terzo millennio*, 126.

식가인 부자의 복음 비유가 상기된다.[171] 현대의 경제적·사회적 발전에 참
여하는 그리스도인들은 인류 번영에 커다란 기여를 할 수 있다고 확신하
며, 여기서 그리스도인은 세계 재화와 부의 단편적인 분배에 그치는 것이
아니라, 궁극적으로 빈국들로 하여금 빈곤의 악순환에서 벗어날 수 있는
방책을 전수해 줄 수 있어야 할 것이다.

12.4.3. 연대 의식

하느님은 세상을 창조하고 만인이 한 가족을 형성하고 연대의식 안에서
형제로서 함께 살기를 원하셨다. 교회는 복음을 선포하고 모든 인류에게 고
루 은총의 보화를 나눠주는 데 인색하지 않았다. 1960년대 초부터의 남·
북반구 경제 분쟁을 통해서 부국과 빈국 사이의 소득 차이를 메우기 위하여
논쟁하였으나 실제로는 여전히 그 격차가 확대되고 있다. "1988년 1월 26
일 남·북반구의 상호 의존성과 연대감을 인식시키는 하나의 공적 활동이
정식으로 유럽 위원회에 이송되었다. 어떤 민족이든 자신의 힘만으로 문제
들을 해결할 수는 없고, 다른 민족의 희생을 바탕으로 자신들의 꿈을 구현
하려 애쓰는 민족주의는 더 이상 합법적이 아니며, 인류의 미래를 모든 민
족이 함께 동시에 이끌어 나가야 할 의무감은 모든 사람에게 명확하게 전달
되어야 할 것이다."[172] 예컨대, 아메리카 주교단의 일련의 발언은, 복음적
가치를 역사적으로 실현하는 사회적 차원과 연대적 측면에 대하여 의식을
개방하도록 아메리카 사회의 윤리를 계도하고 양성하고 규정한다.[173] "보다

---

[171] 참조: R. Spiazzi 편 *Enciclopedia del pensiero sociale cristiano*, 772.

[172] W. Bühlmann, *La chiesa alle soglie del Terzo millennio*, 126.

[173] 참조: A. Gianni, Dottrina sociale e pubblica opinione, 210. 사회학적 영역에서, "사회적
단결 정신으로 이끄는 정책의 필요성이 대두되고 있다. 여기에는 두 가지 사항이 대두되는
바, 첫째는 '정부'에 대한 것보다 '사회'에 대한 꾸준한 관심이 필요하며, … 그 사회적 기
능은 '정부'에 대해서보다도 '시민 사회'에 대하여 결속력있는 보편적인 사회적 개입을 지향
하고 있다. … 둘째는 경쟁력을 방해하지 않는 범위 내에서의 사회적 보호이다. … 노동 세
계를 성찰해 볼 때 권리 요구의 수준을 적절하게 조절하고, 경쟁력과 안정을 유지할 수 있도
록 재분배의 정책에 한계를 둘 필요가 있을 때도 있는 것이다": M. Vidal, Economia neoli-
berale e crisi dello stato sociale, 168-9.

고양된 차원에서 사회적 책임이란 '공동선'共同善이라고 정의내릴 수 있는 어떤 것을 인식하고 발전시키려 노력하는 것을 의미한다."[174]

연대성 의식은 한편으로 모든 민족들 사이에서 상호 연관되어 특히 오늘날 개발도상국의 상황과, 지나친 발전이 새로운 사회 문제와 실업과 대다수의 불만을 일으키는 부유한 나라의 상황에서, 성공과 실패 안에 분명하게 떠오르고 있다. 다른 한편으로 연대성은 사회 발전과 사회 제문제 해결을 위한 과업 안에서 교리 차원이든 활동 차원이든 그리스도교적 특성인 애덕과 관련된 하나의 덕목으로 발전하고 있다.[175] "올바른 국제 사회 질서가 평온하기를 모두가 하나같이 바라고 있다. 이것을 실현하기 위하여 개인과 국가와 국제 기구는 심오한 노력을 경주하고 있다. 남반구의 많은 나라들에 공통되는 외채, 테러, 실업, 환경 오염 등의 문제들은 오직 평화의 새로운 이름이라고 불리는 국제 연대의식을 통해서만 극복될 수 있다."[176]

브라운은 「지구 연대 2000」Global 2000에서 다음과 같이 결론짓고 있다: 지금까지 어떤 세대도 오늘날처럼 유보할 수 없는 긴급성을 띤 복합한 문제들에 직면한 적이 없었다. 우리는 지구상의 생존과 연계되는 딜레마에 빠져 있는 첫 사람들이 되었다.[177] 이런 문제들을 해결하기 위하여 모든 사람들을 위하는 범세계적인 연대 의식의 증진이 필요하며, 세계의 전 인류를 위한 연대 정신을 함께 나누며 생활하는 것이 대단히 긴요하다. 모든 사회 계급과 모든 민족, 모든 종교 그룹과 평신도들에게 연대와 일치를 위한 새롭고 보다 긴박한 호소가 요망되고 있다. 그들은 직접 간접으로 한 분의 같은 어머니이신 교회의 자녀라는 조건이 주어져 있다. 교회 교의를 통해서 연대 의식은 모든 그리스도인의 지주支柱 역할을 한다.[178]

---

[174] WEIGEL - ROYAL, *Verso una società libera*, 10.

[175] 참조: R. SPIAZZI 편 *Enciclopedia del pensiero sociale cristiano*, 765.

[176] Ramon Macias ALATORRE, Liberazione e promozione umana, 139.

[177] 참조: L.R. BROWN, *Zur Lage der Welt 87/88. Daten für das Überleben unseres Planeten*, Frankfurt a.M. 1987; W. BÜHLMANN, *La chiesa alle soglie del Terzo millennio*, 114.

[178] 참조: H. CARRIER, *Dottrina sociale*, 103.

새로운 국제 관계 체제는 사회 문제 해결에 관한 적절한 수단과 권위를 활용함으로써 남반구와 북반구의 관계 개선에 확실하게 기여할 수 있다고 고려된다. 오직 그렇게 함으로써 모든 이에게 진정한 발전을 제시하는 지구촌의 "새로운 질서", 곧 하나의 "세계 사회"에 이를 수 있다고 본다. 이와 같은 희망이 샘솟는 도약에의 꿈을 실제로 구현하는 길에는, 발전 기금의 증액과 남반구 국가들의 토의 참여권 확장 등의 선행 조건이 근본적으로 내포될 수 있는 것이다.[179] 연대 의식의 실질적 결실을 위하여 선교적 초월, 곧 지리, 인종, 경제, 정치, 사회, 문화, 언어, 이념, 종교 등의 모든 경계를 초월하는 것이 필요하다. 이러한 관점은 온 세계의 고유한 제반 인류 지평들을 교회의 복음적이면서 보편적인 또한 이타적이면서 애덕적인 차원 안으로 보듬게 되는 것을 의미한다 하겠다.[180]

12.4.4. 발전 협력

그리스도인은 피안의 천상뿐 아니라 차안의 지상도 함께 고찰한다. 그리스도인의 희망은 여기 현세에 머물면서, 아직 완성되지 않은 형태의 어떤 것과 함께 당면한 현실을 주시한다.[181] 그리스도인은 국제화된 많은 사회 문제, 곧 전쟁과 평화에 관한 문제와 인권, 범지구적 상호관계, 환경 보존 등을 대단히 염려하고 있다. 이러한 문맥에서 핵심은 발전의 문제이다.[182]

---

[179] 참조: *Das Überleben sichern* 99; K. MÜLLER, *Teologia della missione*, 244. "인간적 공동체 안에서는 인간을 위하여 하느님이 베푸시는 사랑과 사람이 되어 오신 하느님의 선하심이 드러나야 할 것이다. … 공동체는 성체성사 안에서 애덕을 살고 실행한다. 1981년 한국 가톨릭 교회는 '이웃 복음화의 해'를 경축하였다. 이것은 이웃에 대한 충실한 사랑과 동시에 증거와 선교 행위의 표양이 된다. 이 본보기는 대단히 구체적으로 가족과 가족, 이웃과 이웃 등의 '소공동체' 환경 안에 조직되었기 때문에 대단히 큰 효과를 얻고 있다": K. MÜLLER, *Teologia della missione*, 134.

[180] 참조: E. NUNNENMACHER, "Chiesa missionaria": PUU 편 *Dizionario di missiologia*, 101.

[181] 참조: W. BÜHLMANN, *La chiesa alle soglie del Terzo millennio*, 116. "J. Stott은 '창조주이시며 구세주이신 성서 계시의 하느님은 당신이 창조하신 모든 인간의 정신적 · 물질적 · 총체적 복지를 돌보시는 하느님이시다'(1992)라고 단언하였다": J.B. CARPENTER, The Parable of the Talents in Missionary Perspective, 169.

[182] 참조: H. CARRIER, *Dottrina sociale*, 34.

발전 도상국과 선진국 사이에 엄밀한 상호 연관성이 내재한다. 발전 계획은 연기가 불가능하며, 세계 상황은 즉각적 참여를 요청하고 있는바, 세계 속의 넓은 범주와 각각의 해당되는 수준 가운데에는 그리스도인이 적극적으로 참여하지 않으면 세계는 파멸의 길로 찾아들 위험도 배제할 수 없는 경우도 있다.[183]

종교가 사회 발전 도정에서 중요한 역할을 수행하는 것은 의심할 여지가 없다. 종교들은 진정한 발전을 정향시킬 의무와 권리를 소유하고 있음을 인식해야 한다. 종교 문화는 인간 활동을 사회 안에 정착시키기 때문에, 맹목적 강요를 승화시키고 발전을 고무시킬 전망을 제시한다.[184] 어제보다 오늘날 더구나 제3 세계에 있어서 발전을 방해하는 풀리지 않는 문제들은 바오로 6세와 교황을 경악시키기에 충분하였는바, 가톨릭 교회는 발전을 인간 성소聖召와 부합시키면서 적절한 참여를 강조해 왔다. 교황은 발전 개념을 범세계적 현상, 곧 사회·문화·정치·종교·윤리 등의 차원에서 인식하고 있다. 이 가운데 한 가지라도 결핍되면 그것은 불완전하고 부분적인 발전만을 다루게 되는 것이다.[185]

교회는 모든 소임을 인간 발전과 그 개선을 위하여 수행한다고 할 수 있다. 인간 발전은 단순한 경제 발전 그 이상의 것이다. 그것은 정신적 차원 안에서 고려되는 인격의 성숙과 연관되며 동시에 모든 측면의 발전을 지향한다. 문제 해결에 참여해야 하는 이들의 미숙한 인격 수준은 많은 개인에게서 발견되는 정의롭지 못한 상황의 근원에 위치하고 있다.[186]

오늘날 보다 광범한 세계적 차원 안에서 행동하는 것이 교회에 요청되고 있다. "교회 교의는 정치, 경제, 기술상의 해결책을 제공하지 않는다. 그러

---

[183] 참조: K. MÜLLER, *Teologia della missione*, 245.

[184] 참조: H. RZEPKOWSKI, Development and Theology: M. DHAVAMONY, *Prospettive di missiologia oggi*, Roma 1982, 181-98 [K. MÜLLER, *Teologia della missione*, 250 재인용].

[185] 참조: G. SALVINI, Il vertice di Copenhagen sullo sviluppo sociale, 160.

[186] 참조: H. CARRIER, *Dottrina sociale*, 35.

나 인간에 대한 전문가로서 인간의 존엄성을 옹호한다. 교회는 복음 선포자의 사명을 이행하면서 발전의 진정한 개념을 제시한다."[187] 세계 수준에서 발전을 고려해 볼 때, 세계 공동체의 모든 민족과 인접한 이웃 민족 사이에서 요청되는 심오하고 보다 확장된 형제애를 양성하는 것이 필요하다. 이때 어떤 경우라 하여도 가난하거나 발전 도상의 민족에게 우선적으로 도움을 주고자 하는 의지가 수반되어야 한다. 동시에 때로는 단죄받은 듯한 수동적 상태를 극복하게 하면서, 저개발 혹은 발전 도상의 조건으로부터 해방시키는 데에 교회는 적극적으로 고무되어 투신해야 하는 것이다.[188] "교회는 그리스도와 교회 자신과 인간에 대한 진리를 선포할 때, 발전의 긴급한 문제 해결책에 우선적으로 기여함으로써 복음 선포의 의무를 수행하게 된다."[189] 교회는 "새로운 발전"의 관점에서 참된 공동체의 성숙과 책임 있는 행동을 위하여 보다 나은 방식을 조성하게 하는 공동 분배의 정신을 통하여 발전 협력에 관한 희망과 신뢰를 제공하게 되는 것이다.

12.4.5. 환경 보존

삼라만상의 창조는 주님 말씀과 함께, 창조된 모든 것 위에 머무시는 성령의 역사하심으로 이루어졌다. 그것은 우리와 함께 맺은 하느님의 첫번 계약을 밝혀 준다. 예수 그리스도의 부활은, 하느님의 창조물에 에덴의 것이 아닌, 죽음을 이긴 그리스도의 빈 무덤이라고 하는 새로운 정원을 인간

---

[187] 181.   [188] 참조: R. SPIAZZI 편 *Enciclopedia del pensiero sociale cristiano*, 764.

[189] 754. 예컨대, 토지의 분배에 있어서, 교회의 중요한 역할을 발견할 수 있다. "교회와 정부는 중요한 역할을 띠고 있는데,

— 교회는 토지의 공정한 분배를 성취할 수 있도록 피할 수 없는 윤리적 의무를 명확하고 분명하게 선포해야 한다. 이것은 모든 이를 위한 메시지인데, 그 메시지는 (때로는 지나치게) 많이 토지를 소유한 이들과, 많은 가난한 이들에게서 정직하게 영위하는 삶과 인간 존엄성을 박탈한 '가진 자들'에게 강력한 사목적인 방식으로 선포되어야 하는 것이다.

— 모든 시민들의 공동선을 책임맡고 있는 정부는, 참으로 긴급한 문제로서 (종종 그러하듯 선거철에 하나의 술책으로서가 아니라) 토지 개혁을 실천할 정치적 의지를 드러내어야 한다. … 교회가 현대 세계에서 토지와 발전과 환경을 선교의 핵심 부분의 하나로 확신할 때에, 모두에게 중요한 분배정의가 교회에 의해서 성취될 것이다": J. VERSTRAELEN, Land, Development and Ecology, 202-3.

에게 부여해 준다. "생태학 문제"라는 표현은 의미가 함축되어 있는바, 환경의 동의어로 사용되면서, "생태학"이란 용어는 자연 환경과 인간 삶 사이의 관계에 대한 학문으로서 의도되고 있다.[190]

생태 환경의 중요성은 아무리 강조해도 지나치지 않다. 지구 생태계를 보면, 자연이 수백만 년 동안 일구어낸 것이 최근 30년 안에 야만적으로 강탈당하였다. 머지않은 장래에 석유와 첫째가는 주요 자원들이 고갈될 것으로 추측되고, 선진국은 인구가 폭증하며 만성적으로 가난한 남반구의 나라들을 지배하게 될 것이라 한다. 범지구적 생태계 남획으로, 관광객을 끌 정도이던 열대지역의 목가적 자연은 여지없이 파손되었다. 예컨대, 하와이 원생 조류의 80%가 이미 멸종 위기에 직면했다. 자연 환경에 가해진 이처럼 절박하고 중대한 도시화의 현상과 아울러 또한 도시에는 비위생적인 생태 환경이 급속하게 전개되고 있다.[191]

교회는 가시적인 자연 환경을 조성하는 모든 사물과 함께 구세사적 창조 질서의 관계 안에서 참으로 필요로 하는 환경 보존에 대한 담론을 확장시켜 나가야 한다: "… 환경적 주제는 자연을 모태母胎 자연으로 고찰하고 있다. … 어떤 사람들에 의하면 인간에게서 파괴되지 않은 자연 그대로는 좋은 것이지만, 인위적으로 소위 '발전'이 가해지면 그 자연은 버려지게 된다고 말한다."[192]

생태계를 고찰하는 세 가지 방도가 있는바, 그 첫째 걸음은 한편 인간과 환경 사이에, 다른 한편 인간과 기술 진보 사이에 있는 연관성을 객관적으로 상호 밝히는 것이다. 어떠한 방법적 수단을 사용할 때는 생태계 측면과 과학 기술 측면 모두를 고려해야 한다. 그래서 반대되는 두 측면 사이에서 하나의 합의를 도출할 수 있어야 한다. 사실 자연적 환경을 유지하기 위하여 많은 과학적 연구가 이루어졌다. 둘째 걸음은 자연을 갈취하는 인간성

---

[190] 참조: WEIGEL - ROYAL, *Verso una società libera*, 228.

[191] 참조: W. BÜHLMANN, *Anno 2001*, 118.

[192] WEIGEL - ROYAL, *Verso una società libera*, 243.

과 잔학함으로부터 인간을 자유롭게 하고 해방시키는 하느님의 현존을 발견하는 일에 투신하는 일이다. 셋째 걸음은 우리의 생활 양식을 변화시키는 것이다. 최근 30년 동안 우리 생활의 일부분이 된 편리하지만 꼭 필요하지 않은 것을 대부분 포기하고, 환경과 건강을 기준으로 하여 적합하지 않은 과소비 지출 경향을 배척하면서, 단순한 생활 양식으로 변모 일신하는 것이 요구된다. 최근 분석에 의하면 자연 환경에 대한 우리의 인식을 재검토해야 하는 것이 긴박하게 요청되고 있다.[193]

리우데자네이루의 환경 회담에서의 "남이 너에게 하기를 원하지 않는 것은 자연에게도 행하지 말라"라는 표어는, 유엔의 전前 환경 담당 비서와 전 소비에트 서기장 미하일 고르바초프의 임석하에 개최된 리우데자네이루 회담의 마지막 문서인 「토지 헌장」*Carta della Terra*의 생태계 18계명 중의 하나이다. 일주일 동안 전 세계 500명의 환경 기구 대표들이 모여 1992년 6월 리오에서 유엔이 주최한 세계 환경 정상 회의 이후 5년간을 결산하였는데, 그 결론은 인류가 중대한 분기점 앞에 놓이게 되었다는 내용으로서, 이에 대한 헌장을 제정하여 유엔에 제출토록 하였다.

토지를 보호하고 "생명 정의正義"에 참여하기 위하여 산업 기술의 문명을 새롭게 창출하고, 개인과 공동체, 소유와 존재, 다양성과 일치, 획득과 기여 사이의 형평을 새롭게 형성하는 것이 필요하다. 「토지 헌장」 18계명의 서론에서 언급하듯이 다양성 안에서도 우리는 공통된 운명을 지니고 있다. 토지와 모든 생명체를 존중하는 것이 노동의 첫째 계명이다. 둘째 역시 토지의 보존이며, 셋째 계명은 확실한 방법으로 토지의 산출 능력을 보존하기 위하여 소비와 생산과 재생산의 형태를 발전시키는 것이다. 총체적 원칙은 어머니인 토지를 보존하는 데 부족과 원주민들의 실질적인 역할에 의탁하는 일이다. 이 사람들은 자신들의 정신과 의식, 토지와 자원을 보존할 권리를 가지고 있다. 마지막 계명은 토지의 공동체적 선익을 고루 나누는

---

[193] 참조: A. Rotzetter, I segni dei tempi secondo l'interpretazione francescana, 90-1.

책임감의 증진이 중요하다는 것으로 모아졌다.[194]

　"자연에 상존하는 하느님께 대한 센스를 회복시키는 영성을 양육하는 것이 필요하다. 모든 피조물과 연관을 맺은 그리스도의 육화 신비를 통해서 확립된 새로운 관계성을 명확하게 밝히는 일이 요청된다"(산토 도밍고 문헌 169). 이것은 환경 보호론자와 노무직의 옹호론자 사이의 열띤 논쟁에 이따금씩 결여되는 중요한 차별성인데, 곧 인류는 자연 질서의 한 부분이며 그 일시적인 경영자에 불과하다는 것이다.[195] 인간은 절대적 지배자로서가 아닌 관리자의 역할을 할 수 있을 뿐이다. "그리스도인은 우주를 단순히 자연계로서만이 아니라 우리를 위하여 주신 하느님 사랑의 첫 선물이며 창조물로서 고찰해야 하는 것이다"(산토 도밍고 문헌 171).

---

[194] 참조: *La nuova*(Sardegna 일보) 1997.3.23, 51. "아씨시의 성 프란치스코는 공식적으로 환경의 주보 성인이 되었다. … 오늘날 요청되는 것은 자연과의 밀접한 관계 안에서 상존(相存)하는 것이다": A. ROTZETTER, I segni dei tempi secondo l'interpretazione francescana, 90-1.

[195] 참조: WEIGEL - ROYAL, *Verso una società libera*, 244.

13

비그리스도교와의 대화

예수께서 이르셨다. "막지 마시오. 그대들을
반대하지 않는 사람은 지지하는 사람입니다."

· 루가 9,50 ·

13.1. 비그리스도교와의 대화 필요성

성자께서 사람이 되어 세상에 오신 이후, 교회는 성령의 무한한 은총에 힘입어 세상을 위한 유일한 성사聖事가 된다. 비그리스도교 종교들의 환경 안에서도 인류 구원을 위하여 그리스도의 교회는 비록 널리 알려지지 않더라도, 진실되고 참된 모습으로 구원 활동을 행하고 있다. 비그리스도교의 영향력이 강하게 미치는 상황 중에서도, 교회는 올바른 그리스도 지체의 모습을 보여주려 애쓰고 있다 하겠다. 교회 안의 성령은 그리스도로부터 분리되어 움직이지 않으며, 비그리스도인이라 하여도 파스카 신비에 따라 선의의 사람들 사이에서 힘차게 역동하신다.[1]

인류 세상은 다양하게 구성되어 있다. 그 안에는 시민 계급, 종족간의 문제 이외에도 문화, 사회, 경제, 정치, 종교 등의 복합성이 드러난다. 인류의 모든 영역에서 현존하고 있는 다양성과 분리된 상황이 여전하지만, 인류는 세계의 일치가 필요함을 점차 깊이 인식하게 되었다. 유일성과 다양성 사이의 항구한 긴장과 갈등은 자연히 종교적 긴장을 포함한 인간 삶의 모든 영역을 포함한다. 실제로 고등 종교, 예컨대 그리스도교, 유다교, 이슬람교, 힌두교, 불교와 기타 전통 종교들과 확산 중인 신흥 종교와 그 운동 단체들은 사안에 따라 지구상 어디든지 화해중이든 불화중이든 공존하고 있는 것이 현재 상황이다. 교회는 다양한 종교 상황 안에서도 자신의 거룩하고 피할 수 없는 선교사명을 수행하도록 불림을 받았다.

비록 종교 다원주의 상황과 비그리스도교적인 역사 안에서 태동되고 성장해 온 교회이지만, 오랜 기간 동안 교회는 종교적 배타주의 및 고립주의 정책을 추구해 온 것이 사실이다. 제2차 바티칸 공의회 끝부분 회기에 이

---

[1] 참조: A. SEUMOIS, *Teologia missionaria*, 197-8.

르러 타종교에 대한 교회의 공식적 태도 정립에 새로운 시대의 징표가 드러나기 시작하였다.[2]

　바오로 6세의 회칙 「그분의 교회」*Ecclesiam Suam*는 제2차 바티칸 공의회가 희망하였던 교회의 쇄신과 세상에의 개방 정책에 관한 새로운 전망의 관점에서, 비그리스도교와의 대화를 위한 하나의 주요한 표징이 되었다. 종교적인 관점에서 "대화"라는 용어가 처음으로 교회의 공식 문서 안에 언급된 것이다. 회칙은 15항에서 교회와 현대 세계 사이에 나타나는 "대화의 문제"에 관하여 기술하고 있다. 바오로 6세 교황에 의하면 대화란 "사도적 선교사명을 수행하는 방법이며 영적인 통교의 기술"(그분의 교회 83)이라고 이해하고 있다. 교회는 "자신의 고유한 환경 안과 밖에서 선의의 모든 사람들과 대화를 유지할 준비가 되어 있어야 한다"(97). 회칙은 교회의 선교 정책 안에서 함축되어 구원의 대화가 다양한 영역의 사람들에게 특별한 방법으로 이루어지는 것을 드러내 주기 원한다. 교황은 대화의 4가지 주요 차원을 구분한다. 첫째는 인류와 우주와의 대화이며, 둘째는 비그리스도인과의 대화, 셋째는 그리스도인들의 대화이며, 끝으로 넷째는 교회 자신의 내면과의 대화이다.

　그다음으로 교황은 그리스도인이 흠숭하는 유일하신 최고의 하느님을 역시 흠모하는 이들에 대하여 피력한다. 이들은 유다교인과 이슬람교인들뿐 아니라 "아시아와 아프리카에서의 거대한 종교 추종인들"(111)까지 포함한다. 이들에게 그리스도교의 참된 모습을 보여주고 하느님을 찾는 모든 이들에게 희망을 제시해 주어야 한다. 그러나 교회는 비그리스도인들의 다양한 신앙고백과 영성적 가치와 윤리에 대한 인정과 존경심을 거부하거나 포기하지 않는다. 그들과 함께 신앙의 자유, 인류애, 문화, 사회 복지, 시민 질서 등의 가치 보존과 증진을 위하여 대화를 실행하며 주도적으로 참여하기를 원한다(112 참조).

---

[2] 참조: D. ACHARUPARAMBIL, "Dialogo interreligioso", 177-8.

교회는 비그리스도교의 개인적 종교생활뿐 아니라 전통종교의 문화와 예식, 관습 등에서의 객관적 요소 안에서, 진리와 은총에 관하여(선교 9 참조) 식별할 수 있는 모든 것을 인정하려 한다. 공의회는 그리스도교의 경계를 넘어, 온 우주에 이르는 성령의 우주적 영향력을 점진적으로 보다 깊이 인식하였다. 그리스도의 영이시며 동시에 하느님의 영이신 성령께서는 온 우주를 채우신다(사목 11 참조). 공의회 최종회기의 두 결실인 「선교 교령」과 「사목 헌장」의 두 문헌은 시간과 공간을 넘어 범우주적으로 현존하시는 성령에 대하여 구체적으로 피력하고 있다(예컨대. 선교 4; 사목 38). 인간은 그리스도에 의해 구속되고 성령에 의해 새로운 피조물로 거듭 태어난다는 것이다.

성령은 복음 선포를 통해서뿐 아니라 말씀의 씨앗과 함께 모든 사람을 그리스도께로 부르신다. 하느님만이 아시는 방법으로 파스카 신비에 모든 사람이 참여하도록 그 가능성을 허락하신다. 부활하신 그리스도의 영과 결합하고 생명력을 얻어 인류는 성령의 선물인 생생한 희망을 가지고 인간 역사의 완성을 향해 나아간다.[3] 공의회는 교회의 자녀들에게 요청한다: "교회는 지혜와 사랑으로 다른 종교의 신봉자들과 대화하고 협력하면서 그리스도교 신앙과 생활을 증언하는 한편, 다른 종교인들의 정신적 · 도덕적 자산과 사회 문화적 가치를 인정하고 보호하며 증진하도록 모든 자녀에게 권고한다"(비그리스도교 2).

사실 공의회 문헌 가운데서 「비그리스도교 선언」은 범지구적 · 우주적 완성이라는 관점에서 비그리스도교에 대한 교회의 태도가 보다 새롭고 안정된 분위기를 조성하는 데 심오한 영향을 미쳤음을 보여준다. 이같은 새로운 상황은 한편으로는 비그리스도교의 긍정적 가치를 개방적으로 인정하는 것을 뜻하며, 다른 한편으로는 대화로의 정중한 초대 및 비그리스도인들과의 협력 및 존경으로 이끄는 특성을 보여준다.[4] 그리스도의 예표에 따라

---

[3] 참조: J. DUPUIS, "Dialogo interreligioso", 311-2.

[4] 참조: D. ACHARUPARAMBIL, "Dialogo interreligioso", 177-8.

"그리스도의 제자들도 그리스도의 성령으로 충만하여 함께 살아가는 사람들을 알고 또 그들과 사귀어야 한다. … 진지하고 끈기 있는 대화로 너그러우신 하느님께서 이민족들에게 얼마나 값진 보화를 나누어 주셨는지를 배워야 하며, 그리고 동시에 이 보화들을 복음의 빛으로 비추고 해방시켜 구원자이신 하느님의 지배 아래로 돌려 드리도록 힘써야 한다"(선교 11).

스스로 불고 싶은 대로 인간 안에서 역동하시는 성령과 함께 교회는 모든 사람을 비추는 진리의 빛과 말씀의 씨앗을 비그리스도교 안에서도 발견할 수 있기를 원한다. 이것은 교도권의 권위있는 지침 아래 비그리스도교 안의 긍정적인 관점과 대화하기 위한 동기를 의미한다 하겠다.[5] 공의회가 폐막된 이후 교회는 점차적으로 이러한 관점을 분명하게 하면서 마침내 비그리스도교와의 대화를 교회 선교의 권위있는 표현이며 총체적 관점에서의 한 분야로 인식하게 되었다.

---

[5] 참조: A. SEUMOIS, *Teologia Missionaria*, 197.

13.2. 비그리스도교와의 대화 출발점[6]

비그리스도교와의 대화는 어떻게 시작할 수 있을까? 그리스도인들과 비그리스도인들이 함께 대담을 시작할 수 있는 공동의제는 어디서 발견할 수 있는가? 예수 그리스도 신비의 실제적이며 범우주적 현존은 비그리스도교와의 만남과 대화를 가능하게 하는 초석을 나타낸다 하겠다. 대화 출발점의 가능한 요소 중의 하나는 성령 안에서의 신비 체험이다. 성령 안에서 친교와 영적인 통교는 건설적이며 효과 있는 대화의 필요조건이다.

의심 없이 단순하면서도 효과 있으며 받아들일 만한 출발점은 대단히 기본적인 질문에 있다. 어떠한 전통에 사로잡혀 있다 하여도 모든 종교인에게 다음과 같은 질문을 쉽게 던질 수 있다. 우리는 어디서 와서 어디로 가고 있는가? 인간 실존의 의미는 무엇인가? 고통과 죽음의 의미는? 우리를 이끄시는 절대자 하느님께 올바르게 응답하기 위하여 다른 이들과의 통교 안에서 우리 자신의 지평을 넘어설 수 있어야 할 것이다. 공의회는 점차 많은 수의 사람들이 오늘날 상기한 기본적인 의문들을 제기하고 있다고 이해하였다. 공의회의 「비그리스도교 선언」은 지난날과 마찬가지로 오늘 현재에도 사람들의 마음을 심각하게 혼란시키는 바의 인간 조건에 관한, 많은 다른 종교 신도들이 그 해답을 찾고 있는 인간 실존에 대한 수수께끼의 의문들을 제시하고 있다.

「사목 헌장」 10항은 현대인들이 직면하고 있는 의문의 제반 양식들을 언급한다. 오늘날 모든 사람들에게 던져지는 이러한 의문과 함께 다른 한편

---

[6] 비그리스도교와의 대화가 시작된 것은 오래 전의 일이 아니다. 비그리스도교 사무국(il Segretariato per i noncristiani)이 1964년 설립된 이후 신속하게 또한 광범하게 대화가 진행되었으며, 마침내 1988년에 교황청 종교간 대화 평의회(Pontificio Consiglio per il Dialogo interreligioso)가 구성되었다.

현대인들에게 희망과 영감을 주시는 성령의 보편적 현존에 주의를 기울이
도록 촉구하고 있다. 실제로 성령은 이같은 계획을 준비하시고 의문을 제
기하신다.

이상과 같은 성령론적·신학적 사고를 바탕으로 하여, 「교회의 선교 사
명」 회칙에서 진술하였듯이, 비그리스도교와의 대화는 그 자체가 교회 복
음화 활동의 일부분이며 교회 선교의 본질적인 차원의 한 요소로 인정되
며, 나아가 비그리스도교 안에서도 섭리하시는 하느님 말씀의 씨앗과 구원
에 이르는 진리의 섬광이 불완전하게나마 비그리스도교 민족과 사회 안에
비추고 있음을 감지하게 한다(55-56 참조). 그러므로 현대 세계 안에 드러나고
있는 비그리스도교와 함께 만나고 진지한 대화를 함으로써, 그리스도인은
자신이 신봉하는 그리스도교에 대한 믿음이 더욱 돈독해지며 하느님에 대
한 인식과 체험이 더욱 확대되고 풍요로워지게 된다는 굳건한 확신을 가지
고 비그리스도인을 대해야 하겠다. 인간 세계의 다른 상황에서 얻기 어려
운 하느님의 새로운 은총을 체험할 수 있는 기회로서 종교간 대화를 받아
들이면서, 하느님께 감사하는 마음으로 비그리스도교와의 만남이 시작되어
야 할 것이다.

무릇 어느 종교와의 대화에서도 인간에 대한 의문과 토론은 하느님께 대
한 질문으로 자연스러이 연결될 수 있다. 이같은 질문이나 대담은 바람직
한 대화의 분명한 출발점을 제공한다. 대화의 전반적인 진행은 참가자들에
게 생동감과 친밀감을 유지시켜 주는 성령의 이끄심에 의탁하고 순종해야
한다. 대화의 총체적 주관자이신 성령은 이미 모든 대담의 근거와 토대가
되어야 하는 영적 친교의 원천이 되신다.[7]

---

[7] 참조: J. DUPUIS, "Dialogo interreligioso", 315-6.

13.3. 대화를 발전시키기 위한 준비태도[8]

유類의 개념으로서는 모든 사람이 하나같이 동일하면서도, 지구상 인류의 모든 종교가 다양하고, 각 개별 종교와 때로는 종족마다 서로 유사하거나 또는 상이하고 고유한 구원 개념을 향유하고 있다. 이때문에, 가능하면 대화할 상대가 되는 비그리스도교의 신관, 인간관, 자연관, 은총관 등의 기본적 교의dogma에 관한 초보적인 선先지식을 미소하나마 어느 정도 인지하고서 만남과 대화가 시작된다면 상호간의 더 우호적인 분위기를 이른 시간 안에 마련할 수 있게 되며, 대화가 쉽게 진전될 것이다.

비그리스도교와의 대화가 보다 의미깊고 결실있게 하기 위해서는 참가자들이 더욱 구체적이며 결정적인 준비태도가 요구된다:

1) 신앙에 관한 준비: 그리스도인들은 먼저 자신의 신앙에 대한 기본 요소들을 확실하게 인지하고 있어야 하며, 신앙이 가르치는 진리를 심오하게 또한 분명하게 평가하고 인식할 수 있어야 한다. 이러한 인식은 단순히 지적인 형태로 이뤄지는 것이 아니라, 일상의 삶 안에 스며 있어야 하며, 즐거운 체험이 되어야 한다. 일상의 삶이 스스로 고백하는 진리의 구체적 증거가 되어야 한다.

2) 타인을 알아야 한다: 비그리스도교에 대해 알고 있어야 한다. 다른 종교, 그들의 기본 성전聖典, 역사, 문화적 배경과 전통 등에 대해 구체적으로 인지함이 없이는 진정한 대화를 실현할 수 없다. 비그리스도교에 대한 연구는 개방된 마음과 호감을 가지고 진행되어야 한다. 그들 종교 안에 선하고 고상한 모든 것에 대하여 평가하고 인식

---

[8] 참조: Pontificio Consiglio per il dialogo interreligioso - Congregazione per l'Evangelizzazione dei popoli, *Dialogo e annuncio, riflessioni e orientamenti sul dialogo interreligioso e l'annuncio del Vangelo di Gesu Cristo*, EDB, Bologna 1991, n.47-50.

할 준비가 갖춰져야 한다.

3) 대화자 상호간에 존경심과 우정, 인정미 등을 고무시키면서 심리적
    으로 대화에 보다 우호적인 분위기를 조성하는 것이 필요하다. 다른
    사람의 의견을 진지한 주의를 기울이며 받아들이고 기쁨과 고통을
    함께 나눈다. 이같은 태도는 의료 보조, 교육 제도, 노동 문제 등과
    같은 분야에서처럼 사회·문화적 상황 안에서 공동으로 할 수 있는
    활동을 증진시킴으로써 궁극적으로 힘을 얻을 수 있다.

4) 종교간 대화는 겸손의 정신과 인내심을 요청한다. 겸손의 정신은 초
    월적인 진리의 이해 능력의 한계를 인정하게 하며 또한 상대방이 사
    용하는 진리에의 접근 방식의 가치를 인정하게 만든다. "진리는 우
    리가 소유할 수 있는 어떤 것이 아니고 우리를 소유하도록 내맡겨야
    할 어떤 존재이다"(대화와 선포 49). 우리는 이같은 진리를 품고서 겸손
    하게 어떻게 대화가 전개될 것인지에 대하여 상황에 적절히 응답할
    준비를 잘 갖춰야 한다. 대화를 시작하면서 결실을 조급히 얻으려는
    성급함을 가져서는 아니 된다. 오히려 인내심과 성실함을 가지고 점
    차적으로 진행하며 기다릴 수 있어야 한다.

5) 무엇보다도 초자연적 차원에 의하여 고무되어야 한다. 우리는 궁극
    적으로 하느님의 도구이며 협조자에 불과하다. 하느님의 영광과 인
    류의 선익을 위하여 일할 따름이다. 우리가 존중해야 하는 하느님의
    때와 시간이 있다. 우리의 주도권과 활동은 하느님의 은총을 통해서
    만이 열매를 맺을 수 있다. 그러므로 비그리스도교와의 대화는 항상
    기도와 희생이 수반되어야 한다.[9]

---

9 참조: D. ACHARUPARAMBIL, La Chiesa e le altre religioni, 180-1.

13.4. 대화의 장애 요소

비그리스도인과 대화를 하다 보면, 어디까지나 하느님의 섭리에 의지해야
함에도 불구하고, 그분의 이끄심과 도우심에 의탁하기보다는 하느님 없이
자기 자신의 능력과 수완에만 의존하려는 태도를 지니고 자기 본위의 사고
방식에 사로잡혀 자신의 방식으로 대화를 진행하고 싶은 유혹에 넘어갈 수
있다. 이런 때에 대화는 어쩔 수 없이 큰 장애에 봉착하게 될 것이다. 이것
은 곧 "나 없이는 아무것도 할 수 없습니다"(요한 15,5)라는 복음 말씀을 무시
하고 벗어나려는 자세와 다름없는 것이다.

보다 개선된 방법으로 비그리스도교와 대화하는 데 방해가 되는 장애 요
소가 몇 가지 있다:

1) 타인에 대한 우월성과 승리주의는 어떠한 대화도 불가능하게 만든
    다. 편견은 다른 종교에 대한 무지와 그 신앙과 실천에 관한 불충분
    하고 잘못된 인식에서 야기된다. 누구든지 자신의 고유한 세계 안에
    서 살아가며 다른 사람의 영역에 대해서 선입견을 더욱 두껍게 간직
    할 수 있다. 이같은 선입견은 몇 세대를 걸쳐 계속 전수될 수도 있
    다. 타인이 스스로의 본모습과 믿고 있는 것에 대하여 올바르게 평
    가되거나 존경받지 못하는 경우가 있는 것이다.

2) 근본주의는 자신이 신앙을 두고 있는 고유한 원리와 사상에만 한정
    된 비관용적이며 배타적인 논리로 구성되어 있으며, 다른 관점과 견
    해는 거부하고 수용하지 않는다. 근본주의자는 신앙을 정치와, 또한
    종교를 사회 문화와 혼동하는 경향이 많다. 실제 과격한 근본주의가
    활개치고 있으며, 많은 전통 종교 안에서 근본주의를 어렵지 않게
    발견할 수 있다. 근본주의자들은 자신들 이외의 다른 신도들을 2류
    계층의 신도라고 인식한다. 그들은 동조자를 만들기 위한 선전행위

를 일삼는데, 이것은 근본주의자들의 한 특징이다. 근본주의의 조그마한 그룹조차도 신앙 공동체 전체의 믿음을 의문에 처하게 하며, 대화의 시도를 무의미하게 만들 수 있다.

3) 혼합주의는 모든 각 개별 종교의 정체성을 유약하게 만들고, 다양한 종교의 요소들을 혼합한 새로운 종교 전망을 만들어 낸다. 참된 대화가 상호간의 풍요로움을 체험하게 하는 반면, 종교 혼합주의는 더욱 빈곤의 가속화만을 고집한다. 또한 종교 혼합주의는 자신의 종교 전통과 신앙 안에 근원적 기초가 없음을 드러내며, 결국 종교적 무관심으로 이끌어 간다. 사실 종교 혼합주의는 하나의 타협이며 진정한 대화에 해악을 끼친다.

4) 다른 종교의 신봉자를 만나면서 개방성과 감수성이 결핍되면, 부정적인 상황으로 된다. 예컨대, 자신의 관점만이 유일하고 보편적인 것으로 방어하려 하는 수세적이며 논쟁적인 분위기로 변한다. 여러 다양한 신앙 사이의 대화 성격과 그 신앙의 차이점에 대하여 그릇된 관념으로 인도한다. 이것은 대화의 효용성에 대하여 의문을 야기하며, 진정한 대화를 전개하는 데 방해물을 낳는 상황으로 변해 간다.[10]

---

[10] 참조: 180.

13.5. 유익한 대화의 요건

대화는 청취와 선포의 두 가지 요소를 포함한다. 그것은 무엇보다도 주고 받는 것이다. 이것은 곧 대화에서는 청취할 줄 알아야 한다는 것이다. 상대를 알려고 하는 존경심과 겸손함을 가지고 시도되어야 하며, 자신의 경험에 입각하여 스스로에게도 자문해 볼 수 있어야 한다. 그러므로 다른 종교와의 대화는 마치 엠마오로 가는 예수의 두 제자가 열망을 가지고 질문을 했던 것처럼 상호간에 함께 동행하는 것이다. 대화는, 비록 상대방에게 수용성이 부족하다고 하더라도 고유한 경험과 확신을 합법적으로 전달하면서, 개인적인 기쁨과 만족감을 이야기를 통해서 함께 나누는 것이다. 다른 종교간의 대화에 있어서 모든 제안을 차별 없이 들어주며 상대방의 고유한 신념과 함께 협의하고 타인을 기쁘게 해주어야 할 당위성이 항구히 수반된다. 그래서 보다 효과적인 종교간의 대화를 위하여 지침이 될 수 있는 몇 가지 원칙을 제시하면 다음과 같다:

첫째, 주의를 기울여야 한다. 대화에 있어서 공감대를 가지고서 상대방의 말을 듣고, 신중성을 가지고 자신의 믿음을 상대에게 말할 필요가 있다. 심리학자에 의하면 제대로 들을 줄 아는 사람은 많지 않다고 한다. 스스로의 불안과 근심에 매우 위협을 느껴서 대화를 쉽게 좌초시키는 경우가 적지 않다. 대화에서 청취한다는 것은 말하는 상대와 그가 언급하는 것과 의도하고자 하는 것과 그의 종교적 체험과 전통과 역사 등에 관하여 총체적 개방성과 주의를 기울이는 것이다.

만일 대화가 단순히 상대방에게 귀기울이고 그에게서 배우는 것이라면 아마도 상대적으로 쉬웠을 것이다. 그러나 대화는 쉽지 않다. 왜냐하면 대화는 상대방에게 귀기울이는 동안, 자신에 대해서도 들어야 하고, 뿐만 아니라 성령과 교도권, 복음서, 그리스도교 전체 공동체, 성전聖傳 등에도 주의를 기울여야 한다. 귀기울인다는 것은 이 모든 목소리를 경청하고 애청한다는 것이다.

둘째, 슬기로워야 한다. 대화를 하다 보면 이전에는 결코 생각지도 못했던 질문과도 만나게 된다. 이런 경우 슬기로워야 하고 지적知的일 필요가있다. 그러한 질문에 지속적으로 주의를 기울여야 한다. 이렇게 할 때, 결과적으로는 진리를 보다 심오하게 이해하는 데 도움이 되는 관점에 마침내이르게 될 것이다.

셋째, 합리적이어야 한다. 구체적 진리에 이르기까지 다양하고 복합적인관점들을 거치게 되고, 그 후 비로소 하나의 인식 지평을 정립하게 된다.그러므로 비록 긴장과 갈등이 발생하게 된다 하여도, 대화를 통해 알게 된진리와 이미 습득되어 알고 있던 진리가 상호 어우러져 조화를 이루도록하는 것이 필요하며, 하나의 고유한 결과 안에서 진리의 새로운 요소들을통합시키는 것이 요구되는 것이다.

넷째, 책임을 분명하게 맡는다. 긴장과 갈등의 가능성이 짙더라도 개인적 즐거움·만족·취향과 별개의 것으로 이해하면서 진리를 규정하고 인정해야 한다. 다른 말로 표현하자면 이익과 성공을 추구하지 않고, 내면에서부터 우러나오는 양심의 진실한 목소리에 귀기울이는 것이 필요하다.

다섯째, 개방성을 유지해야 한다. 이것은 일반적인 개방성이라기보다 어떤 경우에서나 진리에 관한 한 개방적일 필요가 있다는 것을 뜻한다. 그래서 다른 종교에서 발견된 진리를 거부하고 동시에 자신의 종교에만 애착을가지려는 유혹과 심리적·정신적 폐쇄성을 기피해야 할 필요성이 있다. 자신의 종교에만 귀착하려 한다면 오히려 스스로의 근원을 잃게 되고 진리자체로부터 더욱 멀어진다.[11] 자신의 신앙에만 국한되어 있으면 하나의 일탈과 오착을 벗어나지 못하는 것이다.

---

[11] 참조: W. JOHNSTON, *The Mirror Mind*, 10-5; *The Inner Eve of Love*. 61-7.

13.6. 비그리스도교와의 대화 양식

비그리스도교와의 대화가 마치 영적인 차원에서 단지 종교적 체험만을 유일하게 서로 교환한 것으로, 협의의 의미 안에 한정지어서는 아니 된다. 비그리스도교 사무국의 문헌에는 대화의 다양한 양식을 다음과 같이 구분하고 있다. 곧, 모든 이들에게 수용될 수 있는 생활의 나눔, 정의와 인간 해방을 위한 활동의 공통적인 부분, 여러 종교의 수장首長들과 대표자들, 전문가들에 의한 지적인 측면, 교의적인 신학, 절대자를 공동으로 찾으면서 하는 종교적·심리적·영성적 측면에 대한 나눔 등에 관한 여러 다양한 주제의 대화 양식들이다.[12]

1) 생활 나눔 대화는 오늘날의 사람들이 다원주의 종교 상황에서 살며 일하는 가운데 일상생활 안에서 발생하는 현실적인 여러 지평의 활동에 대한 것이다. 생활 나눔에 관한 공식적 대화를 실현시키기 위해 만들어진 별도의 대화 형식이 있는 것은 아니다. 여러 다양한 종교에 소속된 신도들은 함께 공동으로 일상생활의 제반 일들에 대해서 건설적으로 또한 조화 있게 대화를 나눌 수 있어야 할 것이다.

자신이 신봉하는 종교 안에서 인정되고 있는 높은 가치에 대한 믿음은 다른 종교인들의 관심과 주의를 끌게 되며, 상호 존경과 선의의 이해를 서서히 넓혀 가는 상황으로 진전된다. 비록 부분적인 것이라 하여도 종교간의 일치감과 형제애와 상호 신뢰심은 종교간 대화의 성공을 위하여 지극히 중요한 요소들이다.

모든 이에게 수용할 만하며 첫째 자리에 둘 만한 가치가 있는 생활에 관한 대화는, 종교간 대화에 있어서 중요한 효과를 제공한다는

---

[12] 참조: J. Dupuis, "Dialogo interreligioso", 314.

사실을 인식하는 것은 중요하다. 상대방의 고유한 정체성과 표현, 가치 등에 대하여 수용성과 개방성을 유지해야 할 것이다. 생활 나눔의 대화는 각자가 교회와 사회 안에 어떤 지위와 역할을 담당하더라도 관계없이 대화 참여자들을 몰입하게 한다. 그리스도인은 이러한 삶과 생활의 대화 중에 여건이 좋든지 나쁘든지 복음 정신을 가정, 사회, 교육, 예술, 경제, 정치 등의 관점 안에서 자연스럽게 표현할 수 있어야 할 것이다.

2) 활동과 업무에 대한 대화는 다른 종교의 여러 신앙인들이, 다함께 공동선을 실천하기 위하여 의합意合이 될 때 실제로 이루어진다. 사회, 경제 등의 다양한 범주와 다문화, 다종교의 상황에서 발생되는 문제들로 크고 작은 핍박을 받는 교회는 고통받는 이들에게 손길을 펴주고 돕도록 불림을 받았다. 그래서 선의의 사람들을 일치하게 하며 사회·문화적 차원을 고양시키고 어려움에 처한 가난한 이들의 삶의 조건을 개선하도록 돕는 것이다. 모든 인류 가족 일치의 성사로서 교회는 인류의 단결과 일치를 위하여 보다 적극적이어야 하며 형제애와 우애를 증진시켜야 한다. 이를 위해서는 무엇보다도 개방성이 중요하다(자비로우신 하느님 27).

아울러 인간 향상, 정의와 평화, 인간 해방을 위한 공동의 활동을 직접 실행하는 것도 필요하다. 대화의 이런 차원은 대단히 중요한 것으로서 문화적·종교적 다원화 사회 안에서 인간의 존엄성, 정의, 인권, 해방과 자유 등의 보편적 문제들로 대화의 특성이 지어져 있다. 여러 다양한 종교의 대화자들은 제각기의 종교 상황 안에서 인류 공동체가 더욱 인간적인 세계지평으로 발전되도록 투신해야 할 것이다.

그러므로 생활 나눔 대화가 여기 활동 업무 대화에 이르러 활짝 꽃피게 된다. 이 두 가지 대화는 전문가 혹은 종교적 체험의 교환에 의한 신학적 담화 없이도 공동의 대화가 가능하도록 그 기초를 형성한다. 그리스도의 표양과 그분 말씀과 교회 교도권의 가르침에 고무되어, 선의의 다른 사람들과 함께 그리스도인은 인간의 가치와 존엄성을 고양시키고, 하느님 나라 실현에 기여하기 위하여 진정한 인간 해방에 헌신한다.

비록 일상생활의 관점 중에는 문화적·심리적·제도적 차이점이 많이 있을 수 있으나 다른 종교간 대화의 개방성과 친밀성은, 보다 유익하고 명료한 대화 형태를 위하여 필수 불가결한 조건이 된다. 이런 개방성과 친밀성을 가지고서 활동과 업무에 대한 대화가 이뤄지면, 생활 나눔 대화를 심화 발전시키게 되고, 다른 종교간의 사람들 사이에 신뢰심과 우정을 깊이 있게 하고 견고하게 만든다.

3) 다른 종교간의 전문가들 대화는 매우 체계적인 대화로서 대부분 신앙 교의에 대한 대담이다. 전문가 대화는 각 종교의 영적 유산을 풍요롭게 하고, 제반 종교 역사 안에서 당면한 문제점들에 대화 내용을 적용시킬 수 있다.[13] 주의할 점은 전문가 대화가 종교간의 다양한 관점과 견해들을 단일화해서는 아니 되며, 우수한 종교 또는 최고 종교를 찾거나 추구해서는 안 된다는 점이다. 오히려 전문가 대화의 주요한 목적은 자기 종교에 대한 보다 심오한 인식과 다른 종교에 대한 편견 없는 이해에 도달하는 것이 되어야 한다. 종교간의 관계를 암울하게 만드는 애매모호함이나 선입관을 넘어서서, 모든 종교가 추구하는 현실 세계에 대한 인식과 진리에 대한 접근에 있어서, 어느 정도 공통되는 인식과 평가에 이르게 된다. 실제로 자신의 믿음을 보다 바르게 이해하기 위해서는 다른 믿음과 만나고 대화할 수 있어야 하며, 이것은 종교간 대화에 커다란 가치를 남기게 된다.

종교간의 전문가 대화는 여러 가지 장점을 제공한다. 예컨대, 각 종교의 기본적인 가치와 이념을 분명하게 하여, 문화적이며 영적·

---

[13] 전문가들 간의 대화는 갖고 있는 관점이 다르고 공통된 용어 인식이 안 되어 있기에, 많은 어려움에 직면하게 된다.

전통적 고유한 유산을 풍요롭게 하고, 다른 종교에 대한 일방적인 편견을 깨우쳐 주며, 과거 역사 안에서의 모든 악의와 악행을 정화하는 데 도와주고, 대화 참가자 모두의 관점과 신앙의 지평을 넓게 해주며, 사람들 사이의 형제애와 친교를 보다 증진시킨다. 나아가 전문가 대화는 영적이며 윤리적인 공동가치를 심화시키고 일반적이거나 고유한 그리고 공동 문제점들에 대하여 해결할 수 있는 수단과 방법을 얻게 되도록 도움을 준다.

좋은 결실을 위해서는 전문가들의 이같은 양식의 만남이 논쟁적·호교론적 유혹에 넘어감이 없이 진정한 대화의 정신에 따라 전개되어야 한다. 그러므로 특히 전문가 대화에서 모든 참가자는 유연한 개방성과 공감대를 가지려 하면서, 다른 이들의 의견을 청취하고 깨닫도록 준비하여, 순수한 마음과 정신의 진솔한 만남이 되도록 힘써야 한다.

4) 체험 교환 대화는 기본적인 것에서 시작한다. 비록 체험 교환 대화가 굳건하게 정착되지 않았어도, 세계와 여러 교의에 관한 관점을 상호 대화할 수 있다. 체험 교환 대화는 보수적이든 진보적이든 다양한 종교인 사이에 이뤄지는 만남이라고 할 수 있다. 성령 안에서 심오한 친교를 이루지 않으면, 신학적 대화에서의 상호이해가 불안정하게 된다는 것을 대화 과정 중에 알게 되는바, 성령께서 이끄시는 영적 체험의 상호 교환을 통해서 비로소 대화를 안정되게 할 수 있다. 영적 체험의 교환이 없으면, 대화는 추상적 토론에 불과하고, 교의 논쟁 등으로 격하된다. 고유한 영적인 삶의 체험을 나누면서, 그들은 보다 내밀한 신앙의 존재론적 근거에 함께 접근해 갈 수 있다. 다른 종교간 대화의 궁극적인 목적도 상호간의 보다 좋은 관점들을 서로 나누고 보다 친근해지는 데에 있다고 할 수 있겠다.

영적 체험의 대화에서는 요구되는 것도 많으며 또한 기대되는 것도 많다. 영적 나눔 대화는 다음과 같은 요소들을 상호간의 체험양식으로 나눌 수 있다. 이를테면 기도, 전례 의식, 묵상 및 관상, 금욕적 요소, 절대자를 찾는 방법과 양식 등을 주제로 함께 대화할 수 있다. 이렇게 함으로써 인간의 더 높은 영적 가치를 보존 발전시킬 수 있으며, 상호간에도 결실 있는 협력과 풍요로움을 얻을 수 있다.

영적 체험과 묵상 등에 대하여 함께 나누다 보면, 외적인 용어 형식의 혼란을 벗어날 수 있고, 다양한 여러 종교 사이에 감추어져 있던 어느 정도의 유사성이라든지 또는 서로 비교해 볼 수 있는 요소들을 발견할 수 있게 된다. 이것은 그 체험들이 다른 의도와 욕심 없이 오직 순수하고 영적인 체험의 관점에서만 유래되고 발생되기 때문에, 상호간의 접점接點을 찾을 수 있는 것이다. 그러나 어쩔 수 없이 우리는 구두口頭로 전하는 주제와 종교적 진리에 대한 상징과 개념의 한계를 인정하고 주의를 기울이지 않을 수 없다. 그럼에도 불구하고 영적 체험 대화를 통해 스스로의 종교 안에서는 완전하게 이해할 수도 없고 표현할 수도 없었던 그 진리에 대하여, 함께 대화하고 나눌 수 있으며 보다 올바르게 이해할 수 있는 차원으로 진전해 감을 알 수 있다. 이러한 대화는 종교적 영역의 새로운 지평을 개척할 수 있으며, 또한 결과적으로 영적이며 신비스러운 다양한 영역도 풍요롭게 발견할 수 있게 된다. 진정으로 영적인 통교와 친교를 이룩하기 위하여, 자신의 내면을 보다 영적으로 고찰하면서 다른 종교를 만나고 이해하려고 노력하는 것이 참으로 필요하다.[14] 이러한 영적 체험 나눔의 심오한 대화를 토대로 하여, 대화자 상호간의 이해를 증진시킴으로써 나아가 신학적 대화까지도 보다 훌륭하게 열매를 맺을 수 있게 되는 것이다.

---

[14] 참조: J. DUPUIS, "Dialogo interreligioso", 314-5.

13.7. 대화의 목표

비그리스도교와의 대화는 교회의 세계 선교 활동 안에 중요한 한 부분을 담당하고 있다. 이것은, 비그리스도교와의 처음 만남을 어떻게 해야 할지 알려 주고 도와준다는 차원에서 단순하게 또한 유익하게 복음 선포의 차원에 따라 하나의 방편으로만 비그리스도교와의 대화를 고려하는 것을 넘어선다는 의미를 뜻한다. 곧, 비그리스도교와의 대화는 교회 복음화 과업의 본질적인 한 부분으로 자리매김하는 것을 의미하며, 단순히 복음 선포의 한 가지 방법으로만 과소평가할 수 없다는 것이다.

비그리스도교와의 대화는 바오로 6세가 흔히 언급하듯이 구원을 위한 대화의 한 형태다. 종교간에 대화하는 이유는 그리스도인을 포함하여 모든 사람 안에 성령을 통한 그리스도 신비의 전 우주적이며 활발한 현존이 있다고 믿기 때문이다. 이때문에 다른 종교와의 대화는 여러 종교의 신앙인들과 단순히 사회활동 등에 협력하는 것이나 상호 이해와 우호적 관계에만 국한되는 것이 아니다. 이같은 수준을 넘어서 그리스도인과 비그리스도인 사이에 신앙을 상호 증거하는 영적 교환의 수준까지 이르러야 한다. 그리스도인은 다른 종교인들과 만나서 진리를 향하여 동행하고 공통된 선익을 위해 함께 협력한다. 종교간의 대화를 통해서 신앙인들은 각자 하느님께로 더욱 심오하게 회두回頭하고 자신들의 믿음을 더욱 심화시켜 간다. 그러므로 비그리스도교와의 대화는 그리스도교 측에서 보아 비그리스도인들을 그리스도교로 개종시키려 하거나, 그리스도교 공동체의 숫자를 늘리려는 것을 목표로 생각해서는 안 된다. 오히려 비그리스도인들과 성령 안에서 깊은 친교를 나누고 상호간의 신앙을 풍요롭게 해야 하는 것이다.[15]

---

[15] 참조: 313.

13.8. 비그리스도교와의 대화 결실

비그리스도교와의 진정한 대화에 참가한 이들 안에는 어느 편이든 성령께서 분명히 역동하고 계시다. 그러므로 대화는 일방통행식으로 이루어질 수 없다. 그 안에는 그리스도인들이 줄 것만 있는 것이 아니고 받아들일 요소도 있다. 예수 그리스도 안에서 받게 된 계시의 풍요로움은, 그것을 듣고 받아들일 의무를 면제시키지 않는다. 곧, 진리를 독점하고 있는 것이 아니라는 뜻이다. 오히려 비그리스도인도 참된 진리를 소유하도록 도와주어야 한다. 사실 대화 참가자는 비록 예수 그리스도를 통하여 하느님이 보여주신 계시를 만날 수 없었다 하여도, 그들 안에 비춰지는 그리스도의 성령과 참된 진리에 보다 심오하게 몰입될 수 있다(비그리스도교 2 참조). 그래서 대화를 통해 그리스도인과 비그리스도인이 함께 진리를 향해 동행해 갈 수 있다고 의심 없이 말할 수 있는 것이다.

이렇게 볼 때 그리스도인들이 다른 종교 신앙인들과의 대화를 통해서 얻을 수 있는 것이 있음을 알 수 있다. 한편으로 고유한 신앙을 부유하게 하는 것이다. 상대편들의 경험과 증거를 통해 그리스도교 전통에서는 강조하지 않았거나 명료하지 않은 신비의 차원과 그러한 요소들을 보다 심오한 방식으로 발견하고 관점을 넓힐 수 있다. 다른 한편으로는 자신의 신앙을 보다 정화시키는 계기가 된다. 다른 종교와의 만남은 종종 이미 알고 있던 사실들을 새롭게 바라보도록 하고 뿌리깊은 선입관을 불식시키며, 지나치게 협소하고 엄격한 관점들을 변화시킨다. 이렇게 볼 때 다른 종교와 행하는 대화의 결실은 그리스도인들에게 하나의 도전을 제시한다고 하겠다. 이처럼 대화의 결실과 도전은 동시에 이뤄지는 것이다. 그러나 대화에서 얻을 수 있는 어떤 명확한 유익함을 넘어서서, 적어도 여러 종교간의 만남과 상호 교환 그 자체부터 가치가 있다고 단언하는 것이 필요하다. 이때문에 대화를 시작할 때 하느님과 상대방에 대하여 개방적인 자세를 견지해야 하고, 상대방을 통해 하느님께 스스로 항구하게 더욱 나아가려 하는 의지가 있어야 하는 점이 강조되어야 할 것이다.

종교간 대화가 어떤 큰 목적을 위해 수단으로 적용되어서는 안 된다. 대화의 진정한 목적은 자신의 종교로 상대방을 개종시키는 것이 결코 아니다. 참가자 자신의 종교 내면 안으로 보다 심화되고 잠심하면서, 하느님께로 더욱 정향하여 나아가게 하는 데 있다. 사실 하느님은 참가자 모두의 마음 안에서 말씀하시고, 성령께서도 모두의 심중 안에 활동하신다. 상호간의 증거를 통해서 하느님은 상대방이 서로 말해 주도록 이끄신다. 그러므로 대화 참가자들 모두는 상호간에 서로 하느님께로 이끄는 표징의 역할을 하게 된다. 최종 분석에 의해 볼 때 비그리스도교 대화의 목적은 그리스도인과 비그리스도인 모두 바로 상대방의 증거와 현존을 통해서, 예수 그리스도의 유일하며 궁극적인 하느님께로 함께 공동으로 회귀하는 것임을 알 수 있다. 이같은 상호간의 대담은 하느님이 보여주신 시대의 징표이며 상호간의 복음화에 기여하게 되는 것이다.[16]

그러므로 비그리스도인과의 대화에 참여함으로써 일찍이 감지해 본 일이 없는 하느님의 새로운 영역에 동참함을 미흡하게나마 느끼면서 하느님의 사랑과 축복을 점차 새롭게 인정하기 시작하게 된다. 그러나 비그리스도인과의 대화에서 무엇보다 중요한 것은 비그리스도인들이 대화를 통해 그리스도의 복음을 듣게 된다는 사실이다. 이것은 때때로 일생을 다 바쳐 진·선·미·성聖을 찾는 비그리스도인들에게 예수 그리스도의 진리와 그분의 선하심과 아름다움과 거룩하심을 알아보게 한다는 사실로서, 곧 예수 그리스도를 비그리스도인에게 선포하는 결과를 낳게 되며, 나아가 하느님이 당신 독생자를 십자가의 제물로 내어주기까지 사랑하시는 인간에 대한 존엄성과 고귀함과 품위에 관한 인식 지평을 확장하게 한다는 것을 의미한다.

---

[16] 참조: 317.

13.9. 대화와 선교

비그리스도교와의 대화는 교회의 선교와 별개의 것 혹은 반대되는 것으로 이해되어서는 아니 되고, 오히려 선교의 총체적 차원의 한 부분으로 고찰되어야 한다. 이는 모든 민족과 사람들에게 교회가 가까이 다가가서 그들과 대화하기 위하여 기다리고 있음을 보여주고 있는 것이라 하겠다. 교황 요한 바오로 2세가 「교회의 선교 사명」 55항에서 언급하였듯이, "언제나 구원은 그리스도로부터 출발한다는 것과 대화가 복음화 의무를 대신하지 못한다는 사실을 명백히 하고 있다". 그러므로 비그리스도교와의 대화가 예수 그리스도의 선포를 대신할 수 없는 것이다. 대화가 복음 선포에 정향되어 있음으로써 교회 선교와 복음화 활동의 역동성은 그 충만함과 풍요로움에 이르게 되는 것이다.[17]

대화에 관련된 선교의 단순하면서도 복합적인 주요 요소들은 다음과 같다: 그리스도교적 삶의 단순한 현존과 생생한 증거, 인류 봉사를 위한 구체적 헌신, 사회발전과 가난, 부정에 대한 저항 활동 등의 여러 형태, 전례 및 의식, 묵상, 절제생활을 통한 생활의 증거, 교리교육을 통한 복음 선포 등이다(자비로우신 하느님 13 참조).

선교 과업은 모든 그리스도인의 의무이다. 지역교회가 총체적인 선교 책임을 맡고 있지만, 동시에 모든 그리스도인들 역시 세례와 신앙을 통해서 선교에 참여하도록 불림을 받고 있다. 선교의 진정한 목표는 가시적인 교회 확장에 국한되는 것이 아니라, 하느님 나라를 널리 전파하는 데 기여하는 영적이며 인간적으로 순수한 모든 제반가치를 더욱 발전 확장시키는 데에도 있다. 이러한 관점에서 교황은 다음과 같이 단언하고 있다: "… 또는

---

[17] 참조: Pontificio Consiglio per il dialogo interreligioso - Congregazione per l'Evangelizzazione dei popoli, *Dialogo e annuncio*, Bologna 1991, n.47-50.

영적 체험의 교환에서 소위 '생활의 대화'에 이르기까지 … 여러 가지 종교의 신봉자들이 일상생활 안에서 그들의 인간적·영적 선익을 서로 증거하고, 그렇게 삶으로써 더욱 정의롭고 … 일치된 사회를 건설하는 데 서로 도와주는 것이다"(교회의 선교 사명 57).

오늘날의 호기好期적 상황에 따라 종교간 대화는 총체적 선교의 한 부분이 된다. 모든 대화에 있어서도 그 조건이 되듯이, 종교간 대화 역시 자신을 넘어설 수 있어야 하고, 민족들을 위해 하느님이 설정하신 구원계획에 협력하며, 하느님 나라의 도래에 기여해야 한다(자비로우신 하느님 41-44 참조). 또한 종교간 대화는 교회로 하여금 다른 이들과 복음적 가치를 함께 나누는 기회를 제공한다. 그래서 인간의 제반 문화를 복음화하는 데 기여한다. 대화는 특히 활동을 이끄는 정신과 태도, 행동의 한 방편이며, 각자 신앙의 정체성, 가치, 그 표현 등에 대하여 인정하는 바의, 타종교인을 위한 배려, 수용, 관심, 존경 등을 의미한다. 이같은 대화는 모든 분야의 그리스도교 선교에 필요한 규범이 되며, 단순한 현존과 증거, 봉사와 선포 등을 제시한다. 대화 정신에 깊이 젖어 있는 선교라면 참으로 인류가 원하는 것이며, 복음이 제시하는 방법인 것이다(자비로우신 하느님 29 참조).

하느님이 인류에게 구원을 끊임없이 제공하시고, 그 구원을 통해 영원한 대화를 나누고자 하시는 것처럼, 마찬가지로 교회도 복음 선교에 항구해야 하고, 대화의 정신 안에서 그리스도교의 복음 선포를 계속해야 한다. 또한 대화 과정은, 복음 선교의 주역이신 성령의 이끄심에 온전히 의탁해야 한다. 성령께서는 복음을 선포하도록 재촉하시며, 심성 내면에서부터 구원의 말씀을 이해하고 받아들일 수 있도록 이끄신다(현대의 복음 선교 75 참조). 이같은 사실들을 잘 깨달으면, 복음화와 대화, 명백한 복음 선포, 양심의 존중, 복음 선포 의무, 복음 수용의 자유 등의 모든 것이 서로 밀접하게 연관되어 있음을 분명히 인식하게 된다. 비록 종교간 대화가 직접적으로 개종을 지향하는 것은 아니지만, 그리스도인에게 있어서 대화는 복음적 메시지의 분명한 선포이며 증거임을 알 수 있다.

그러므로 대화와 선교는 교회 복음 선교의 진정한 한 측면임을 부인할 수 없다. 그러나 대화와 선교가 서로 깊이 연관되어 신앙의 관점과 폭을 넓히며 심화시키고 있으나, 이 두 가지 활동 중 어느 한 편을 위해 다른 한 편을 대체하거나 그 역할을 축소시킬 수 있는 것이 아니다. 이 두 가지는 고유한 의미와 목표를 간직하고 있으며, 또한 그 둘은 효과적이며 명백하게 그리스도와 그분의 메시지를 깨닫도록 이끌어 준다.[18]

---

[18] 참조: D. ACHARUPARAMBIL, La Chiesa e le altre religioni, 184-5.

13.10. 진정한 대화를 위하여

지금까지 우리는 교회 선교에 있어서 비그리스도교와의 대화형식과 목표를 명료하게 하기 위하여 노력하였다. 복음화 개념은 다른 종교와의 대화와 협력 사안을 모호하게 만들어서는 아니 된다. 대화는 애덕과 진리의 풍토 위에 자신의 고유한 신앙을 증거해야 한다. 이러한 대화는 자신들 종교의 영적인 증진과 부유함을 또한 동시에 자신들의 장점과 부족한 점을 잘 깨닫도록 도움을 준다.

타종교에 대하여 전통적으로 적대적 이해 관계를 유지하던 그리스도교는 제2차 바티칸 공의회를 전후하여 과거 독선적 태도를 반성하고 대화의 파트너로 인정하면서 우호적인 태도로 변모하고 있으며, 나아가 현대 종교신학에서는 종교간의 만남을 통하여 자신의 종교성 또는 영성을 심화하고 상호 관심사의 교환으로 보완해야 한다고 주장한다. 여기서 한 가지 분명히 해야 할 것은 다종교 상황 자체가 항상 심각한 문제점이 되는가 하는 점이다. 어떤 점에서 인류 역사는 발전과 변혁 속에서 유일성, 획일성, 단일성을 지양하고 구성원과 개체 각자의 고유성과 독창성을 서로 인정하면서 점차 다극화, 다변성, 다양성의 추세로 전개되어 가는 것이라 하겠다. 그래서 다양성, 다변화가 문제가 아니라, 다양성의 공존, 공생, 조화, 융화, 화합, 공영 등이 성취되는가 하는 것이 중요한 핵심이 아닌가 하는 것이다. 각각의 고유성이 존중되면서 공통된 목적과 대승적 공동선을 지향하는가 아닌가 하는 것이 중요한 점으로 사료되는 바이다.

비록 대화의 결실이 개종한다든지 호의의 관계가 된다든지 하는 즉각적인 반응이 나타나지는 않으며, 또한 다른 종교의 자랑거리와 소개 방법 등을 접해야 하지만, 분명한 것은 구원의 역동성 안에 들어가게 된다는 점이며, 하느님 나라 전파에 기여한다는 것이다. 또한 대화는 그리스도의 사랑을 효과있게 제시하며, 다른 종교와 그 구성원들 안에 숨어 계신 그리스도의 현존을 드러나게 하고, 그리스도교의 순수한 형태를 증거하게 한다.[19]

종교간 대화에 필수 불가결한, 개방성과 수용성의 심리적 요소 이외에도 진정한 참된 대화를 위해서는 고유하고 내면적인 순수한 진실성이 있어야 한다. 참가자들은 가능한 상대방의 내면으로부터 이해하기 위하여 영적 경험 안으로 몰입해야 한다. 이러한 노력이 종교간 대화에서 상대를 이해하고 공감을 가지기 위한 방법이며, 진정한 대화의 불가결한 조건이다.

다른 종교간 대화에서의 정직성과 성실성은 참가자 제각기, 각자의 종교에 더욱 순수한 믿음을 가지도록 요청하고 있다. 진정한 대화는 종교간의 혼합주의와 절충주의를 용납하지 않는다. 자신들 각자 종교의 모순되거나 유약한 요소들을 감추지 않고 인내심을 가지고 있는 그대로의 모습과 현실을 드러내고 보여준다.

비록 자신의 고유한 신앙에 굳게 집착되어 있다 하여도, 다른 종교의 영적 체험에 참여한다는 것이 자신의 신앙을 약화시키거나 혹은 분열시킨다는 의미는 아니다. 사실 두 개 이상의 다양한 신앙을 나누어 자신의 신앙 생활에 순수한 마음으로 동요됨이 없이 조화시킨다는 것은 엄밀한 의미에서 불가능한 일이다.

비그리스도교와의 대화가 참으로 올바르게 진척되기 위해서는 대화 참가자 각자는 상대방의 종교적 경험과 일상적인 관점 안으로 들어가기 위해 필요한 적극적인 노력을 기울여야 한다. 존재와 사고思考의 관점에서 오는 두 가지 이상의 다양한 측면들이 서로 만나 인격적으로도 신중하고 진솔한 교환의 만남이 이뤄져야 할 것이다.[20]

다양한 수준별로 최근에 이르러 시행된 연구나 성찰과 경험은 종교간 대화의 복합적인 현실을 신학적으로 또는 실제적으로 특정지으면서 많은 관

---

[19] 참조: P. GIGLIONI, Perché una *nuova* evangelizzazione: *Euntes Docete*, XLIII, 33.

[20] 참조: J. DUPUIS, "Dialogo interreligioso", 313-4.

점과 의미들을 명확하게 하였다. 이러한 과정의 최근에 진보된 한 가지 요소는 여러 방면에서 자유로운 "종교신학의 발전"이라고 할 수 있을 것이다. 이것은 곧 신적 계시와 교도권의 원천에 대한 심도 깊은 분석과 인식뿐 아니라 다른 종교에 대한 분명하고 객관적인 통찰을 요구하는 것이다.

종교간 대화에서 대화자의 민감성에는 항상 주의를 기울여야 한다. 이것은 보다 나은 대화를 위하여 다양한 종교들에 관한 구체적 연구를 실행하는 것이 필요하다는 것을 뜻한다. 종교간 대화는 고유한 정체성의 보존과 타인에 대한 개방 원의 사이에서, 또한 자기 종교의 고유한 부르심의 확증과 타종교의 영적 의미에 대한 인정 사이에서 논쟁을 야기시킬 수 있다. 그럼에도 불구하고 참으로 다원 종교 문화간의 상호 선교, 상호 보완, 상호 대화 등의 중요성을 강조하여 고유한 전통과 정체성을 보존하는 동시에 다른 종교 문화에 대하여 개방적인 태도를 가지고, 그 위에 진일보하여 자신의 부족한 요소들을 다른 종교 문화에서 배우려 하는 자세를 갖추려 하는 것은 현대의 다양한 종교 문화 시대가 요구하며 필요로 하는 점이라고 할 수 있을 것이다. 그러므로 다원 종교 문화와 전통 안에서 살아간다는 것은 자신의 신앙 진리에 대한 인식의 범위를 확장하고 타종교 문화와 전통에 대하여도 이해의 폭을 넓히도록 요청받고 있다. 이런 점에서 신학도는 자신의 신앙 진리에 있어서는 전문가로 숙련되어야 하고, 그리스도교 신앙 진리 이외의 여러 다원 문화에도 조예가 얕지 않은 제네랄리스트가 되어, 종교 다원화 사회의 시대에 타종교 문화를 존중하면서도 자신의 신앙 안에 간직한 독자성을 드러내고 인식시켜 줄 수 있는 능력을 발휘해야 할 것이다.

끝으로 비그리스도인들과의 대화에 있어 한 가지 유의할 점은 대화에 참가하는 비그리스도인들 가운데는 언제나 또한 모든 사람들이 이 대화의 성공을 위하여 잘 준비하거나 좋은 태도와 자세로서 또는 발전적인 짜임새를 가지고서 참여하는 것이 아님을 미리 깨달을 필요가 있다. 그러므로 현대의 다원주의 세계 안에서의 교회 선교에 필수 불가결한 종교간 대화는 결코 단순하지도 쉽지도 않은 일이다. 그것은 커다란 애덕과 많은 인내심과 겸손, 심오한 믿음, 체계적인 신학적 준비성, 그리고 하느님 섭리에 대한 무너질 수 없고 양보할 수 없는 자신의 굳건하고 고유한 신앙[21] 등을 요구하고 있는 것이다.[22][23]

---

[21] 다종교 문화를 논하면서 피할 수 없는 논제가 종교 다원화 시대 안에서 그리스도교의 유일성 문제이다. 이것은 현대 종교계 안에서의 초미(焦眉)의 관심사항으로, 그리스도교의 독창성, 차별성, 유일성, 중심성 또는 그 반대로 타종교와 대등한 동등성이라든지 상대성, 진리의 부분성 등의 그 구별에 대한 것이다. 물론 그리스도교는 나자렛 예수이신 그리스도를 인류의 유일한 구세주로서 공적으로 신앙고백을 하고 있다. 그러므로 그리스도를 배제한 가운데 이뤄지는 신(神) 중심주의는 인정할 수도 없고, 수용할 수도 없는 것이다.

이같은 신 중심주의 신학의 단점을 개량하여 나타난 것이 성령 중심주의 신학이다. 모든 종교와 민족들 안에는 성령께서 말씀의 씨앗을 남기신다는 주장이다. 그러나 예수 그리스도를 배제하고 타종교 안의 말씀의 씨앗이나 성령만을 중심으로 하는 성령 중심주의를 교회는 배척하고 거부한다. 자원하여 육신을 취하시고 십자가상 수고·수난하시고 부활하신 예수 그리스도를 결여하고 성령 중심으로 인류 구원론을 전개한다는 것은 수용할 수 없는 이론이며, 분명한 오류와 이단에 머물게 한다.

또 다른 한편 역사상 2천 년 전 나자렛 땅에서 태어나시고 십자가 위에서 돌아가시고 부활하신 분인, 요셉과 마리아의 아들 예수뿐 아니라 불교 혹은 이슬람교 등의 다른 고등종교 안에도 그리스도가 여럿 있다고 주장하는 그리스도 다재주의(多在主義)가 있다. 성 교회는 이 주장을 부정하고 배척하면서, 모든 인류의 구세주이시며 참된 그리스도이신 분은 오직 나자렛 예수 그리스도 한 분만이 단일하다고 믿으며 이를 공식 교의로 세상에 선포하고 있다.

아울러 이러한 나자렛 예수 그리스도는 창세 이전부터 이미 계셨던 성삼위의 제2 위격으로서 하느님의 영원한 말씀이신 "로고스"와 구별되거나 분리되시는 분이 아니며 오히려 일치하고 같은 분이심을 교회는 가르친다.

[22] 참조: D. ACHARUPARAMBIL, La Chiesa e le altre religioni, 185-6.

[23] 이 글은 로마의 우르바노 대학 선교학 대학원 과정 Joseph Dinh Duc DAO 교수의 종교 대화론 강의록 중에 언급된 내용을 번역하고 보충하였음.

결 론

지금까지 우리는 교회의 세계 복음화를 위하여 요청되는 교회의 선교 정신과 그 방법, 목적에 대해서 고찰하였다. 그 안에는 구체적으로 선교의 의미, 현대 세계의 선교 상황, 복음화의 어려운 요소와 긴급성, 선교 대상으로서의 인간, 하느님 말씀과 교회의 육화, 선교의 해석학, 사도 바울로 선교신학의 현대적 조명, 교회의 사명, 복음적 선교 의식意識과 실천적 선교 영성, 문화의 복음화, 총체적 복음화, 요한 바오로 2세의 세계 복음화를 위한 사회교리 회칙, 세계 복음화를 위한 교회의 사명, 비그리스도교와의 대화 등이 언급되었다. 그러나 솔직히 세계 안에서의 교회 육화 관점에서 선교 해석학을 고찰하는 데는 많은 어려움과 한계가 항상 있음을 부인할 수 없다.

선교란 무엇인가? 선교란 한마디로 "온 세상으로 가서 모든 사람에게 복음을 선포하시오"(마르 16,15) 하신 그리스도의 명령을 실행하는 일이다. 곧, 그리스도를 믿지 않는 이에게 교회를 부식하는 일이다. 이 명령을 해석학적 관점에서 실현할 때 그 핵심은 복음 구절의 문자 그대로 의미를 이해하는 것뿐 아니라, 또한 실제 생활에서 그 말씀을 이해하고 해석하며 실천하는 일이다. 해석학은 총체적 가치의 어떤 것을 추구하면서 현실을 이해하고 해석하는 학문이다. 이런 까닭으로 해석학을 통하여 독자는 작품의 원저자 의도와 문화, 사고 방식 등에 더욱 접근해야 한다.

그리스도의 행업에 관한 한 선교 해석학에서 다룰 수 있는 차원과 요소들은 많이 있으나, 본고에서는 인류를 위하여 오신 하느님 아들의 육화에 대해서 강조하고 고찰하였다. 참으로 하느님 아들의 육화는 선교 해석학에 그 기초와 출발점을 제공한다. 세계에 대한 하느님 아들의 육화는 무슨 의미가 있는가? 육화는 그리스도께서 무엇보다도 스스로 자원하여 적극적으로 이 세계에 찾아와 세계 역사에 참여하고 개입하는 것이다. 이것은 결코 하느님이 세상 바깥에 침묵으로 정체하여 머문다는 것을 의미하는 것이 아니다. 하느님은 당신 스스로 위대한 사랑을 가지고 세계 안에 개입하시기를 원하신다. 하느님은 인간들을 당신으로부터 멀리 분리되어 머물게 하지 않고, 오히려 인간 역사 안에 적극적으로 개입하고 참여하기를 바란다. 하느님은 사람들을 당신께로 이끌기를 원하며, 모든 이가 구원되고 당신과 함께 영원한 삶을 영위하기를 원한다.

교회는 성령 강림날 성령을 통해서 부활한 그리스도에 의하여 태어났으며, 곧 선교 과업이 부여되었다. 교회는 존재론적으로 선교적이다. 선교하기 위하여 교회는 그 창립자의 모범을 본받아야 하는 것이다. 창립자이신 하느님의 아들은 이 세계에 종으로서 파견되셨다. 이어서 교회도 선교하기 위해서는 창립자의 종의 직분을 본받으며 세계 역사 안에 참여해야 한다. 비록 세계에 죄악이 창궐하더라도 교회는 모든 사람을 하느님에게로 이끌어 가야 한다. 길이며 진리이며 생명이신 예수 그리스도를 온 세계에 의표儀表로 제시하면서 교회는 권력으로써가 아닌 복음적 가치로써 인간 역사를 함께 나누고 동참하고 개선시켜야 한다.

참으로 교회는 모든 인류와 함께 언제나 어디서나 동행하면서 그 구원에 힘써야 하고 지구와 동일한 운명을 살아가야 한다. 이것은 그리스도 교회가 성취하고자 하는 네 가지 선교의 종합성을 의미한다. 곧, 첫째는 주체와 객체의 종합성으로서 모든 사람이 선교의 대상이며, 모든 그리스도인은 스스로 더욱 복음화되도록 힘쓰며 동시에 비그리스도인에게 복음을 전해야 한다. 둘째는 시간과 공간의 종합성이다. 바울로 사도가 언급한 것과 같이 기회가 좋든지 나쁘든지 그리스도의 복음은 권위와 품위를 가지고 선포되어야 한다(2디모 4,2 참조). 셋째로는 질과 양의 종합성이다. 통계 숫자상의 양적으로만 세례자가 많이 나온다고 하여 자만해서는 아니 되며, 냉담자가 발생되지 않도록 성숙한 믿음을 간직할 수 있도록 양질의 교리교육과 세례후의 재교육이 계획적으로 수반되어야 한다. 넷째는 방법의 종합성이다. 선교에 대한 굳건한 열의와 정성을 가지고 상황에 적절한 선교 방책과 수단을 연구하고 시대의 표징에 맞갖은 모습이 될 수 있도록 꾸준히 계발을 해 나가야 한다. 이렇게 볼 때, 훌륭한 선교를 위해서는 보다 진일보하여 적절한 교육과 거룩한 열정과 아울러 올바른 방법을 선택할 줄 아는 성숙한 공동체적 친교의 품위가 필요하다 하겠다.

교회의 세계에 대한 범우주적인 개방과 선교 과업은 첨가물이나 이차적인 것이 아니라 본질적 구성요소이며 근원적인 요소이다. 보편적 복음화는 교회의 타고난 성소聖召이다. 교회는 개방된 경험으로 사회 도덕의 항구한 식별과 함께 인간사회의 발전으로부터 제기되는 새로운 문제들에 항상 주의를 기울이며 깨어 있어야 한다. 그러므로 교회 목적이 종말론적이고 모든 인간의 궁극적 해방이 내세에서만 풍족하게 완성될 것이기 때문에, 교회 선교의 초월적 측면과 역사적 측면 모두를 확언할 필요가 있다. 인간에 대한 이같은 총체적 해방은 이미 시작되었다. 인류 역사와 심오하게 연계되어 있는 교회는 "새로운 세계"의 유효한 발효제이며 누룩으로서, 구원 희망의 증거와 그 촉매제가 되도록 요청받고 있다.[1]

바야흐로 제3 천년대 문턱에서 교회는 선교 사역에 있어 가장 역사적이고 매력적이며 중요했던 한 시대를 마감하고 새로운 전망에 개방되고 있다. 그러므로 교회는 새로운 지평과 방법으로 사람들에게 그리스도를 선포할 수 있도록 성령의 새로운 영감이 필요하다. 교회는 세계 복음화를 위하여 그리스도 명령에 순명하는 책임을 더욱 강하게 감지해야 하고 세계 안에서의 노력과 선교 도전을 혁신해 나가야 한다. 복음화의 개념은 이론 혹은 사려思慮 차원에 머물지 않고 실천으로 구현되어야 하며, 탁상공론적 개념으로써가 아니라 현실적인 차원으로써 고찰되어야 할 것이다. 그리스도의 새로운 천년대와 인류의 새 시대의 여명 위에서 교회는 구원의 결정적 사건을,

---

[1] 참조: ANTONCICH - MUNARRIZ, *La dottrina sociale della chiesa*, 43.

곧 구원 역사 중의 참으로 진정한 은총의 때kairos를 증명할 수 있다.

강생하시고 영광스럽게 빛나는 부활을 체험하신 그리스도는 성령의 파견과 함께 불가시적인 구원 효과의 가시적인 요소로서 역사적 교회를 건립하셨는바, 보이는 구조 안에서의 교회는 그리스도 안에서 계시되고 선사된 하느님 신비의 상징으로서, 곧 지상에서 상존하는 가시적인 그리스도의 몸이며 또한 천상 그리스도 몸의 그 첫 지상적 연장延長이라 하겠다. 곧, 시간과 공간 안에서 연속되는 그리스도 신비의 구체적 현실이 필요한 것이다. 주님의 연속된 몸은 교회로서 바로 그리스도의 영광된 몸soma이다. 그러므로 교회는 시공時空의 역사적·정신적 인간 조건 안에서 성령으로부터 부여받은 초자연적 힘의 은총과 함께 세계 안에 연속적으로 육화하고 참여·개입하는바, 선교 해석학 안에서 "그리스도의 교회"와 동일시되고 있는 것이다. 그리스도의 몸이 영광스러운 구원의 영원한 표징이듯이, 주님Kyrios의 지상적 몸인 교회 역시 그리스도의 천상적 몸과 파스카와 성령 강림의 영원한 표징이라 하겠다. 이때문에 교회는 성령과 함께 지상생활의 역사적 사건들과 연계하며 그리스도를 뒤따르고 복음을 실천하면서 나날이 하느님 말씀을 선포하고 설명하고 실제로 살아야 한다. 어떠한 경우에도 교회는 자신의 목자를 뒤따라야 하는 중대한 과업을 수행해야 한다. 그리스도교 구원 역사 안에서 "위대한 목자"가 세계에 육화하고 개입해 오신 것처럼, 교회는 세계 안의 참여와 개입으로 다양하고 새로운 역동성을 가지게 된다.

육화된 말씀의 선교와 개입은 객관적으로 하느님 구원계획이 이미 그리스도의 육화에서 구현되기 시작하였으며, 이제는 이러한 기쁜 소식을 모든 사람들에게 선포해야 한다는 의미와 함께, 구원 역사 안에서의 결정적인 종적蹤迹이며 성취가 되는 것이다. 교회 선교는 우리의 머리이신 예수 그리스도의 이러한 과업의 실행과 다른 것이 아니다. 그분은 교회 안에 상존하시며 성령을 통하여 우리로 하여금 당신의 선교와 구원적 권능에 참여하도록 요청하신다.

"예수는 주님이시다"라는 고백은 금력과 이기주의, 명예, 야욕, 쾌락 등의 여러 우상을 받아들이는 세속적 선택과는 정반대되는 것이다. 세계와의 관계에서 그리스도인의 체험은 매일 순교자의 모습을 보여주는 상황 안에서 그리스도처럼 십자가 위에서의 죽음 체험이라 하겠다. 한 걸음 더 나아가 "그리스도는 인간을 구원하신다"라는 신앙의 확신은 사회의 모든 발전과 인류의 공동체적 삶을 개선하고 진작시켜 나갈 것이다.

교회의 과업이 그리스도교의 확장 일변도만이 아님을 사색하기 시작할 때, 선교 해석학에서의 선교 개념은 확정되고 넓혀진다. 실제로 복음 선포자의 총체적 임무 중 하나인 교회의 사회교리와 함께 교회는 오늘날 두 가지 기능을 전개하고 있다. 첫째는 복음의 빛에 따라서 인간 존엄성에 반대되는 모든 것에 대하여 비판적으로 인식하는 일이다. 둘째는 도덕적·사회적으로 기능을 재정립하는 일로서, 교회는 인류 공생共生의 기본적 가치에 모든 노력을 집결하는 데 기여해야 한다.[2] 우리는 이밖에 평화, 정의, 가난한 이들을 위한 우선적 선택, 인간 권리, 인간 향상, 경제 발전, 정치적 개선, 사회 해방, 결속력 등의 직무를 첨가할 수 있다. 이것은 단지 복음의 증거가 아니라, 교회의 세계에 대한 개입과 참여의 기준이 된다. 바로 이 때문에 정의, 평화와 인권 운동은 교회 안에서 지대至大한 의미를 드러내고 있는 것이라 하겠다. 그리스도께서는 지엽적인 치유가 아닌 총체적인 치유와 구원을 선포하시고 또 보여주셨던 것이다.

마찬가지로 예수께서 세우신 교회도 인류의 고통과 불행에 직면하여 침묵하고만 있을 수 없다. 그래서 교회는 정치에 참여하는 것이 아니라 정의 문제에 관여하는 것이고, 경제 정책에 개입하는 것이 아니라 재화의 공정한 분배에 참여하는 것이며, 교회 밖의 일에 간섭하는 것이 아니고 소외되고 상처받은 이들의 눈물을 닦아주기 위해서 움직이는 것이다. 요한 바오로 2세의 대對사회 회칙, 곧 「노동하는 인간」, 「사회적 관심」, 「백주년」 등

---

[2] B. SORGE, Introduzione, xxiv.

이러한 내용물이 모두 이같은 차원에서 교도권의 의지를 보여주고 있다. 곧, 세상의 빛과 소금으로서의 교회 모습을 증거하고 있는 것이라고 할 수 있다.

또한 선교 해석학 안에는 총체적 발전, 재화의 세계적 공동분배, 의학 윤리, 생명공학 등의 중요한 변모를 구체적인 지상의 활동 위에서 증거해야 하는 실제적 화두話頭들이 많이 있으며, 또한 복합적 상황 안에서[3] 공생과 인내의 정신으로 구체적 토착화의 실험, 공동체 양성의 지역적 방법, 전통과 민족 심성에 적합한 전례 양식 그리고 상황적 선교학의 정향定向 연구 등과 만나게 되는 것이다. 바오로 6세가 말씀하신 것처럼 그리스도의 복음 선포는 모든 민족과 지리적·문화적 한계, 모든 역사적 사건과 제도·현상 등을 초극하면서 모든 이에게 전달되어야 하는 것이다.

교회의 참여와 개입은 대단히 긴요하다.[4] 만일 「사목 헌장」이 1세기만 일찍 발표되었거나, 회칙 「새로운 사태」가 마르크스와 엥겔스의 「공산당 선언」(1848)보다 먼저 공포되었더라면, 공산주의는 인류 역사에서 발전하지 못하고 일찍 몰락하였을 것이다. 왜냐하면 공산주의는 노동자, 일반적으로 무산 계급의 이익을 착취하는 자본주의를 비판하면서 기원되었기 때문이다. 이런 관점에서 볼 때 교회는 지난 19세기에 자본주의의 문제점들을 보다 일찍 관찰하여 깨닫고 해결하려 노력했어야 하였다. 이제는 공산주의 대신 프로메테우스적 개념, 곧 무신론, 세속주의, 물질주의, 집단이기주

---

[3] 요한 바오로 2세 교황은 "어려운 상황에 시의 적절한 지혜를 가지고 개입하기 위해서는 필요한 용기, 곧 개입하는 용기가 요구된다"고 언급하였다(*Il Messaggero*, 1997.4.7, 3). 여기서 세계 공동체 신학의 전문가인 R. NIEBUHR의 간단한 기도를 인용함은 가치있는 일이라 본다. "은총과 진리의 하느님, 죄 많은 저희들은 온 세계를 병들게 하는 부정(不正)과 잔악함의 온갖 질병으로 고통받고 있습니다. 저희 모두가 사람들 사이에 진정한 정의를 구현할 수 있도록 도와주십시오. 쉽게 바꿀 수 있는 것은 변화시킬 용기를 주십시오. 오늘 변화될 수 없는 것은 참아낼 수 있는 침착함을 주십시오. 한 가지 한 가지씩 구별할 줄 아는 당신의 은총을 주십시오": J. MASSON, *La missione continua*, 131.

[4] "스위스의 사회학자이며 가톨릭 활동가인 Kaspar Descurtins은 '그리스도교 사회 개혁 프로그램으로서 「공산당 선언」과 대조를 이룬 최고 불멸의 공적(功績)'의 영예가 언제나 독일 주교 Ketteler에게 귀속된다고 단언한 바 있다": WEIGEL - ROYAL, *Verso una società libera*, 64.

의, 쾌락주의, 반反연대성, 철학적 나약성il pensiero debole, 신新자유주의, 포스트모더니즘, 프리메이슨, 신新자본주의 등으로부터 정의, 평화, 인류 공동체의 발전 등이 위협받고 있다. 교회는 이같은 관념들에 저항하여 끊임없이 사랑과 복음적 가치들을 가지고 참여하고 개입해야 한다.

교회는 모든 가능한 영역 안에서 보다 적극적으로 구체적으로 세계 안에 육화해야 한다. 하느님 사랑의 빛에 따라 세계를 해석해야 하고 복음적 가치와 개념으로 충만하게 혁신해야 한다. 교회는 양떼를 수동적으로 기다려서는 아니 되고, 세계 안에 있는 양들을 가서 찾아야 한다. 인간의 미래에 있어서 선교의 이러한 모든 뜻과 의미들을 구현하기 위하여, 나아가 전 세계를 궁극적으로 복음화하기 위하여 교회는 끊임없이 스스로 회개하고 쇄신하면서 인류 역사에 참여하고 개입하여[5] 세계 복음화의 새로운 시도를 탐구하는 데 중단없이 몰입해야 한다.

현대 인류의 모든 학문과 지식은 교회의 세계 복음화와 인류 역사 참여에 도움을 제공할 수 있다. 광의의 의미로는 하느님에 관한 학문이면서 동시에 모든 인류를 대상으로 하는 사랑의 학문이기에 보편성의 학문인 선교학은 인류의 모든 제반 학문과 인류의 지식으로부터 도움을[6] 받을 수 있다. 그러므로 선교를 최상으로 잘 하기 위하여 선교학이 다른 학문의 도움을

---

[5] 중국에 대한 교황 요한 바오로 2세의 개입 말씀 한 사례를 보면 다음과 같다: "중화 인민 공화국의 시민적 권위는 보장이 되어야 합니다. 고유한 양심과 신앙의 계명에 따라 행동하는 권리가 존중된다면, 그리스도의 제자는 그 어떠한 정치 체제에서도 고유한 신앙을 따라 살아갈 수 있습니다. 이런 까닭으로 다른 나라에도 여러 차례 언급하였듯이, 중국 정부에게도 반복합니다. 하느님과 교회를 두려워하지 마십시오. 오히려 경의(敬意)를 가지고 정부 인사들에게 요구합니다. 모든 남성과 여성에게 천부(天賦)의 권리인 자유의 진정한 존중 안에서 그리스도인들도 언제나 더욱더 자신들의 능력과 재능을 헌신할 수 있도록 해주시기를 요청하는 바입니다": *L'Osservatore Romano*, 1996.12.4.

[6] 참조: E. VILANOVA, *Storia della teologia cristiana*, 696-7; 고대 로마의 격언에 "모든 길은 로마로 통한다"라는 말이 있다. 이처럼 모든 학문은 선교학으로 통하고 선교학은 하느님 나라로 통한다고 말할 수 있을 것이다. 마치 천문학이 태양과 달이 정령(精靈)이나 신(神)이 아님을 깨닫게 해주고, 생물학·화학·물리학이 자연의 신비를 발견하고 올바르게 인식하게 해 주는 것처럼, 사회학·건축학·음악·심리학·철학 등 제반 학문은 인류 복음화에 도움을 주고 선교학의 발전에 기여할 수 있는 것이다.

인정하고 받게 되는 것은 권장할 만한 일이며, 미래에 계발될 차세대 학문, 예컨대 매체학mediatologia 등의 영역에 대해서도 개방적 자세를 유지할 필요가 있는 것이다.

오늘날 참으로 교회의 긴요한 과제는 어떻게 보다 훌륭히 세계에 개입하고 참여할 수 있는가 하는 것이다. 1864년 12월 8일 비오 9세의 회칙(*Quanta cura*) 이후 교회는 사회 회칙으로 세계의 다양한 영역 안에 실제로 개입하고 참여하며 복음의 빛과 그 가치들로 조명해 왔다. 이러한 개입과 참여는 도덕, 정치, 사회의 영역에만 국한되지 않고, 인간 존엄성과 그 선익과 복리의 유지 발전을 위하여 인간 삶의 모든 영역에까지 이르는 것이다. 이와 같은 참여와 개입은 복음 선포로 이뤄지고 완성되며, 교회의 세계 복음화는 세계 안에 대한 그리스도께서 남겨 주신 사랑의 개입이다. 그러므로 세계에 대한 교회 참여와 개입의 실제적 방법과 구체적 기준의 탐구와 계발은 항상 세계 모든 인류의 선익을 위한 교회의 가장 긴요한 과제 중의 하나인 것이다.

참고 문헌

아래 문헌은 본디 이탈리아어로 쓴 논문에서 간추려낸 것이므로 주로 이탈리아어로 소개된다.
본문(각주)에서 인용할 때는 동일성만 드러나도록 간단히 표기한다.

김명혁 『선교의 성서적 기초』 성광문화사 1985.

정양모 등 11인 역주 『200주년 신약성서 주해』 분도출판사 2001.

정하권 『교회의 쇄신』 광주대건신학대학 전망편집부 1976.

정하권 『교회론』 I (신학총서 18) 분도출판사 1984.

제2차 바티칸 『공의회 문헌』 (개정판, 라틴어 대역) 한국천주교중앙협의회 2002.

한국천주교 200주년 기념 사목회의 위원회 「200주년 기념 사목회의 의의와 목적」 『사목회의 의안』 서울 1984.

한국천주교 200주년 행사위원회 『벗으로서 평화의 사도로서』 분도출판사 1984.

ABI (Associazione Biblica Italiana) 편 *Esegesi ed ermeneutica*, Atti della XXI settimana Biblica, Paideia Brescia 1972.

Daniel ACHARUPARAMBIL, "Dialogo interreligioso": PUU 편 *Dizionario di missiologia*, EDB, Bologna 1993, 177-8.

D. ACHARUPARAMBIL, La Chiesa e le altre religioni: Pontificia Unione Missionaria 편 *Missione per il terzo millennio*, Roma 1992, 167-88.

Giuliano AGRESTI, *L'uomo nuovo. Saggio di antropologia cristiana*, EDB, Bologna 1979.

W.F. ALBRIGHT - C.S. MANN, *Matthew* (the Anchor Bible) Doubleday & Company, New York 1971.

Juan ALFARO, *Dal problema dell'uomo al problema di Dio*, Queriniana, Brescia 1991.

J. ALFARO, Le funzioni salvifiche di Cristo quale rivelatore, sacerdote e Signore: *Mysterium Salutis*, III/1, Queriniana, Brescia 1971, 811-86.

Angelo AMATO, Missione cristiana e centralità di Gesù Cristo: Enrico Dal COVOLO - Achille TRIACCA 편 *La missione del redentore, Studi sullenciclica missionaria di GIOVANNI PAOLO II*, Editrice elle di ci, Torino 1992, 13-30.

H. ANDERSON (박근원 역) 『선교신학 서설』 대한기독교서회 1983.

Giuseppe ANGELINI, La dottrina sociale della chiesa: *La dottrina sociale della Chiesa*, Glossa, Milano 1989, 15-111.

Ricardo ANTONCICH - J. Miguel MUNARRIZ, *La dottrina sociale della Chiesa, La Chiesa sacramento di Liberazione*, Cittadella Editrice, Assisi 1991.

Edmund ARENS, Che significa oggi morire e vivere in Gesù Cristo: *Concilium* 1997/1, 156-66.

S. ATANASIO (Enzo BELLINI 편) *L'incarnazione del Verbo*, Città Nuova Editrice, Roma 1976.

Canaan BANANA, Good News to the poor: Report on the World Conference on Mission and Evangelism, *Your Kingdom come, Mission perspectives,* World Council of Churches, Geneva 1980.

Jesus Angel BARREDA, La Chiesa come comunione: *Euntes Docete* XLIX 1(1996) 79-97.

C.K. BARRETT 『고린토 후서』(국제성서주석) 한국신학연구소 1986.

Gregory BAUM, La Chiesa cristiana pellegrina sulla terra: *Concilium* 1997/3, 164-71.

G. BAUM, Magistero in una Chiesa che cambia: *Concilium* 1967/1, 80-98.

Adriano BAUSOLA, Il vero progresso della cultura: *Gaudium et spes. Bilancio di un trentennio, Loreto 95,* Pontificio consiglio per i laici, Città del Vaticano 1996.

Andrew BEARDS, Moral conversion and problems in proportionalism: *Gregorianum* 78 (1997/2) 329-57.

Wolfgang BEINERT, "Ermeneutica": 편 *Lessico di teologia sistematica,* Queriniana, Brescia 1990, 256-7.

J.H. BERNARD, *A critical and exegetical commentary on the Gospel according to St. John*, T.&T. Clark, Edinburgh 1958.

Emilio BETTI, *L'ermeneutica come metodica generale delle scienze dello spirito* (Gaspare MURA 감수) Città Nuova Editrice, Roma 1990.

Juan Esquerda BIFET, Orme del Verbo Incarnato: *Euntes Docete* XLIX (1996/1) 47-61.

Franco BIFFI, *The social gospel of Pope John Paul II. A guide to the encyclicals on human work and the authentic development of people*, Pontifical Lateran University, Roma 1989.

Pierre BIGO, *The church and third world revolution*, Orbis Books, New York 1977.

Antonio BONORA, Lappello alla scrittura nell'enciclica "Sollicitudo Rei Socialis": *La dottrina sociale della Chiesa*, Glossa, Milano 1989, 242-50.

Pietro BOROLI, *Anno 95. Calendario Atlante DeAgostini 1998* (Luisella AIROLDI 감수) Istituto Geografico DeAgostini, Novara 1997.

David BOSCH(전재옥 역)『선교신학』 한국신학대학 출판부 1985.

D. BOSCH, *Transforming Mission*, Orbis Books, New York 1991.

D. BOSCH, Cosa vuol dire evangelizzare?: *Missione oggi*, 1997/11, 35-8.

D. BOSCH, La chiesa: Lunica società che esiste per quelli che non ne fanno parte: *Missione oggi*, 1997/1, 38-41.

D. BOSCH, La missione come ricerca della giustizia: *Missione oggi*, 1997/10, 38-41.

D. BOSCH, La missione come servizio della salvezza: *Missione oggi*, 1997/3, 33-7.

G. Johannes BOTTERWECK - Helmer RINGGREN 편(John T. WILLIS - Geoffrey W. BROMILEY - David E. GREEN 역) *Theologiacal Dictionary of the Old Testaments* , Eerdmans, Grand Rapids, Michigan 1978.

Olivier de la BROSSE, La predicazione: Bernard LAURET - Francois REFOULE - Eugenio COSTA Jr. 편 *PRATICA, Iniziazione alla pratica della teologia*, Editrice Queriniana, Brescia 1987, 117-60.

Raymond E. BROWN, *The Gospel according to John* (the Anchor Bible XIII-XXI) Doubleday & Company, New York 1970 [= *Giovanni,* Cittadella e editrice, Assisi 1979].

R.E. BROWN - R.E. MURPHY - J.A. FITZMYER, *The Jerome Biblical Commentary*, Eaglewood Cliffs, New Jersey.

Walbert BÜHLMANN, *Anno 2001. Modelli per una chiesa universalle*, Edizioni Dehoniane, Napoli 1986.

W. BÜHLMANN, *La chiesa alle soglie del Terzo millennio*, EDB, Bologna 1991.

W. BÜHLMANN, *La terza chiesa alle porte*, Edizioni Paoline, Roma 1974.

W. BÜHLMANN, *The Coming of the Third World*, New York 1977.

Rudolf BULTMANN, *Teologia del nuovo testamento*, Queriniana, Brescia 1985.

Henri van den BUSSCHE, *Giovanni, Commento del Vangelo spirituale*, Cittadella editrice, Assisi 1974.

Rocco BUTTIGLIONE, Le missioni e la cultura emergente: P.G. NESTI - P.G. PESCE 편 *Missioni al popolo per gli anni 80. Atti del 1° convegno nazionale*, Antonianum, Roma 1981.

Lisa Sowle CAHILL, La giustizia, il genere e il mercato: *Concilium,* 1997/2, 205-22.

Domenico CALCAGNO, Perché ogni uomo incontri Dio e partecipi alla sua vita: *Popoli e missione dirigenti* 2 (1996) 101-14.

Jean-Yves CALVEZ, *Economia uomo e società, Linsegnamento sociale della Chiesa*, Città Nuova, Roma 1991.

Giorgio CAMPANINI, La cultura cattolica del novecento e lidea di Europa: *Aggiornamenti sociali*, 1997/1, 493-508.

Paolo CARLOTTI, *Teologia morale e magistero, documenti pontifici recenti*, LAS, Roma 1997.

John B. CARPENTER, The Parable of the Talents in Missionary Perspective. A Call for an Economic Spirituality: *Missiology. An International Review* 2(1997) 165-82.

Hervè CARRIER, *Dottrina sociale, nuovo approccio all'insegnamento sociale della Chiesa*, San Paolo, Milano 1993.

H. CARRIER, *The social Doctrine of the church revisited. A guide for study*, Pontifical council for justice and peace, Vatican city 1990.

Bernhard CASPER, *L'ermeneutica e la Teologia*, Morcelliana, Brescia 1974.

Henri CAZELLES, *Bibbia e cristologia*, Pontificia commissione Biblica, edizioni Paoline, Milano 1987.

CENTRE DE RECHERCHE ET D'ACTION SOCIALES, *Il discorso sociale della chiesa, Da Leone XIII a Giovanni Paolo II*, Queriniana, Brescia 1988.

L. CERFAUX (Geoffrey WEFF - Adiran WALKER 역) *Christ in the Theology of St. Paul*, New York 1959.

Chae Ok CHUN, The faces of Global Poverty. Predominantly Feminine: *Mission Studies* 25-26 (1996) 93-5.

Giuseppe COLOMBO, Dottrina sociale e teologie politiche: *La dottrina sociale della Chiea*, Glossa, Milano 1989, 140-62.

G. COLOMBO, Per lidea della dottrina sociale della Chiea: *La dottrina sociale della Chiea*, Glossa, Milano 1989, 222-41.

Jose COMBLIN(이종렬 역) 『선교사 예수 그리스도』 성요셉출판사 1987.

Jean COMBY, *Duemila anni di Evangelizzazione*, Società editrice internazionale, Torino 1994.

Dario COMPOSTA, Le tendenze della teologia morale: *Euntes Docete* XLVIII (1994/3) 351-400.

Yves CONGAR, *Jesucristo, nuestro medidor y nuestro Senor*, Estela, Barcelona 1966.

Francesco CONIGLIARO, *Ermeneutica e Teologia*, Benedictina Editrice, Roma 1986.

Bruno CORSANI, *Introduzione al nuovo testamento, Vangeli e atti*, Claudiana, Torino 1991.

Orlando E. COSTAS, *Christ outside the Gate, mission beyond Christendom*, Orbis Books, New York 1982.

Severino CROATTO, *Biblical Hermeneutics. Toward a theory of reading as the production of meaning*, Orbis Books, New York 1981.

Joseph Dinh Duc DAO, Missiografia. Situazioni attuali e tendenze emergenti della missione: *Missione per il terzo millennio*, Pontificia Unione Missionaria, Roma 1992.

J. Dinh Duc-DAO, Spiritualità missionaria: *Cristo chiesa missione*, 387-91.

Mariasusai DHAVAMONY, "martyr": *Evangelization, Dialogue and Development*, Roma 1972.

Severino DIANICH, *Chiesa Estroversa*, Edizioni Paoline, Milano 1987.

S. DIANICH, *Chiesa in missione. Per una ecclesiologia dinamica*, Edizioni Paoline, Torino 1985.

M. DIBELIUS(전경연 역)『바울』한국신학대학 출판부 1985.

Florence DRAGUET, Etre témoins ...: *Eglise & mission*, 287 (1997) 117-8.

Jacques DREZE, Etica, efficienza e la dottrina sociale della chiesa: Pontificio Consiglio della Giustizia e della Pace, *Aspetti sociali ed etici dell'economia, Un colloquio in Vaticano*, Libreria editrice Vaticana, Città del Vaticano, 1994.

Avery DULLES, La recezione in occidente della Evangelii Nuntiandi: *La Civiltà Cattolica* 1996/I, 28-39.

Jacques DUPUIS, *Verso una teologia cristiana del pluralismo religioso*, Queriniana, Brescia 1997.

J. DUPUIS, "Dialogo interreligioso": Renè LATOURELLE - Rino FISICHELLA, *Dizionario di teologia fondamentale*, Cittadella Editrice, Assisi 1990, 311-6.

Ch. DUQUOC, *Cristologia*, Queriniana, Brescia 1972.

Enrique D. DUSSEL, *Ermeneutica e Liberazione*, Queriniana, Brescia 1992.

John EAGLESON - Philip SCHARPER, *Puebla and beyond*, Orbis Books, New York 1980.

Christian EECKHOUT, Mission et médias: *Eglise & mission* 287 (1997) 154-6.

EPISCOPATO LATINOAMERICANO, *Santo Domingo*, IV Conferenza generale, EDB, Bologna 1992.

Josef ERNST, *Il Vangelo secondo Luca 2*, Morcelliana, Brescia 1985.

Marvin FARBER, *I problemi fondamentali della filosofia, Esperienza, realtà e valori umani*, Mursia, Milano 1970.

Silvano FAUSTI, *Ermeneutica teologica, Fenomenologia del linguaggio per una ermeneutica teologica*, EDB, Bologna 1973.

Tommaso FEDERICI, *Ermeneutica Biblica e Teologica*, PUU, Roma 1985.

T. FEDERICI, Preliminare: *Cristo chiesa missione, Commento alla Redemptoris Missio*, Urbaniana University Press, Roma 1992, 5-10.

Maliekal Francis FERNANDEZ, *God's secret ways of salvation, an hermeneutical study of Vatican II statements on Gods hidden ways of faith and salvation outside the church*, Salesian Pontifical University, Rome 1993.

Joseph A. FITZMYER, *The Gospel according to Luke* (the Anchor Bible I-IX) Doubleday & Company, New York 1981.

Aloysius FONSECA, Interdipendenza e liberazione nell'Enciclica "Sollicitudo Rei Socialis": *La Civiltà Cattolica* 1988/IV, 14-26.

Bruno FORTE, *La chiesa, Come comunione nel dinamismo tra particolarità ed universalità al servizio della missione*, Domus Mariae, Roma 1994.

B. FORTE, *Teologia della Storia. Saggio sulla rivelazione, linizio e il compimento*, Paoline, Cinisello Balsamo 1991.

William FRAZIER, *Guidelines for a New Theology of Mission: Mission Trends*, Orbis Book, New York 1982.

Michael FUSS, ¿Nuevos salvadores para tiempos nuevos?: *Ecclesia* 1997/1, 89-106.

Luis A. GALLO, *Evangelizzare i poveri, La proposta del documento di Puebla*, Las, Roma 1983.

Antonio Pèrez GARCIA, Observaciones sobre la conceptualizaciòn del tiempo: *Estudios eclesiàticos, revista teologica de investigaciòn e informacion* 280 (1997) 3-62.

Norval GELDENHUYS, *The new international commentary on the N.T., The Gospel of Luke*, Eerdmans, Michigan 1983.

Adolphe GESCHÉ, L'invention chrétienne de la liberté de la liberté: *Revue théologique de Louvain*, 1997/1, 3-27.

Piero GHEDDO, *Terzo mondo: perché povero?*, Edizioni P.I.M.E., Milano 1971.

Carlo GHIDELLI, *Luca, Nuovissima versione della Bibbia*, Edizioni Paoline, Milano 1977.

Ambrosio GIANNI, Dottrina sociale e pubblica opinione: *La dottrina sociale della Chiesa*, Glossa, Milano 1989, 185-221.

Paolo GIGLIONI, Il vocabolario missionario: *Euntes Docete* XLIV (1991/2) 265-85.

P. GIGLIONI, *L'attività missionaria della chiesa: Missione per il terzo millennio*, Pontificia Unione Missionaria, Roma 1992.

P. GIGLIONI, La comune legge della missione: *Popoli e missione dirigenti*, 1993/7, 40-8.

P. GIGLIONI, La Croce e la missione ad Gentes: *Euntes Docete* XXXVIII (1985/3) 153-78.

P. GIGLIONI, Perché una nuova evangelizzazione: *Euntes Docete* XLIII (1990/1) 5-36.

GIOVANNI PAOLO II, Messaggio di Giovanni Paolo II per la Giornata Missionaria Mondiale 1997: *Omnis Terra*, 1997/11, 116-8.

Joachim GNILKA, *Marco*, Cittadella editrice, Assisi 1987.

Felipe GOMEZ, The missionary Activity twenty years after Vatican II: *East Asian Pastoral Review,* 1986/1, 26-57.

Joseph A. GRASSI, *A World to Win, The Missionary Methods of Paul the Apostle*, Orbis Books, New York 1965.

Prosper GRECH, *Ermeneutica e Teologia biblica*, Borla, Roma 1988.

P. GRECH, *Gesù storico e ermeneutica esistenziale,* S.E., Roma 1973.

Alois GRILLMEIER, *Ermeneutica moderna e Cristologia antica. La discussione attuale sulla cristo-logia calcedonese*, Queriniana, Brescia 1973.

Claus GROSSNER, *I filosofi tedeschi contemporanei tra neomarxismo, ermeneutica e razionalismo critico*, Città Nuova, Roma 1980.

Ernst HÄNCHEN (Robert W. FUNK 역) *John 2. A commentary on the Gospel of John*, Fortress press, Philadelphia 1980.

Franz HESSE, "Chrio ...": F. MONTAGNINI - G. SCARPAT - O. SOFFRITTI 편 *Grande Lessico del nuovo Testamento* XV, Paideia, Brescia 1988, 859-77.

David HOLLENBACH, Il mercato e la dottrina sociale cattolica: *Concilium*, 1997/2, 112-26.

Albert HOUSSIAU, La liturgia: Bernard LAURET - Francois REFOULE - Eugenio COSTA Jr. 편 *PRATICA, Iniziazione alla pratica della teologia*, Editrice Queriniana, Brescia 1987, 161-219.

Patrick JACQUEMONT, L'animazione nella vita ecclesiale: Bernard LAURET - Francois REFOULE - Eugenio COSTA Jr. 편 *PRATICA, Iniziazione alla pratica della teologia*, Editrice Queriniana, Brescia 1987, 248-55.

Werner G. JEANROND, *L'Ermeneutica Teologica*, Queriniana, Brescia 1994.

E. JENNI - C. WESTERMANN 편 *Dizionario Teologico dellAntico Testamento*, Marietti, Torino 1978.

William JOHNSTON, *The Mirror Mind. Spirituality and Transformation*, Collins, Fount Paperbacks, London 1983.

W. JOHNSTON, *The Inner Eve of Love. Mysticism and Religion*, Collins, London.

F. KAMPHAUS, Keine Angst vor dem Islam: *Weltbild, Christlich, Kritisch, Konstruktiv* 17 (1997) 16-7.

Sebastian KAROTEMPREL 편 *Seguire Cristo nella missione*, San Paolo, Torino 1996.

E. KÄSEMANN 『로마서』(국제성서주석) 서울 1982.

René KIEFFER, Regno di Dio, giustificazione e salvezza: *Concilium,* 1997/1, 143-55.

Jerzy KOPEREK, Lo stato democratico di diritto e i diritti umani alla luce del dialogo personalistico-liberale: *Già e non ancora*, 1997/2.

Pierre-Jean LABARRIERE, De l'homme, à nouveau: *Etudes*, 1997/1.

Angelo LANCELLOTTI, *Matteo, Nuovissima versione della Bibbia*, Edizioni Paoline, Milano 1975.

Renè LATOURELLE - Rino Fisichella 편 *Dizionario di Teologia Fondamentale*, Citta della Editrice, Assisi, 1990.

Xavier LEON-DUFOUR 편 『성서신학사전』 광주가톨릭대학교 1984.

X. LEON-DUFOUR, *I Vangeli e la storia di Gesù*, Edizioni Paoline, Milano 1986.

X. LEON-DUFOUR, *Risurrezione di Gesù e messaggio pasquale*, Edizioni Paoline, Milano 1987.

Joseph LEVESQUE, De nouveaux chemins pour la mission: vers une nouvelle vision: *Eglise & mission* 285, 1997/1-3, 50-8.

Mario LIVERANI, *Antico Oriente, Storia società economia*, Editori Laterza, Roma - Bari 1995.

Antonio LIVI, Presentazione: Laubier de PATRICK, *Il pensiero sociale della chiesa cattolica, un ideale storico cristiano da Leone XIII a Giovanni Paolo II*, Massimo, Milano 1989, V-XIII.

Eduard LOHSE, *Compendio di teologia del nuovo testamento*, Queriniana, Brescia 1987.

Nazario Vivero LOPEZ, L'ermeneutica teologica della "Gaudium et Spes": *Gaudium et Spes, Bilancio di un trentennio, Loreto 95*, Pontificio consiglio per i laici, Città del Vaticano 1996.

Jesus LOPEZ-GAY, La missiologia contemporanea: *Missione per il terzo millennio*, Pontificia Unione Missionaria, Roma 1992, 9-26.

J. LOPEZ-GAY, Un rinnovato impulso nell'attività missionaria della chiesa. Una missione senza confini e senza ambiguità: *Cristo chiesa missione*, 97-105.

Nicolo MADONIA, *Ermeneutica e Cristologia in Walter Kasper*, Augustinus, Parlermo 1990.

Bruno MAGGIONI, Levento Gesù: una speranza delusa?: *Popoli e missione dirigenti*, 1997/7, 20-3.

Edmond MALINVAUD, Sulla dottrina sociale della Chiesa: Pontificio Consiglio della Giustizia e della Pace, *Aspetti sociali ed etici dell'economia, Un colloquio in Vaticano*, Libreria editrice Vaticana, Citta del Vaticano 1994, 87-104.

C.S. MANN, *Mark* (the Anchor Bible) Doubleday & Company, New York 1986.

Giovanni MARCHESI, Il secondo incontro mondiale del Papa con le famiglie a Rio de Janeiro: *La civiltà cattolica*, 1997/IV, 276-85.

Rene MARLE, *Il Problema Teologico dell'Ermeneutica*, Queriniana, Brescia 1968.

Howard MARSHALL, *Luke: Historian and Theologian*, Exeter the Paternoster press, Cape Town 1979.

H. MARSHALL, *The Gospel of Luke. A commentary on the Greek Text*, Exeter the Paternoster press, Cape Town 1978.

Carlo Maria MARTINI, Cè un tempo per tacere e un tempo per parlare: *La civiltà cattolica*, 1996/I, 59-66.

C.M. MARTINI, *Educare alla solidarietà sociale e politica, discorsi, interventi e messaggi 1980~1990* (Le Acli MILANESI 감수) EDB, Bologna 1990.

Franco MARTON, La Chiesa segno e strumento del Regno: *Popoli e missione dirigenti*, 1997/7, 43-9.

W. MARXSEN 『데살로니카 전서』(국제성서주석) 한국신학연구소 1986.

Mario MASINI, *Luca. Il Vangelo del discepolo*, Queriniana, Brescia 1988.

Joseph MASSON, *La missione continua, Inizia un epoca nuova nell'evangelizzazione del mondo*, EMI, Bologna 1975.

James L. MAYS, *Harpers bible commentary*, Harper & Row, San Francisco 1988.

Tadeusz MAZOWIECKI, Valori fondamentali universali: la base del concetto di bene comune: *Gaudium et spes, Bilancio di un trentennio, Loreto 95*, Pontificio consiglio per i laici, Città del Vaticano 1996.

Wayne A. MEEKS, *The Writings of St. Paul* (A Norton Dritical Edition) New York - London 1972.

Andrea MILANO, *Rivelazione ed Ermeneutica,* Quattroventi, Urbino 1988.

Joseph MOINGT, La cristologia della chiesa primitiva: *Concilium*, 1997/1, 92-102.

Battista MONDIN, Cultura e morale: *Euntes Docete* XLVIII (1995/3) 391-405.

B. MONDIN, Ermeneutica, Metafisica e Analogia in S. Tommaso d'Aquino: *Divus Thomas* 12 (1995/3) 28-46.

B. MONDIN, *Il problema del linguaggio teologico dalle origini ad oggi*, Queriniana, Brescia 1975.

Sebastiano MOSSO, Etica, economia e sviluppo nellinsegnamento episcopale: *La civiltà cattolica,* 1995/III, 472-84.

Karl MÜLLER, Missiologia. Un introduzione: S. KAROTEMPREL 편 *Seguire Cristo nella missione*, 22-7.

K. MÜLLER, *Teologia della missione. Un introduzione*, E.M.I., Bologna 1991.

K. MÜLLER - Th. SUNDERMEIER 편 *Lexikon missions-theologischer grundbegriffe*, Dietrich Reimer Verlag, Berlin 1987.

Gaspare MURA, *Ermeneutica e Verità. Storia e problemi della filosofia dellinterpretazione*, Città Nuova Editrice, Roma 1990.

G. MURA, Per una filosofia della verità totale: *Le sfide del secolarismo e lavvenire della fede*, 75-104.

Frederick A. MXGUIRE, *The New Missionary Church*, Dublin, 1964.

Calchi NOVATI, *Decolonizzazione e Terzo Mondo*, Tempi nuovi laterza, Roma 1979.

Eugen NUNNENMACHER, La natura missionaria della Chiesa: *Missione per il terzo millennio*, Pontificia Unione Missionaria, Roma 1992, 83-132.

Giovanni ODASSO, La formazione biblica in relazione al ministero presbiterale: *Seminarium,* 1997/1, 56-82.

G. ODASSO, Un sì al Dio Santo e un sì ad ogni uomo: *Popoli e missione dirigenti*, 1994/7, 14-8.

Thomas B. OMMEN, *The hermeneutics of dogma*, Scholars Press, Missoula 1975.

Jean-Guy PAGÈ, *Primavera della Chiesa, Ecclesiologia del Nuovo Testamento*, Edizioni Paoline, Milano 1993.

Laura PAOLETTI, *Ermeneutica delle condizioni umane*, Edizioni Fondazione Internazionale Nova Spes, Roma 1990.

Laubier de PATRICK, *Il pensiero sociale della chiesa cattolica, un ideale storico cristiano da Leone XIII a Giovanni Paolo II*, Massimo, Milano 1989.

S. PAVENTI, *La Chiesa missionaria. Manuale di Missiologia,* Roma 1949.

Romano PENNA, Cristo, salvaciòn de Israel y recapitulaciòn del cosmos: *Ecclesia,* 1997/3, 337-60.

Lorenzo PERRONE, Sulle orme delle chiese apostoliche: *Concilium,* 1997/3, 88-100.

Michel PHILIBERT, Le età dellesperienza umana: Bernard LAURET - Francois REFOULE - Eugenio COSTA Jr. 편 *PRATICA, Iniziazione alla pratica della teologia*, Editrice Queriniana, Brescia 1987, 17-39.

Marie-Dominique PHILIPPE, Saint Thomas et le mystére de la création: une réponse aux interrogations de l'homme daujourdhui: *Sapientia* 201 (1997) 145-58.

A. PIERIS, L'asie non semitique face aux modeles occidentaux d'inculturation: *Lumiere et Vie* 33 (1984).

Gaston PIETRI, La catechesi: Bernard LAURET - Francois REFOULE - Eugenio COSTA Jr. 편 *PRATICA, Iniziazione alla pratica della teologia*, Editrice Queriniana, Brescia 1987, 79-116.

Franco PIRO, L'uno per cento del reddito per lo sviluppo del mondo meridionale: Valentino SALVOLDI 편 *Terzomondiali, una sfida per crescere insieme*, Borla, Roma 1990, 26-7.

Alfred PLUMMER, *The Gospel according to S. Luke, The International critical commentary*, T.&T. Clark, Edinburgh 1960.

J.D.B. PONTE, *School of missionary animators*, Pontifical Opere Missionary, Rome 1999.

PCB (Pontificia Commissione Biblica) 편 *L'Interpretazione della Bibbia nella chiesa,* Liberia Etrice Vaticana, Città del Vaticano 1993.

PUU (Pontificia Università Urbaniana) 편 *Dizionario di missiologia*, EDB, Bologna 1993.

Anelico POPPI, *Sinossi dei quattro vangeli*, Edizioni messaggero padova, Padova 1978.

Paul POUPARD, Visione religiosa e visione secolaristica del mondo: *Le sfide del secolarismo e lavvenire della fede*, Urbaniana university Press, Roma 1995, 21-40.

Karl RAHNER, Il problema della demitizzazione ed il compito della predicazione: *Concilium*, 1968/3, 33-53.

John RICHES, Gesù lebreo: *Concilium*, 1997/1, 80-91.

Paul RICOEUR, *Ermeneutica filosofica ed ermeneutica biblica*, Paideia Editrice, Brescia 1977.

H. RIDDERBOS(박영희 역) 『바울신학』 지혜문화사 1985.

B. RIGAUX - P. GRELOT, "Rivelazione": Xavier LEON-DUFOUR 편 *Dizionario di Teologia biblica*, Marietti, Torino, 1971.

Armido RIZZI, Alla ricerca del fondamento etico: Il ruolo della coscienza: *Aggiornamenti sociali,* 1997/1, 75-86.

Alberto ROSSO, *Ermeneutica come Ontologia della Libertà*, Vita e pensiero, Milano 1980.

A. ROTZETTER, I segni dei tempi secondo l'interpretazione francescana: Leonardo BOFF - Walbert BÜHLMANN 편 *Costruisci la mia Chiesa*, E.M.I., Bologna 1983.

Gert RUPPELL, People in Mission - Mission of People: Reflections on the impact of Salvador: *International Review of Mission* 340/341 (1997/1-4) 65-8.

Giuseppe Marco SALVATI, Cristo, centro del cosmos y de la historia: *Ecclesia*, 1997/3, 361-70.

Gianpaolo SALVINI, A 30 anni della "Gaudium et Spes": *La civiltà cattolica*, 1996/I, 373-80.

G. SALVINI, Il vertice di Copenhagen sullo sviluppo sociale: *La civiltà cattolica*, 1995/III, 157-68.

G. SALVINI, Si può sconfiggere la povertà nel mondo?: *La civiltà cattolica*, 1997/III, 435-44.

Valentino SALVOLDI 편 *Terzomondiali, una sfida per crescere insieme,* Borla, Roma 1990.

Alexander SAND, *Il Vangelo secondo Marco 1,* Morcelliana, Brescia 1991.

A. SAND, *Il Vangelo secondo Marco 2,* Morcelliana, Brescia 1991.

A. SAND, *Il Vangelo secondo Matteo 1,* Morcelliana, Brescia 1992.

A. SAND, *Il Vangelo secondo Matteo 2,* Morcelliana, Brescia 1992.

Maria Maddalena SANTORIO, *Ermeneutica e Linguaggio Pastorale*, Borla, Roma 1991.

E. SCHILLEBEECKX, *Dios. futuro del hombre*, Sigueme, Salamanca 1970.

Rudolf SCHNACKENBURG, Cristologia del Nuovo Testamento: *Mysterium Salutis* III/ 1, Queriniana, Brescia 1971, 289-392.

Giuseppe SEGALLA, *Giovanni. Nuovissima versione della Bibbia*, Ediznioni Paoline, Roma 1976.

Donald SENIOR - C.P. STUHLMÜLLER, *The Biblical Foundations for Mission*, New York 1983.

Andrè SEUMOIS, *Teologia Missionaria* (Corso di Teologia Sistematica 12) EDB, Bologna 1993.

Marco Adalberto SISTI, *Nuovissima versione della Bibbia*, Edizioni Paoline, Milano 1974.

Italo SORDI 편 *Dizionario delle citazioni, col testo originale*, BUR, Milano 1992.

Bartolomeo SORGE, Introduzione: *Il discorso sociale della Chiesa. Da Leone XIII a Giovanni Paolo II*, Queriniana, Brescia 1988, v-xxv.

Raimondo SPIAZZI, *Codice sociale della Chiesa*, Edizioni Studio Domenicano, Bologna 1990.

R. SPIAZZI 편 *Enciclopedia del pensiero sociale cristiano*, Edizioni Studio Domenicano, Bologna 1992.

Ortensio da SPINETOLI, *Luca*, Cittadella editrice, Assisi 1982.

O. da SPINETOLI, *Matteo*, Cittadella editrice, Assisi 1983.

Ciro STANZIONE, Perché oggi la missione non può che essere radicale: *Popoli e missione dirigenti*, 1996/7, 3-6.

Claude TASSIN, Vous serez mes témoins: *Eglise & mission* 287 (1997/7-9) 120-8.

Albert TEVOEDJRE, *La povertà ricchezza dei popoli*, Editrice Missionaria Italiana, Bologna 1979.

Anthony THIDELTON, *New Horizons in Hermeneutics*, Harper & Collins, New York 1992.

Umberto TILOMELLI, Italo Mancini: Per una filosofia della religione ermeneutica: *Divus Thomas* 10 (1995/I) 109-58.

Jozef TOMKO, Discorso, Assemblea Generale delle POM: *Omnis Terra* 48 (1996) 161-5.

David TRACY, *Dialogue with the Other*, Peeters Press Louvain, Eerdmans 1990.

D. TRACY, Frammenti e forme. Universalità e particolarità oggi: *Concilium*, 1997/3, 172-83.

Piersandro VANZAN, Dietrich Bonhoeffer 50 anni dopo: un bilancio: *La civiltà cattolica*, 1997/II, 149-59

Johannes VERKUYL, *Contemporary Missiology*, Eerdmans, Michigan 1987.

Frans J. VERSTRAELEN, Land, Development and Ecology: *Mission Studies* 25-26 (1996) 189-206.

Marciano VIDAL, Economia neoliberale e crisi dello stato sociale: *Concilium,* 1997/2, 160-72.

Evangelista VILANOVA, *Storia della teologia cristiana* III, Borla, Roma 1995.

George WEIGEL - Robert ROYAL, *Verso una società libera, Cento anni di dottrina sociale cattolica*, Leonardo, Milano 1994.

Allen C. WILLOUGHBY, *A Critical and Exegetical Commentary on the Gospel According to St. Matthew*, T. & T. Clark, Edinburgh 1957.

Karol WOJTYLA, L'evangelizzazione e l'uomo interiore: *Omnis Terra* 47 (1996/4-6) 74-82.

Adam WOLANIN, La missione di Gesù Cristo: *Missione per il terzo millennio,* Pontificia Unione Missionaria, Roma 1992, 47-82.

A. WOLANIN, *Teologia della Missione*, Editrice Pontificia Università Gregoriana, Roma 1994.

성서 인용 찾기

교회 문헌 인용 찾기

인명 찾기

사항 찾기

가난　113 131 194 320 339 350 365-7
368[+76] 369[+81] 370 389 392 397-8 422
　☞ 빈곤; 청빈
　～한 나라(빈국)　51 277 338[67] 339-41
356 392-3
　～한 이들　34 84 150-3 155 195 224
244-6 248 253 285 300 323-4 332 335[55]
339-41 348[18] 350 361 366-7 368[+79] 369[+82]
370 384 397[189] 415
　～한 이들을 위한 우선적 선택　61 285
322 336-7 368[+76 79] 369-70 433
가정, 가족　26 41 51 72-5 126[21] 155 179
181 192 195 198 207 245 271 283 288
290 292-5 304 306 311 316 317[18] 333
340 345 352-4 362 366 378 393 395[179]
415
「～ 공동체」☞ 교회 문헌 인용 찾기
　교회 ～　71 76 98 127 148 160 176 214
245 256 264 271 273 281 283
　새 ～　113 127 249
　인류 ～　83 114 204 330 340 415 435
가치　11 13 39 50-2 68 77 82 88-9 95 99
110-1 113 145 160 184-5 195 197 202-3
209 217-8 245 246[76] 274 277 282 284
298-302 304 306-7 315-7 319 322 326
328 331-3 335-6 344 351-4 356-7 359
361 364 371 373[+94] 375-9 383 386 391
403-4 409 414-8 420 422-3 429 433
434[3] 436
　～관　48 70 123 188 231 264 281 300
302 304 318 324 377
　복음적 ～　8-9 13 39 41 70 123 217 249
264 266 272 281 301 304 318 324 342
376 379 386-7 393 423 430 435-6

　전통적 ～　12 52 381
가톨릭　9 26 31 46 50 57-8 141[48] 221 234
250 298 325 333 346 352 384[132] 395[179]
396 434[4]
　～ 사회교리　26 332[48] 362 384[132]
　～ 신도 비율　48-50 58 61-4 75
　～ 신학　9 141[48]
개발　38 198 206 285 340[72] 342 365 397
　☞ 발전; 진보
　～ 도상국　56 195 318 322 333 392 394
개방, ～성　12 35 59 76-7 81 85 91 98 102
106 110 114 118 124-5 127 139 153
158-9 196 202 206 214 236 239 241
243 263 316 322 327-8 330 364 368
372 374 376 378 393 403-4 408 411-3
415-7 421 426-7 431 436
개신교　31 46 48-9 55 63 295-6
개인　41 45 73 77 92 98 110 112 115 177-
8 192 198 205-7 237-8 244 256 258 261
271-3 276 281 287-8 290 292 295 304-5
310-2 316[18] 317 321 323-4 329 335-6
345-6 347[10] 351-2 355 357 360 362-3
369-70 374 380 382 390-2 396 399 404
412-3
　～과 국가　336 394
　～의 구원　115 210 221
　～의 권리와 의무　198
　～의 양심　244 379-80
　～주의　11 13 51 206 216 383
개종　46 48 62 284 419 421 423 425
　바울로의 ～ 체험　158 167 174
결속　48 51 223 331 335[55] 345 347 393[173]
433 ☞ 연대
겸손　13 171 215 217 220 226 238 243

다원, ~주의, ~화   27 307 402 414-5 427
　　428[21]
대중   37 49 83 151[71] 199 303-4 306 370
　　378 ☞ 매체; 민중
대화   27 55 56[+29] 61 95 104 135 149 205
　　207-8 210 216 248 252 258 278 286
　　314[10] 325[34] 326 328-9 333 336 345 353
　　359-60 378 401-5 406[+6] 407-15 416[+13]
　　417-27 428[23] 429 ☞ 비그리스도교(타종교)
도덕   93 110 228 301 304 311 313 317
　　322-3 332[48] 334-6 338-9 353 367 377
　　379-83 404 431 433 436 ☞ 양심; 윤리
도시화   39 50 398
독립, 자주(자치)   60[+44] 178 342 361 381[121]
독선   209 253 425
독점   32 77 202 323 420
동, ~반구, ~방, ~방 교회   22 54-5 60 64
　　68 158 320 338 ☞ 서; 남; 북
디아코니아   192 ☞ 섬김

레지오   73-4 291-3 295
로고스   228 428[21]
로마, ~교회, ~시, ~제국   7 9 53-4 58-60
　　65 158-9 169 180[57] 319[22] 388 428[23] 435[6]

마셜 플랜   339 392
말씀 ☞ 성서 인용 찾기
　　~의 선교   27 80-90 432
　　~의 씨앗   243 373[94] 404-5 407 428[21]
　　~의 역동성   89 97 227-30
매체, 대중~   9 22 37 49 151[71] 303-4
　　~학mediatologia   436
메델린   368[+79]
　　「~ 문헌」 ☞ 교회 문헌 인용 찾기
메리놀 전교회   68
메시아   39 82 118 124 129 132 140 142
　　145[60] 146 150-2 155 176 181 188-9 215
　　217-8 236 244 266 329 349 388

메시지의 핵심   189 231 351
메타노이아   35 ☞ 회개
모태, ~신학   60 398
목자, 사~, 착(선)한 ~   55 191-2 256 259
　　261 266 271-2 287 288[5] 294 331 368
　　432
몸   93[36] 94 141-2 160 168 170[31] 173 176[+44]
　　177-81 189 194 220-1 224 243 277 346
　　371 432 ☞ 그리스도
무관심   11 37 46-7 67 71 145 326 356 411
무기   51 342 389
무신론, ~자   11 33 37 42 52 56 71 327
　　332[48] 363 434
묵상   51 73 112 142 262 264 306-7 316
　　337 418 422 ☞ 관상
문명   37 174 188 203 300 316-7 372 399
문화 ☞ 차례
물질   11 13 37 41 51 57 70 95 97 152 188
　　217 276-7 285 306 315 322-4 334 340
　　353 369[+82] 371 374 387[147] 389-90 395[181]
　　~주의   46 67 71 203 338 391 434
미사   34 50 58 74 289-91 294-5 320[22] 331
민간 신앙   298-300
민족   8 10 13-4 30 40 47-9 51 56-7 64 66
　　69 75 98 112-3 119 123-4 125[+19] 126
　　128 130 167 169 171-2 174 181 192
　　194-5 202 214-6 222 257 283-5 287 298
　　302 304 314[10] 318-20 327 329 339 342
　　366[72] 377-8 390 392-4 397 405 407 422-
　　3 428[21] 434
　　「~들의 발전」 ☞ 교회 문헌 인용 찾기
　　~주의   49 55 393
민중   7 370 374 ☞ 대중
　　~신학   60
밀라노 칙령   53
밀알로 죽기   236 242 253 376

바울로 사도 ☞ 인명 찾기

333-4 337-8 349 358 381 384 386 394-5
「~적 관심」 ☞ 교회 문헌 인용 찾기
　~주의　312 317 345
　~학　7 25 226 243 313-4 344 355-70
385 393[173] 434[4] 435[6]
산업, ~화　99 316 339 351 362 399
　~혁명　26 362
「산토 도밍고 문헌」 ☞ 교회 문헌 인용 찾기
삶의 질質　315 321 339
삼위일체, 성삼　12 34 83 90 126 181 188
214 220 240 256 262 299 428[21]
상대, ~주의, ~화　11 30 37 46 73 77 82
164 257 408-9 412 415 420-1 426 428[21]
상징　97[51] 104 138 145 147 153[77] 226 270
302 418 432
새, 새로운 ☞ 가족; 인류
　~ 방법　38 57 71
　「~ 사태」 ☞ 교회 문헌 인용 찾기
　~ 복음화(재복음화)　38 42 68-75 326
329-30
　~ 질서　113 392 395
　~ 창조　81 140 145[60] 181 183 ·
생산, ~성, 재~　315 324 342 391 399
생태, ~계, ~학　337 398-9 ☞ 환경
생활의 증거　259 276 283 329 422
샬롬, ~화　142 388 390
서, ~구, ~방, ~구(방) 교회　30 44 53-62
64-5 71 94 300 314[10] 320 331 338 392
선교, ~사 ☞ 차례
　「~ 교령」 ☞ 교회 문헌 인용 찾기
　~의 공간적 확장　125[19] 128 159 314[10]
346
선입관　57 328 416 420
선진국　339 340[72] 342 392 396 398
설교　33-4 126 131-2 134 150 163 180 185
203 225 230 231[42] 258
섬김, 봉사　8 14 25 35 38 55 73-4 77 89
111 113 151 160 164-5 169 179 191-2

194-5 199 207-8 210 216 221 224 226
230 234 237 240-5 248 251 3 256 259
262 271-3 274[+2] 275[3] 276-81 285 287
293-4 296 310 321 323 349[21] 350-4 360-
1 363 366-7 371-2 374 386 387[147] 391
422-3
섭리　108 125 131 166 208 299 357 407
410 428
성聖과 속俗　95 ☞ 성역; 세속
성령　12 23-4 30-1 33-4 55 56[+29] 61 71 75
83 85-6 89 112-4 124 131 140-1 145[+60]
146-50 152 158-9 161-2 171-2 178-9
184 190 194 196 214 218 221 227 233
236-7 243[+67] 244 249 256 260 262-6 271
280-3 287 314[+10] 327-8 350 368[79] 379
397 402 404-7 412 417 419-21 423
428[21] 430-2 ☞ 삼위일체; 하느님
성부　12 25 33-4 80 83-5 87-90 123 143-6
158 174 197 202 214 218-20 222-4 236
243 259 262 266 390 ☞ 삼위일체; 하느님
성사聖事　7 33 41 50 55 72 74 127-30 148
206 215-6 218 219[+15] 220-3 247 251 259
282 284 293 310 331 352 356 366 389
395[179] 402 415
성서, ~학　6-9 23 24[+3] 31-2 35 72 80 102-
3 110 112 118 120-1 124 128-9 134-5
137 140-1 145 147 149[68] 162 189 192
218 220 227-8 230 237 239 247 278-9
315-6 344 355-7 369[82] 385 392 395[181] ☞
　성서 인용 찾기; 말씀; 해석
성소聖召　47 58 68 70 77 219 278 312 330-
1 382[122] 396 431 ☞ 부르심; 소명
성소, 성역　207 354
성인聖人　72 199 256 260-1 267 270-1 276
400[194]
성자　8 12 30 33 53 81 83-4 87-8 90 98
112 143-6 158 181 202 214 218 231
244 256 310 390 402

335 339 348[18] 349 355-7 366 367[74] 374
382 389-90 396 397[189] 399 414-5 423
433 434[3] 435

정체성正體性 24[3] 32 56 66 96 130 138 224
226 228 235 239-40 252 274 310 330
336 353 411 415 423 427

정치 51 54 57 99 151 205 210 219 241[63]
242 251 306-7 317[18] 319 322-3 332[48]
333-4 335[55] 337 345 347[+10] 348[+18] 357
358[+45] 359-62 365 369[82] 381 395-6 397[189]
402 410 415 433 435[5] 436

제3, 제4 세계 59 318 321-2 340 342 369
392 396

제3의 길 317 322

제1, 제2, 제3 교회 60 64-5

제1, 제2, 제3 천년대 10 31 53-5 56[+29] 58-9
64-5 76 313 315 323 330 339 431

존재론 11 83 100 103 105 108-9 113 360
382 417 430

종교 ☞ 가치; 다원; 대화; 배타주의; 비그리
스도교; 상대; 영성; 전통; 정체; 토착화
~간 만남 69 210[17] 328 406-7 417-20
425-6
~교육 57 258
~신학 425 427
~ 혼합주의 328 375 379 411 426

종말, ~론 14 23 41 57 77 82 103 111-2
119 126 142 145[60] 150-1 155 165-6 173
177 185 210-1 223-5 251 326 346 348
350 388-9 431

죄, ~악, ~인 13 34-5 50 52 80-1 88-9
96-100 108 141 143-7 152-5 167-8 173
183 188 193 217 222 246 266 283 305
323-4 327 346-8 369 373[94] 374 381-2
386 389 392 430 434[3]

주교, ~회의, ~ 대의원회의(시노드) 22 32
34 55 58 60-2 64 70 191 197 219 246[77]
251 320 344 350 355-6 360 367 378

393

주도권 54-5 57 60 65 84 120[5] 135 149 155
217 274 368 409

죽음 34-5 47 80 82 84 89 98 100 118 134-
5 137-9 142 146 148 158 162 164 179-
80 183 185 188-9 194-5 201 203 215
237 247 283 346-7 363 374 376 378
388 397 406 433

진보 11 24[+3] 25 51 94 253 319 323 346
352 360 375 379 384-5 398 417 427

집단, ~주의 33 37 49 56 67 69 76[64] 179
192 195 205 242 248 258 299 302 304
306 312 315 334 335[55] 371 374 377 391
~이기주의 305 312 324 434

차안此岸 83 154-5 395

창조(창세), ~(피조)물, 창조주 25 41 45[3]
52-3 81-2 88-9 93-5 104 106 112-3 121-
4 140-1 145[60] 147 166-7 169-70 176 181
183 194-5 197 217 219 227-8 231 234
238 251 263 285 287 299 311 316 344-
7 349 352-3 359 362-3 365-6 369[82] 380
383 393 395[181] 397-8 400 404 428[21]
~적 삶(문화 ~) 24 112 217 303 383-4

철학, ~자 26 91-2 93[+36] 94 110 151[71] 158
203 303 315 347 372 377 435[+6]

청빈 226 261 287 356

초대교회 61 120 127 130 132 138 159 167

초월, ~성 41 93 95 97[51] 102 105 108 112
178 229-30 242 245 246[77] 307 317 322
345 350 359 361 374 379 395 409 431

초자연 41 86 236 250 252 283 328 379
409 432

총체, ~성 24[3] 41 82 84-5 89-90 93-6
102[+62] 111 139 152 221 230 236 239 242
247-8 251 253 288 301 322 325 333
337 351 353 364 375 395[181] 399 405 407
412 422-3 429 433-4

~적 구원 13 25 154 215 226 253⁹⁶ 327
433
　~적 복음화 41 221 246-53 329 351 429
　~적 해방 253 346 349 367 368⁷⁹ 431
　~적 해석 107-8 111 232 375
출애굽 140-1 174
치유 12 120 130³⁰ 131 146 151-2 155 215
237 242 246-7 356 389 392 433
친교 25 34 38 73 81 90 137 165 199 230
235 248-9 256 262-5 267 270-1 273-6
278-80 287 295 311 348¹⁷ 368⁷⁶ 387¹⁴⁷
406-7 417-9 431
침묵 12 52 77 86 113 149 202 224 323
328 358 430 433

카리스마 55 181 211 274 299
카이로스 155 432
케리그마 160 ☞ 복음 선포
콘스탄티누스 변혁 56²⁹
쾌락주의 99 324 435

텍스트, ~ 비판, ~ 해석 103 105 107
109-11 118-9 123 151 245
토지 60 152 252 397¹⁸⁹ 399
토착, ~화 30 61 109-10 202 223 284-5
307 330 374 378 434

파견의 목적 154
파리 외방선교회 68
파스카 13 52 80 124 138 139⁺⁴⁵ 140-1 203
215 219 225 230 378 402 404 432
판단 기준 114 247 251⁹² 302 304 324 367
369 373 375 377 383
「팔십주년」 ☞ 교회 문헌 인용 찾기
평신도 22 32 73 192 195 223 294 329 360
363 394
평화 8-9 26 33 42 51 75 140 142-3 146-8
150 187 195 198 202 205-7 215 220

223 236 238 245 261 289 306 328 332-
4 339 349 357 372 374 387-90 394-5
415 433 435
포교성 42
포스트모더니즘 435
폭력, 비~ 49 304 311 318 324 332 334
369 386 391
푸에블라 325
「~ 문헌」 ☞ 교회 문헌 인용 찾기
피안彼岸 41 83 307 395
피압박(제), ~국, ~자 26 54 153 253 357
369

하느님 ☞ 차례
　~과 세계 82-3 114 146
　~과 인간 12 89 193-4 201 214 328 336
373 387¹⁴⁷
　~과의 대화 149 345 353
　~과의 일치, 친교, 통교 12 56²⁹ 90 199
214 223 246⁷⁷ 262-3 273 287 367
　~과의 화해 34 183 197 201
　~의 개입 81 93 234 241
　~의 공의公義 176 357
　~의 나라 8-9 12-3 34-6 40-1 66 75 77
81 125 130-3 184 193 195 197-8 210-1
215 217 221-5 226⁺²⁸ 230-1 236 238 242
245 248-9 257 260-1 276 284 314 348-9
351 353 356 373⁹⁴ 377 387¹⁴⁷ 388-9 416
422-3 425 435⁶
　~의 뜻 30 127 159 192-3 225 229³⁵
253 262-3 272 277 379 389
　~의 모상(형상) 13 25 37 80 89-90 92
96 154 183 194-5 206 217 219 263 267
306 334 340 344-6 349 352 359 363
380
　~의 백성(선민) 40 47 55 59 70 109⁹⁰
173 177 181⁺⁵⁹ 183 194 221 231 239
253⁹⁶ 326 346 349 358